RON DUNSELMAN

PRAXIS ANTHROPOSOPHIE 74

Praxis Anthroposophie – Dialoge, Initiativen, Entwürfe: Taschenbücher, die die Welt nicht nur als bestehende erfassen, sondern sie auch vorausdenkend weiterentwickeln möchten.

Über das Buch:
An Stelle des Ich ist eine umfassende, fundierte und dabei höchst interessante Drogenkunde: Anschaulich beschreibt Ron Dunselman Herkunft und Eigenart der Rauschdrogen; er schildert geschichtliche Hintergründe zum Drogenkonsum und erörtert die gesellschaftliche Problematik der heutigen Drogensucht. Mythologische und kulturgeschichtliche Zusammenhänge sowie viele authentische Berichte ehemaliger Drogenabhängiger vermitteln ein lebendiges Bild zum Charakter der verschiedenen Rauschgifte und ihrer Wirkung auf das Bewusstsein und den Organismus des Menschen. Durch Hinzunahme anthroposophischer Erkenntnisse zur Konstitution des Menschenwesens gewinnt der Autor völlig neue Dimensionen zum Verständnis der Wirkungen von LSD, Marihuana, Heroin, Designer-Drogen oder Alkohol.

Über den Autor:
Ron Dunselman, Psychologe, ist Mitarbeiter von ARTA, einem Therapiezentrum für Drogensüchtige in den Niederlanden. (ARTA verfolgt einen progressiven, vierstufigen Therapieansatz auf anthroposophischer Grundlage, bei dem vor allem die Eigeninitiative und die Ich-Kraft des Patienten angesprochen werden sollen.) Dunselmans Buch ist aus seiner jahrelangen Arbeit mit Drogenabhängigen und unter Mithilfe befreundeter Ärzte und Therapeuten entstanden.

Ron Dunselman

An Stelle des Ich

Rauschdrogen und ihre Wirkung

Mit einem Geleitwort
von Michaela Glöckler

Verlag Freies Geistesleben

Aus dem Niederländischen von Frank Berger

Die niederländische Originalausgabe erschien 1993 bei Uitgeverij Vrij Geestesleven unter dem Titel «In plaats van ik. De verborgen werking van drugs». Die deutsche Erstausgabe erschien 1996 im Verlag Freies Geistesleben.

ISBN 3-7725-1274-7

1. Auflage der Taschenbuchausgabe 2004

Verlag Freies Geistesleben
Landhausstr. 82, 70190 Stuttgart
Internet: www.geistesleben.com

Umschlag: Thomas Neuerer unter Verwendung eines Fotos
von Malcolm Piers / gettyimages
Druck: Nørhaven, Viborg

INHALT

Dank vorab

Ohne die Hilfe folgender Menschen wäre dieses Buch nicht entstanden: Marcel Koopman war der unaufhörlich inspirierende Partner, der das Wachstum des Ganzen inhaltlich, sprachlich und künstlerisch begleitete. Ate Koopmans, Marko van Gerven und Joop van Dam gaben mir wertvolle Hinweise auf anthroposophisch-menschenkundlichem, psychiatrischem und medizinischem Gebiet. Frank Wijnbergh habe ich zu danken für ein Gespräch, das mir vieles erhellt hat, Michaela Glöckler für ihr stimulierendes Interesse und der Stiftung *Talenta* für die finanzielle Unterstützung des Projektes.

Zugleich danke ich aus tiefstem Herzen den Bewohnern von *ARTA*, die mir echte moralische Unterstützung zukommen ließen, sowie den Mitarbeitern, die mir in wichtigen Momenten den inneren Raum gaben, den ich brauchte, um an diesem Buch zu arbeiten. Ohne ihre großzügige Hilfe, ihren Sondereinsatz und ihre warme Unterstützung hätte es nicht vollendet werden können.

Ron Dunselman

GELEITWORT

Als Ron Dunselman mich fragte, ob ich für die deutsche Ausgabe seines Buches *An Stelle des Ich* ein Geleitwort schreiben wolle, habe ich mich gefreut. Denn ich weiß von der Entstehung dieses Buches schon seit vielen Jahren durch die Gespräche, die im Hochschulkreis für Drogenfragen in der Sozialwissenschaftlichen und Medizinischen Sektion der Freien Hochschule für Geisteswissenschaft am Goetheanum in der Schweiz stattfinden. Obwohl Ron Dunselman primär als Psychologe in der Drogentherapie tätig ist, gilt sein besonderes Interesse doch auch gerade der substantiell-pharmazeutischen Wirkung der Drogen und ihrer damit verbundenen Auswirkungen auf das Wesensgliedergefüge des Menschen. Dieses Wesensgliedergefüge, das Rudolf Steiner in Ergänzung zur naturwissenschaftlichen Anschauung vom Menschen im Rahmen seiner Geistesforschung erarbeitet hat, ist nicht im Sinne eines psycho-physischen Parallelismus zu verstehen. Vielmehr zeigt es an, daß die Lebens-, Seelen- und Geistestätigkeit des Menschen selber substanzbildend wirkt und umgekehrt Stoffe, die in den Bereich der Tätigkeit der menschlichen Wesensglieder gelangen, auch auf diese zurückwirken und dort – im Falle von Drogen – dramatische Bewußtseinsänderungen hervorrufen können. Die Erscheinungen des normalen Alltagsbewußtseins hingegen werden durch die gewöhnlichen Ernährungsprozesse mitbewirkt und substanzbildend gestützt. Wo grenzen Ernährungsprozesse an den Gebrauch und Mißbrauch von Drogen – und wo grenzen sie an die therapeutische Verwendung von Substanzen? Diesen Fragen wird hier in differenzierter Weise nachgegangen.

Ron Dunselman beschreibt in seinem Buch mit großer Empathie den Griff zur Droge und das Abhängigwerden in der Sucht als ein Ereignis, das dem modernen Menschen naheliegt, indem er auf der Suche nach sich selbst und seiner geistigen Heimat ist. Es ist dem Autor ein Anliegen, zu zeigen, daß es in der Macht der Droge liegt, dem Menschen Erfahrungen zu vermitteln, die sonst nur auf dem Wege der Selbsterziehung und geistigen Schulung mühsam errungen werden können. So gesehen tritt die Droge heute vielfach an die Stelle des aktiven Menschen-Ich, das befähigt ist, selbst Geist-Erfahrung, seelischen Reichtum und die Verwirklichung heller und liebevoll-warmer menschlicher Qualitäten zu erringen. Erlebnisse von Wachheit und Überschau, innerem Licht, Farben und Wärme, von umfassendem, sinnvollem Eingebettet-Sein in den großen kosmischen Zusammenhang der Natur und der Menschheit – all das kann der gezielte Gebrauch bestimmter Drogen vermitteln. Geschieht dies jedoch, so wird die menschliche Persönlichkeit und ihr Kern, das Ich, zur Untätigkeit verdammt. An die Stelle des Ich tritt die Droge, und dadurch ist auch das durch sie provozierte seelische und geistige Erleben in die Sphäre der Unfreiheit getaucht. Zwanghaft tritt auf, was sonst Ergebnis eigenständigen Bemühens und konsequenten inneren Ringens ist. In der Drogensucht, die heute schon bis ins neunte Lebensjahr herunterreicht, und in der Alkoholsucht, die in Deutschland mehr als zwei Millionen Menschen ergriffen hat, drückt sich etwas aus, das zum Kostbarsten und Verletzlichsten des modernen Menschen gehört: die Sehnsucht, sich selbst als ein schöpferisches geistiges Wesen zu finden und aus einem solchen Finden heraus an befriedigenden sozialen Zuständen und Lebensformen zu arbeiten. Und so ist Ron Dunselmans Buch *An Stelle des Ich* zum einen ein begeisterndes Plädoyer dafür, den Griff nach der Droge zu verstehen. Es will aber auch dazu aufrufen, aus diesem Verständnis heraus daran zu arbeiten, daß der Griff nach der Droge immer mehr ersetzt wird durch den Willen zur Selbständigkeit und durch die Sehnsucht, Menschlichkeit als Ergebnis von Arbeit und Einsatz und nicht als passiv genossene rauschhafte Erfahrung zu verwirklichen.

Es sei diesem Buch der Wunsch mitgegeben, daß es nicht nur hilft, die Drogensucht als eine Zeiterscheinung tiefer zu begreifen, sondern auch dazu anregt, die Geheimnisse der Substanz und der Substanzverwandlung im menschlichen Organismus als eines physisch-geistigen und geistig-physischen Geschehens neu zu entdecken und forschend weiterzubearbeiten.

Medizinische Sektion am Goetheanum
Dornach, 28. August 1996 *Michaela Glöckler*

1. EINLEITUNG

Der Konsum von Alkohol und Drogen ist im Laufe des 20. Jahrhunderts enorm gestiegen. In einem 1993 erschienen Ratgeber zur Alkoholproblematik wird unter anderem festgestellt: «Die Zahl der Alkoholabhängigen wird in Deutschland auf 2,5 Millionen geschätzt. Oder, weil dies griffiger ist: Auf drei Dutzend Bundesbürger kommt ein Alkoholsüchtiger ... Damit kein Mißverständnis aufkommt: Diese 2,5 Millionen sind krank!»[1] Durch Alkoholabhängigkeit und -mißbrauch sterben in der BRD jährlich etwa 42.000 Menschen.[2]

Überdies sind in Deutschland ungefähr 1,4 Millionen Menschen medikamentenabhängig.[3] Man geht von rund 5,8 Millionen starken Rauchern (mehr als 20 Zigaretten pro Tag) in Deutschland aus; die Zahl der Nikotinopfer wird hier auf jährlich etwa 110.000 bis 140.000 geschätzt.[4] Europaweit sterben jedes Jahr 750.000 bis 1 Million Menschen an den Folgen des Nikotinkonsums.[5]

Daneben gibt es in Deutschland etwa 210.000 bis 300.000 Menschen, die harte Drogen (Heroin, Kokain, Amphetamine) nehmen.[6] Besonders bei Kokain und Crack stieg die Zahl der Konsumenten in den letzten Jahren stark an; sie wird z.B. in den USA auf über 2 Millionen Menschen geschätzt.[7] Haschisch bzw. Marihuana (Cannabis) konsumieren – zumindest gelegentlich – in der Bundesrepublik etwa 2,1 Millionen Menschen,[8] während die Zahl der regelmäßigen Cannabiskonsumenten bei ca. 270.000 liegen dürfte.[9] Darüber hinaus erfreuen sich die neuen «synthetischen Drogen» («Designer-Drogen») wachsender Beliebtheit. Man geht davon aus, daß in Deutschland gegenwärtig etwa 500.000 bis eine Million Menschen Ecstasy konsumieren; lag die Zahl der beschlagnahmten Konsumeinheiten Ecstasy 1992 noch bei 18.245, so waren es 2001 4.576.504.[10]

Wenn wir diese Zahlen auf uns wirken lassen, können wir zu dem Schluß kommen, daß eine wahre *Drogen-* und *Suchtepidemie* ausgebrochen ist. Und die Prognosen sind makaber: Wenn sich diese Entwicklung fortsetzt, wird um das Jahr 2100 herum in der industrialisierten Welt die Zahl der Drogenabhängigen (d.h. derjenigen, die Alkohol und andere bewußtseinsverändernde Mittel nehmen) die der Nichtabhängigen übertreffen![11]

Was bedeutet eigentlich «Sucht», und was ist an Drogen so anziehend, daß derart viele Menschen Zuflucht zu ihnen nehmen? Oder anders gefragt: Was sind Drogen eigentlich?

Was sind Drogen?

Ihrem Wesen nach sind Drogen Stoffe bzw. Mittel, die eine Veränderung des Bewußtseins bewirken. Dabei kann es sich um ganz verschiedene Bewußtseinsveränderungen handeln: angefangen vom Trinken eines Pils, um sich die Sorgen wenigstens kurz vom Leibe zu halten, über das Rauchen eines Joints Marihuana zur Entspannung und das Schlucken einer Ecstasy-Pille, damit man sich offener, aktiver und kommunikationsfähiger fühlt, bis zum Setzen eines Schusses Heroin, der Empfindungen von Angst und Trauer betäubt. Charakteristisch ist dabei immer, daß die erwünschten Bewußtseinsveränderungen nicht durch die eigene innere Aktivität eintreten, sondern von außen her durch die Wirkung der Mittel, die man zu sich genommen hat, verursacht sind.

Man verändert sein Bewußtsein also nicht selbst, sondern überläßt dies den Drogen. Die Bewußtseinsveränderung ist das Ziel, sie ist keine zufällige Nebenerscheinung beim Konsum eines Mittels. Präziser läßt sich definieren: Drogen sind Stoffe oder Mittel, die absichtlich verwendet werden, weil sie eine Veränderung des Bewußtseins bewirken.

Was heißt Sucht?

Viele Menschen beginnen den Tag mit einer Zigarette, dazu die Tageszeitung – einfach herrlich! Und im Laufe des Tages kommen noch die diversen Tassen aromatischen Kaffees hinzu, die Zigaretten zur Entspannung, ein Aperitif vor dem Essen, das Glas Pils oder ein Gläschen Wein zum Essen und vor dem Schlafengehen noch die angenehmen Stündchen vor dem Fernseher, eventuell abgerundet mit einer Schlaftablette ...

Schauen wir uns das Beispiel genauer an, so können wir feststellen, daß sich diese Annehmlichkeiten von den alltäglichen Aktivitäten wie Essen, Trinken und Schlafen unterscheiden, die wir unser Leben lang verrichten müssen, um unseren Körper gesund zu erhalten. Diese Tätigkeiten sind naturgegebene Grundbedürfnisse, die unsere Existenz und Entfaltung auf der Erde möglich machen. Befriedigen wir sie nicht, vernachlässigen wir unseren Körper und sterben schließlich.

Und doch sind wir nicht süchtig nach ihnen. Es wäre zum Beispiel genauso unsinnig, zu sagen, wir seien «atemsüchtig» – wir müssen einfach atmen, ob wir wollen oder nicht; wir sind deswegen aber nicht süchtig danach.

Die diversen Tassen Kaffee, die Zigaretten, das Schnäpschen, das Glas Pils und der Wein, sie schmecken uns natürlich sehr gut, aber eigentlich brauchen wir sie nicht. Mehr noch: Wie kräftig protestierte unser Körper dagegen, als wir unsere ersten Zigaretten rauchten oder unsere ersten Gläser Alkohol tranken! Uns wurde «speiübel» – eine gesunde erste Reaktion unseres Körpers, der deutlich zeigte, daß diese Giftstoffe ihm eher schaden als ihn aufbauen. Daß viele von uns dann dennoch weitermachten, kommt von den angenehmen Erfahrungen, die uns, nach wiederholten Versuchen, in so guter Erinnerung blieben. Weniger bewußt ist uns dabei, daß diese Stoffe nicht gerade förderlich für Aufbau und Gesundheit unseres Körpers sind. Wir verwenden sie als Genußmittel, nicht als Nahrungsmittel.

Außerdem stellt sich nach mehrmaligem Konsum das Symptom ein, daß unser Körper sich an diese Genußmittel gewöhnt hat und wir deswegen immer höhere Dosen (bis zu einer bestimmten toxischen, d.h. tödlichen Grenze) brauchen, um dieselbe Wirkung zu erzielen. Wir sprechen hier von der *Toleranz*, die entsteht. War beispielsweise zunächst ein Gläschen Wein ausreichend, um uns einen leichten Rausch zu verschaffen, so sind daraus nach einem halben Jahr eventuell schon vier geworden ...

Die Entstehung der Toleranz geht mit Entzugs- bzw. Abstinenzerscheinungen einher, die uns unweigerlich überfallen und zu quälen beginnen, wenn wir mit dem Konsum plötzlich aufhören. Haben wir uns an Alkohol gewöhnt, treten diese Entzugserscheinungen unter anderem in Form von Schwitzen, Unruhe, Reizbarkeit, Zittern, schlechtem Schlaf, Erbrechen, Muskelkrämpfen, Angst und depressiven Zuständen, Phasen von Verwirrtheit und eventuell sogar Anfällen und Halluzinationen auf.

Es ist also die Situation entstanden, daß unser Körper von den Genußmitteln abhängig geworden ist und ohne sie gar nicht mehr normal zu funktionieren vermag. Wir bezeichnen diesen Zustand als *Gewöhnung*. Damit meinen wir die körperliche Abhängigkeit, die sich in den beiden Faktoren der Toleranz und der Abstinenzsymptome zeigt.[12]

Was hier bezüglich der körperlichen Abhängigkeit dargestellt wurde, gilt im großen ganzen auch für die seelische Abhängigkeit. Das allmorgendliche Zeitunglesen, die Fernsehstündchen vor dem Einschlafen, aber auch der Zugriff auf die telefonischen Ansage- und Informationsdienste, die Börsenmeldungen und Pornoblätter und der «workaholism» sind nicht notwendig für unsere Gesundheit; doch wir geben uns ihnen hin, weil sie uns so angenehme Erfahrungen schenken. Und genauso wie bei der Entstehung der körperlichen Abhängigkeit kann das Vergnügen, das wir daran erleben, zum Anlaß werden, die Wiederholung dieses Genusses zu suchen.

Wenn wir jedoch nach einiger Zeit so intensiv nach diesen angenehmen Erfahrungen verlangen, daß wir alles mögliche einsetzen, um sie aufs neue zu erleben, dann sind wir soweit, daß wir – auch aus Angst vor der Leere, der Unlust und Unruhe bei einer Nicht-Befriedigung – psychisch von den Genußmitteln abhängig geworden sind.

Es ist ein Verlangen in unserer Seele entstanden, und wenn wir diesem Verlangen nicht mehr gewachsen sind, wenn wir ihm keinen Widerstand mehr bieten können, die Begierde also stärker ist als die Kraft unserer Individualität, unseres Ich, nein zu sagen, so sind wir «hooked» – wir zappeln am Haken und sind süchtig geworden.[13]

Zusammenfassend kann gesagt werden, daß wir durch Nahrungsmittel, die wir aus Notwendigkeit und in rechtem Maße für den gesunden Aufbau unseres Körpers zu uns nehmen, nicht süchtig werden. Je mehr wir davon genießen, um so besser, denn wir erfahren dann ihre wohltätige Wirkung um so stärker. Wir sind gleichsam ein König, der das ihm anvertraute Reich, den Körper, nach bestem Vermögen unterhält.

Die Rollen vertauschen sich jedoch vollständig, wenn wir Stoffe zu uns nehmen, die für uns nur deswegen von Bedeutung sind, weil sie uns angenehme Erfahrungen schenken. «Angenehme Erfahrung» ist übrigens ein sehr dehnbarer Begriff; angenehm in diesem Sinne kann zum Beispiel auch das Nicht-länger-aushalten-Wollen einer unangenehmen Erfahrung (wie innere Leere, Unruhe, Angst, Kummer und Entzugserscheinungen) sein.

Suchen wir diese angenehmen Erfahrungen immer aufs neue, kann die Begierde in unserer Seele – eventuell aufgrund der Bedürfnisse unseres Körpers, wie im Falle der körperlichen Abhängigkeit – auf die Dauer zu einem unersättlichen Tyrannen werden, der wütet und klagt, wenn er nicht rechtzeitig seinen Willen bekommt. Können wir dem keinen Widerstand mehr bieten und nein sagen, weil die Kraft unseres Ich nicht ausreicht, so hat sich die Begierde unserer bemächtigt – wir haben unsere königliche, freie Selbständigkeit verloren und sind zum Sklaven geworden. Das niederländische Wort für Sucht lautet denn auch treffend *verslaving* («Versklavung»).

Sucht ist also eine psychische Abhängigkeit, verursacht von einer unwiderstehlich starken Begierde. Diese Begierde hat die Tendenz, immer dominanter zu werden, so daß wir am Ende nur noch an das Mittel denken, das sie befriedigen kann, und in unserem Gefühlsleben ganz und gar davon beherrscht werden, weil wir nichts anderes mehr wollen als dieses eine Mittel. Wir sind zwanghaft davon in Beschlag genommen. J. H. van Epen schreibt in diesem Zusammenhang: «Das Leben des Alkoholikers dreht sich um den Alkohol, der Fixer beschäftigt sich in Gedanken ständig mit seiner Spritze. Der nichtsüchtige Konsument kann nach der Verwendung des Mittels seiner Wahl zur Tagesordnung übergehen; der Süchtige bleibt in Gedanken mit seiner Sucht beschäftigt. Süchtige erwecken daher auch oft den Eindruck, als ob sie unter ihrem ‹reduzierten› Dasein litten.»[14]

Arie Visser läßt in seinem Roman *Het vangen van de draak* («Der Drachenfang») die süchtige Hauptperson sagen: «Das Leben eines Junkies wird von Sehnsucht und Befriedigung beherrscht ... Das ‹craving› [Begierde, Schmachten] ist die Obsession seines Daseins und so stark, daß sie alles beherrscht ... Die Diktatur des Verlangens ist so absolut, daß alle anderen Gefühle dagegen verblassen. Genauso, wie man die Sterne nicht sehen kann, wenn die Sonne scheint. Erst unter dem nächtlichen Himmelsgewölbe des Mohns kommen die normalen Gefühle wieder zum Bewußtsein ... Wie kann man so leben? So ein Sklavendasein leiden. Tag und Nacht in der Fabrik. Am Fließband deiner Genußsucht.»[15]

Was ist eine Drogensucht?

Ist man drogensüchtig, tritt nach gewisser Zeit eine innere Veränderung auf. Ging es anfänglich nur um das reine Erlebnis des Genusses, die Euphorie der Bewußtseinsveränderung, so werden die Drogen jetzt, nach Eintritt der Sucht, in erster Linie benötigt, um den quälenden Gefühlen zu entkommen, die sich im drogenfreien Zustand einstellen. Der chronisch Süchtige nimmt seine Drogen weniger, weil er sich himmlisch oder «high» fühlen will, als vielmehr, um das Elend der drogenfreien Zeiten auszuschalten. Auf Dauer verblassen die euphorischen Erfahrungen immer mehr. Das normale Alltagsbewußtsein des Langzeitsüchtigen pendelt sich auf dem Drogenniveau ein, während das, was der Nichtsüchtige als normalen, alltäglichen Bewußtseinszustand erfährt, für den Süchtigen zur Qual wird.

Ein Opiumabhängiger drückte das folgendermaßen aus: «Das erste Mal, das ist ein Traum, ein paradiesisches, unglaubliches Unding, eine Begegnung mit den Göttern. Die ersten paar Male – sie sind wunderschön, die versöhnen Dich mit dem Leben! Du kannst verzeihen, Du kannst endlich wieder tief durchatmen! Dann kommt aber die Zeit, da nimmst Du Dein Heroin ein – und spürst kaum etwas. Dann nimmst Du mehr, und ein paar Tage geht's. Aber dann kommt der Tag, da spürst Du auch nach der dreifachen Portion nichts, gar nichts. Auch wenn Du zwei Fixen hintereinander 'reinballerst, spürst Du nicht mehr viel. Jetzt kippt das Ganze um: jetzt spürst Du nur noch etwas, wenn Du nichts genommen hast, und zwar spürst Du dann Schmerzen und alle Ekelhaftigkeiten, die diese Welt zu bieten hat. Aber jetzt mußt Du tagtäglich Deinen irren hohen Preis dafür bezahlen, um Dich bloß normal zu fühlen; Du blutest, nur um nicht zu leiden: Du gehst her, klaust, verscherbelst, kaufst – von den Bullen gejagt und von den Dealern laufend gelinkt – kaufst Dope, pumpst Dir die Scheiße in den Blutkreislauf ... und fühlst Dich gerade einigermaßen normal, um wieder klauen zu gehen. Undsoweiteretceterapp!»[16]

2. GESCHICHTLICHES ZUM DROGENGEBRAUCH

Man kann sich fragen, warum Drogen eigentlich verwendet werden, wenn sie doch solche Risiken mit sich bringen. Wer darauf eine Antwort sucht, muß den Blick in die Vergangenheit lenken. Denn bereits in uralten Zeiten war der Mensch auf der Suche nach Mitteln, mit denen er sein Bewußtsein künstlich verändern konnte. Drogen sind tatsächlich so alt wie die Welt. Was aber sind die Gründe, aus denen sie bereits damals angewendet wurden? Wir wollen im folgenden versuchen, aus einem anthroposophisch erweiterten Geschichtsbild heraus eine Antwort darauf zu finden.

Es lassen sich vier Hauptgründe für die Verwendung von Drogen nennen.

Zurück zu den Göttern

Drogen wurden in erster Linie dazu verwendet, sich einen Zugang zur Welt der Götter, das heißt zur Welt der übersinnlichen Wesen und Ereignisse, zu verschaffen. Diese übersinnliche Welt war in früheren Zeiten für das normale Bewußtsein eine ebenso selbstverständliche Realität, wie es für unser heutiges Bewußtsein die äußerlich sichtbare Welt ist. In der Bibel, der Bhagavad Gita und vielen anderen religiösen Urkunden begegnen wir Spuren dieses Bewußtseins. Dort lesen wir über die Wechselwirkung von Göttern und Menschen. Es gab noch keine eindeutige Trennung zwischen Götter- und Menschenwelt. Die Priesterweisen, die in beiden Welten zu

Hause waren, richteten das irdische Leben nach dem Willen der Götter ein.

Aber die Entwicklung ging weiter, und über das Erleben der Götterwelt im menschlichen Bewußtsein legte sich allmählich der Schleier der «Götterdämmerung»; dadurch ging die ursprüngliche Ausrichtung auf die göttlich-geistige Welt verloren. Der Mensch erlangte ein immer stärkeres Bewußtsein seiner selbst, er erwachte für die Erdenrealität und lernte, in zunehmendem Maße selbst die Verantwortung für seine Taten zu übernehmen.

Um die Verbindung mit der göttlich-geistigen Welt wiederherzustellen, wurden im Laufe der Geschichte an unzähligen Orten überall auf der Welt sorgfältig vorbereitete Personen in einen Bewußtseinszustand versetzt, der ihnen den Kontakt mit der geistigen Welt wieder ermöglichte. Drogen konnten dabei als Hilfsmittel dienen. Wenn die betreffende Person durch Drogen und andere, zusätzliche Verrichtungen in einen höheren Bewußtseinszustand versetzt war, hoffte man, durch sie Aufschluß über bestimmte Vorgänge der geistigen Welt und den Willen der Götter zu erhalten.

Doch waren mit dieser Methode der Kontaktaufnahme mit der geistigen Welt große Gefahren für diejenigen verbunden, welche die Drogen nahmen. Sie konnten, wenn sie unter Zuhilfenahme von Rauschgiften plötzlich in einen völlig anderen Bewußtseinszustand gebracht worden waren, von Verwirrung und Angst überfallen werden. Deshalb war die Einnahme von Drogen nur Personen gestattet, die sich durch eine langwierige und strenge innere Schulung auf das Ertragen der Folgen vorbereitet hatten: Eingeweihten, Mysterienschülern, Orakelmedien, Priestern, Schamanen, Medizinmännern usw.

Mit fortschreitender Entwicklung wurde die «Götterdämmerung» immer stärker, die Götterwelt immer stiller und der Mensch, von Sehnsucht getrieben, immer kühner in der Verwendung solcher Mittel. Hatte sich der Priester durch Drogen in einen tranceartigen Bewußtseinszustand gebracht, so wurde es im Laufe der Jahrtausende immer mehr zur Frage, ob die durch ihn übermittelten Bruchstücke einer geistigen Realität überhaupt noch zuverlässige Informationen enthielten. Diese sogenannten Götterbotschaften wurden immer stärker verzerrt, verworrener und mehrdeutiger. Es war daher äußerst riskant, bei solchen in Dekadenz geratenen Mysterien und Orakeln noch Rat zu suchen und sie ernst zu nehmen. Außerdem verwässerten die ehemals strengen Selektions- und Vorbereitungskriterien für Drogenkandidaten immer mehr, was zur Folge hatte, daß ein immer größerer Kreis von Menschen Drogen als Genußmittel bei Ritualen, Zeremonien und Festen verwendete, um so das Alltagsbewußtsein auszuschalten und sich in einen Zustand der Exkarnation und der Ekstase zu versetzen, der außersinnliche Erfahrungen ohne Vorbereitung vermittelte. So wurden aus sakramentalen Hilfsmitteln, die es ermöglichten, nach einer langen Periode der Vorbereitung und Läuterung die geistige Welt zu betreten, Genuß- und «Kick»-Mittel, mit denen man völlig unvorbereitet und ungeläutert allerlei unerwartete und spektakuläre Erfahrungen durchmachen konnte.

Heute erleben wir noch die letzten Überbleibsel dieser Praxis im Konsum der sogenannten halluzinogenen Drogen wie LSD, Meskalin, diversen anderen «Trip-Mitteln» und – in geringerem Maße – Marihuana bzw. Haschisch, die den Konsumenten aus sich herausholen und auf die «Reise» in eine außersinnliche Welt schicken. Noch immer haftet diesen Drogen die Atmosphäre jener alten Praktiken an, wie ein Passus aus einer Schrift Timothy Learys, des großen LSD-Propheten der sechziger Jahre, belegt: «Drei Gruppierungen bewirken die Evolution der neuen Zeit, die wir jetzt erleben: Es sind die Dopedealer, die Rockmusiker und die Untergrundkünstler ... Von diesen drei Arten von Helden oder mythischen Gruppen sind meines Erachtens die Dealer die wesentlichste und wichtigste. In den nächsten Jahren werden Fernsehen und Film den Dopedealer aus den sechziger Jahren als einen wichtigen Dramenstoff entdecken. Er wird der Robin Hood, der spirituelle Guerillero, der mysteriöse Agent sein, der die Stelle des Cowboyhelden oder des Detektivs im Thriller einnehmen wird. Nichts ist hier wirklich neu. Im Laufe der menschlichen Geschichte ist von jeher die undurchsichtige Figur des Alchemisten, des Schamanen, des Kräuterdoktors, des lächelnden Weisen, der den Schlüssel besitzt, mit dem du dich anturnen und gut fühlen kannst, das Zentrum des religiösen, ästhetischen, revolutionären Impulses gewesen. Ich glaube, daß dies der allererhabenste aller menschlichen Berufe ist, und ich möchte wirklich jedem kreativen jungen Menschen, der wahrhaft an seiner eigenen Entwicklung interessiert ist und der Gesellschaft bei ihrer Weiterentwicklung helfen will, mit Nachdruck empfehlen, sich diesen alten und ehrbaren Beruf einmal näher anzuschauen. Das Paradoxe beim rechtschaffenen Dealer ist, daß er dir einen himmlischen Traum verkauft. Er ist ganz anders als jeder andere Händler, weil die Ware, die er feilbietet, Freiheit und Freude ist. Du verlangst von deinem Autohändler, daß er in einem guten Auto herumfährt, und von deinem Schneider, daß er gut gekleidet ist; so daß es eigentlich selbstverständlich ist, von einem Dopedealer zu erwarten, daß er dieselbe Freude und Freiheit ausstrahlt, die du in seinem Produkt suchst. Daher besteht die Herausforderung an den Dealer nicht nur darin, daß sein Produkt rein und spirituell ist, sondern daß er selbst das menschliche Licht widerspiegelt, das er verkörpert. Kauf darum nie Dopemittel, schaff dir nie die Sakramente von jemanden an, der nicht selber die Eigenschaften besitzt, nach denen du strebst.»[17] Soweit Timothy Leary.

Die zurückliegenden Jahre haben allerdings gezeigt, daß dies alles eine Illusion war. Robin Hood, der «rechtschaffene Dealer», entpuppte sich als krimineller Mafioso, der einen nicht frei, sondern zum Sklaven macht, der einem für eine kurze Phase der Freude nicht nur die unweigerlich darauf folgende Depressivität verkauft, sondern auch die Aussicht auf psychischen Verfall.

Dennoch hatte das nicht etwa zur Folge, daß diese halluzinogenen Drogen heute nicht mehr verwendet werden. Im Gegenteil – in unserer Zeit, in der Gott für viele «tot» ist, sind diese Mittel zu gebräuchlichen «Fahrstühlen» in außersinnliche Erfahrungswelten geworden. Sie befriedigen ein Bedürfnis nach spirituellen Erfahrungen, sie tun das aber nur durch das Wiederaufrufen von Fetzen des verlorenen, alten Bewußtseins.

Auf dem Weg zur Erde

Eine andere Ursache für die Verwendung von Drogen ist, historisch gesehen, dem genau entgegengesetzt: Rauschmittel wurden eingesetzt, weil sie just den ersten Anstoß zur beschriebenen Trennung von Götter- und Menschenwelt gaben. Das gilt insbesondere für den Alkohol.

Alkohol ist in der Geschichte der Menschheit bereits seit langem bekannt, wie zwei Passagen aus der Bibel belegen. So in Genesis 9, 20-21: «Noah aber fing an und ward ein Ackermann, und er pflanzte einen Weinberg. Und er trank von dem Wein und wurde trunken; und er entblößte sich in der Mitte seines Zeltes.» Und in Genesis 14, 18 heißt es: «Und Melchisedek, der König von Salem, trug Brot und Wein hervor. Und er war ein Priester des allerhöchsten Gottes.»

Auch auf Tontafeln aus der Zeit um 6000 v.Chr., die im Nildelta entdeckt wurden, finden wir Rezepte zur Bereitung alkoholischer Getränke.[18] Alkohol (Wein) war das Mittel, welches insbesondere ab der ägyptisch-babylonischen Kulturperiode (ab ca. 3000 v.Chr.) und später zunehmend auch während der griechischen Kulturperiode (ab ca. 700 v.Chr.) angewandt wurde, um das menschliche Bewußtsein in einen Zustand zu bringen, in dem die Verbindung zur Götterwelt wie abgeschnitten war. Der Mensch wurde über den Alkohol in die Richtung seiner künftigen Bewußtseinsform geführt, in welcher die Götter den irdischen Realitäten und Tatsachen Platz machten – ein Bewußtsein, in dem nicht mehr mythisch «geträumt» wurde, sondern verstandesmäßig gedacht. Das Gruppenbewußtsein machte einem viel stärker individualisierten Selbstbewußtsein Platz. Dieses neue, «irdische» Alltagsbewußtsein wurde, wenn notwendig, durch sporadischen, streng reglementierten Alkoholgenuß stimuliert. Denn man wußte, daß anhaltender und uneingeschränkter Konsum große Gefahren mit sich brachte, die auf Dauer unwiderruflich zu einem allzu irdischen Bewußtsein hätten führen müssen, durch das der Mensch seinen geistigen Ursprung vergessen und sich innerlich in Einsamkeit und Egoismus verhärtet hätte.

So stellte bereits im 18. Jahrhundert v.Chr. der babylonische König Hammurabi das erste Gesetz auf, in dem der Konsum von Alkohol beschränkt und geregelt wurde.

Später entstand in Griechenland und Kleinasien der sogenannte Dionysos-Kult, bei welchem das Trinken von Wein auf Festen – aber unter strengen Auflagen – gepflegt wurde. Bei diesen Festen wurde die Wirkung des Weines in Gemeinsamkeit erfahren, und bewußt nicht von einzelnen, denn diese wären möglicherweise der Vereinsamung und Schwermut anheimgefallen. Während der Feste wurden auch Gleichgewichtsübungen ausgeführt, bei denen man beweisen konnte, daß man trotz Alkoholeinfluß noch in der Lage war, seinen Körper zu beherrschen. Durch solche Exerzitien kam der Mensch immer tiefer in seinen Körper, sein «eigenes Stückchen Erde», hinein, was ihm ein erhöhtes Selbstbewußtsein vermittelte. Eine andere Methode, die zum selben Ziel führen sollte, war der übermäßige Weingenuß. Man trank so viel, daß man danach die Folgen körperlich als gehörigen «Kater» erfuhr. Und um diesen Kater, dieses schmerzlich erhöhte Bewußtsein vom eigenen Körper ging es. Man wußte schließlich innerhalb des Dionysos-Kultes, daß das dadurch hervorgerufene Selbstbewußtsein notwendig war, wenn der Mensch später in der Lage sein sollte, selbständig den Weg zurück zur geistigen Welt einzuschlagen – dann allerdings aus freiem Willen unter Aufrechterhaltung des erworbenen Selbstbewußtseins. Daher wurde die Einführung des Weinanbaus und die Bereitung des Alkohols von den alten Mysterien gesteuert, eine Maßnahme, die weniger im Hinblick auf die Priester und Einzuweihenden durchgeführt wurde – sie mußten das neue Bewußtsein aus eigener Kraft zu erwerben suchen –, als vielmehr für die Mitglieder der allgemeinen Bevölkerung, die durch den Alkohol einen «Anstoß» erhielten, sich immer stärker als eigenständige, individuelle Persönlichkeit zu erfahren.[19]

Doch man wußte innerhalb der Mysterien auch, daß dieses Losreißen aus den alten Banden allmählich geschehen mußte, sollte es nicht zerstörerisch und zersplitternd wirken. Die forcierte, unvorbereitete, ungesteuerte Anwendung von Alkohol hätte unaufhaltsam zum vorschnellen Zerbrechen der existierenden spirituellen und sozialen Strukturen geführt. Später ist das tatsächlich auch eingetreten, als der Alkohol zum Beispiel den Indianern und vielen afrikanischen Völkern aufgezwungen wurde. Die Auswirkung auf die Sozialstrukturen dieser Völker war verheerend, wie wir unter anderem aus den Beschreibungen Albert Schweitzers wissen.

Allmählich also und unter der Führung bestimmter Mysterienstätten hatte der Alkohol eine vorübergehende Mission zu erfüllen.

Noch vor kurzem (um ca. 1800) blieb in der westlichen Welt – trotz der fortschreitenden Dekadenz der Mysterienstätten – diese geregelte Verwendungsform erhalten: Man trank Alkohol zu festgesetzten Zeiten und bei festlichen Anlässen – wenn es auch manche Exzesse gab.[20] Danach verselbständigt sich der Konsum, und zum erstenmal taucht der Begriff der Alkoholsucht auf.[21] Im 20. Jahrhundert schließlich hat der Alkoholkonsum namentlich nach dem Zweiten Weltkrieg immer stärkere Ausmaße angenommen. Seit Anfang der achtziger Jahre ist in vielen Ländern ein leichter Stillstand eingetreten.[22]

Die Geschichte des Alkohols und der sich im Laufe der Zeit ändernden Wirkung dieser Droge auf das menschliche Bewußtsein wird im siebten Kapitel ausführlich dargestellt.

Stimulierende Wirkung

Eine dritte Ursache für die Verwendung von Drogen war von alters her der Wunsch nach Erhöhung des Leistungsvermögens, sowohl auf körperlichem (u.a. sexuellem) als auch auf seelischem Gebiet. Bei Einnahme bestimmter Drogen ist man viel leistungsfähiger als unter normalen Umständen, man hat körperlich und seelisch größere Kräfte zur Verfügung und kann auf diese Weise die eigenen natürlichen Grenzen durchbrechen. Wir bezeichnen diese Drogen als Stimulierungsmittel.

Ein Beispiel: Nach einer alten Inkasage schenkte in grauer Vergangenheit (wahrscheinlich um 3000 v.Chr.) Manko Kapak, der «Sohn der Sonne», den Menschen den Kokastrauch, um die Betrübten zu erheitern, den Ermüdeten und Erschöpften neue Kräfte zu bringen und die Hungrigen zu sättigen. Höchst erstaunt berichtet 1555 der Conquistador Auguste Zarate seinem König, daß die Indianer durch das Kauen von Blättern des Kokastrauches 36 Stunden unter Tage in den Minen bleiben könnten, ohne zu essen und zu schlafen.[23] 1859 wurde aus den Blättern des Kokastrauchs zum erstenmal Kokain isoliert, und seitdem hat sich diese anregende, Energie weckende Droge in Wellen (erste Welle: nach 1860 – zweite Welle: ab dem Ersten Weltkrieg bis in die «Wilden Zwanziger» – dritte Welle: hauptsächlich in den achtziger Jahren) zu einem überwältigenden Stimulierungsmittel entwickelt.

Ein anderes Beispiel: In China genoß man ab dem 6. Jahrhundert n.Chr. die mild-anregende Wirkung, die von den Blättern des koffeinhaltigen Teestrauches ausging. Obwohl Tee, als Pflanzenaufguß, vermutlich bereits ab ca. 3000 v.Chr. bekannt war, wurde die stimulierende Wirkung erst viele Jahrhunderte später entdeckt, wie nachfolgende Legende illustriert: «Bodhidarma, ein Jünger Buddhas, wurde während nächtlicher Meditationen vom Schlaf übermannt. Da er dieser menschlichen Schwäche nicht ein weiteres Mal nachgeben wollte, schnitt sich der Heilige die Augenlider ab. Dort, wo sie auf die Erde fielen, schlugen sie Wurzeln und brachten sogleich einen Strauch mit grünen Blättern hervor. Als Bodhidarma am nächsten Morgen staunend davon kostete, wurde er plötzlich hellwach. Er hatte die Kraft des Tees entdeckt.»[24]

In Europa erschien Koffein auch in Form von Kaffee. Diese mildstimulierende Droge, die Müdigkeit vertreibt und schnelle, solide Gedankenbildung fördert, kam aus der arabischen Welt. Über den Ursprung des Kaffees gibt es zwei Legenden. Die eine lautet folgendermaßen: «Es war einmal in der Heimat des Kaffeestrauches, im Lande Abessinien, da hütete einst ein Hirte Kamele. Eines

Nachts – das fiel ihm auf – waren die Tiere gegen ihre sonstige Gewohnheit so unruhig wie nie zuvor. Sie liefen die ganze Nacht umher. Am folgenden Morgen entdeckte der Hirte, daß die Kamele eine ganze Anzahl von Büschen vollkommen kahlgefressen hatten. Er erzählte den Mönchen des nahen Klosters Kaffa von seinen nächtlichen Erlebnissen. Diese prüften die Büsche und verwendeten seit dieser Zeit die Blätter zu Aufgüssen, um sich damit bei ihren Gebeten und Meditationen wachzuhalten.»[25] Der anderen Legende zufolge soll der Erzengel Gabriel dem ermüdeten Propheten Mohammed den Kaffe zur Aufmunterung gebracht haben.[26]

Wurden zunächst nur die Blätter des Kaffeestrauches verwendet, so änderte sich dies später (um 1000 n.Chr.), und man benutzte die Früchte (Kirschen). Noch später – um genau zu sein: im Jahre 1511 – kam man in den islamischen Zentren Mekka und Medina zum erstenmal zu einer Art der Kaffeeherstellung, bei der von den getrockneten und gemahlenen Samen (Bohnen) ausgegangen wurde. Danach vollzog sich rasch der Vormarsch des Kaffees nach Europa. So wurde im Jahre 1517 das erste Kaffeehaus in Konstantinopel, dem heutigen Istanbul, eröffnet. Aber die neue Droge stieß auch auf großen Widerstand: Die Priester nannten sie das «schwarze Teufelsgetränk», das dem Menschen Höllenqualen eintrage. Fünfundzwanzig Jahre später ließ der Großwesir von Konstantinopel Kaffeetrinker sogar in Ledersäcke einnähen und ins Meer werfen![27]

Von einer raschen Legalisierung der neuen Droge konnte also keine Rede sein. Wirklich populär wurde der Kaffee erst im Laufe der nächsten Jahrhunderte, als türkische Soldaten auf ihren Feldzügen starken, mit einer Prise Opium aromatisierten Kaffee nach Europa mitnahmen, den sie als stimulierendes Mittel gebrauchten. Dieses «Heldenwasser» vertrieb Müdigkeit, gab zusätzliche Energie und Kraft durch die Wirkung des Koffeins und betäubte obendrein alle Angstgefühle durch den Zusatz von Opium. Doch der Widerstand, auch gegen reinen Kaffee, blieb. So erschien 1674 in England eine «Frauen-Petition», in der die Entrüstung über ein Kaffeehaus zum Ausdruck gebracht wurde: Frauen hätten keinen

Zugang zu ihm, und Männer gäben ihr Geld für «ein bißchen ordinäres, schwarzes, dickes, schmutziges, bitteres, stinkendes und abscheuliches Dreckwasser» aus, das sie «so unfruchtbar wie die Wüste» mache.[28] In diesem Pamphlet wird daher auch gefordert, das Trinken von Kaffee für alle Personen unter sechzig streng zu bestrafen!

Als aber die Türken 1683 bei Wien geschlagen wurden und die Christen dabei 10.000 Säcke Kaffee erbeuteten, gab es kein Halten mehr. Kaffee wurde jetzt rasch in vielen Ländern zum Volksgetränk Nummer eins, und das trotz aller vorübergehenden Verbote, Strafandrohungen usw.

Besonders populär waren stimulierende Mittel in Kriegszeiten. Auch während des Zweiten Weltkriegs wurden sowohl von den Nationalsozialisten als auch von den Alliierten enorme Mengen von «Kampfpillen» konsumiert, die Ermüdung verhindern, Wagemut stimulieren und aggressives Verhalten auslösen. So verbrauchten allein die britischen und amerikanischen Soldaten mehr als 150 Millionen Amphetamintabletten.[29] Nach Kriegsende kamen in Japan große Vorräte an Aufputschpillen aus Heeresbeständen auf den Markt. Die Folge war eine Suchtwelle: 1950 waren nach Schätzungen etwa eine halbe bis eine Million Menschen abhängig. 1954 wurden 55.000 Menschen inhaftiert, doch auch die danach erlassenen strengen Gesetze konnten den Gebrauch dieser Mittel nicht vollständig eindämmen.[30]

Auch in der Welt des Sports werden solche Mittel angewendet, um die Leistungen künstlich hochzuschrauben – das Problem des «Dopings» ist allgemein bekannt.

Drogen als Medizin

Ein vierter Einsatzbereich von Drogen ist seit Menschengedenken die Medizin. In vielen Kulturen war der Schamane (der Zauberpriester) zugleich Medizinmann, der mit seinen Drogen die Menschen in religiöse Ekstase versetzen, aber auch heilen konnte. Richard Schultes und Albert Hofmann schreiben in ihrem Buch *Pflanzen der Götter*: «So gelten denn die Halluzinogene, die dem eingeborenen Medizinmann und zuweilen auch dem Patienten gestatten, mit Göttern und Dämonen in Verbindung zu treten, in der Arzneikunde der Eingeborenen als erstrangige Heilmittel. Sie spielen eine weit höher eingeschätzte Rolle als die Heil- und Linderungsmittel, die direkt auf den Körper einwirken. Bei den meisten Naturvölkern sind sie daher nach und nach zur festen Grundlage der ‹medizinischen› Behandlung geworden.»[31] Ein Beispiel dafür ist die Verwendung von Haschisch bzw. Marihuana (Cannabis), das schon seit Jahrhunderten bei vielen afrikanischen und asiatischen Stämmen und Völkern als eine Art Universalheilmittel gegen allerlei Leiden und Krankheiten in Gebrauch war. So empfahl der chinesische Kaiser und Kräuterkundige Shen Nung bereits vor 5000 Jahren Cannabis als Mittel gegen Beriberi (eine Vitamin B_1-Mangel-Krankheit), Malaria, Verstopfung, rheumatische Schmerzen und Frauenleiden.[32] Und in Indien gebrauchte man dieses «Göttergeschenk» unter anderem, um den Geist zu beleben, das Leben zu verlängern, das Urteilsvermögen zu verbessern. Es wurde als fiebersenkendes und schlafförderndes Mittel eingesetzt, und man bekämpfte damit auch Schuppen, Kopfschmerzen, manische Zustände, Keuchhusten, Ohrenschmerzen und Tuberkulose.[33]

Auch in unserer Zeit werden Drogen als Medikamente verwendet. So sind die Opiate Morphium und Heroin ausgezeichnete Schmerz- und Betäubungsmittel. LSD und andere Halluzinogene werden gelegentlich bei der Behandlung von Patienten eingesetzt, die an ernsten Traumata wie zum Beispiel dem sogenannten KZ-Syndrom (in den Niederlanden durch die Forschungen Professor

Bastiaans ein Begriff; siehe unten, S. 73) leiden. Schließlich sind noch die unzähligen Schlafmittel zu nennen, die valiumartigen Beruhigungsmittel und Antidepressiva, die dazu dienen, den Konsumenten das Leben erträglicher zu machen. Es werden aber auch Heroin – als Betäubungsmittel gegen Angst, Scham und Kummer –, Alkohol – zum Vertreiben der Sorgen – sowie Speed und Kokain – als Mittel gegen innere Passivität, Leere und Unsicherheit – benutzt.

Damit sind wir bei einer der wichtigsten Ursachen des heutigen Drogenkonsums angekommen: der Selbstmedikation von Drogen mit dem Ziel, unerwünschte psychische Verfassungen zu vertreiben.

3. DROGENKONSUM HEUTE

Drogen existieren, wie wir gesehen haben, bereits seit Menschengedenken, doch das Phänomen der Drogensucht ist viel jüngeren Ursprungs. Nehmen wir den Alkohol als Beispiel, so begegnen wir dem Begriff der Alkoholsucht erst ab etwa 1800. Bis dahin war die schwerste Folge des Alkoholkonsums die Trunkenheit, die als sittlich verwerfliches Verhalten und Ursache von vielerlei Krankheiten, später auch als ein selbständiges Krankheitsbild angesehen wurde; im Laufe des 19. Jahrhunderts aber nahm der anhaltende Alkoholkonsum rasch immens zu. Dies war zum einen durch das Fehlen beziehungsweise die sehr schlechte Qualität des Trinkwassers in den aufstrebenden Industrieregionen bedingt. Die Menschen waren förmlich gezwungen, Bier, Wein oder Schnaps zu trinken, wenn sie nicht krank werden wollten. Andererseits waren es auch die schlechten Wohn-, Arbeits- und Lebensbedingungen, denen ein großer Teil der Bevölkerung ausgesetzt war und die dem Alkoholkonsum – als Trostbringer, der die Not und den Druck des Lebens vergessen machte – in die Hand arbeiteten. Die Graphik auf Seite 32 vermittelt einen Überblick des Alkoholkonsums in Deutschland seit 1900.

Auffallend ist die Zunahme des Verbrauchs seit dem Zweiten Weltkrieg. Der Pro-Kopf-Verbrauch hat einen deutlich anderen Charakter als der zu Beginn des 20. Jahrhunderts – eine Zeit, in der die hohe Konsumrate noch im Zusammenhang mit den schlechten sozialen Verhältnissen zu sehen ist.

Betrachten wir Figur 1 genauer, so zeigt sich folgendes:

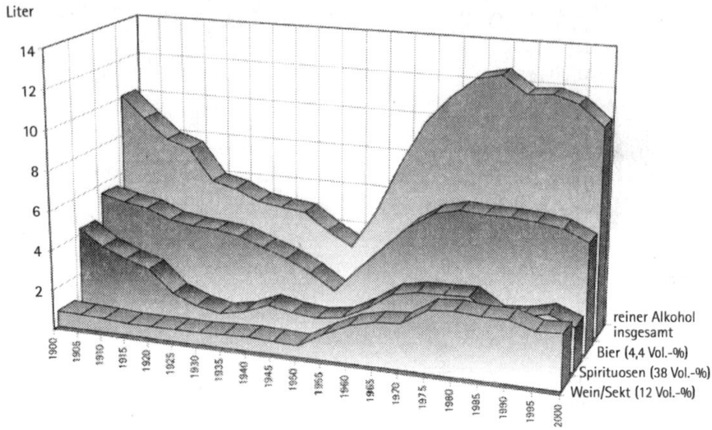

Fig. 1: Jährlicher Verbrauch von reinem (hundertprozentigem) Alkohol in Deutschland pro Kopf der Bevölkerung von 1900 bis 2000[34]

- die hohe Konsumrate zu Beginn des 20. Jahrhunderts (sie war Ende des 19. Jahrhunderts übrigens noch höher)
- die starke Abnahme in den darauffolgenden Jahrzehnten dank der Verbesserung der sozialen Verhältnisse und der massiven Anstrengungen auf dem Gebiet der Alkoholismusbekämpfung
- der enorme Anstieg nach dem Zweiten Weltkrieg bis zur Mitte der siebziger Jahre
- die Stabilisierung und der leichte Rückgang, die danach – bezogen auf die Gesamtentwicklung – eintreten.

Tabelle 1 enthält einige Angaben über den gesamten jährlichen Verbrauch alkoholischer und nichtalkoholischer Getränke pro Kopf in Deutschland von 1950 bis 2001.

In anderen westlichen Ländern ist eine vergleichbare Entwicklung bezüglich des Alkoholkonsums zu verzeichnen. Aus einer weiteren Graphik – der geschätzten Anzahl starker Trinker in den Niederlanden von 1960 bis 1990 – geht hervor, daß die größte Zunahme der durchschnittlich konsumierten Alkoholmenge pro Tag zwischen 1966 und 1975 zu verzeichnen ist (siehe Fig. 2, S. 34).[36]

Getränke	1950	1960	1970	1980	1990	2001
Alkoholische Getränke						
Bier (4,4 Vol.-%)	36,5	95,3	141,1	145,9	142,7	122,4
Wein (12 Vol.-%)	4,7	10,8	15,3	21,4	22,0	19,8
Sekt (12 Vol.-%)			1,9	4,4	5,1	4,2
Spirituosen (38 Vol.-%)	2,5	4,9	6,8	8,0	6,2	5,8
insgesamt	42,8	111,0	165,1	179,7	176,0	152,2
reiner Alkohol*	3,1	7,3	10,8	12,5	11,9	10,4
Alkoholfreie Getränke						
Erfrischungsgetränke	5,5	13,6	47,5	69,6	85,0	106,2
Mineralwässer	4,8	13,0	14,4	41,4	85,0	110,2
Fruchtsäfte	1,9	6,6	9,9	19,4	39,6	40,3
Milch	110,0	88,1	80,3	73,3	79,7	88,2
Bohnenkaffee	19,2	94,1	116,2	158,8	186,3	159,2
Ersatzkaffee	105,5	52,2	16,6	8,9	8,7	3,0
Schwarzer Tee	9,6	13,5	16,1	26,8	25,0	26,2
insgesamt	256,6	281,1	301,0	405,2	509,3	685,5

*errechnet aus dem Alkoholgehalt bei Bier, Wein, Sekt und Spirtituosen

Tabelle 1: Getränkeverbrauch in Liter pro Kopf 1950 bis 2001 in Deutschland[35]

Nimmt man eine andere Droge, das Nikotin (Tabak), läßt sich eine ähnliche Entwicklung beobachten: Seit Mitte der sechziger Jahre zeigt sich eine beachtliche Zunahme des Verbrauchs an Zigaretten in Deutschland. Zu Beginn der siebziger Jahre steigt der Zigarettenverbrauch pro Einwohner auf über 2.000 Stück jährlich, in den achtziger Jahren ist ein leichter Rückgang und eine anschließende Stabilisierung festzustellen (siehe Fig. 3).[37]

Auch für die meisten anderen Drogen gilt, daß der Verbrauch seit Ende der sechziger Jahre einen enormen Aufschwung erlebt hat, wie Tabelle 2 belegt.[38]

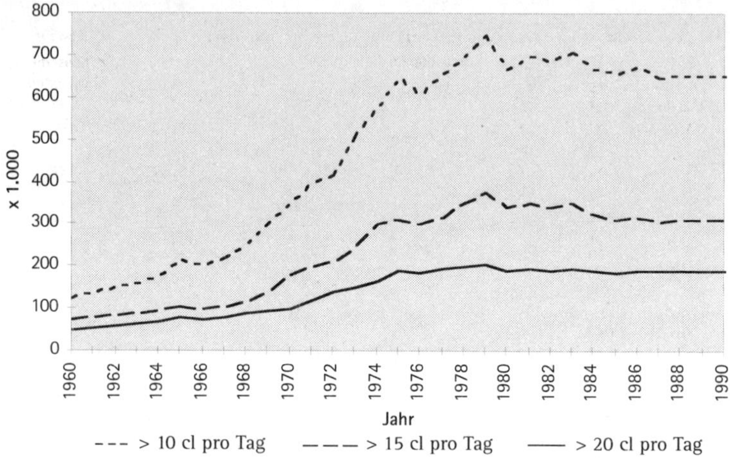

Fig. 2: Geschätzte Zahl starker Trinker in den Niederlanden 1966-1990

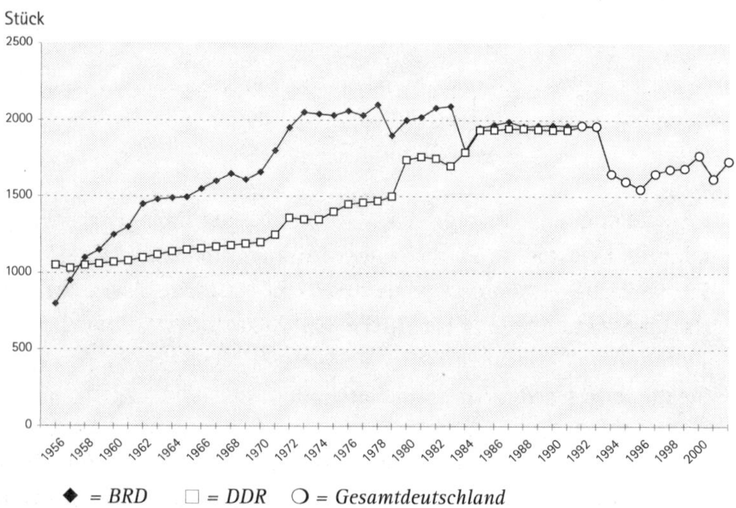

Fig. 3: Pro-Kopf-Verbrauch an Zigaretten in Deutschland (Gesamtdeutschland ab 3.10.1990).

Jahr	Heroin	Kokain	Methamphetamin Amphetamin	Haschisch	Marihuana	LSD	Ecstasy Konsum-einheiten
	kg	kg	kg	kg	kg	Trips	
1969	0,6	0,1	–	2.278,2	–	5.861	–
1970	0,5	> 0,1	–	4.332,0	–	178.925	–
1971	2,9	9,2	–	6.669,5	–	89.281	–
1972	3,7	1,7	6,6	6.114,4	–	52.272	–
1973	15,4	4,3	9,0	4.731,9	–	77.207	–
1974	33,0	5,4	6,1	3.913,0	–	1.407	–
1975	31,0	1,4	3,6	6.627,8	–	50.855	–
1976	167,2	2,4	17,5	5.325,9	–	60.952	–
1977	61,1	7,7	16,2	9.821,7	–	14.300	–
1978	187,3	4,3	2,7	4.723,5	–	33.328	–
1979	207,3	19,0	0,1	6.407,2	–	38.132	–
1980	267,1	22,3	3,8	3.200,2	–	28.881	–
1981	93,1	24,0	5,6	4.825,5	1.838,0	31.167	–
1982	202,3	32,7	16,5	2.407,3	748,3	42.170	–
1983	260,0	106,3	24,8	3.326,6	1.256,3	41.848	–
1984	263,8	171,1	14,4	2.709,2	2.922,4	40.951	–
1985	208,0	164,8	28,2	9.150,7	2.347,4	30.536	–
1986	157,2	186,5	84,5	2.309,1	365,6	22.237	–
1987	319,9	296,0	61,7	2.604,3	393,5	19.487	–
1988	537,2	496,1	91,4	2.476,4	8.873,8	38.033	–
1989	727,4	1.405,6	66,8	11.641,2	432,0	10.574	–
1990	846,8	2.473,8	85,5	4.655,4	8.985,3	14.332	–
1998	686,0	1.133,0	310,0	6.110,0	14.897,0	?	419.329
2001	836,0	1.288,0	263,0	6.863,0	2.079,0	11.441	4.576.504
2002	520,0	2.136,0	362,0	?	?	30.144	3.210.000

Tabelle 2: Die wichtigsten gemäß dem Betäubungsmittelgesetz in Deutschland beschlagnahmten Stoffe von 1969 bis 2002

Auffallend ist hier die starke Zunahme der Menge beschlagnahmten Kokains. 1989 wurde erstmalig deutlich mehr Kokain als Heroin beschlagnahmt. Im selben Jahr erreichte überdies die beschlagnahmte Menge Haschisch eine Rekordhöhe.

Zusammenfassend können wir feststellen:

1. Seit Mitte der sechziger Jahre läßt sich eine enorme Zunahme des Drogenverbrauchs beobachten; das gilt nicht nur für Alkohol, bei dem der Anstieg bereits früher eingesetzt hat, sondern auch für die neuen Drogen wie Marihuana und Haschisch, LSD, Heroin, Amphetamine und – etwas später – Kokain.

2. Seit Mitte der achtziger Jahre kommt es bei einigen Drogen – außer bei Kokain, Marihuana, Haschisch und Heroin – zu einer Stabilisierung und zu einem leichten Absinken des Verbrauchs. Seit kurzem ist auch der Alkoholverbrauch leicht gesunken. Dennoch ist der Konsum an sich immer noch sehr beträchtlich. Diese Entwicklungen seien an einigen weiteren Zahlen illustriert:
   - Zum *Alkohol*: Fast ein Viertel aller verbrauchten Getränke pro Kopf waren 2001 alkoholischer Natur. Nach Bohnenkaffee (159,2 l) ist Bier (122,4 l) das meistkonsumierte Getränk der Deutschen (siehe Tabelle 1).
   - *Heroin, Kokain* und *Amphetamine* («harte Drogen»): Die Zahl der Menschen in Deutschland, die Erfahrungen mit harten Drogen hat, wurde 2001 auf 300.000 beziffert, die Zahl der Konsumenten harter Drogen mit hoher Konsumfrequenz auf 100.000.[39] Im europäischen Vergleich: Die Anzahl der Konsumenten harter Drogen lag 1990 in Frankreich bei ca. 120.000 bis 150.000, in Italien bei 100.000 bis 200.000, in den Niederlanden bei 20.000 und in der Schweiz bei ca. 28.000 bis 56.000.[40] In der Gruppe der 12- bis 24jährigen haben in Deutschland ca. 1 Prozent bereits Erfahrungen mit Kokain oder Crack und 0,3 Prozent mit Heroin gehabt.[41] 2001 lag die Zahl der polizeilich festgestellten Erstkonsumenten harter Drogen in Deutschland bei 22.551 (zum Vergleich 1974: 10.048; 1983: 2.987; 1986: 3.921).[42] Die Anzahl der Rauschgifttoten stieg 2001 in der Bundesrepublik auf 1.835.

Viele Menschen in den westlichen Ländern sind in den letzten Jahrzehnten durch Drogengenuß in Schwierigkeiten geraten, was sich erstens am starken Anstieg der Krankenhausaufnahmen aufgrund von Alkoholmißbrauch, zweitens an der zunehmenden Quote der Klienten mit Alkoholproblemen und drittens am immensen Anwachsen der Anzahl von Klienten mit Drogenproblemen in den Beratungsstellen für Alkohol- und Drogengefährdete ablesen läßt.[43]

Man kann sich fragen, warum seit dem letzten Drittel des 20.

Jahrhunderts Drogen eine derart starke Anziehungskraft auf so viele Menschen ausüben. Was hat sich in der menschlichen Psyche verändert, daß man seine Zuflucht bei allerlei Mitteln sucht, die von außen her eine bestimmte Wirkung auf die Seele ausüben?

Um eine Antwort auf diese Fragen zu finden, ist es notwendig, den Blick auf die jüngste Vergangenheit zu richten. Es ist auffallend, wie tiefgreifend sich unser gesellschaftliches und kulturelles Umfeld seit den sechziger Jahren gewandelt hat. Bis dahin waren die Denk-, Gefühls- und Verhaltensmuster in viel stärkerem Maße von Geschlecht, Familie, sozialer Klasse, Beruf, Glaubens- oder Dorfgemeinschaft bestimmt. Doch im Laufe der sechziger Jahre änderte sich dies zunehmend. Die ausgehenden sechziger Jahre waren eine Phase großer kultureller Umbrüche; es war die Zeit der Studentenunruhen, zuerst in Paris, später auch in anderen Zentren der Welt. «L'imagination au pouvoir», «Alles muß anders werden» lauteten charakteristische Schlagworte. Es herrschte das Gefühl: Wir wollen in Bewegung kommen und selbst bestimmen, wohin wir uns bewegen, und zwar nach Gesichtspunkten, die wir festlegen ...

Man suchte eine Bewußtseinserweiterung, und vielen jungen Menschen erschienen Drogen – vor allem LSD und Marihuana oder Haschisch – als das Mittel dazu. Traditionen wurden über Bord geworfen, viele angelernte traditionelle Automatismen durchbrochen. Wir brauchen hier nur an die Infragestellung der traditionellen Rollenmuster und Autoritätsverteilung in der Familie und in Schulen, Universitäten und Betrieben zu denken, an die Emanzipationsbewegungen der Frauen und unterdrückten Minderheiten, an die Veränderungen der Sexualmoral; die sexuellen Beziehungen wurden lockerer und vielseitiger, die Zahl der Kirchgänger ging zurück usw.

Nun haben Traditionen und Gebräuche zwei Merkmale, die in diesem Zusammenhang von Bedeutung sind. Sie halten einerseits die Seele in einer unfreien Verfassung und sind für die Entwicklung einer suchenden Haltung im Hinblick auf die Wirklichkeit eher hinderlich. Andererseits verleihen sie der Seele inneren Zusammenhalt, indem Gedanken, Gewohnheiten und Impulse der Menschen aufeinander abgestimmt werden. Anders ausgedrückt: Traditionen sorgen in gewissem Sinne dafür, daß beispielsweise Denken und Wollen in Bezug zueinander stehen und innerhalb der Persönlichkeit eine gewisse Einheit bilden. Man handelt dann aus der Vorstellung, «daß es sich eben so gehört». Verschwindet diese formende Kraft der Tradition, so entsteht nicht nur Freiheit, sondern auch die Notwendigkeit, aus eigener individueller Kraft Denken, Fühlen und Wollen in einen inneren Zusammenhang zu bringen. Und es ist vielleicht eines der charakteristischen Merkmale unseres Daseins heute, daß wir die Erfahrung machen: Was ich denke oder fühle, steht nicht in selbstverständlichem Einklang mit dem, was ich will. Oder: Ich denke oder tue etwas zwar so oder so, doch tief in meinem Herzen empfinde ich es eigentlich anders.

Denken, Fühlen und Wollen fangen an, ein Eigenleben zu führen, sie beginnen sich sozusagen zu emanzipieren. Und jeden Tag steht von neuem die Aufgabe vor uns, in der Seele den Zusammenhang dieser drei Kräfte herzustellen.

Bis in die sechziger Jahre gewährleisteten Kultur und Traditionen dies in ziemlich hohem Maße. Der Bruch mit den Traditionen ist zugleich ein Bruch in der Seele, der uns zum einen in die Freiheit versetzt, selbst Inhalt, Zusammenhang und ein jeweiliges Wechselverhältnis von Denken, Fühlen und Wollen herzustellen; andererseits ruft er auch die Frage hervor, ob wir eigentlich genügend Kraft haben, das von uns aus, aus unserem Ich heraus, zu leisten.

Aber auch Drogen können dies für uns übernehmen. Drogen können vorübergehend eine oder mehrere Kräfte in der Seele aktivieren, verstärken und in den Vordergrund rücken. Sie können das (assoziative) Denken stimulieren, das Fühlen in eine bestimmte Richtung lenken und das Wollen (das Handeln) intensivieren.

Auf das *Denken* und das damit zusammenhängende bildhafte Vorstellungsvermögen wirken folgende Drogen stimulierend:

- Kokain und Amphetamine («Speed») wirken stark im Kopfbereich. Das gedankliche Assoziieren funktioniert rasend schnell, man empfindet eine stärkere Klarheit.
- Alkohol hat, direkt nach dem Genuß, kurz dieselbe Wirkung.
- Koffein, insbesondere Kaffee, ermöglicht in milderer Weise eine schnelle, klare und solide Gedankenführung.
- LSD, Meskalin, andere «Trip-Mittel» und (in geringerem Maße) hohe Dosen Marihuana bzw. Haschisch führen zu veränderter Wahrnehmung und inneren Bildern. Letzteres ist auch beim Opium, wenn auch in einer viel traumartigeren Weise, der Fall.

Schließlich sind hier noch seit kurzem die «smart drugs», auch Smarties, Lernpillen oder Gescheitmacher genannt, zu erwähnen. Sie sollen angeblich die Gehirnfunktion verbessern (u.a. das Hormonpräparat Vasopressin und die Mittel Hydergin und Piracetam). Die meisten dieser Medikamente sind für ältere Patienten mit nachlassenden Gehirnfunktionen entwickelt worden, doch immer häufiger werden sie, trotz ihrer erheblichen Nebenwirkungen, von gesunden jungen Menschen, besonders von Schülern und Studenten, geschluckt, die damit ihre Lernresultate verbessern wollen.

Eine Veränderung des *Fühlens* bewirken folgende Drogen:

- Marihuana bzw. Haschisch intensivieren Gefühle; die Skala reicht von intensiven, gefühlsmäßig erlebten Wahrnehmungen und Vorstellungen, die eine fröhliche Stimmung erzeugen können, bis zum süßen Traum – oder aber zur dämmerigen Bewußtseinsverfassung, die ein Gefühl der Entspannung, des «Relaxed-Seins», vermittelt und schließlich häufig im Schlaf endet. Deshalb ist Marihuana oder Haschisch auch ein so willkommener Ausweg für viele junge Leute, deren Gefühlsleben an seelischer Austrocknung leidet, weil – besonders durch einen einseitig intellektuell ausgerichteten Unterricht – bei ihnen nur die Seelenfähigkeit des Denkens angesprochen und entwickelt worden ist. Aber auch diejenigen, die sich durch Überaktivität selbst verlieren (einseitig entwickelter Wille), gelangen durch Marihuana und Haschisch zu einem wohltuenden Gefühl der Ruhe.

- Auch Alkohol ruft intensive Gefühle hervor und dient überdies vielen Menschen dazu, ihre Kontaktfreude anzuregen und die Stimmung anzuheben; er fungiert, wie P. H. Esser es ausdrückt,[44] als «soziales Schmiermittel». Als «starkes», das heißt hochprozentiges Getränk vermittelt er auch das Gefühl der Kraft, der Selbstsicherheit, des Übermuts, der Aggression.
- Kokain und «Speed» erhöhen die Stimmung und erzeugen ein Gefühl der Glückseligkeit: Man fühlt sich überlegen. Crack, ein Kokainprodukt, leistet dasselbe noch schneller und stärker.
- Schlaf- und Beruhigungsmittel vermindern die Angst und verleihen ein Gefühl von Gleichgültigkeit, Gelassenheit und Ruhe. Ähnlich das Nikotin: Es gibt dem Raucher, wenn er angespannt oder nervös ist, ein mildes Gefühl der Ruhe.
- Opium, die Opiate Morphium und Heroin sowie die synthetische Ersatzdroge Methadon betäuben in verschiedenem Maße alle unangenehmen Gefühle von Angst, Kummer, Schmerz, Scham usw. und mindern das Bewußtsein zu einem entspannten, gleichgültig machenden Gefühl des körperlichen Wohlbehagens herab.
- Werden Morphium, Heroin, Kokain oder Speed direkt in die Vene gespritzt (als «Shot»), so kommt es innerhalb weniger Sekunden zum «Flash», das heißt zu einem intensiven Glücksgefühl.

Auf das *Wollen* wirken folgende Drogen:

- Stimulierende Mittel wie Amphetamine (Speed, «Pep Pills») stellen künstliche Willenskräfte zur Verfügung. Sie verleihen dem Konsumenten die Erfahrung erhöhter Energie.
- Koffein bewirkt dasselbe, aber auf mildere Weise; man fühlt sich auch körperlich aktiviert.
- Kokain ermöglicht höhere körperliche Leistungen. Wir geben

Sigmund Freud das Wort: «Man fühlt eine Zunahme der Selbstbeherrschung, fühlt sich lebenskräftiger und arbeitsfähiger ... Man ist eben einfach normal und hat bald Mühe, sich zu glauben, daß man unter irgend welcher Einwirkung steht.»[45] Freud schickte seiner Braut Martha Bernays kleine Dosen Kokain und schrieb ihr: «Wenn Du unartig bist, wirst Du sehen, wer stärker ist, ein kleines sanftes Mädchen, das nicht ißt, oder ein großer wilder Mann, der Cocain im Leib hat. In meiner letzten schweren Verstimmung habe ich wieder Coca genommen und mich mit einer Kleinigkeit wunderbar auf die Höhe gehoben. Ich bin eben beschäftigt, für das Loblied auf dieses Zaubermittel Literatur zu sammeln.»[46]

- Nikotin schließlich hat eine leicht stimulierende Wirkung, wenn der Raucher passiv und lustlos ist.

Drogen sind also imstande, zeitweilig eine oder mehrere Seelenkräfte auf bestimmte Weise in den Vordergrund zu rücken. Dadurch können sie uns die innere Herausforderung abnehmen, die die Emanzipation der Seelengebiete von Denken, Fühlen und Wollen mit sich bringt; bei regelmäßiger Anwendung beinhaltet dies das Risiko, daß der Kern unserer Persönlichkeit, das Ich, in zunehmendem Maße ausgeschaltet wird: daß also die Drogen an Stelle unseres Ich das jeweilige Wechselverhältnis und Zusammenspiel von Denken, Fühlen und Wollen zu bestimmen beginnen. Es sind dann die Drogen, die die innere Auseinandersetzung für uns übernehmen und die Stelle unseres Ich besetzen. Der Kern der menschlichen Persönlichkeit wird mehr oder weniger stark ausgeschaltet, kann sich nur in viel geringerem Maße entwickeln und hat auf Dauer immer weniger Kraft, Denken, Fühlen und Wollen miteinander zu verbinden. Dadurch wiederum wird die Verlockung, dies mittels Drogen zu bewerkstelligen, nur noch größer, und am Ende steht schließlich die Sucht.

Im Extrem entsteht so der Dauersüchtige und von harten Drogen Abhängige unserer Zeit: der sogenannte polytoxikomane Drogenkonsument, der ständig damit beschäftigt ist, sich eine «Mahlzeit» aus verschiedenen Drogen zusammenzustellen, die ihm die erwünschte Kraft, den Inhalt und Zusammenhang der drei Seelengebiete liefert. Dabei wird er auch auf die Suche nach den idealen Kombinationen, den besten «Cocktails», gehen. William S. Burroughs beschreibt das in seinem autobiographischen Roman *Junkie* für die Kombination von gleichzeitigem Anspannungs- und Entspannungsgefühl beim «speed ball» (einer Mischung aus Kokain und Morphium): «Ich hielt ein Streichholz unter den Löffel, bis sich das Morphium aufgelöst hatte. Kokain wird nie erhitzt. Auf einer Messerspitze fügte ich noch etwas Koks [Kokain] hinzu. Es löste sich sofort auf wie Schnee in Wasser. Dann wickelte ich einen abgenutzten Schlips um meinen Arm. Mein Atem ging stoßweise vor Erregung, meine Hände zitterten. ‹Gib sie mir, ja, Ike?› Sanft ließ Old Ike einen Finger an der Vene entlanggleiten, den Tropfer zwischen Daumen und Fingern haltend. Ike konnte es. Ich spürte die Nadel kaum in die Vene gleiten. In den Tropfer schoß dunkles, rotes Blut. ‹Gut›, sagte er. ‹Laß los.› Ich lockerte den Schlips, und der Tropfer leerte sich in die Vene. Kokain schoß in meinen Kopf, ein angenehmes Gefühl der Benommenheit und Anspannung, während sich das Morphium in entspannenden Wellen im Körper ausbreitete. ‹War das gut?› fragte Ike lächelnd. ‹Wenn Gott jemals etwas Besseres erschaffen haben sollte, dann hat er es für sich selbst behalten›, sagte ich.»[47]

Auch bei ein und derselben Droge sind Kombinationen möglich, die die Kräfte des Denkens, Fühlens und Wollens auf bestimmte Weise regulieren.

Ein relativ neues Beispiel hierfür ist Ecstasy (XTC oder MDMA: 3,4-Methylen-Dioxymethyl-Amphetamin), ein Mittel, das Ende der achtziger Jahre in Europa seinen Durchbruch erlebte und vom Drogenforscher August de Loor folgendermaßen beschrieben wird: «Ecstasy hat eine bewußtseinserweiternde Wirkung. Sie muß als die Hauptwirkung des Mittels betrachtet werden. Es ist diese Wirkung, die den Konsumenten anzieht. Die Energieseite von Ecstasy muß als ‹Träger› betrachtet werden. Der Träger aktiviert die Hauptfunktion. Doch es spielt noch mehr mit. Logisch gesehen müßte man eigentlich erwarten, daß sich die beiden Wirkungen abstoßen, wenn sie kombiniert werden. Denn sie sind einander im Grunde entgegengesetzt. Das Besondere bei Ecstasy ist, daß dies nicht eintritt. Der Effekt besteht nicht darin, daß sie sich gegenseitig abbauen. Die Wirkungen ‹kappen› sich vielmehr gewissermaßen gegenseitig. Die energierende Wirkung schwächt die Hauptwirkung. Dadurch erlebt der Konsument keine halluzinogenen Effekte. Und der bewußtseinserweiternde Bestandteil baut die Wirkung des energiesteigernden Faktors ab. Die Wirkung, daß man hin- und hergeworfen wird, und das Auf und Ab zwischen Sicherheit und Unsicherheit - Eigenschaften, die bei den Amphetaminen dazugehören - treten bei Ecstasy in den Hintergrund. Der Ecstasy-Konsument erfährt nur eine leichte energiesteigernde Wirkung, wodurch der bewußtseinserweiternde Effekt stärker erlebt wird.»[48]

De Loor verdeutlicht das an dem Schema von Seite 44:

A ist die bewußtseinserweiternde Wirkung von Ecstasy. Sie muß als Hauptwirkung angesehen werden (Bereich des Denkens). B ist die Energiekomponente von Ecstasy und muß als «Träger» dieser Hauptwirkung betrachtet werden (Bereich des Wollens). C sorgt dafür, daß sich A und B überlagern. Diese Überlagerung (D) ist ein Spezifikum von Ecstasy. Es «kappt» die Wirkung von A und B. Bereich D wird auch als das «Sicherheitsventil» von Ecstasy bezeichnet.

Außerdem erzeugt Ecstasy ein «gutes Gefühl»: Auf die «Anfangsphase folgt ein Gefühl von Wärme, sowohl körperlich als auch geistig, das als angenehmes ‹social feeling› umschrieben wird»[49] (Bereich des Fühlens).

Zusammenfassend läßt sich sagen, daß Ecstasy in der Lage ist, die Seelengebiete von Denken, Fühlen und Wollen auf eine für den Konsumenten angenehme Weise miteinander zu kombinieren.

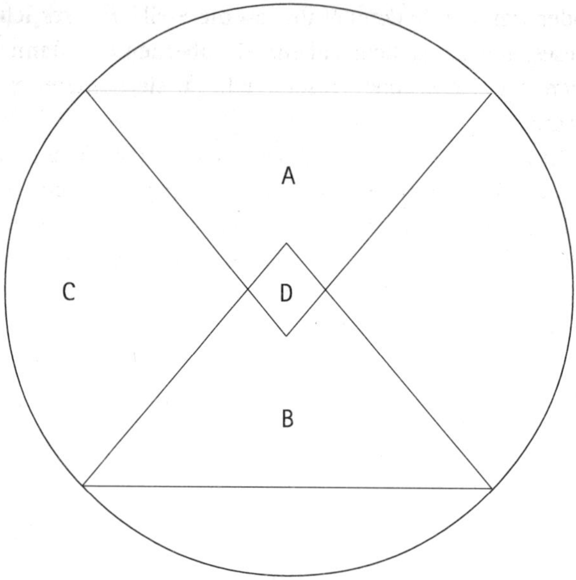

Aller Erwartung nach werden in Zukunft noch viele ähnliche Mittel erscheinen – Drogen, die auf differenzierteste, subtile oder kräftige Weise Denken, Fühlen und Wollen des Konsumenten manipulieren können. Es taucht das Zukunftsbild auf, mit dem Arman Sahihi sein Buch über *Designer-Drogen* eröffnet: «Einst, in einer heute noch relativ fernen Zukunft, wird es billige Drogen geben, durch die der Mensch je nach Wunsch seine freudigen oder unbehaglichen Gefühle, seine Produktivitäts- und Ruheperioden regulieren kann, ohne sich und der Gesellschaft irgendwelchen Schaden zuzufügen. Wir verfügen bereits jetzt – zumindest annäherungsweise – über das erforderliche Wissen auf neurophysiologischem und chemischem Gebiet wie auch über die chemischen Substanzen, mit denen sich diese künftigen Glücksbringer und Entspannungsmittel produzieren lassen.»[50]

Diese neuen Drogen werden jedoch allesamt eines gemeinsam haben: Sie werden – wie schon die heutigen Rauschmittel –, in mehr oder weniger starkem Maße, an die Stelle unseres Ich treten und dieses gleichsam beurlauben. Sie übernehmen dann etliche Aufgaben und Funktionen unseres Ich, ja, sie ersetzen es in gewisser Hinsicht.

Das führt uns zur Frage: Wodurch sind Drogen dazu imstande? Oder, anders formuliert: Wie sieht die Wirkungsweise der verschiedenen bewußtseinsverändernden Mittel innerhalb des menschlichen Organismus aus? Und wie kommt diese Wirkung zustande?

In den folgenden Kapiteln werden wir ausführlich auf diese Fragen eingehen. Dabei beschreiben wir zunächst die Geschichte des jeweiligen Rauschmittels, bevor wir seine Wirkung darstellen. Auf diese Weise lassen sich die Drogen am besten kennenlernen.

4. LSD

LSD wird auf synthetischem Wege aus Lysergsäure (ein Bestandteil des Mutterkorns) hergestellt, das mit einer Diäthylamid-Gruppe verbunden wird. Auf diese Weise entsteht das unter Licht- und Lufteinfluß leichtflüchtige Lysergsäure-Diäthylamid, abgekürzt LSD.[51] Bei oraler Einnahme setzt nach ungefähr 45 Minuten eine heftige Wirkung ein. Sie nimmt daraufhin ab, um später wieder in aller Heftigkeit anzuschwellen; das setzt sich so im Wechsel fort. Erst nach acht bis zwölf Stunden hört diese rhythmische Wirkung auf.

Das Mutterkorn

Der ursprüngliche Grundstoff für das LSD ist eine Pflanze, das Mutterkorn. Schauen wir uns diese Pflanze einmal genauer an.

Mutterkorn ist ein Pilz, der sich vorzugsweise in der Blüte der Roggenähren ansiedelt (s. Abb. S. 47). Andere Getreidearten werden in viel geringerem Maße davon befallen. Er hindert die Roggenähre daran, auf normale Weise gesunde Früchte (Roggenkörner) auszubilden. Er ist in dieser Hinsicht also ein Schmarotzer, der seinen Wirt, die Roggenähre, schwächt und auf die Dauer zugunsten der eigenen Fortpflanzung unfruchtbar macht. Diese Fortpflanzung vollzieht sich unter anderem dadurch, daß sich der Pilz an der Stelle, wo die Roggenähre blüht, in zahllose Sporen auflöst. Er nimmt dort also seinerseits eine weitgehend «unstoffliche» Form an.

Damit meinen wir folgendes: Die Art, wie eine Pflanze blüht, kann als Äußerung des am wenigsten materiellen Teils ihres stofflichen Wesens betrachtet werden. Das kommt sowohl im Wachstum der zarten, oft durchscheinend-dünnen Blütenblätter wie auch in der Bildung der vielfach mikroskopisch kleinen Pollen zum Ausdruck, die sich auf den Staubgefäßen vollzieht. In den Pollenkörnern ist die Pflanze, materiell gesehen, so gut wie nicht mehr vorhanden; sie löst sich gewissermaßen auf und «entstofflicht» sich. Aber gerade durch diese äußerst kleinen Pollen kann sie sich zugleich immens «vergrößern»: Ihre Wirkung kann sich jetzt, da Wind und Insekten die Pollen über große Entfernungen zu den klebrigen Stempeln anderer Blumen transportieren, über ein kilometergroßes Gebiet erstrecken. Was Umfang und stoffliche Erscheinung angeht, verschwindet die Pflanze in den Pollen fast vollständig, während sie sich gleichzeitig in bezug auf ihre Wirkung ins Unendliche vergrößert. Sie verdünnt oder «homöopathisiert» sich gleichsam im Raume und zeigt sich dadurch in ihrem allerverfeinertsten Zustand.

Es ist genau dieser Prozeß der Zerstäubung, der Bewegung in Richtung auf die Entstofflichung und der Auflösung der räumlichen Substanz, den die Roggenähre in ihrer Blühphase durchläuft und zu dem sich das Mutterkorn besonders hingezogen fühlt. Es setzt sich mittels seiner Sporen auf die Stempel der geöffneten Roggenblüten, um sich dort zunächst zum Myzelium und dann zu den hochgiftigen schwarz-violetten, bananenförmigen Körnern des Mutterkorns zu entwickeln; außerdem pflanzt es sich an den Fadenrändern des Myzels fort, indem es sich zum Teil in zahllose neue Sporen auflöst. Das Mutterkorn nistet sich also in den Prozeß der Entstofflichung und Auflösung der Roggenähre ein. Es fühlt sich hier seinem Wesen nach besonders zu Hause. Dieses Wesen zeigt eine starke Verwandtschaft mit dem Prozeß der Substanzauflösung – allerdings in der Weise, daß es ihn parasitenhaft auf der Wirtspflanze, dem Roggen, auslebt, die es schließlich selbst schwächt und deformiert.

Geschichtliches zur Wirkung des Mutterkorns

Zum erstenmal wird der Mutterkornpilz um 600 v. Chr. erwähnt. Die Assyrer beschreiben ihn als «eine schädliche Pustel in der Ähre des Korns».[52] In den heiligen Büchern der Parsen (ca. 350 v.Chr.) steht zu lesen: «Unter den von Ahriman geschaffenen Dingen befinden sich schädliche Gräser, die bei Frauen eine Gebärmuttersenkung verursachen und sie im Kindbett sterben lassen.»[53]

Auch in den griechischen Mysterien spielte das Mutterkorn aller Wahrscheinlichkeit nach eine wichtige Rolle. Wir zitieren noch einmal aus dem Buch von Albert Hofmann, dem Entdecker des LSD, und Richard Schultes, *Pflanzen der Götter:* «In einer interdisziplinären Analyse ... werden die geheimnisvollen Riten des antiken Griechenland – ein viertausendjähriges Rätsel – mit einer Berauschung in Zusammenhang gebracht, die durch den Schmarotzerpilz Claviceps verursacht wird. Heute glaubt man, daß Claviceps paspali und möglicherweise andere Arten, die Lolium und weitere in Griechenland heimische getreideartige Gräser befallen, für den Rauschzustand verantwortlich sind, auf dem die Ekstase beruhte, die bei den Mysterien erlebt wurde.»[54]

Da die Griechen – wegen der «schwarzen und übelriechenden Frucht Thrakiens und Mazedoniens»[55] – keinen Roggen aßen, verschwand er für lange Zeit aus der europäischen Geschichte. Daher findet sich in den pharmazeutischen Werken der Römer keine Erwähnung der Mutterkornvergiftung. Erst mit dem Aufblühen der christlichen Kultur in Europa kehrt der Roggen wieder zurück, und das anbrechende Mittelalter bringt erste Zeugnisse von ernsten Mutterkornvergiftungen.

In vielen Teilen Europas brachen damals große Epidemien aus, so im Jahre 1039 in der Gegend von Saint Didier-la-Mothe in der Dauphiné. Von der schrecklichen Krankheit wurden auch ein Edelmann, Gaston mit Namen, und dessen Sohn getroffen. In der Kirche des Ortes befanden sich die Reliquien des heiligen Antonius (251-356), der Jahrzehnte als Einsiedler – er wird auch als der Vater des Mönchtums bezeichnet – in der Wüste Ägyptens gelebt hatte und im Alter von 105 Jahren gestorben war. Gaston und sein Sohn flehten den Heiligen um Rettung an, wobei sie feierlich gelobten, ihm Hab und Gut zu weihen, wenn sie geheilt würden. Und das Wunder geschah tatsächlich: sie genasen! Nun wurde ein Spital gegründet und (im Jahre 1098) ein Laienorden von Ärzten und Rittern gestiftet. Dieser Orden sollte sich im Laufe der Zeit zum erneuerten europäischen Ableger des bereits Ende des 4. Jahrhunderts in Ägypten und Äthiopien begründeten militanten Ordens der Antoniusbrüder ausdehnen – ein Orden, der sich jetzt vor allem der Pflege von Kranken und Obdachlosen verschrieb, die an den entsetzlichen Symptomen der Mutterkornvergiftung litten.

Wie sahen diese Symptome aus? Wenn das hochgiftige Mutterkorn zusammen mit dem gesunden Roggenkorn zu Mehl vermahlen, gebacken und gegessen wurde, führte dies zu heftigem Juckreiz, und die Gliedmaßen wurden von äußerst qualvollen, «brennenden» Schmerzen und Durchblutungsstörungen befallen, die auf die Dauer dazu führen konnten, daß die betroffenen Extremitäten schwarz wurden und abstarben. (Heute weiß man, daß diese gangränöse Krankheit, bei der also das Gewebe abstirbt, durch das im Mutterkorn enthaltene Ergotin verursacht wird, einem sehr starken Gift. Es verengt die kleinen peripheren Blutgefäße, weshalb es in der Geburtsmedizin als Wehenmittel und in der Heilkunde als Blutstillungsmittel eingesetzt wird.) Die massiven Brand- und Vertrocknungserscheinungen waren von Tobsuchtsanfällen, nervösen Krämpfen mit epileptischen Symptomen sowie Delirien mit Halluzinationen begleitet. Wegen des alles dominierenden brennenden Gefühls sprach man vom «Heiligen Feuer», vom «Antoniusfieber» oder vom «Antoniusfeuer».

Wir zitieren dazu zwei mittelalterliche Chroniken. Zunächst ein amtlicher Bericht: Da ist die Rede von «einer gewaltigen Plage mit anschwellenden Bläschen, die die Menschen durch widerliche

Fäulnis verzehrte».[56] Und der Mönch Sigbert von Gembloux schreibt: «Es war ein Seuchenjahr, wo viele, deren Inneres das Heilige Feuer verzehrte, an ihren zerfressenen Gliedern verfaulten, die schwarz wie Kohle wurden. Sie starben entweder elendig, oder sie setzten ein noch elenderes Leben fort, nachdem die verfaulten Hände und Füße abgetrennt waren. Viele aber wurden von Nervenkrämpfen gequält.»[57]

Für diese Menschen gründeten die Antoniter ihren Orden. Sie errichteten entlang der großen Straßen Hunderte von Pflegehäusern und Spitälern, wo die vom Antoniusfeuer Befallenen, aber auch andere kranke und entwurzelte Menschen ihre Zuflucht fanden.

Heilung wurde damals als ein geistiger Prozeß erlebt: In den Heiltränken und den Substanzen, die mit den Reliquien des Heiligen Antonius in Berührung gebracht wurden, wirkten dessen Kräfte. Der Heilige war darin anwesend, und die Kranken begegneten ihm darin. Er gab den Substanzen ihre Wirksamkeit.

Doch auch in den überwältigend schönen Bildern der großartigen Kunstwerke, die die Bruderschaft herstellen ließ, war er anwesend und wirkten seine Kräfte. Daher wurden die Kranken traditionsgemäß zuerst vor den Altar mit den Malereien und anderen Kunstwerken gebracht. Man hoffte, daß die darin wirksamen Kräfte des Heiligen Antonius – und durch ihn die des Christus – ihnen innere Ruhe verleihen und sie zu harmonisieren vermöchten, wodurch dann schließlich auch die körperliche Heilung – trotz unterstützender Medikamente ein Wunder – möglich würde. Immer jedoch stand die Heilung als geistiger Vorgang im Vordergrund, denn Krankheit wurde als Folge innerer Schwächen und Verirrungen erfahren. Auch der Heilungsprozeß mußte demnach in erster Linie im Innern des Menschen beginnen.

Einer der Altäre, die eigens zu diesem Zwecke entstanden, ist der heute weltberühmte Altar des ehemaligen Antoniter-Chorherrenstifts in Isenheim, an einer einst vielbereisten Pilgerstraße durch das Elsaß gelegen: der Isenheimer Altar des Matthias Grünewald (heute in Colmar).

Der Isenheimer Altar

Es würde zu weit führen, den gesamten inneren Weg zu beschreiben, den der Kranke durchmachte, nachdem er vor den Isenheimer Altar gebracht worden war, denn wir wollen hier ja der Wirkung des Mutterkorns und den Wurzeln der LSD-Erfahrung nachgehen. Kurz zusammengefaßt läßt sich jedoch sagen, daß der Kranke sich innerlich im realistisch-peinvollen Bild der Kreuzigung Christi erkennen konnte. Danach vermochte er sich anhand der anderen Tafeln als ein ewiges, geistiges Wesen zu erleben, das die Auferstehungskraft des Christus in sich aufnahm, um mit ihr schließlich die eigene Krankheit mit ihren Schmerzen und seelenzerreißenden Bildern aushalten und überwinden zu können. Die letzte Tafel des Ganzen war das Bild der Versuchung des Heiligen Antonius in der Wüste, eine nicht minder realistische künstlerische Darstellung der quälenden und hilfespendenden Kräfte in den Seelen derjenigen, die vom Antoniusfeuer verzehrt wurden (siehe Abb. S. 53).

Gottfried Richter beschreibt diese Szene in seinem Buch über den Isenheimer Altar folgendermaßen. «Richtete man den Blick auf die rechte Tafel, so erschien dort jene ganz andere furchtbare Szene, wo Antonius, der unermüdliche Kämpfer gegen die Dämonen, eines Tages, wie Athanasius erzählt, von ihnen angegriffen wird. Er hat sie herausgefordert – nun haben sie ihn überfallen, sein Haus zerstört und in Brand gesteckt und schlagen und trampeln auf den Wehrlosen ein. Grünewald malt den ohnmächtig seinen Peinigern Preisgegebenen, das bis auf ein trostloses Gerippe zerstörte Haus und diesen Alptraum von Orgien des Hasses und der Freude am Quälen, in denen die Dämonen triumphieren, mit der gleichen grausamen Realistik, mit der er den Kreuzestod des Erlösers dargestellt hatte.

Welch eine Kühnheit, dies furchtbare Bild als letztes in der ganzen Bilderfolge hinzustellen! Das zu wagen! Denn stellt man sich einmal vor, ein von jener grausamen Seuche Ergriffener, der sich

Hilfe heischend hierher geschleppt hatte, stellte sich diesem Bild – was sah er denn? – Sich selbst. So lag er selbst unter dem höhnischen Grinsen des geschwürigen Krankheitsdämons, der in der linken unteren Ecke hockt, preisgegeben den dumpfen, seelenlosen Mächten der Verzweiflung und Angst, niedergetreten, zerschlagen, zerrissen. Aber auch wer nicht unter der Geißel jener Krankheit stand, konnte vor diesem Bild aufs tiefste erschrecken. Denn in der Physiognomie, in den Gebärden, in der ganzen Gestalt dieser furchtbaren Wesen starrten ihn ja die Mächte an, welche die schrecklichsten Feinde des Menschen sein können: Dummheit, Stumpfsinn, Brutalität, Eitelkeit, die Dumpfheit der bloßen physischen Gewalt, reptilienhafte Seelenlosigkeit. Der ihrem Wüten Ausgesetzte aber – auch das war ja Erfahrung – fühlt sich ganz allein gelassen, wie es der vorn rechts an einem Baumstumpf angeheftete Zettel ausspricht: ‹Ubi eras, bone Jhesu? Ubi eras? Quare non affuisti, ut vulnera mea sanares?› (Wo warst du, guter Jesus? Wo warst du? Warum warst du nicht da, meine Wunden zu heilen?)

Diese von Athanasius überlieferten Worte des Gequälten sind aber zugleich der Schlüssel für das Rätsel der ganzen Szene, sofern man nur im Bewußtsein hat, daß sie nicht nur die Schlußworte der Geschichte waren, sondern eine Antwort gefunden hatten, die ganz gewiß jeder, der nach Isenheim kam, damals kannte und die Athanasius so überliefert: ‹Da ertönte eine Stimme: ‹Antonius, ich war hier, aber ich wartete ab, deinem Kampf zuzuschauen. Weil du standgehalten hast, werde ich dir stets ein Helfer sein und machen, daß dein Name allerorten gefeiert werde.› – Als Antonius dies gehört hatte, erhob er sich und betete, und so sehr war er erstarkt, daß er selber fühlte, wie er jetzt mehr Kraft besaß, als er vorhin gehabt ...› Dann sah man auch, daß die Hilfe schon unterwegs, daß der Himmel aufgerissen war und Engel herniederfuhren, vor denen die Dämonen herunterstürzten – gleich würde der ganze Spuk vorbei sein.

Das also war zu wissen: der Heilige hatte selbst dergleichen durchgemacht.»[58]

Auch der Kranke konnte also aushalten lernen, was Antonius ertragen hatte, und – gestärkt durch die Kraft des Heiligen, in dessen Wesen die Kraft des Christus wirksam war – innerlich ungebrochen auf seine fortschreitende Heilung hoffen.

Was uns jedoch vor allem interessiert, ist die frappierende Übereinstimmung dieser «Dämonenschau» in der Seele des vom Gift Infizierten mit der beängstigenden Erfahrung des «bad trip» oder Horrortrips, wie sie der LSD-Konsument durchmacht. Ein Beispiel: «Ich kann den Schrecken nur durch Vergleiche ausdrücken. Stell dir vor, daß du gezwungen wirst, hilflos mit anzusehen, wie irgendwelche Monster deine Kinder auffressen. Denke dir dieses Gefühl tausendmal gesteigert, und du hast eine leise Vermutung, was ich durchgemacht habe!»[59] Oder folgende Erfahrung: «Die Nachbarsfrau, die mir Milch brachte – ich trank im Verlaufe des Abends mehr als zwei Liter –, erkannte ich kaum mehr. Das war nicht mehr Frau R., sondern eine bösartige, heimtückische Hexe mit einer farbigen Fratze.»[60]

Wolfgang Schmidbauer und Jürgen vom Scheidt fassen in ihrem *Handbuch der Rauschdrogen* diese Erfahrungen wie folgt zusammen: «Das geläufigste Risiko ist der *bad trip*, ein akuter Angstanfall, in dem der (versprochene oder erwartete) LSD-Himmel zur Hölle wird. Der Berauschte sieht sich von wilden Tieren oder menschlichen Verfolgern, Teufeln, Folterknechten bedroht. Seine Realitätsorientierung kann zusammenbrechen; eine kurzdauernde, psychose-ähnliche Reaktion ist die Folge ... Klingt die negative Reaktion nicht ab, so kann eine länger dauernde, psychotische Phase folgen. Der Betroffene verhält sich wie ein Geisteskranker (in der Regel analog einem Fall paranoisch-halluzinatorischer Schizophrenie) und muß in eine Nervenklinik eingeliefert werden.»[61]

Wird uns in der Darstellung der Versuchung des Heiligen Antonius nicht ein Urbild des «bad trips» vor Augen geführt? Erinnern nicht, worauf Franziska Sarwey hinweist,[62] die eigenartigen Hörner jener Teufelsgestalt, die oberhalb des Heiligen auf dem rechten Flügel erscheint und ihm ihren Gifthauch einbläst (Abb. S. 57, rechte obere Ecke, über der linken Schulter des Heiligen), in ihrer Form wahrhaftig an den Mutterkornpilz? Ist dies, angesichts der Tatsache, daß der Zusammenhang zwischen «heiligem Feuer» und Mutterkorn erst am Ende des 17. Jahrhunderts erhellt wurde, eine rein zufällige, künstlerische Parallele?

Wie dem auch sei, für die Kranken bedeutete der Heilige Antonius die Rettung. Er war, aufgrund der Läuterung seines jahrzehntelangen Eremitendaseins, in der Lage, den giftigen, stinkenden Atem des dämonischen Mutterkornwesens unbeschadet in vollständiger Gelassenheit, lächelnd fast, zu ertragen und mit innerer Kraft, ungebrochen, der Welt und der Zukunft entgegenzusehen.

Doch wer vermag dem LSD-Konsumenten, unvorbereitet wie er ist, in der panischen Angst seines «bad trips» zu helfen?

Die Entdeckung des LSD

Wir erwähnten schon, daß der Zusammenhang zwischen dem Mutterkorn und dem Antoniusfeuer offiziell erst am Ende des 17. Jahrhunderts (um genau zu sein: 1676), rund fünfhundert Jahre nach dem Höhepunkt der Epidemien also, nachgewiesen worden ist. Ab diesem Zeitpunkt wurden allerlei hygienische Maßnahmen eingeführt, die verhindern sollten, daß das Mutterkorn zusammen mit dem gesunden Roggenkorn ins Mehl geriet. Das hatte zur Folge, daß die Krankheit, die ohnehin schon stark an Bedeutung verloren hatte, so gut wie kaum mehr auftrat. Die letzte große Seuche datiert aus den Jahren 1926/27 und betraf das Gebiet zwischen Kasan und dem Ural in Südrußland.

Man hat das Mutterkorn chemisch analysiert und als Grundstoff für verschiedene Heilmittel verwendet. So wurde 1918 das giftige Alkaloid Ergotamin isoliert, ein Medikament gegen Migräne. Das Ergotin als ein stark wirkendes Mittel zur Blutstillung nach der Geburt erwähnten wir bereits. Weitere aus dem Mutterkorn ge-

wonnene Alkaloide fanden Eingang in die innere Medizin, die Geriatrie und die Psychiatrie.

Während der Arbeit an einem Forschungsprojekt über die medizinischen Anwendungsmöglichkeiten des Mutterkorns fügte Dr. Albert Hofmann, damals Chef des Naturstoffe-Labors der großen pharmazeutischen Fabrik Sandoz in Basel, im Jahre 1938 eine Diäthylamid-Gruppe einem aus dem Mutterkorn isolierten Stoff, der Lysergsäure, hinzu. Fünf Jahre später, es war am 16. April 1943, hatte er «rein zufällig» eine geringe Menge des neuen Stoffes – er nannte ihn LSD: Lysergsäure-Diäthylamid – eingenommen; wahrscheinlich war beim Experimentieren etwas an seinen Fingern hängengeblieben. Er fühlte sich plötzlich wie betäubt und mußte nach Hause gehen. Dort angekommen, störte ihn das normale Tageslicht so sehr, daß er die Augen schließen mußte. Danach erschienen ihm phantastische Visionen und intensive, farbenreiche Bilder. Diese Symptome hielten etwa zwei Stunden an. Wie ließ sich das erklären? Hofmann machte sich klar, daß er den ganzen Tag eigentlich nur mit LSD gearbeitet hatte, aber unmöglich nennenswerte Mengen dieser Substanz aufgenommen haben konnte. Er beschloß einige Tage später, am 19. April, testweise eine höchst minimale Dosis einzunehmen – es handelte sich um 0,25 Milligramm, das Zehnfache der wirksamen Dosis (wie sich später herausstellte) –, die er in wäßriger Tartrat-Lösung zu sich nahm. Die Folgen hielt er ausführlich in seinem Tagebuch fest. Wir lassen diese Passagen in voller Länge folgen, weil sie unseres Erachtens eine frappierende Übereinstimmung mit den inneren Erlebnissen dokumentieren, die auf dem Isenheimer Altar bei der Versuchung des Heiligen Antonius dargestellt sind.

«19. April 1943. 17.00 Uhr: Beginnender Schwindel, Angstgefühl, Sehstörungen, Lähmungen, Lachreiz. Ergänzung am 21. IV.: Mit Velo nach Hause. Von 18 – ca. 20 Uhr schwerste Krise ...

Die letzten Worte konnte ich nur noch mit großer Mühe niederschreiben. Schon jetzt war es mir klar, daß Lysergsäure-Diäthylamid die Ursache des merkwürdigen Erlebnisses vom vergangenen

Freitag gewesen war, denn die Veränderungen der Empfindungen und des Erlebens waren von gleicher Art wie damals, nur viel tiefgehender. Ich konnte nur mit größter Anstrengung verständlich sprechen, und bat meine Laborantin, die über den Selbstversuch orientiert war, mich nach Hause zu begleiten. Schon auf dem Heimweg mit dem Fahrrad – ein Auto war im Augenblick nicht verfügbar, Autos waren während der Kriegszeit nur wenigen Privilegierten vorbehalten – nahm mein Zustand bedrohliche Formen an. Alles in meinem Gesichtsfeld schwankte und war verzerrt wie in einem gekrümmten Spiegel. Auch hatte ich das Gefühl, mit dem Fahrrad nicht vom Fleck zu kommen. Indessen sagte mir später meine Assistentin, wir seien sehr schnell gefahren. Schließlich doch noch heil zu Hause angelangt, war ich gerade noch fähig, meine Begleiterin zu bitten, unseren Hausarzt anzurufen und bei den Nachbarn nach Milch zu fragen.

Trotz meines rauschartigen Verwirrtheitszustandes konnte ich für kurze Augenblicke klar und zweckgerichtet denken – Milch als unspezifisches Entgiftungsmittel.

Schwindel und Ohnmachtsgefühl wurden zeitweise so stark, daß ich mich nicht mehr aufrecht halten konnte und mich auf ein Sofa hinlegen mußte. Meine Umgebung hatte sich nun in beängstigender Weise verwandelt. Alles im Raum drehte sich, und die vertrauten Gegenstände und Möbelstücke nahmen groteske, meist bedrohliche Formen an. Sie waren in dauernder Bewegung, wie belebt, wie von innerer Unruhe erfüllt. Die Nachbarsfrau, die mir Milch brachte – ich trank im Verlaufe des Abends mehr als zwei Liter –, erkannte ich kaum mehr. Das war nicht mehr Frau R., sondern eine bösartige, heimtückische Hexe mit einer farbigen Fratze. Aber schlimmer als diese Verwandlungen der Außenwelt ins Groteske waren die Veränderungen, die ich in mir selbst, an meinem inneren Wesen, verspürte. Alle Anstrengungen meines Willens, den Zerfall der äußeren Welt und die Auflösung meines Ich aufzuhalten, schienen vergeblich. Ein Dämon war in mich eingedrungen und hatte von meinem Körper, von meinen Sinnen und von meiner Seele Besitz ergriffen. Ich sprang auf und schrie, um mich von ihm zu befreien, sank dann aber wieder machtlos auf das Sofa. Die Substanz, mit der ich hatte experimentieren wollen, hatte mich besiegt. Sie war der Dämon, der höhnisch über meinen Willen triumphierte. Eine furchtbare Angst, wahnsinnig geworden zu sein, packte mich. Ich war in eine andere Welt geraten, in andere Räume mit anderer Zeit. Mein Körper schien mir gefühllos, leblos, fremd. Lag ich im Sterben? War das der Übergang? Zeitweise glaubte ich außerhalb meines Körpers zu sein und erkannte dann klar, wie ein außenstehender Beobachter, die ganze Tragik meiner Lage. Sterben ohne Abschied von meiner Familie – meine Frau war mit unseren drei Kindern an diesem Tag zu ihren Eltern nach Luzern gefahren. Ob sie jemals verstehen würde, daß ich nicht leichtsinnig, verantwortungslos, sondern äußerst vorsichtig experimentiert hatte, und daß ein solcher Ausgang in keiner Weise vorauszusehen war? Nicht nur, daß eine junge Familie vorzeitig ihren Vater verlieren sollte, auch der Gedanke, meine Arbeit als Forschungschemiker, die mir so viel bedeutete, mitten in fruchtbarer, zukunftsreicher Entwicklung unvollendet abbrechen zu müssen, steigerte meine Angst und Verzweiflung. Dazwischen tauchte voll bitterer Ironie die Überlegung auf, daß eben dieses Lyserg-Diäthylamid, das ich in die Welt gesetzt hatte, mich nun zwang, sie vorzeitig zu verlassen.

Der Höhepunkt meines verzweifelten Zustandes war bereits überschritten, als der Arzt eintraf. Meine Laborantin klärte ihn über meinen Selbstversuch auf, da ich selbst noch nicht fähig war, einen zusammenhängenden Satz zu formulieren. Nachdem ich ihn auf meinen vermeintlich tödlich bedrohten körperlichen Zustand hinzuweisen versucht hatte, schüttelte er ratlos den Kopf, da er außer extrem weiten Pupillen keinerlei abnorme Symptome feststellen konnte. Puls, Blutdruck und Atmung waren normal. Er verabfolgte daher keine Medikamente, trug mich ins Schlafzimmer und wachte an meinem Bett. Langsam kam ich nun wieder aus einer unheimlich fremdartigen Welt zurück in die vertraute Alltagswirklichkeit. Der Schrecken wich und machte einem Gefühl des Glücks und der

Dankbarkeit Platz, je mehr normales Fühlen und Denken zurückkehrten, und die Gewißheit wuchs, daß ich der Gefahr des Wahnsinns endgültig entronnen war.

Jetzt begann ich allmählich das unerhörte Farben- und Formenspiel zu genießen, das hinter meinen geschlossenen Augen andauerte. Kaleidoskopartig sich verändernd drangen bunte, phantastische Gebilde auf mich ein, in Kreisen und Spiralen sich öffnend und wieder schließend, in Farbfontänen zersprühend, sich neu ordnend und kreuzend, in ständigem Fluß. Besonders merkwürdig war, wie alle akustischen Wahrnehmungen, etwa das Geräusch einer Türklinke oder eines vorbeifahrenden Autos, sich in optische Empfindungen verwandelten. Jeder Laut erzeugte ein in Form und Farbe entsprechendes, lebendig wechselndes Bild.»[63]

Die psychedelische Revolution

Nach der Entdeckung des LSD begannen die Experimente. So unternahmen Hofmanns Kollegen Stoll und Rothlin vier Jahre lang Versuche mit freiwilligen Testpersonen, deren Resultate sie 1974 publizierten. Weil die Firma Sandoz LSD inzwischen auf den Markt gebracht hatte, konnten nun zahllose Forscher weltweit ungehindert damit experimentieren, was zu einer wahren Flut von Publikationen in wissenschaftlichen Zeitschriften führte. Vor allem in den fünfziger Jahren wurde innerhalb der Psychiatrie rege mit LSD experimentiert. Man benutzte das Mittel vor allem, um sogenannte experimentelle Psychosen hervorzurufen, die vertiefte Erkenntnisse über das Wesen der schizophrenen Psychose und deren psychotherapeutische Behandlung erbringen sollten.

Eine neue Phase setzte 1961 ein. In diesem Jahr begann ein bis dahin relativ unbekannter Dozent für Psychologie an der Universität von Harvard, Timothy Leary, mit LSD zu experimentieren, nachdem er während eines Ferienaufenthaltes in Mexiko von den bewußtseinsverändernden Eigenschaften des Psilocybin-Pilzes und des Peyotl-Kaktus beeindruckt worden war. Der damals vierzigjährige Leary nahm selbst regelmäßig LSD und initiierte zusammen mit seinem jüngeren Kollegen Richard Alpert weitere Experimente unter Einbeziehung seiner Studenten. Daraufhin entstand so etwas wie eine religiöse Bewegung um das LSD, die sich rasch verbreitete und zu einer weltweiten Jugendbewegung anwuchs, in welcher die Verwendung sogenannter «bewußtseinserweiternder» Drogen im großen Stil erstmals eine zentrale Rolle spielte. Ziel war die Erlangung eines höheren, ekstatischen Bewußtseins. LSD war Mittel dazu und Sakrament zugleich.

Leary, der innerhalb von drei Jahren fast sechshundertmal die Droge einnahm, schrieb: «Fast immer empfing ich staunend und voll Ehrfurcht religiöse Offenbarungen, die genauso erschütternd waren wie beim ersten Mal.»[64] Und: «In einer sorgfältig vorbereiteten, liebevollen LSD-Sitzung kann eine Frau mehrere hundert Orgasmen haben.»[65] Leary weiter: «Man gab ihr [der psychedelischen Ekstase] viele Namen – ‹Samhadi›, ‹Satori›, ‹Numina›, ‹Nirwana›, mystischer oder visionärer Zustand, Transzendenz ... Seit Jahrhunderten ist es bekannt, daß der ekstatische Zustand durch Methoden erzeugt werden kann, die die chemischen Vorgänge im Körper verändern – durch Fasten, kontemplative Konzentration, Yogaübungen und durch Einnahme von Nahrungsmitteln und Drogen. Die von den Drogen erzeugte Ekstase nennen wir neuerdings das psychedelische Erlebnis.»[66]

Seitdem begaben sich viele junge Menschen auf die Suche – mit dem von Leary gepriesenen LSD als «die Wahrheit, der Weg und die Gottheit».[67] Die offizielle Reaktion ließ nicht lange auf sich warten; Sandoz stoppte daraufhin die Produktion und nahm die Droge vom Markt. Am 15. Juli 1965 wurde LSD in den Vereinigten Staaten verboten und seine Anwendung in vielen Ländern, darunter auch in den Niederlanden und Deutschland, durch das Rauschmittelgesetz unter Strafe gestellt. Doch zahlreichen jungen Leuten, darunter viele, die auf der Suche nach spirituellen Erfahrungen waren, erschien LSD wie ein Traum. Vorbereitung und Läuterung waren nicht mehr notwendig, ein «gratis» erreichbares ekstatisch-spirituelles Bewußtsein war zum Greifen nahe – eine verlockende Perspektive für eine Jugend, die gerade im Begriff war, sich vom einseitig materiell ausgerichteten Wohlstandsstreben loszusagen, das – in ihren Augen – Erde und Menschheit zu vernichten drohte; eine Jugend, die auf der Suche war nach einer anderen, besseren Welt, in der es mehr Raum für die Natur und den Menschen mit seiner schöpferischen Phantasie gab.

Etablierte Ordnung und psychedelische Bewegung (Flowerpower, Hippie-Bewegung) standen sich unvereinbar gegenüber: Die Autoritäten reagierten mit Verboten und Gefängnisstrafen. Die Jugend ging in den «Underground» und baute eine Subkultur auf, in der LSD und andere «Trip-Mittel» (darunter auch, in geringerem Maße, Marihuana oder Haschisch) als Zugangspforten zu einer, wie sich später zeigen sollte, illusionären Welt der All-Einheit, des Friedens und der Freiheit galten.

Denn die Möglichkeiten des LSD waren überschätzt worden: Zu viele Menschen gerieten über kurz oder lang in eine schizophrene Psychose, wurden paranoid oder depressiv und litten an Realitätsverlust. Hofmann warnte bereits 1970: «Die das ganze Erleben von Grund auf verwandelnden und in diesem Sinne unheimliche Gefahren in sich bergenden Wirkungen der mexikanischen Halluzinogene machen es verständlich, daß die sogenannten primitiven Völker ein Tabu auf diese Drogen legten. Für sie waren es sakrale Drogen, die dem Heilpriester für den Gebrauch im religiös-zeremoniellen Rahmen vorbehalten blieben. Da es in unserer Gesellschaft keine Tabus mehr gibt, die allgemeine Tendenz vielmehr dahin geht, die letzten Hemmungen zu beseitigen, blieben leider alle sachlichen Aufklärungsversuche und Warnungen vor möglichen Gefahren der Halluzinogene wirkungslos. Im Bewußtsein ihrer Verantwortung blieb der Herstellerfirma und der Gesundheitsbehörde nichts anderes übrig, als durch strenge Kontrollmaßnahmen den Gebrauch der Halluzinogene auf die wissenschaftliche Forschung und die medizinische Anwendung einzuschränken. Polizeiliche Maßnahmen sind keine ideale Lösung, aber bei der heutigen Drogensituation und in der heutigen Gesellschaft die einzig mögliche.»[68]

Ein Jahr später begegnete er Leary, der gerade aus dem kalifornischen Gefängnis entwichen war und in der Schweiz Asyl gefunden hatte. «Diese persönliche Begegnung mit Leary hinterließ bei mir den Eindruck einer liebenswürdigen Persönlichkeit, die von ihrer Sendung überzeugt ist, die ihre Ansichten auch scherzend, doch kompromißlos vertritt, die, durchdrungen vom Glauben an die Wunderwirkungen der psychedelischen Drogen und dem daraus resultierenden Optimismus, recht hoch in den Wolken schwebt und dazu neigt, praktische Schwierigkeiten, unerfreuliche Tatsachen und Gefahren zu unterschätzen oder gar zu übersehen.»[69]

Als die beiden sich ein Jahr später, im Februar 1972, noch einmal begegneten, erschien ihm Leary «verändert, ... fahrig und zerstreut».[70] Kurz darauf wurde Leary auf dem Flugplatz von Kabul verhaftet, nach Amerika gebracht und nach Kalifornien ins Gefängnis überführt. Es folgten ein großangelegter Prozeß und die Verurteilung zu fünfzehn Jahren Gefängnis wegen Aufbaus eines riesigen Drogenhandel- und -verteilungsapparates. So wurde bei ihm unter anderem Pulver zur Herstellung von 14 Millionen LSD-Trips sichergestellt! Leary, der sich inzwischen als Hohepriester und Inkarnation von Jesus Christus einstufte,[71] wurde wegen guten Betragens bereits nach wenigen Jahren im Frühjahr 1976 freigelassen. Hofmann berichtet, er habe von Learys Freunden gehört, daß dieser sich «nun mit psychologischen Problemen der Weltraumfahrt und mit der Erforschung der kosmischen Entsprechungen des menschlichen Nervensystems im interstellaren Raum» beschäftige, mit Problemen also, «deren Studium ihm von seiten der Behörden wohl keine Schwierigkeiten mehr einbringen» werde.[72]

Und Hofmann selbst? 1979 äußerte er sich in einem Interview über sein «Sorgenkind» LSD folgendermaßen: «Durch einen seinem Wirkungscharakter nicht entsprechenden leichtsinnigen Gebrauch, durch die Verwechslung in der Drogenszene von LSD mit einem Genußmittel, kam es zu all jenen Unglücksfällen und Katastrophen, die dem LSD bei vielen den Ruf einer Satansdroge eingebracht haben ... Besondere innere und äußere Vorbereitungen sind notwendig, damit ein LSD-Versuch ein sinnvolles Erlebnis werden kann. Falsche und mißbräuchliche Anwendung haben LSD für mich zu einem rechten Sorgenkind werden lassen.»[73]

Im selben Jahr resümierte er, als 73jähriger, in seinem Lebensrückblick *LSD – mein Sorgenkind* seine Einsichten: «Meditation ist Vorbereitung auf das gleiche Ziel, das in den eleusinischen Mysterien angestrebt und erreicht wurde. Es wäre denkbar, daß in Zukunft LSD vermehrt eingesetzt werden könnte, um eine die Meditation krönende Erleuchtung herbeizuführen. In der Möglichkeit, die auf mystisches Erleben einer zugleich höheren und tieferen Wirklichkeit ausgerichtete Meditation von der stofflichen Seite her zu unterstützen, sehe ich die eigentliche Bedeutung von LSD ... Eine solche Anwendung entspricht ganz dem Wesen und Wirkungscharakter von LSD als sakraler Droge.»[74]

Die Wirkung von LSD

Wenn wir die Wirkung von LSD durchschauen wollen, ist es notwendig, zuerst einige Begriffe einzuführen, die unseres Erachtens für das Verständnis der Wirkungsweise dieser und anderer Drogen unentbehrlich sind. Es handelt sich dabei um anthroposophische Begriffe in bezug auf die Gliederung des menschlichen Organismus.

Geisteswissenschaftlich (anthroposophisch) gesehen, besteht der Mensch aus einem sichtbaren – oder, besser ausgedrückt: sinnlich wahrnehmbaren – und einem unsichtbaren – nicht mit den Sinnen wahrnehmbaren – Teil.

Man kann folgende Wesensglieder unterscheiden:

- den physischen Leib, das heißt den äußerlich sicht- und wägbaren Anteil, den der Mensch mit der mineralischen Welt gemein hat;
- den Äther- oder Lebensleib – ein Komplex von Lebensprozessen, wie sie sich zum Beispiel in Wachstum und Fortpflanzung manifestieren –, der dafür sorgt, daß der physische Leib, bis zum Eintritt des Todes nicht zerfällt; dieses Wesensglied hat der Mensch mit den Pflanzen gemein;
- den Astralleib, den Träger des Bewußtseins (mit den Empfindungen, Trieben, Instinkten, Leidenschaften, Gefühlen, Willensimpulsen, aber auch allen Gedanken, die immerfort durch unsere Seele ziehen); dieses Wesensglied hat der Mensch mit den Tieren gemein;
- das Ich, das den Menschen zur Krone der Schöpfung macht und durch das er ein Ich-Bewußtsein (Bewußtsein seiner selbst) hat.

Diese vier Wesensglieder sind, wenn der Mensch wach ist, fortwährend miteinander in Verbindung, in Zusammenspiel und Wechselwirkung. Wir werden im weiteren Verlauf unserer Darstellung dieses Menschenbild detaillierter darstellen.

Wir haben gesehen, daß das aus dem giftigen Mutterkorn hergestellte LSD ein Stoff ist, der bereits nach Einnahme einer äußerst geringen Dosis tiefgreifende Bewußtseinsveränderungen hervorruft. Wie läßt sich dies verstehen? Dazu müssen wir uns zunächst mit der allgemeinen Wirkung von Giftstoffen auf den menschlichen Organismus beschäftigen.

Was geschieht, wenn wir ein Gift in verhängnisvoller Dosis zu uns nehmen? Wir sterben. Sterben ist, unter dem Aspekt der menschlichen Wesensglieder, ein Prozeß, bei dem der Ätherleib den physischen Leib verläßt und nur dieser auf der Erde zurückbleibt. Das Leben zieht sich aus dem physischen Leib zurück, der Ätherleib löst sich von ihm, und die Verbindung zwischen den beiden Wesensgliedern zerbricht. Menschen, die am Rande des Todes geschwebt haben oder scheintot waren, kennen diesen Prozeß aus eigener

Erfahrung und können hinterher oft darüber berichten. Ein Beispiel: «Auf einmal jedoch sah sich Frau Schwarz langsam und seelenruhig aus ihrem physischen Körper gleiten und schwebte alsbald in einem gewissen Abstand über ihrem Bett. Mit einem Sinn für Humor erzählte sie uns, wie sie aus jener Distanz auf ihren unter ihr ausgestreckten Körper blickte, der sich so bleich und abstoßend ausnahm. Sie befiel dabei ein Gefühl des Erstaunens und des Überraschtseins, war aber selbst nicht erschrocken oder ängstlich.»[75]

Soweit eine Schilderung, wie sie Elisabeth Kübler-Ross in ihrem Buch *Über den Tod und das Leben danach* dargestellt hat; es enthält Erfahrungen von Menschen, die den Prozeß des Austretens des Ätherleibes aus dem physischen Leib bewußt erlebt haben. Die Schlußfolgerungen der Autorin lauten: «Nach all den Jahren des Zusammentragens von Fällen können wir sagen, daß sich bei all diesen todesnahen Erlebnissen folgende Tatsachen als gemeinsamer Nenner bestimmen lassen: Im Moment des Todes werden wir alle die Trennung des wirklichen, unsterblichen Ichs von seinem zeitlichen Haus, nämlich dem physischen Körper, erleben. Dieses unsterbliche Selbst wird auch Seele oder Entität genannt. Oder, wenn wir uns symbolisch ausdrücken, wie wir es gegenüber Kindern tun, so könnten wir dieses sich aus dem Erdenkörper befreiende Selbst mit dem aus seinem Kokon schlüpfenden Schmetterling vergleichen. Sobald wir unseren physischen Körper verlassen haben, werden wir uns inne, daß wir von keinerlei Panik, Angst oder Sorge erfaßt werden. Wir erleben uns dann immer als eine vollständig körperliche Einheit. Wir sind uns vollkommen des Schauplatzes bewußt, an welchem der Unfall oder der Tod stattgefunden hat, egal, ob es sich dabei um ein Krankenzimmer oder um unser eigenes Schlafzimmer handelte, in welchem wir von einer Herzattacke heimgesucht wurden, oder ob es der Ort war, wo sich der Autounfall oder der Flugzeugabsturz ereignete. Wir können deutlich wahrnehmen, welche Personen sich zum Beispiel in einer Wiederbelebungsmannschaft befinden oder bei einer Gruppe von Herbeigeeilten, die sich damit zu schaffen macht, einen verletzten oder gar verunstalteten Körper aus den Trümmern eines Wagens zu befreien. Wir vermögen dies uns alles aus ein paar Metern Entfernung mitanzusehen, ohne daß unsere geistige Verfassung zu sehr daran Anteil nimmt. Man erlaube mir, wenn ich von der geistigen Verfassung spreche, da wir in den meisten Fällen in diesen Momenten nicht mehr mit dem physischen Denkapparat oder dem funktionierenden Gehirn verbunden sind.

Diese Vorgänge ereignen sich sehr oft gerade dann, wenn entweder keine Gehirnwellen mehr meßbar sind, die anzeigen könnten, ob das Gehirn noch funktioniert, oder wenn die Ärzte keinerlei Lebenszeichen mehr feststellen können. In den Momenten, in welchen wir unserer eigenen Todesszenerie beiwohnen, nehmen wir die Gespräche der Anwesenden wahr samt deren Eigenheiten, ihrer Kleidung und ihren Gedanken, ohne daß wir dabei über das ganze Geschehen negativ beeindruckt sind.

Unser zweiter Körper, in welchem wir uns zu dieser Zeit vorübergehend aufhalten und den wir als solchen wahrnehmen, ist nicht der physische, sondern ein ätherischer Körper.»[76]

Worin besteht nun der Zusammenhang mit der Wirkung des LSD? Menschen, die LSD nehmen, können ebenfalls in die Lage kommen, diese Erfahrung des Beinahe-Gestorben-Seins, des Austretens des Ätherleibes aus dem physischen Leib, durchzumachen! Lassen wir noch einmal Albert Hofmann, der als erster diese Droge nahm, zu Wort kommen: «Manchmal hatte ich das Gefühl, als ob ich außerhalb meines eigenen Körpers stände. Ich dachte, ich sei gestorben. Mein ‹Ego› schwebte irgendwo im Raum, und ich sah meinen Körper tot auf dem Diwan liegen.»[77]

Ähnlich Timothy Leary: «Ich begriff, daß ich gestorben war, daß ich, Timothy Leary, der naive, unbeschwerte Timothy Leary, tot war. Ich drehte mich um und sah meinen Körper auf dem Bett liegen.»[78]

Natürlich waren Hofmann und Leary nicht wirklich tot, sie waren aber aus ihrem Körper herausgetreten. Ihr Ätherleib hatte sich vom physischen Leib gelöst, allerdings nicht definitiv. Sie waren, um es einmal anders zu formulieren, «vorübergehend gestorben». Und weil während der Wirkungsdauer des LSD auch weiterhin Erfahrungen möglich waren, die über den physischen Leib vermittelt wurden – was darauf hindeutet, daß der Ätherleib doch noch teilweise in einer gewissen Verbindung mit dem physischen Leib blieb –, können wir uns noch exakter ausdrücken: Es findet durch die Einnahme von LSD ein partieller Tod statt.[79] Der Ätherleib löst sich teilweise vom physischen Leib – wir werden durch das Gift, auch wenn wir nur winzige Mengen einnehmen (0,00003 g sind bereits ausreichend für eine heftige Reaktion) teilweise aus unserem physischen Leib herausgeworfen und überschreiten ein klein wenig die Grenze: Wir betreten das Reich des Todes.

Die Kenntnis dieses Phänomens ist eine wichtige Voraussetzung für das Verständnis der Wirkung von LSD und anderer sogenannter bewußtseinserweiternder Drogen: Bei Einnahme dieser Gifte treten wir anfänglich aus unserem Körper und machen den Beginn des Todesprozesses durch. Und auf dem Weg, der dabei beschritten wird, in diesem Unterwegssein in Richtung des Todes, warten Grenzerfahrungen auf uns, wie sie auch von Menschen berichtet werden, die scheintot oder beinahe tot waren («near death experiences»). So fährt auch Timothy Leary in seiner Schilderung fort: «Mein Leben lief vor mir ab. Ich erlebte noch einmal viele Ereignisse, die ich schon längst vergessen hatte.»[80]

Dieses filmartige Ablaufen des Lebenspanoramas treffen wir auch häufig in den Schilderungen derer an, die LSD genommen haben. Sie erleben einen großen Überblick, Ausschnitte oder kurze Bruchstücke ihres Lebens, zum Beispiel die ersten Kindheitsjahre bis zurück zur Geburt. Die Bilder sind je nach Fall übersichtlich oder auch chaotisch, immer jedoch sehr lebendig. Vergleichen wir damit die Erfahrungen von Menschen, die einmal klinisch tot waren, so zeigen sich auffallende Übereinstimmungen. Ein Beispiel: «Als ich in Vietnam diente, wurde ich verwundet, was dazu führte, daß ich ‹starb›. Die ganze Zeit über erlebte ich jedoch ganz genau, was mit mir vorging. Als es passierte und ich von sechs Maschinengewehrkugeln getroffen wurde ... erschien auf einmal mein ganzes Leben als Bilderbogen vor mir. Ich sah mich in die Zeit zurückversetzt, als ich noch ein kleines Kind war, und von da ab bewegten sich die Bilder weiter durch mein ganzes Leben. Ich konnte mich wirklich an alles erinnern. Alles stand so klar und lebendig vor mir. Von den frühesten Erinnerungen, an die ich mich gerade noch eben erinnern kann, bis herauf zur Gegenwart war alles genauestens aufgezeichnet, und es lief in Windeseile vor mir ab.»[81]

Raymond Moody faßt diese Erfahrungen des Rückblicks auf das bisherige Leben wie folgt zusammen: «Die Rückschau nun läßt sich am ehesten durch den Hinweis auf Erinnerungsbilder beschreiben, da diese ihr unter allen vertrauten Erscheinungen am nächsten stehen; andererseits weist sie jedoch Merkmale auf, die sie von jedem normalen Erinnerungsprozeß abheben. Zunächst einmal läuft sie mit außerordentlicher Geschwindigkeit ab. In zeitlicher Hinsicht wird berichtet, daß die Bilder einander rasch und in chronologischer Ordnung folgen. Andere Zeugen wiederum können sich nicht erinnern, überhaupt eine zeitliche Reihenfolge wahrgenommen zu haben. Das Wiedererkennen ging blitzartig vor sich; alle erinnerten Geschehnisse erschienen gleichzeitig und konnten mit einem Blick des geistigen Auges erfaßt werden. Unabhängig von der jeweiligen Ausdrucksweise der Betroffenen besteht offenbar doch Einigkeit darüber, daß das Erlebnis, gemessen an irdischer Zeit, in einem einzigen Augenblick vorüber war.»[82]

Und Elisabeth Kübler-Ross bestätigt diese Erfahrungen anhand der Forschungen von Victor Frankl: «Vor einigen Jahrzehnten, als man sich für solche Themen noch recht wenig interessierte, sammelte er bereits Berichte von solchen, die in Europa von Bergklippen herabgestürzt waren und dabei angesichts des Todes ihr ganzes Leben wie in einem Film vor sich ablaufen sahen. Er untersuchte, wieviel diese in jenen Sekunden während des Fallens aus ihrem Lebensfilm vor ihrem geistigen Auge ablaufen sahen. Hierdurch kam er zur Feststellung, daß während jener außerkörperlichen Erfahrungen die Zeit als solche unmöglich existieren kann. Viele

Menschen haben kurz vor dem Ertrinken oder anläßlich einer anderen Gefahrensituation ein ähnliches Erlebnis gehabt.»[83]

Wie ist so etwas möglich? Und wie läßt es sich verstehen? Rudolf Steiner gibt in seinem Buch *Die Geheimwissenschaft im Umriß* ebenfalls eine detaillierte Beschreibung dieser Phänomene. Er erklärt sie damit, daß der Ätherleib sich vorübergehend, zum Beispiel durch schwere Schockeinwirkung, vom physischen Leib weitgehend zu lösen vermag, was dazu führt, daß die freigewordenen Ätherkräfte ins Bewußtsein (Astralleib) treten. Dadurch können die im Ätherleib schlummernden Erinnerungsinhalte zum Bild werden. Denn der Ätherleib ist, nach Steiner, der Träger unseres Gedächtnisses. Alle Eindrücke, die wir während unseres Lebens empfangen, bleiben darin erhalten. Alles, was wir scheinbar vergessen haben, wird im Ätherleib bleibend aufbewahrt. Wenn wir definitiv sterben, trennt sich der Ätherleib als ganzer vom physischen Leib, mit der Folge, daß all seine Gedächtnisinhalte plötzlich im Astralleib zur Entfaltung kommen. Dadurch sind wir in der Lage, unser verflossenes Leben in einem großen inneren Panorama zu überblicken. Denn der Ätherleib braucht den physischen Leib jetzt nicht mehr in seiner Form zu erhalten und kann daher all seine Kräfte dem Astralleib zur Verfügung stellen, wo sie zum Bild, das heißt: zum Bild des vergangenen Lebens, werden können.

Wenn wir LSD nehmen, geschieht dies in starkem oder geringerem Maße ebenfalls: Durch den partiellen Tod, den wir nach Einnahme der Droge erleben, können sich allerlei Inhalte unseres Gedächtnisses, die wir möglicherweise längst vergessen hatten, zum inneren Bild wandeln. Dieses Phänomen, daß bestimmte Eindrücke aus unserem Ätherleib ins Bewußtsein treten, kann sehr weit in die Vergangenheit zurückführen, es kann sogar vorgeburtliche, ja vor der Konzeption liegende Eindrücke umfassen. Ist letzteres der Fall, handelt es sich um Eindrücke, die in jenen Teil des Ätherleibes eingeprägt wurden, den wir von unseren Eltern geerbt haben.[84] Und diese standen wiederum selbst im ätherischen Vererbungsstrom ihrer Eltern, Großeltern, Urgroßeltern usw. Dadurch kann sich uns ein Blick in das immer allgemeiner werdende Menschheitsgedächtnis, das heißt in die Entstehungsgeschichte des menschlichen Organismus, eröffnen.

Timothy Leary beschreibt seine Erfahrungen in bezug auf die embryonale und vorembryonale Erinnerung wie folgt: «Ich erlebte auch die Vergangenheit in einem entwicklungsgeschichtlichen Sinn, meine Evolution, bis ich mich als einzelligen Organismus wiedererkannte. All das sprengte die Grenzen meines Verstandes.»[85] Diese und ähnliche Erfahrungen Timothy Learys wurden durch die großangelegten Forschungen von Stanislav Grof bestätigt, der mehr als 3800 LSD-Sitzungen analysierte und zu der Schlußfolgerung kam, daß bei den unvorstellbar vielgestaltigen LSD-Erlebnissen «fötale, embryonale, kollektive, rassische, evolutionäre und Ahnen-Erfahrungen» eine bedeutende Rolle spielen.[86]

Durch LSD wird uns also das Gebiet des kollektiven Unbewußten und seiner Archetypen (C. G. Jung) erschlossen, ein Vorgang, vor dem Jung immer – ganz unabhängig von der Frage der Drogenverwendung – nachdrücklich gewarnt hat. Er spricht von der «psychischen Inflation», bei der das Unbewußte übermächtig wird und das Individuum mit seinen Inhalten überschwemmt, bis dieses – im Extremfall – psychotisch wird oder gar sich selbst vernichtet.

Außerdem warnte er, daß «die Annäherung ans Unbewußte zunehmend in die soziale Isolation führt. Allmählich ergibt sich eine enorme Steigerung der Autonomie der unbewußten Figuren bis zu Aggression und wirklicher Angst».[87] Auf diese und weitere Gefahren des LSD-Konsums soll später noch ausführlicher eingegangen werden.

Beschränken wir uns nun wieder auf das Leben zwischen Geburt und Tod. Es ist bezeichnend, daß nicht nur Bilder, sondern auch Gefühle sowie Inhalte stark emotionaler Art durch die LSD-Wirkung ins Bewußtsein gehoben werden können. Das gilt auch für verdrängte und vergessene Vorstellungen mit stark angsthaft-emotionaler Ladung, kurz: für Traumata, die Ursache von anhaltenden

Depressionen, Neurosen und anderer Verhaltensstörungen sein können. Dadurch wird auch die gelegentliche Anwendung von LSD innerhalb der Psychotherapie verständlich, obwohl dort die Gefahr besteht, daß das plötzliche, gewaltsame Ins-Bewußtsein-Heben solcher unverarbeiteter Inhalte zu heftigen Angst- und Panikreaktionen bei den Patienten führt. So hat in den Niederlanden die Arbeit von Prof. Bastiaans große Bekanntheit erlangt. Bastiaans setzte LSD bei Patienten ein, die am sogenannten «KZ-Syndrom» litten. Durch das LSD wurden die verdrängten Erlebnisse während der KZ-Zeit der Betroffenen ins Bewußtsein gehoben, danach konnte die psychotherapeutische Behandlung eingesetzt werden (es soll hier kein Urteil über diese Form der Psychotherapie gefällt werden; uns interessiert nur die Wirkung des LSD in diesem Zusammenhang).

Auch an diesem Beispiel wird deutlich, daß LSD in der Lage ist, unter Ausschaltung unseres Willens den Ätherleib teilweise vom physischen Leib zu lösen, was zur Folge hat, daß der Ätherleib mitsamt seinen in ihn eingesenkten Vorstellungen und Emotionen für uns wahrnehmbar wird. Wir wollen dies noch etwas genauer betrachten.

Der Ätherleib ist, den Darstellungen Rudolf Steiners zufolge, kein gleichförmiger ätherischer Organismus, sondern ein sehr kompliziertes Gewebe, das aus vier verschiedenen Arten von «Ätherprinzipien» besteht, die zusammenwirkend den physischen Leib gestalten und erhalten. Lassen sich diese vier verschiedenen Ätherarten auch in den Beschreibungen von LSD-Erfahrungen wiedererkennen?

Um dem nachzugehen, sollen zunächst die vier Äther im einzelnen charakterisiert werden. Wir gehen dabei von den Darstellungen aus, die Bernard Lievegoed in seinem Buch *Der Mensch an der Schwelle* gibt. Danach sollen die entsprechenden Äußerungen von LSD-Benutzern bzw. Erfahrungsberichte aus der Fachliteratur referiert werden.

1. *Formäther.*
   Lievegoed: «Der Formäther [wird] auch Kristallisationsäther oder Lebensäther genannt. Die Rhythmen dieser Ätherqualität bewirken die geometrische Ordnung der Materie in ihren Kristallstrukturen. Der Formäther führt in die Erstarrung. Eine bildliche Darstellung dieser Kraft ist die Gestalt der Schneekönigin im gleichnamigen Märchen von Andersen. Unter ihrer Berührung muß alles erstarren.»[88]
   Eine vergleichbare LSD-Erfahrung: «[Ich sah] einige wundervoll vielfarbige geometrische Muster».[89]
   In der Fachliteratur treffen wir außerdem viele Beschreibungen von leuchtenden Gittern, Netzen, Spinnweben, Schneeflocken oder benzolringartige Strukturen an.[90]

2. *Chemischer Äther.*
   Lievegoed: «Der chemische oder Klangäther ordnet die Materie im flüssigen Element. Verbindung und Zerfall innerhalb endloser Reihen chemischer Vorgänge und Reaktionen charakterisieren die Wirkung dieser Ätherart im Stoffwechselgeschehen ..., im Flüssigkeitsorganismus.»[91]
   In der Fachliteratur über LSD-Erfahrungen ist vielfach die Rede vom Strömen und Fließen der Farben und Funken, von Farbquellen, glänzenden Bläschen und rasenden Strudeln.[92] Dem chemischen Äther begegnen wir allerdings häufig nicht in reiner Gestalt, sondern zumeist durchsetzt von Licht- und Farberfahrungen (siehe auch die Darstellungen zum Lichtäther).

Diese vor allem visuellen Erfahrungen endlos-veränderlicher, lichterzeugender und farbiger Strömungen in einem wäßrigen Milieu, von sich verbindenden und wieder auflösenden Flüssigkeitsströmen einschließlich der darin enthaltenen Luftblasen, gaben eine Grundlage für die am Anfang des psychedelischen Zeitalters erscheinenden Lightshows ab. Dabei wurden während Popkonzerten solche Flüssigkeitsströmungen zur Verstärkung und Unterstützung des musikalischen Erlebnisses auf eine große Leinwand projiziert. Ein trefflicheres äußeres Bild für den Klangäther als diese äußerlich sichtbar gemachten Flüssigkeitsströmungen in Kombination mit äußerlich hörbarer Musik läßt sich kaum vorstellen.

3. *Lichtäther.*
Lievegoed: «[Den] Lichtäther ... könnte [man] auch den ‹Bewußtseinsäther› nennen, denn in seinen Rhythmen spielt sich das Bewußtsein ab. Diese Rhythmen bilden die Brücke zu dem nächsthöheren Organisationsprinzip im Menschen, der Ebene des Astralischen. Der zentrale Wirkungsbereich des Lichtäthers ist das Nerven-Sinnessystem.»[93]
Die entsprechende LSD-Erfahrung: «Als ein Freund danach eine Platte mit Musik von Telemann auflegte, veränderte sich wie mit einem Zauberschlage meine gesamte Wahrnehmungswelt. Der Raum um mich füllte sich mit einem blendend-weißen Licht wie von brennendem Magnesium. Diese Erscheinung schien in ihrer Ausdehnung unendlich groß zu sein.»[94]
Die Wahrnehmung der Lichtäther-Qualität ist während der LSD-Wirkung derart allgemein und alles durchdringend, daß sie in der wissenschaftlichen Literatur fast immer bevorzugt angeführt wird. So lesen wir zum Beispiel in dem Standardwerk *Handbuch der Rauschdrogen* von Wolfgang Schmidbauer und Jürgen vom Scheidt: «Fast alle Menschen, die einmal ein Halluzinogen genommen haben, werden als erstes Merkmal psychischer Veränderung die gesteigerte Brillanz der Farben beschreiben. Alle Wahrnehmungen sind intensiver, leuchtender; die Farben satter.»[95]
Ähnlich van Ree: «Die Veränderungen der Wahrnehmung sind vor allem im visuellen Bereich stark ausgeprägt. Auffallend ist vor allem die Zunahme der Intensität bei Farbempfindungen.»[96]
Und van Epen schreibt: «Der Beginn des Trips ist meistens durch Veränderungen der Sinneswahrnehmungen markiert. Das Gras ist grüner als normal, die Luft blauer. Alle Farben und Formen

sind in hohem Maße intensitätsgeladen. Es ist, als ob alle Dinge intensiver auf den unter Drogeneinfluß Stehenden zukommen, tiefer empfunden und erlebt werden ... Manchmal strahlen allerlei Gegenstände auch Licht aus.»[97]

Wie lassen sich diese Phänomene nun genau erklären? Wir haben bereits dargestellt, daß durch die Wirkung des LSD eine partielle Lösung der Ätherkräfte vom physischen Leib eintritt. Wenn es sich dabei nun um Lichtäther-Kräfte handelt, diese sich insbesondere von bestimmten Organen des physischen Leibes lösen (hierüber sogleich mehr) und sich dann mit den bereits in unseren Sinnesorganen vorhandenen Lichtäther-Qualitäten verbinden, so kommt dieses intensivierte Licht-Erleben unserer Sinne in unserem Astralleib «zu Bewußtsein» und führt zur Erfahrung intensiver Farben- und Lichtempfindungen.

Das läßt sich durch ein Beispiel veranschaulichen: Wenn wir ununterbrochen eine Minute lang auf einen roten Fleck auf weißem Papier starren, dann den Blick abwenden und die weiße Fläche daneben fixieren, so gewahren wir dort einen leuchtendgrünen Fleck auf dem weißen Papier.

Woher kommt das? Wenn wir länger auf den roten Fleck blikken, findet ein starker Abbauprozeß in unserer Netzhaut statt. Unser Ätherleib versucht dies auszugleichen, und es sind diese wiederaufbauenden Lichtätherkräfte, die wir als farbiges Nachbild wahrnehmen: als leuchtendes Grün, die Komplementärfarbe zum Rot. Wir nehmen also Lichtätherkräfte wahr, denn der grüne Fleck ist physisch auf dem Papier nicht existent.

In ähnlicher Weise, wie dieses Nachbild durch den Eindruck der wiederaufbauenden Lichtätherkräfte in unserem visuell-sinnlichen Bewußtsein (in unserem Astralleib) verursacht wird, entstehen die kräftigen Farb- und Lichtempfindungen durch den Eindruck der durch das LSD freigewordenen Lichtätherkräfte in diesem Bewußtsein. Ob sich diese mit den normalen Sinneseindrücken vermischen lassen, ist unterschiedlich. Denn dabei ist folgendes zu berücksichtigen: Sind unsere Augen geschlossen, kann unser Astralleib den «überschüssigen» Lichtäther in reiner Form wahrnehmen. Sind unsere Augen geöffnet, verbindet unser Astralleib diesen Lichtäther mit den normalen visuellen Sinneseindrücken – es kommt entweder zu den beschriebenen intensiveren Farb- und Lichtempfindungen, oder der Lichtäther wird vom Astralleib (in einer für diesen charakteristischen Weise) in Form von Halluzinationen in die uns umgebende Wahrnehmungswelt projiziert.

Als ein Beispiel für letzteres mag folgende eigene Erfahrung stehen, die van Ree referiert: «Einige Monate danach befand ich mich irgendwo wieder auf einem LSD-Trip. Wieder war der Raum mit farbigen Visionen erfüllt, diesmal allerdings ohne begleitende Musik. Da betrat meine Frau das Zimmer. Und in dem Moment, als sie eintrat, begann ihr Haar wie Gold zu strahlen, und dasselbe grelle Licht ging von ihm aus. Ihr Haar war voller Spitzengewebe aus Gold und Silberfäden. Nie erblickte ich meine Frau in solcher Schönheit wie damals.»[98]

Derartige Licht- und Farbenhalluzinationen treten durchgängig bei LSD-Gebrauch auf. Sie werden in der wissenschaftlichen Literatur allenthalben beschrieben. Wir werden später noch einmal darauf zurückkommen.

Schließlich muß noch erwähnt werden, daß der LSD-Konsument unter der fortwährenden Reizung durch den Lichtäther gehörig zu leiden vermag. Auch Hofmann konnte während seines ersten Trips das normale Tageslicht kaum ertragen. Daher entwickelte sich mit dem Einzug des LSD das Tragen von Sonnenbrillen («Tripbrillen») zu einer wahren Rage.

4. *Wärmeäther.*

Lievegoed: «Der Wärmeäther durchdringt den gesamten Organismus mit seinen Wirkungen. Sein zentrales ‹Organ› ist der Blutkreislauf – das Medium, welches es dem Ich, das geistiger Natur ist, ermöglicht, mit der Lebensleiblichkeit in Beziehung zu treten.»[99]

Dem Phänomen der Lösung von Wärmeätherkräften begegnen wir in der wissenschaftlichen LSD-Literatur so gut wie gar nicht. Die Wärmeätherwirkungen treten eher bei Opium, Morphium und Heroin in den Vordergrund, vor allem dann, wenn diese Stoffe direkt in die Blutbahn gespritzt werden.

Doch es gibt Ausnahmen. Ein Bewohner von ARTA (einem Zentrum für Drogentherapie in den Niederlanden) schrieb über seine LSD-Erfahrungen: «Ungefähr um mein achtzehntes Lebensjahr herum nahm ich zum erstenmal LSD. Ich bekam ein Wohlgefühl, und mein Körper fing an zu glühen, aber sonst passierte nichts. Und weil ich doch etwas mehr erwartet hatte, habe ich es immer wieder probiert. Ich nahm oft doppelt oder dreimal so viel wie meine Freunde, aber das Gefühl blieb immer dasselbe: Wohlgefühl und ein glühender Körper.»

Faßt man das bisher Dargestellte zusammen und blickt auf den Grad, in dem jede der vier Ätherarten durch die Wirkung des LSD vom physischen Leib frei wird, so fällt deutlich auf, daß es vor allem der Lichtäther, in geringerem Maße auch der chemische Äther (Klangäther) ist, der davon betroffen ist. Beim Lebensäther ist dies in noch geringerem Maße der Fall, beim Wärmeäther nur in Ausnahmefällen.

Wenn man nun fragt, wo sich dies im Körper vollzieht, so ist folgende Tatsache von größter Bedeutung: Versuche mit radioaktiv markiertem LSD haben erwiesen, daß das Gift, in gewohnter Weise oral eingenommen, vor allem in die menschliche Leber und in die Nieren gelangt – in sehr viel geringerem Maße auch in das Gehirn[100] –, von wo es nach acht bis zwölf Stunden ausgeschieden wird.[101]

Nun ist aus der anthroposophischen Medizin bekannt, daß die Leber das Zentrum des Klangäthers ist, wie die Nieren das des Lichtäthers. Es braucht daher nicht zu überraschen, daß es gerade diese beiden Ätherqualitäten sind, die wahrnehmbar werden, da sie durch die Wirkung des LSD von ihrer wesentlichsten physischen

Grundlage, ihren organischen Zentren, getrennt werden. Wir «sterben» also gewissermaßen, wenn wir LSD nehmen, im Bereich unserer Nieren und unserer Leber. Diese Organe werden vergiftet, hier findet ein Zerfallsprozeß statt; in der Folge treten jene Erfahrungen auf, die der freiwerdende Lichtäther und, wenngleich in geringerem Maße, der Klangäther uns vermitteln.

Neuere Forschungen haben gezeigt, daß LSD in bestimmten Bereichen des Nervensystems überdies die Stoffwechselprozesse schädigt. Die Reizübertragung zwischen den Nervenzellen (Neuronen), die mittels bestimmter Stoffe (sogenannter «Neurotransmittoren», in diesem Fall Serotonin) erfolgt, wird durch LSD beeinflußt. LSD stimuliert nämlich die Serotonin-Rezeptoren der empfangenden Nervenzellen.[102] Diese sogenannten serotonergen Neuronen haben ihre Zellkörper im Stammhirn und senden ihre Ausläufer in viele Teile des Gehirns, wie zum Beispiel die Hirnrinde, das limbische System (Verbindung mit dem Gefühlsleben) und andere Gehirnzentren, die unter anderem eine Funktion im sensorischen Bereich haben.

LSD bewirkt also Veränderungen in diesem sogenannten serotonergen Nervensystem. Die Folge ist, daß sich auch hier die Lichtätherkräfte ablösen, was zum Auftreten von Halluzinationen führen kann. Rudolf Steiner stellt das in einem Vortrag vom 21. März 1918 dar: «Wenn nun durch besondere abnorme Zustände irgendein Erkenntnisorgan des Menschen so ergriffen wird, daß nicht der Seelenorganismus allein durch dasselbe wirkt, sondern auch der übrige Organismus mit seiner animalischen Organisation, eben durch die Krankhaftigkeit oder die Schwäche eines Organs, so ist die Wirkung, daß der Mensch sich nicht unabhängig von Wachstums-, Verdauungs- und Stoffwechelkräften [also von Ätherkräften] dem vorstellenden Leben der Außenwelt widmet, sondern daß dann Halluzinationen und Visionen eintreten ... Es wird das, was ganz anderen Vorgängen dienen sollte, hinaufgetragen in die Erkenntnis, in die Anschauungsvorgänge. Daher ist die Halluzination und Vision immer ein Ausdruck davon, daß etwas nicht in Ordnung ist im Menschen.»[103]

Das Freiwerden der Lichtätherkräfte vollzieht sich also auch im Stammhirn, in demjenigen Teil des menschlichen Nervensystems, von dem Olaf Koob in Anlehnung an Rudolf Steiner schreibt, daß es «für alle traumhaften, bildschaffenden, instinktiven Fähigkeiten verantwortlich [ist] und an eine Entwicklungsepoche [erinnert], in der die Menschen noch ein instinktives, dämmerhaftes Hellsehen besaßen».[104]

Denken wir noch einmal an die starken Wirkungen des LSD auf Niere und Leber, so läßt sich auch verstehen, daß es gerade Erfahrungen mit einem stark gefühlsmäßigen, emotionalen Charakter sind, die durch das LSD in unserer Seele hervorgerufen werden. Denn die Leber ist, wie die anthroposophische Medizin zeigt, das Fundament des «ätherischen Gedächtnisses» unseres Gemütslebens, wie es die Nieren für unser Gefühlsleben sind. Vergiftungen im Bereich dieser Organe rufen also mittels der freiwerdenden Ätherkräfte mehr Stimmungen und Gefühle in uns hervor, als es normalerweise der Fall wäre. Es sind Stimmungen und Gefühle, die einerseits aus der Vergangenheit stammen können (liebgewordene Jugenderinnerungen, aber auch verdrängte Traumata), während andererseits auch all unsere direkten Empfindungen während der LSD-Erfahrung von dieser gefühlsmäßigen, emotionalen Komponente durchsetzt sein können – alles, was wir denken und wahrnehmen, ist dann mit Gefühlen und Gemütsbewegungen durchwirkt.

Doch das ist nicht alles. Gerade durch diese Vergiftungen von Leber und Nieren tritt eine Situation ein, die in der anthroposophischen Psychiatrie als charakteristisch für Psychosen gilt: Ätherkräfte, die normalerweise die Organe des menschlichen Leibes durchdringen, machen sich von diesen Organen los und dringen ins Bewußtsein (Astralleib) ein, wo sie zwingend wirken. Wer LSD nimmt, versetzt sich also künstlich vorübergehend in den Zustand einer Leber- oder Nierenpsychose, wobei zu hoffen ist, daß sich die herausgedrängten Ätherkräfte wieder mit den vom Gift geschädigten Organen verbinden können, wenn die Wirkung des Giftes vorbei ist. Ist das nicht der Fall und sind die Organe in ihren

Feinstrukturen spezifisch geschädigt, so kann daraus ein anhaltender psychotischer Zustand resultieren.

Was ist eine Leberpsychose? Lievegoed beschreibt diesen Zustand unter anderem so: «[Es] treten wirklichkeitsfremde Visionen und Halluzinationen auf. Diese Art der Grenzüberschreitung kann zu heftigen Reaktionen führen. Die oft völlig absurden Halluzinationen spielen dabei eine wesentliche Rolle. Es werden z.B. Stimmen wahrgenommen, die einem Aufträge erteilen, oder es werden Beeinflussungen durch elektrische Schwingungen verspürt. Dies alles wird einerseits als ganz real erlebt – der Betroffene hört z.B. wirklich Stimmen usw.; andererseits weiß er, rein verstandesmäßig, daß die Phänomene nicht echt sind. Wenn auch dieser letzte Halt wegfällt, sagt der Volksmund: ‹Jetzt ist er völlig verrückt geworden!› Eine Halluzination ist die Spiegelung eines Organs des Ätherleibes im Astralleib. Durch die Spiegelung tritt ein Bewußtsein der Organfunktion auf, wodurch das normale Seelenleben gestört wird. Die Art der Halluzinationen ... steht immer in einem inneren Zusammenhang mit der persönlichen Biographie ... Ein Mensch mit angstartigen, zwanghaften Charakterzügen wird an anderen Halluzinationen und Zwangsvorstellungen leiden als ein geborener Genußmensch.»[105]

LSD-Konsumenten werden dies sicher kennen. Man braucht dabei nur an Hofmanns Beschreibung der Halluzinationen während seines ersten bewußt unternommenen LSD-Trips zu denken: «Jetzt begann ich allmählich das unerhörte Farben- und Formenspiel zu genießen, das hinter meinen geschlossenen Augen andauerte. Kaleidoskopartig sich verändernd drangen bunte, phantastische Gebilde auf mich ein, in Kreisen und Spiralen sich öffnend und wieder schließend, in Farbfontänen zersprühend, sich neu ordnend und kreuzend, in ständigem Fluß.»[106]

In diesem Zitat haben wir eine besonders schöne Beschreibung einer visuell erlebten Leberpsychose vor uns, genauer: die Erfahrungen, welche die aus der Leber freiwerdenden Kräfte des chemischen Äthers, durchzogen vom Lichtäther der Nieren, im Astralleib erzeugen.

Und was muß man sich unter einer Nierenpsychose vorstellen? Der Psychiater Rudolf Treichler beschreibt in seinem Buch *Die Entwicklung der Seele im Lebenslauf* die Nierenpsychose ihrem Wesen nach als eine schizophrene Psychose, die sich wie folgt charakterisieren läßt: «Bei der schizophrenen Psychose unterscheidet man drei Hauptformen. Stehen die Veränderungen von Wahrnehmen und Denken im Vordergrund, so spricht man von einer (mit Wahnideen und Halluzinationen einhergehenden) *paranoid-halluzinatorischen* Form der Schizophrenie. Betreffen die Veränderungen mehr das Gefühlsleben, das über ein albernes oder läppisches Verhalten in ein Versanden der Empfindungen einmündet, so diagnostiziert man ‹*Hebephrenie*›, bei der eine Steigerung von Pubertätssymptomen besonders deutlich wird. Um eine *Katatonie* handelt es sich, wenn die schizophrene Erkrankung vor allem im Willens- und Bewegungsleben erscheint und von dort aus zu Spannungs- und Erschlaffungszuständen, zu Tobsucht und Stupor führt.»[107]

Auch der Psychiater J. H. van Epen sieht eine enge Verbindung zwischen der schizophrenen Psychose und der LSD-Psychose: «Wie wir sahen, besteht die Möglichkeit, nach der Einnahme von LSD psychotisch zu werden, wobei Verwirrtheit, Ängste und Halluzinationen auftreten. Bei den meisten Opfern ist eine solche Psychose nach einigen Tagen bis einigen Wochen, mit oder ohne Behandlung, wieder verschwunden. Doch es gibt auch Menschen, die manchmal monate- oder jahrelang verwirrt bleiben, selbst wenn sie nicht weiter LSD nehmen ... Die anhaltenden Psychosen, die nach der Einnahme von LSD auftreten können, ähneln manchmal sehr der Schizophrenie. Die Patienten sind verwirrt, was sofort klar wird, wenn man ein Gespräch mit ihnen anknüpft. In ihren Geschichten kommen seltsame und unlogische Dinge vor. Oft wechseln sie sprunghaft das Thema und können nicht bei der Sache bleiben. Meistens sind Halluzinationen vorhanden: Sie hören ‹Stimmen›, die allerlei Bemerkungen machen, Aufträge erteilen, auf ihre Gedanken reagieren. Manchmal bestehen auch Gefühlshalluzinationen: Strahlungen, eigenartige Reize im Bauch, den Geschlechtsorganen oder im Gehirn. Gelegentlich treten in der LSD-Psychose Wahnideen auf, meistens in Form von Verfolgungswahn. Die Patienten fühlen sich verfolgt, bedroht, die Polizei beobachtet sie, man hat es auf ihr Leben abgesehen usw. Das kann zu starken Angstzuständen führen, und die Patienten können manchmal außerordentlich aggressiv auf ihre vermeintlichen Verfolger reagieren. Ferner gibt es Erscheinungen, die nach dem akuten LSD-Rausch nicht verschwinden, sondern weiterbestehen: Die Patienten sehen grelle Farben oder nehmen dunkle, trübe Konturen um Dinge wahr, die manchmal hin und her schwingen oder rhythmische Bewegungen vollführen. Oft sind sie sich über ihren krankhaften Zustand im klaren und erklären, sie seien ‹in ihrem Trip hängengeblieben›. – Es ist begreiflich, daß die meisten Menschen, die an einer chronischen LSD-Psychose leiden, schließlich in einer psychiatrischen Einrichtung landen. Sie unterscheiden sich dort kaum von ihren schizophrenen Mitpatienten. Denn auch bei der Schizophrenie kommen Verwirrtheit, Wahnideen und Halluzinationen vor. Es ist schwierig, verläßliche Kriterien zu finden, mittels derer sich die beiden Zustände voneinander unterscheiden lassen.»[108]

Wenn man diese Darstellungen zusammenfaßt und die Aussagen Treichlers und van Epens über Nierenpsychose, schizophrene Psychose und LSD-Psychose vergleicht, so läßt sich der Schluß ziehen, daß durch die LSD-Wirkung im Konsumenten eine vorübergehende Nierenpsychose hervorgerufen wird, die aufgrund der damit einhergehenden Halluzinationen, Verwirrtheit und eventuellen Wahnideen eine starke Übereinstimmung mit der paranoid-halluzinatorischen Form der Schizophrenie zeigt. Außerdem besteht die Gefahr, daß dieser schizophren-psychotische Zustand langfristiger Natur ist, wodurch der LSD-Konsument schließlich zum psychiatrischen Patienten wird.

Unsere bisherigen Ausführungen überblickend, läßt sich sagen, daß durch die Verwendung von LSD Ätherkräfte – insbesondere Kräfte des Lichtäthers, in geringerem Maße des chemischen (Klang)-Äthers und des Lebensäthers, seltener auch des Wärmeäthers – vom physischen Leib getrennt werden. Das hat viele eingreifende Folgen, die wir so zusammenfassen können:

- Der Betroffene kann einen partiellen Tod erleben, wie er in der Erfahrung des Heraustretens aus dem physischen Leib und der Rückschau auf das bisherige Leben bzw. einzelner Episoden dieses Lebens zum Ausdruck kommt.
- Es kann zu Erinnerungserlebnissen bis hin zu fötalen, embryonalen, rassischen, kollektiven und evolutionären Erfahrungen kommen, da die Gedächtnisinhalte des Ätherleibs freiwerden und sich im Astralleib entfalten.
- Indem sich der Ätherleib vor allem in Nieren und Leber befreit, werden starke Gemütsbewegungen und Gefühle entbunden, die nicht nur die Erinnerungsbilder, sondern auch momentane Vorstellungen und Empfindungen «färben».
- Vorstellungen und Empfindungen werden von Lichtäther-Qualitäten gleichsam überspült, die sich von ihrem Zentrum in den Nieren gelöst haben und sich über die Gesamtheit der Nerven und Sinne, namentlich den Sehsinn, ergießen.
- Aufgrund der vor allem im Bereich des Stammhirns freiwerdenden Lichtätherkräfte aus dem serotonergen Teil des Nervensystems entstehen Halluzinationen und Visionen, die wie Erinnerungen an alte Bewußtseinszustände der Menschheit anmuten.
- Ein vorübergehender psychotischer Zustand entsteht, der mit Halluzinationen, Verwirrtheit und eventuell mit Wahnideen einhergehen kann, die, wenn sie länger anhalten, alle Merkmale einer schizophrenen (paranoid-halluzinatorischen) Psychose aufweisen.

Bevor wir uns eingehender mit der Frage auseinandersetzen, wo die freigewordenen Ätherkräfte bleiben, sollen noch zwei Auswirkungen dieser partiellen Loslösung des Ätherleibes betrachtet werden, die ein Licht auf einige wesentliche Erfahrungen werfen, wie sie von LSD-Konsumenten berichtet werden.

- Wenn die Ätherkräfte freiwerden und sich unter anderem mit unseren Sinnesorganen verbinden, macht nahezu jeder, der LSD nimmt, die Erfahrung, daß seine Sinneswahrnehmungen intensiver werden. Sinneseindrücke werden zunehmend in den Astralleib – in den Bereich des Bewußtseins also – verlagert, was unter anderem zur Folge hat, daß früher unwahrnehmbare Sinnesreize jetzt in den Bereich der Wahrnehmung gelangen. Dann kommen so ungeheuerliche Erfahrungen zustande wie zum Beispiel die folgende: «Meine Sinne waren so wach, daß ich jemanden im Nachbarhaus atmen hören konnte und riechen konnte, wie jemand Meilen entfernt oranges und rotes und grünes Gelee zubereitete.»[109] Und George Harrison, Gitarrist der Beatles, der schon 1967 LSD nahm, sagte: «Es war, als ob ich nie zuvor richtig geschmeckt, gesprochen, gesehen, gedacht oder gehört hätte.»[110]
- Eine andere Erfahrung, die fast jeder LSD-Konsument kennt, ist die des Zusammenfließens verschiedener Sinneswahrnehmungen, sogenannte Synästhesien. Sie tritt uns bereits bei Hofmanns Beschreibung der ersten bewußt durchgeführten LSD-Sitzung entgegen: «Besonders merkwürdig war, wie alle akustischen Wahrnehmungen, etwa das Geräusch einer Türklinke oder eines vorbeifahrenden Autos, sich in optische Empfindungen verwandelten. Jeder Laut erzeugte ein in Form und Farbe entsprechendes, lebendig wechselndes Bild.»[111]

  Van Epen faßt diese Erscheinung so zusammen: «Erwähnung verdient auch das Auftreten sogenannter Synästhesien, der Vermischung verschiedener Sinnesqualitäten. Musik wird beispielsweise ‹gesehen›, ein Foto oder eine Landschaft können ‹gehört› werden und so weiter. Es kann sein daß die auf dem LSD-Trip befindliche Person Versuche macht, Unbeteiligten deutlich zu machen, daß der normale Unterschied zwischen Sehen, Hören, Riechen, Schmecken und so weiter im Grunde unsinnig ist und daß in Wirklichkeit immer von einem Totalerlebnis visueller, akustischer und anderer Empfindungen gesprochen werden muß.»[112]

Van Ree machte selbst folgende Erfahrung während einer LSD-Sitzung: «An einem Tisch sitzend, das Kinn auf die Handflächen gestützt, betrachtete ich aufmerksam das farbige ‹Nordlicht›, das sich vor mir im Raum manifestierte (Halluzinationen). Allmählich machte ich mir bewußt, daß jedes Geräusch im Zimmer das Bild beeinflußte. Sprach jemand mit mir, so wurde der Rhythmus seiner Worte in den Bewegungen der farbigen Schleier vor mir sichtbar, und manchmal bildeten sich sogar die Bilder seiner Worte in hellem, pastellfarbenem Blau im Raume ab. Ein Betasten der harten, glatten Tischplatte ließ die Farben stechender und im Charakter metallischer erscheinen, während ein Streicheln des sanften Stoffes eines Deckchens, das in der Mitte des Tisches lag, alles um mich herum mit wolligen, farbigen Wolken füllte, in die sich die Schleier verwandelten. Es kam mir also so vor, als ob ich die Worte anderer, wie auch meinen eigenen Tastsinn, im Raume sehen konnte. Gefühl, Gehör und Sehsinn standen gleichsam in Kontakt miteinander und flossen in eins zusammen.»[113]

Wie läßt sich dies erklären? Wir haben oben bereits beschrieben, daß der Ätherleib kein gleichförmiger ätherischer Organismus ist, sondern ein sehr kompliziertes Gewebe, das aus vier verschiedenen Arten von «Äthern» besteht, die einander durchdringen und bei der Gestaltung und Erhaltung des physischen Leibes zusammenwirken. Rudolf Steiner beschreibt ihn in seinem Buch *Die Geheimwissenschaft im Umriß* zunächst folgendermaßen: «Vorläufig mag es genügen, wenn gesagt wird, daß der Ätherleib den physischen Körper überall durchsetzt und daß er wie eine Art Architekt des letzteren anzusehen ist. Alle Organe werden in ihrer Form und Gestalt durch die Strömungen und Bewegungen des Ätherleibes gehalten. Dem physischen Herzen liegt ein ‹Ätherherz› zugrunde, dem physischen Gehirn ein

‹Äthergehirn› usw. Es ist eben der Ätherleib in sich gegliedert wie der physische, nur komplizierter, und es ist in ihm alles in lebendigem Durcheinanderfließen, wo im physischen Leibe abgesonderte Teile vorhanden sind.»[114]

Vor allem das Letztgenannte ist in unserem Zusammenhang äußerst wichtig, weil daraus abgeleitet werden kann, daß sich die Grenzen zwischen den Wirkungsweisen der vier unterschiedlichen Ätherprinzipien nicht ganz scharf ziehen lassen. Aufgrund dessen können die durch die LSD-Wirkung freigewordenen Ätherkräfte sich an mehreren verschiedenen Stellen mit den Sinnesorganen verbinden – ein Reiz im einen Sinnesorgan ruft dann auch Reaktionen (also auch Empfindungen) in anderen Sinnesorganen hervor: «Ich versuchte den anderen etwas von dieser Schönheit mitzuteilen, doch meine Worte kamen triefend, naß oder nach Farbe schmeckend heraus ... Ich fühlte mich entsetzlich, und schließlich konnte ich überhaupt nicht mehr reden und fiel zurück auf den Boden, schloß die Augen, und die Musik fing an, mich körperlich zu absorbieren. Ich konnte sie nicht nur hören, sondern auch riechen und berühren und fühlen.»[115]

Durch die freigewordenen Ätherkräfte werden mehrere Sinnesorgane stimuliert. Reize im einen Organ rufen unmittelbar «Antworten», das heißt Sensationen, in einem anderen hervor. Denn der Ätherleib ist an mehreren Orten zugleich aktiv, er ist potentiell überall anwesend. Und bereits ein kleiner Sinnesreiz eines einzigen Organs zieht aufgrund der dort vorhandenen zusätzlichen Ätherkräfte direkt Reaktionen im Ätherleib der anderen Sinne nach sich, die der damit verbundene Astralleib in der Folge zu Sinnesempfindungen erblühen läßt.[116]

Der Verlust der Grenzen

Durch die Wirkung des LSD-Gifts wird also gleichsam ein Loch zwischen physischem Leib und Ätherleib erzeugt. Die Droge zieht die beiden Wesensglieder auseinander, ein Teil des Ätherleibs verläßt den physischen Körper. Und da Astralleib und Ich noch immer mit dem gesamten Ätherleib – also auch mit dem ausgetretenen Teil! – verbunden sind, kann der LSD-Konsument zu einem wachen und bewußten Erleben der Eindrücke gelangen, die der Ätherleib in der Umgebung und in sich selbst sammelt. Allerdings werden diese Eindrücke vielfach einen verzeichneten Charakter haben. Wir werden hierauf später noch weiter eingehen.

Durch die Einnahme von LSD durchstößt man gewaltsam die Grenze zur Ätherwelt, man bricht die Tür auf, taumelt über die Schwelle und kommt – ganz und gar unvorbereitet – in ein Gebiet, das normalerweise nur nach jahrelanger Vorbereitung betreten werden kann. Rudolf Steiner hat eingehend beschrieben, daß ein solches jahrelanges Training im Entwickeln von wachem Urteilsvermögen, Nüchternheit, Geduld, Konzentrationsfähigkeit und anderer Seelenkräfte notwendig ist, wenn man ohne Gefahr und mit dem rechten Unterscheidungsvermögen die Welt des Ätherischen betreten will. Er beschreibt ferner, soweit sich das überhaupt mit unseren normalen Begriffen ausdrücken läßt, anhand eines Beispiels, wie die Grenzüberschreitung von der physischen Welt in die Ätherwelt erlebt werden kann: «Man fühlt sich etwa allseitig von Gewitterstürmen umgeben. Man hört Donner und vernimmt Blitze. Man weiß sich in einem Zimmer eines Hauses. Man fühlt sich durchsetzt von einer Kraft, von welcher man vorher nichts gewußt hat. Dann vermeint man Risse um sich her in den Mauern zu sehen. Man ist veranlaßt, sich oder einer Person, die man neben sich zu haben glaubt, zu sagen: jetzt handelt es sich um Schweres; der Blitz geht durch das Haus, er erfaßt mich; ich fühle mich von ihm ergriffen. Er löst mich auf.»[117]

Vergleichen wir damit nun folgende LSD-Erfahrung, die John

Cashman beschreibt: «Die Dimensionen des Raumes kamen in Bewegung, veränderten sich dauernd, bis die Wände zu zerreißen drohten. In einer blitzartigen Erleuchtung erkannte ich zu meinem Entsetzen, daß dieses schwarze Ding [das ich sah] ja mich selbst verschlang: Ich war die Blume, und dieses fremde, kriechende Etwas fraß mich auf ... Ich fühlte, wie ich mich in dieser entsetzlichen Erscheinung auflöste. Mein Körper schmolz in Wellen dahin, vereinigte sich mit dem Kern dieses Etwas, mein Geist wurde vom Ich, vom Leben, ja sogar vom Tode befreit. In einem einzigen kristallklaren Augenblick erkannte ich, daß ich unsterblich war.»[118]

Welch frappierende Übereinstimmung mit der Beschreibung Rudolf Steiners! An anderer Stelle gibt Cashman folgende Erfahrung wieder: «Ich erblickte eine scheußliche schleimige Schlange – viel scheußlicher als alle Schlangen, die ich bisher gesehen hatte. Sie war groß und häßlich und ringelte sich um mich ... Ich spürte, daß die Schlange mich verschluckte ... Ich wurde ein Teil von ihr.»[119] Oder: «Ich blickte zu einer Möwe hinauf, und plötzlich verschlang sie mein Sein, als würde ich von ihren Augen aufgesogen.»[120]

So ließen sich noch viele weitere Beispiele anführen. Es handelt sich überall um Erfahrungen, bei denen sich das Bewußtsein des LSD-Konsumenten «erweitert», auflöst, eins wird mit einem Teil der ihn umgebenden Welt – daher eben der Terminus «bewußtseinserweiternde Mittel». Daß dies beim unvorbereiteten, nichtsahnenden LSD-Konsumenten mit enormen Ängsten und selbst Panik mit verbunden sein kann, wird jedermann deutlich sein. Man spricht in solchen Fällen vom sogenannten «bad trip» oder Horrortrip.

Bei all dem müssen wir allerdings bedenken, daß Rudolf Steiner ständig betont, daß seine Beschreibungen – wegen der notgedrungenen Verwendung von Begriffen, die sich auf die physisch-sinnliche Welt beziehen – nichts anderes als eine annähernde Bildsprache für ein sich in der Ätherwelt vollziehendes Geschehen sind, während die Erlebnisse der LSD-Konsumenten unseres Erachtens häufig die Gestalt von Traumbildern annehmen, die entstehen können, weil der zum Teil herausgetretene Ätherleib, der Astralleib und das Ich noch mit den Sinnesorganen des physischen Leibes verbunden sind. Aufgrund dieser Verbindung mit den physischen Sinnen werden, ähnlich wie das beim Träumen der Fall ist, alle Eindrücke, die in den Astralleib gelangen und dort bewußt werden – in unserem Fall sind es Eindrücke aus der ätherischen Welt –, die Gestalt von uns bekannten Bildern und Vorstellungen der physisch-sinnlichen Welt annehmen (Farben, Formen, Abstände, Bewegungen, Geräusche usw.).

Das eigentlich Entscheidende in diesem Zusammenhang jedoch ist die Tatsache, daß sich durch die Wirkung des LSD der Ätherleib teilweise in (einem Teil) der uns umgebenden Welt auflöst! Und das führt zu der Erfahrung, daß die Grenzen zwischen Innen- und Außenwelt verschwinden. Man fühlt sich verschlungen, vernichtet, aufgelöst. Das heißt: Der Ätherleib wird eins mit (einem Teil) seiner Umgebung, und der Astralleib übersetzt das – auf eine für die jeweilige Person charakteristische Weise – in Wachtraum-Bilder, die den Prozeß des Loslassens, Verflüchtigens und Auflösens des Ätherleibs abbilden.

Daß sich dieser Prozeß des Einswerdens mit der Umgebung übrigens auch auf viel angenehmere Weise abspielen kann und der Betroffene dabei das Verwischen der Grenzen, das Verwehtwerden, das Einswerden mit der Umgebung richtiggehend genießt, geht aus nachstehenden Äußerungen verschiedener LSD-Konsumenten hervor: «Ich sah mit Vergnügen zu, wie meine Haut sich in winzige Teilchen auflöste und vom Winde fortgetragen wurde. Ich hatte das Gefühl, als löste sich meine äußere Schale auf und mein ‹Sein› würde frei, um sich mit dem Sein der Dinge um mich herum zu vereinigen.»[121]

«Ich konnte nicht sagen, was wirklich war und was unwirklich. War ich der Tisch oder das Buch oder die Musik, oder war ich Teil von ihnen allen, aber es war wirklich gleichgültig, denn was immer ich auch war, ich war wunderbar.»[122]

«So wurde das Zimmer in mir selber erlebbar, und ich wurde ein Teil des Zimmers. Ich ‹wußte› sogar, daß der Raum außerhalb des

Zimmers, die Blumen im Garten, alles mit mir mitpulsierte, so wie ich mit allem mitpulsierte. Ich fühlte mich eins mit der ganzen Natur und dem gesamten Weltall ... Der Trip ließ mich all meine Grenzen verlieren.»[123]

Das Fesselnde an all diesen Erfahrungen besteht nun darin, daß sie einen charakteristischen Ausdruck des beginnenden Bewußtseins von der ätherischen Welt inklusive des darin aufgenommenen eigenen Ätherleibes darstellen. Rudolf Steiner beschreibt das in einem Text («Der Meditierende versucht eine wahre Vorstellung von dem elementarischen oder ätherischen Leibe zu gewinnen»): «Den sinnlichen Leib fühlt die Seele getrennt von der übrigen Welt, sie nimmt ihn als nur zu sich gehörig wahr. So ist es nicht mit dem, was man in sich und an sich erlebt außerhalb des Leibes. Da fühlt man sich verbunden mit allem, was man Außenwelt nennen kann. Was in der Umgebung ist, das fühlt man mit sich verbunden wie im Sinnesleben seine Hand ... Man empfindet sich in vollem Maße als zusammengewachsen, verwoben mit dem, was man die Welt nennen kann. Deren Wirkungen gehen durch die eigene Wesenheit wahrnehmbar hindurch. Es ist keine scharfe Grenze zwischen Innenwelt und Außenwelt ... Trotzdem kann man von einem Stück dieser Außenwelt sprechen, das mehr zum eigenen Selbst gehört als die übrige Umgebung, wie man vom Kopfe als selbständigem Gliede gegenüber den Händen oder Füßen spricht. Die Seele nennt ein Stück sinnlicher Außenwelt ihren Leib. Die außerhalb dieses Leibes erlebende Seele kann ebensogut einen Teil der nicht sinnlichen Außenwelt zu sich gehörig betrachten. Dringt der Mensch zu einer Beobachtung dieses jenseits der Sinnenwelt ihm zugänglichen Gebietes vor, so kann er davon sprechen, daß ein sinnlich nicht wahrnehmbarer Leib zu ihm gehört. Man kann diesen Leib den elementarischen oder ätherischen Leib nennen ...»[124]

Kosmische Erlebnisse

Es werden also Ätherkräfte frei. Wo streben diese hin? In ihre Heimat, den Kosmos.

Rudolf Steiner beschreibt, wie die Pflanze fortwährend Ätherkräfte aus dem Kosmos in sich aufnimmt, wodurch sie wächst und sich vermehrt. Diese Ätherkräfte sind kosmischen Ursprungs und strahlen auf die Erde ein. Beim Menschen aber sind sie schon seit der Embryonalzeit in Gestalt des Ätherleibs individualisiert, so daß das, was bei der Pflanze vom Kosmos her einstrahlt, beim Menschen aus den Organen des eigenen physischen Leibes (zum Beispiel aus Leber und Lunge) wirkt. Es hat sich eine Metamorphose hinsichtlich der Richtung vollzogen: Was bei der Pflanze vom Umkreis her wirkt, wirkt beim Menschen aus dem mitgebrachten, zu ihm gehörigen Ätherleib.

Nun hat dieser Ätherleib aber die Tendenz, wie Walter Bühler es ausdrückt, «fortwährend nach allen Richtungen des Kosmos gleichsam zu entschweben und sich in dessen Weiten aufzulösen».[125] Die Ätherkräfte streben zu ihrem Ursprung zurück. Während des Lebens werden sie durch ihre Verbindung mit dem physischen Leib, der für den Menschen ein eigenes Stückchen Erde, ein eigenes Element der Schwere darstellt, daran gehindert. Kurz, die Ätherkräfte sind gebunden. Was aber geschieht konkret, wenn wir sie durch Einwirkung von LSD lösen?

Sie werden die Tendenz annehmen zu entschweben, zum Umkreis hin, weg von der Erde in Richtung Weltall, ihrem Ursprungsort entgegen. Und bei dieser «Reise» nehmen sie Astralleib und Ich des LSD-Konsumenten mit, wodurch dieser in Ekstase, das heißt außer sich, in eine lichterfüllte Welt ohne Schwere gerät. Van Ree: «Der Trip machte, daß ich meine Grenzen verlor und eins wurde mit dem Weltall.»[126] Andere berichten: «Plötzlich breche ich in einen ungeheuren, neuen unbeschreiblichen Kosmos ein.»[127] – «Dieser Rausch war ein Weltraumflug – nicht des äußeren, sondern des inneren Menschen.»[128]– «Es ist toll. Es ist das Tollste vom Tollen. Du schnappst über, und das ist ganz grandios – eine einzige Verrücktheit. Wenn du die Milchstraße sehen willst, alles da ...»[129]

Auch hier stoßen wir wieder auf Erfahrungen, die mit denen klinisch Toter übereinstimmen. Raymond Moody schreibt hierzu: «Manche berichten von einem Gefühl des ‹Schwebens›, das sie rasch zum Himmel aufsteigen und die Welt aus einer sonst nur Satelliten und Astronauten vorbehaltenen Perspektive sehen läßt. Der Tiefenpsychologe C. G. Jung hatte, als er 1944 einen Herzinfarkt erlitt, ein solches Erlebnis. Er habe gespürt, heißt es bei ihm, wie er schnell aufgestiegen sei zu einem Punkt weit oberhalb der Erde. Ein Kind sagte mir in einem Gespräch, es habe gefühlt, wie es hoch über die Erde aufgestiegen, zwischen den Sternen hindurchgeflogen und oben bei den Engeln angelangt sei. Ein anderer erzählte mir, er sei wie eine Rakete emporgeschossen, bis er die Planeten um sich herum sah und unter sich die Erde wie eine blaue Glasmurmel.»[130]

Moody beschreibt weiter, daß diese außerirdische Welt von vielen Menschen mit Nahtodes-Erfahrungen als lichterfüllt erlebt wird. Man begegnet Lichtwesen: «Diese Wesen bestehen jedoch nicht aus normalem Licht, sondern scheinen von einem wunderbaren hellen Licht erleuchtet, das alles durchdringt und die Person mit Liebe zu erfüllen scheint. Tatsächlich sagte einer meiner Gewährsleute, der diese Erfahrung gemacht hat: ‹Ich könnte diesen Glanz Licht oder auch Liebe nennen – es liefe auf dasselbe hinaus.› Manche sagen, es sei so, als würde man von einem Schauer aus Licht durchflutet. Die Menschen, die eine Todesnähe-Erfahrung durchgemacht haben, nennen dieses Licht wesentlich heller als alles, was wir auf der Erde kennen. Trotz seiner gewaltigen Leuchtkraft blendet dieses Licht jedoch nicht die Augen, sondern ist warm, kraftvoll und lebenssprühend.»[131]

Die entsprechende LSD-Erfahrung: «Plötzlich war da strahlendes Licht und die sanft glänzende Schönheit der Einheit. Alles war von diesem Licht erfüllt ... Mein Bewußtsein war scharf und umfassend ... Ich fühlte, wie ich in das All hineinflog, ohne Schwere und ohne

Fesseln, befreit, um mich im herrlichen Glanz der himmlischen Erscheinungen zu baden.»[132]

Zusammenfassend läßt sich sagen, daß durch die Wirkung des LSD der Konsument teilweise stirbt, das heißt, er tritt mit seinem Ätherleib teilweise aus dem physischen Leib heraus, wobei sich der Ätherleib in diesem Fall in der Umgebung auflöst und mit ihr eins wird. Diese «Umgebung» muß allerdings sehr weit gefaßt werden, sie reicht vom nahen Umkreis über den außerirdischen Raum bis zum Himmelsfirmament. Die Ätherkräfte kehren zurück zu ihrem Ursprung. Und auf diese Reise, ihren Trip, nehmen sie den mit ihnen verbundenen Astralleib und das Ich des LSD-Konsumenten mit. Dadurch ist dieser in der Lage, ein quasi waches und bewußtes Traumerleben aller Eindrücke zu haben, die der Ätherleib im Umkreis empfängt. Er sieht inneres Licht und begegnet manchmal Wesen. Diese Lichtwahrnehmung erweist sich als realer Eindruck der Lichtätherqualität, die den Kosmos, aber auch den eigenen Ätherleib durchzieht. Die Wahrnehmung von Wesen kann häufig möglicherweise eher eine Visualisierung oder Halluzination persönlich gefärbter Begierden, Wünsche, Ängste usw. sein. Doch mit Sicherheit läßt sich das nicht ausmachen. So setzen die Huichol-Indianer in Mexiko den Peyotl-Kaktus auf rituelle Weise ein, dessen wichtigster wirksamer Bestandteil das mit den LSD-Effekten eng verwandte Meskalin ist, um, wie van Epen schreibt, «in einen Zustand der Ekstase zu geraten, der mit lebendigen, farbenprächtigen visuellen Halluzinationen und Visionen einhergeht und in welchem die Menschen direkt mit den Göttern kommunizieren».[133]

Es ist also schwierig, auf diesem Gebiet Deutlichkeit zu erlangen, um so mehr, als die aus den Organen des physischen Leibes freiwerdenden Ätherkräfte zusammen mit den im Umkreis, im Kosmos aufgelösten Ätherkräften ein großes «ätherisches Knäuel» bilden, mit der Folge, daß sich die aus den Organen aufsteigenden Halluzinationen mit den Eindrücken vermischen können, die der Ätherleib aus dem (kosmischen) Umkreis aufnimmt. «Innenwelt» und

«Außenwelt» laufen dann durcheinander. Es läßt sich nicht mehr ausmachen, was was ist.

Dies alles führt uns zu der Fragestellung: Kann der LSD-Konsument seinen Erfahrungen vertrauen? Sind sie eine Quelle übersinnlicher Erkenntnisse, wie so viele meinen?

Der Zerrspiegel

Es ist auffallend, daß in den Beschreibungen vieler LSD-Konsumenten von großen, umfassenden Erkenntnissen die Rede ist, die während des LSD-Trips erlebt werden. Aber diese Erkenntnisse lassen sich nicht festhalten, nicht formulieren, nicht vermitteln. Ein Beispiel: «Bald tauchten ganze Gedankenstränge zwischen jedem Wort auf. Ich hatte die vollkommene und wahre und originale Sprache gefunden, die schon Adam und Eva gebrauchten, doch wenn ich es zu erklären versuchte, hatten meine Worte wenig mit meinen Gedanken zu tun. Ich verlor es, es entglitt mir, dieses wunderbare, unschätzbare, echte Ding, das für die Nachwelt bewahrt werden mußte. Ich fühlte mich entsetzlich, und schließlich konnte ich überhaupt nicht mehr reden und fiel zurück auf den Boden ...»[134]

Es gibt unzählige solcher Beschreibungen. Van Epen charakterisiert den Vorgang wie folgt: «Störungen im Denken entstehen ebenfalls bei etwas weitergehenden Intoxikationen. Für einen objektiven, unbeteiligten Zuschauer, der mit einem unter Drogeneinfluß Stehenden ein Gespräch anzuknüpfen versucht, ist die Logik aus dessen Gedankengang verschwunden. Der Konsument selbst hat allerlei Assoziationen, die bei Normalen nicht vorkommen. Deshalb kann er verwirrt wirken, wenn auch bei manchen die Fähigkeit, klar und logisch zu denken, während des Trips vollständig erhalten bleiben kann.»[135]

Es ist also vielerlei Konfusion möglich. Man kann das leicht nachvollziehen, denn der LSD-Konsument ist ganz und gar nicht auf die Erfahrungen vorbereitet, die auf ihn zukommen. Er hat ja keine gründliche innere Schulung hinter sich, durch die er hätte lernen können, Begriffe für das zu entwickeln, was er außerhalb seines physischen Leibes in der Ätherwelt wahrnimmt. Er kann diese Erfahrungen nicht «greifen», die Worte dafür nicht finden. Und genausowenig kann er, wie geschildert, klar unterscheiden, was aus dem Leib aufsteigende Halluzinationen und was aus dem weiteren Umkreis stammende Wahrnehmungen der Ätherwelt sind. Er vermischt alles. Oder, um das Ganze noch schwieriger zu machen: Es können sich in seinen Ätherleib außerdem noch die Ätherleiber anderer LSD-Konsumenten mit hineinmischen. Alle teilweise freigewordenen Ätherleiber lösen sich dann ineinander auf, fließen ineinander, werden eins miteinander und mit dem ätherischen Umkreis. Und obgleich dieses Einswerden ein Glücksgefühl wortloser Kommunikation und religiöser All-Einheit erzeugen kann, bringt es doch auch viel Undeutlichkeit und Unkenntnis dessen, was eigentlich vorgeht, mit sich. Das war auch der Grund, warum viele LSD-Konsumenten zu Beginn der LSD-Welle auf die Suche nach «Reiseführern» wie dem Tibetanischen und dem Ägyptischen Totenbuch gingen, die ihnen das Leben der Seele nach dem Tode – zumindest so, wie es vor Jahrtausenden war – zu beschreiben vermochten. Und auch daran können wir wieder sehen, daß LSD den Konsumenten wirklich in das Gebiet des Todes führt. Denn in diesem Gebiet erlebt man sich, und dort bedarf es dringend der Orientierung und der Hilfe. Und diese Hilfe hoffte man in den genannten uralten Totenbüchern zu finden.

Doch kehren wir zu unserer Fragestellung zurück: Kann der LSD-Konsument seinen Erfahrungen vertrauen? Sind sie eine Quelle übersinnlicher Erkenntnisse, oder ist das nicht der Fall?

Zunächst läßt sich bereits sagen, daß der LSD-Konsument während seines Trips einer Vielzahl von oft chaotisch durcheinanderfließenden Wahrnehmungen, Vorstellungen, Gedanken, Gefühlen, Halluzinationen usw. ausgesetzt ist, die ihn überfallen und deren

Ursache, Zusammenhang und Realitätsgrad er nicht oder kaum einzuschätzen vermag. Eine sehr zuverlässige Erkenntnisbasis scheinen solche Erfahrungen also nicht zu sein.

Doch es gibt noch etwas, was in diesem Zusammenhang von höchster Bedeutung ist und die Wurzel unserer Frage nach Zuverlässigkeit und Realitätsgrad von LSD-Erlebnissen ganz allgemein berührt. Unser physischer Leib ist ein räumlicher Organismus. Er nimmt Raum bzw. Volumen ein. Unser Ätherleib, der den physischen Körper durchdringt und unter anderem für alle Wachstums-, Fortpflanzungs-, Gestaltbildungs- und Regenerationsprozesse sorgt – kurz, für alle Lebensprozesse, die sich in der Zeit abspielen –, ist ein Zeitorganismus. Wollen wir ein gesundes und richtiges Gefühl für Raum und Zeit haben, so ist es notwendig, daß physischer Leib und Ätherleib gut aneinander «anschließen», daß beide Wesensglieder präzise «ineinanderpassen» und der physische Leib ganz und gar vom Ätherleib durchdrungen werden kann. Nimmt nun jemand LSD, so zieht die Droge physischen Leib und Ätherleib auseinander, was unweigerlich dazu führt, daß das gesunde Gefühl für Raum und Zeit beim LSD-Konsumenten verlorengeht!

Albert Hofmann machte diese Erfahrung bereits während seines ersten LSD-Trips: «Auch hatte ich das Gefühl, mit dem Fahrrad nicht vom Fleck zu kommen. Indessen sagte mir später meine Assistentin, wir seien sehr schnell gefahren.»[136]

Auch van Epen berichtet von derartigen Erfahrungen: «Erwähnenswert sind Störungen, die im Erleben von Raum und Zeit auftreten. Der Raum, in dem sich der unter Drogeneinfluß Stehende befindet, wird als andersartig erfahren. Ein einfacher Schrebergarten kann wie ein Park in Versailles wirken, ein Wohnzimmer mit ein paar Bildern an der Wand wird zum Museumssaal. Doch ein etwas feuchtkaltes, ungemütliches Zimmer kann ohne weiteres die Proportionen eines mittelalterlichen Kerkers annehmen und dem Betroffenen große Furcht einflößen ... Mit der Zeit passieren merkwürdige Sachen, meistens in der Art, daß die Zeit langsamer zu vergehen scheint. Alles, was geschieht, scheint endlos zu dauern.

Aber trotzdem sind Menschen unter LSD-Wirkung erwiesenermaßen in der Lage, die Zeit leidlich gut einzuschätzen. Bei einer etwas weitergehenden LSD-Vergiftung entsteht nicht selten das Gefühl, als ob die Zeit stillstehe, was Gefühle der Endlosigkeit und Ewigkeit auslösen kann. Diese Gefühle können den LSD-Konsumenten auf den Gedanken bringen, er befinde sich jetzt ‹außerhalb der Zeit›, in einer Art ‹Jenseits›. Religiöse und mystische Empfindungen können die Folge sein.»[137]

Wie lassen sich diese einschneidenden Veränderungen im Erleben von Raum und Zeit genau erklären?

Zunächst können wir uns, was das Zeiterlebnis anbelangt, vorstellen, daß der LSD-Konsument, da sein Ätherleib als Zeitorganismus sich teilweise in der Ätherwelt – das heißt in der Welt der Zeit, besser im Meer der Zeit – auflöst, zu einem Erleben des Einswerdens mit der reinen Zeit, eines Lebens in einer «Zeit ohne Ende», einer Art von Ewigkeit also, gelangt.

Des weiteren kommt, im Hinblick sowohl auf Zeit- als auch auf Raumerleben, folgendes in Betracht. Rudolf Steiner stellt in seiner *Geheimwissenschaft im Umriß* dar, daß Astralleib und Ich, wollen sie nicht ausschließlich mit Lust- und Leidempfindungen erfüllt sein, sondern davon auch bewußte Wahrnehmungen haben, der Verbindung des Astralleibes mit dem physischen Leib und dem Ätherleib bedürfen.[138] Das läßt sich gut nachvollziehen, denn es tritt, nachdem sich der Astralleib nach dem Einschlafen aus dem physischen und ätherischen Leib zurückgezogen hat, ein Zustand allgemeiner Bewußtlosigkeit, das heißt des tiefen, traumlosen Schlafes, ein. Wir werden darauf bei der Beschreibung der Wirkungen von Marihuana und Haschisch noch ausführlicher eingehen. Doch es kann bereits jetzt gesagt werden: Für die Entstehung realer Empfindungen, Vorstellungen, Gedanken, Gefühle und Willensimpulse ist es notwendig, daß diese Wahrnehmungsinhalte des Astralleibs vom physischen und vom ätherischen Leib gespiegelt werden, die gut aufeinander abgestimmt sein müssen. Bei Verwendung von LSD sind zwar die bewußten Empfindungen, Erinnerungen, Bilder usw., wie bereits ausführlich beschrieben wurde, vorhanden, aber die Inhalte des Astralleibs werden von einem physischen und einem ätherischen Leib widergespiegelt, die nicht mehr in dem richtigen Verhältnis zueinander stehen. Dadurch können die Inhalte nicht in den exakten räumlichen und zeitlichen Dimensionen gespiegelt werden. Um noch einmal Albert Hofmann zu zitieren: «Alles in meinem Gesichtsfeld schwankte und war verzerrt wie in einem gekrümmten Spiegel.»[139]

Physischer Leib und Ätherleib bilden also die Inhalte des Astralleibs in bezug auf räumliche und zeitliche Ausdehnung in verfälschter Form ab; sie erscheinen nicht in einem normalen Spiegel, sondern in einem Zerrspiegel! Und das macht die Welt, die der LSD-Konsument erlebt, so unberechenbar. Durch die partielle Lockerung des Ätherleibes aus dem physischen Leib sieht der Betroffene sich selbst und die Welt mittels eines Spiegels, der zum Teil ein verwirrender Zerrspiegel ist, auf den er sich ganz und gar nicht verlassen kann. LSD kann deshalb nicht als zuverlässige Erkenntnisquelle gelten, weder in bezug auf die Selbsterkenntnis – der eigenen Gefühle und Erinnerungen – noch in bezug auf die Welt und den Kosmos. Das gilt so zumindest im großen ganzen; trotz alledem kann aber, insbesondere bei nur leichten Vergiftungen, ein ziemlich korrektes allgemeines Gefühl für Raum und Zeit erhalten bleiben, da in manchen Fällen lediglich ein relativ kleiner Teil des Ätherleibes ausgetreten ist und so immer noch eine (permanente) Verbindung mit dem physischen Leib bestehen bleibt. Dadurch ist eine mehr oder weniger genaue Spiegelung der Bewußtseinsinhalte nach Raum und Zeit möglich. Das erklärt auch van Epens Feststellung, daß, namentlich bei einer leichteren LSD-Vergiftung, das Zeitgefühl und das klare logische Denkvermögen bei manchen Betroffenen erhalten bleiben kann.

Aber im allgemeinen können wir doch folgern: Die innere und äußere Welt, die der LSD-Konsument erlebt, ist häufig verzerrt, verformt. Er kann sich nicht auf seine äußeren Eindrücke verlassen. Wenn er denkt, er könne schweben und vom zehnten Stockwerk aus, seinem ausgeweiteten Ätherleib entsprechend, den Wolken entgegenfliegen – er ist ja eins mit den Wolken, und der Boden scheint so nahe –, so stürzt er sich zu Tode. Und wenn er meint, er könne angesichts eines heranbrausenden Autos die Straße überqueren, das seiner Wahrnehmung nach noch zweihundert Meter entfernt ist, während es in Wirklichkeit nur fünf Meter sind, so bedeutet das sein Ende.

Darum gilt: Mag es sich nun um sinnliche Wahrnehmungen, Erfahrungen des Ausgetretenseins, Bilder aus einer fernen Vergangenheit, Halluzinationen, Synästhesien oder Einswerdungserfahrungen handeln – alles ist durch die Sinne eines nicht gut zusammenpassenden physischen und ätherischen Leibes gespiegelt: ein gekrümmter Spiegel, ein Zerrspiegel, auf den kein Verlaß ist.

Der «bad trip»

Die beschriebene Unzuverlässigkeit und Unberechenbarkeit der Sinneseindrücke, die Möglichkeit ihrer bis ins Groteske gehenden Verzerrung, die Halluzinationen und alle möglichen sonstigen unerwarteten Erlebnisse, Gefühle usw., die den LSD-Konsumenten unter Umgehung seines bewußten Willens übermannen, denen er also ausgeliefert ist, können sehr bedrohlich und beängstigend auf ihn wirken. Auch Albert Hofmann bekam das gehörig zu spüren, als seine Umgebung sich auf beängstigende Weise veränderte, die Nachbarin zur bösartigen, heimtückischen Hexe wurde und ein Dämon in ihn eindrang, der höhnisch über seinen Willen triumphierte. «Eine furchtbare Angst, wahnsinnig geworden zu sein, packte mich. Ich war in eine andere Welt geraten, in andere Räume mit anderer Zeit. Mein Körper schien mir gefühllos, leblos, fremd. Lag ich im Sterben? ... Der Gedanke, meine Arbeit als Forschungschemiker ... unvollendet abbrechen zu müssen, steigerte meine Angst und Verzweiflung ... Nachdem ich [den Arzt] auf meinen vermeintlich tödlich bedrohten Zustand hinzuweisen versucht hatte, ... kam ich nun wieder aus einer unheimlich fremdartigen Welt zurück in die vertraute Alltagswirklichkeit. Der Schrecken wich ...»[140]

Es ist deutlich: Die LSD-Erfahrung kann zu einer beängstigenden, von panischem Schrecken begleiteten Erfahrung werden. Dies liegt eigentlich auf der Hand, denn die Grenze, die normalerweise zwischen Sinneswelt und ätherischer Welt liegt und die die Unvorbereiteten gegen die überwältigenden Eindrücke aus dieser Ätherwelt schützt, wird durch die LSD-Wirkung gewaltsam durchbrochen. Rudolf Steiner warnt denn auch vor den Gefahren, die auftreten können, wenn man ohne die notwendige Vorbereitung und Selbsterkenntnis die übersinnliche Welt betritt. Man kann «von den Erlebnissen dieser Welt überwältigt werden. Diese Erlebnisse können sich als illusionäre Bilder in das physisch-sinnliche Bewußtsein hereindrängen. Sie nehmen dann den Charakter von Sinneswahrnehmungen an; und die notwendige Folge davon ist, daß die Seele sie für Wirklichkeit hält, was sie nicht sind.»[141]

Illusionen also – aufgrund der Verbindung der in der Ätherwelt aufgehenden Ätherkräfte mit den Sinnen des physischen Leibes. Und diese in Raum und Zeit oft auch noch verfälscht gespiegelten Bilder und Halluzinationen können zu allerheftigsten Angst- und Panikgefühlen bei den Betroffenen führen. Wir sind bereits einigen Beispielen dafür begegnet: Der LSD-Konsument erlebt mit Entsetzen, daß er, zur Blume geworden, von einem seltsamen, kriechenden, schrecklichen schwarzen Ding aufgefressen oder von einer abscheulichen, bösen Riesenschlange umwickelt und verschlungen wird – alles illusionäre, aber dennoch reale Bilder für den Prozeß des Zusammenfließens eines Teiles des Ätherleibs mit der ätherischen Umgebung; Bilder, die ohne die absolut notwendige tiefe Selbsterkenntnis (wozu auch die Erkenntnis des eigenen Ätherleibes, der ätherischen Welt und der anderen Wesensglieder samt ihrer Gesetze, Kräfte, Inhalte und Wechselbeziehungen gehört) unter Umständen zu der bereits beschriebenen LSD-Psychose führen können, das heißt zu einer mehr oder weniger langanhaltenden paranoid-halluzinatorischen Form der Schizophrenie.

Wir fügen zur Illustration hier noch ein letztes Beispiel an: «Plötzlich sah ich eine große Schlange. Ich war sehr erschrocken. Dann kam eine andere und kroch über mich. Mein Gott! Woher kommen nur diese Schlangen? Da hinter meinem Rücken schien auch etwas zu sein. So schaute ich mich um und sah eine Schlange, die sich anschickte, mich ganz zu verschlingen. Sie hatte Arme und Beine und einen langen Schwanz. Das Ende dieses Schwanzes war wie ein Speer. O Gott! Ich muß jetzt sicher sterben, dachte ich. Dann schaute ich in eine andere Richtung und sah einen Mann mit Hörnern und langen Nägeln und mit einem Speer in der Hand. Er sprang auf mich los, und ich warf mich auf den Boden. Er verfehlte mich. Dann schaute ich zurück. Diesmal setzte er wieder an, und es schien mir, daß er seinen Speer auf mich richtete. Wieder warf ich mich zu Boden. Es schien kein Entrinnen zu geben ...»[142]

Wachträume

Wie ist es eigentlich um das Bewußtsein des LSD-Konsumenten bestellt? Wie läßt sich die Art seines Bewußtseins während des LSD-Trips beschreiben?

Ein erstes Charakteristikum besteht darin, daß alle Empfindungen sich auf unvorhersehbare Weise aneinanderreihen: «Ich wurde zu einem Engel, der graziös durch den Raum flog ... Jede Zelle meines Körpers geriet in Raserei vor freudigen Schwingungen. Ich wurde ein chinesischer Kuli ... ein dicker türkischer Sultan ... Seidenwürmer ... eine Kobraschlange. Ich wurde zu einem großen Blitzstrahl, der heulend durch die Himmel fuhr und dessen Schönheiten abschnitt.»[143]

Stanislav Grof, der die Wirkungen des LSD auf die Psyche eingehend untersucht hat, kam zu dem Schluß, daß es kein konstantes

Wirkungsbild gebe, weder im Vergleich verschiedener LSD-Konsumenten noch bei verschiedenen Räuschen derselben Person. Er schreibt: Nach der Analyse «von über 3800 Aufzeichnungen aus LSD-Sitzungen hatte ich nicht ein einziges Symptom gefunden, das eine absolut sichere Komponente aller Sitzungen gewesen wäre und deshalb als wirklich unveränderbar betrachtet werden konnte.»[144]

Eine unvorhersehbare Fülle von Erfahrungen überspült demnach den Betroffenen. Wie er sich auch auf den LSD-Genuß vorbereitet, er wird niemals von vornherein wissen können, was genau ihn erwartet. Es können alle bisher beschriebenen Phänomene sein, doch welche, in welchem Maße, in welcher Reihenfolge und wie lange in welcher Intensität – das läßt sich nicht voraussagen.

Ein zweites Charakteristikum besteht darin, daß alle Empfindungen den Konsumenten quasi heimsuchen: Sie ergießen sich über ihn, er wird von ihnen überspült und ist ihnen ausgeliefert. Er unterliegt ihnen, keine Gegenwehr, keine Kontrolle ist möglich.

Diese beiden Charakteristika, die Unvorhersehbarkeit und das Überspültwerden von Erfahrungen, sind somit bezeichnend für das Bewußtsein des LSD-Konsumenten. Es ist wie während des Träumens, wenn – trotz eventuell für die Person typischer Themen – ein unvorhersagbarer Strom von Bildern an der Seele vorbeizieht, nur daß der Betroffene nicht träumt, sondern wach ist und seine Sinne auf die Außenwelt zu richten vermag. Sein Bewußtsein läßt sich daher als ein ungemein intensives Traumbewußtsein charakterisieren, das sich aber in einer Art Wachzustand entfaltet: Es ist wie ein Wachträumen.

Flashback

Am Schluß unserer Betrachtungen über LSD wollen wir noch eine mögliche Folge des LSD-Konsums anschauen: den sogenannten Flashback. Darunter verstehen wir einen spontan auftretenden sogenannten «Nachtrip», sozusagen den Echoeffekt einer oder mehrerer LSD-Erfahrungen (ohne daß man LSD zu sich genommen hat). Flashbacks können in den unerwartetsten Momenten auftreten, immer dann nämlich, wenn aus verschiedenen Gründen – Müdigkeit, Spannung, ähnliche Situationen wie beim LSD-Trip usw. – der Ätherleib sich wieder teilweise vom physischen Leib zu lösen beginnt; das führt dazu, daß plötzlich wieder eine LSD-Erfahrung erlebt wird. Wir können das leicht nachvollziehen: Aufgrund des durch das Gift bewirkten Auseinanderreißens von physischem Leib und Ätherleib kommt es gewissermaßen zu bleibenden Bruchstellen zwischen den beiden Wesensgliedern. Durch diese «Brüche» wird deren Verbindung um einiges labiler. Die Folge ist, daß es manchmal nur eines belanglosen Anlasses bedarf, um den Ätherleib aus dem physischen Leib herauszudrängen. Bei manchen LSD-Süchtigen hat dies chronischen Charakter angenommen. Sie leben in der fortwährenden Angst, einen Flashback zu bekommen oder in eine LSD-Psychose zu geraten. Dazu ein Beispiel aus *Fragt mal Alice*, dem Tagebuch eines fünfzehnjährigen LSD-süchtigen Mädchens:

«11. April. Liebes Tagebuch, ich möchte das nicht niederschreiben, weil ich es wirklich für immer aus meinem Gedächtnis löschen möchte, aber ich bin so entsetzt, daß es vielleicht weniger furchtbar erscheint, wenn ich es dir erzähle. Oh, Tagebuch, bitte hilf mir. Ich habe Angst. Ich habe solche Angst, daß meine Hände feucht sind und ich wirklich zittere.

Ich nehme an, ich muß einen Flashback gehabt haben, denn ich saß auf meinem Bett und plante Mutters Geburtstag, dachte gerade darüber nach, was ich für sie kaufen wollte und daß es eine Überraschung sein müßte, als mein Geist ganz wirr wurde. Ich kann es nicht richtig erklären, aber es schien, als rolle der Verstand rückwärts, ganz von selbst, und ich konnte nichts tun, um ihn aufzuhalten. Das Zimmer wurde rauchig, und ich dachte, ich sei in einer Hasch-Bude. Wir standen alle herum und lasen die Anzeigen über gebrauchten Trödel und jede vorstellbare Art von Sex. Und ich fing an zu lachen. Ich fühlte mich großartig. Ich war der höchste Mensch auf der Welt, und ich schaute herab auf alle anderen, und die ganze Welt bestand aus seltsamen Winkeln und Schatten.

Dann plötzlich veränderte sich alles zu einer Art Untergrundfilm. Er lief ganz langsam und träge, und die Beleuchtung war wirklich gespenstisch. Nackte Mädchen tanzten umher und liebten Statuen. Ich erinnere mich an ein Mädchen, das ihre Zunge über eine Statue gleiten ließ, und er wurde lebendig und nahm sie mit in das hohe, blaue Gras. Ich konnte nicht wirklich sehen, was geschah, aber er besorgte es ihr offenbar. Mir war so sexy zumute, daß ich am liebsten weit aufgebrochen und ihnen nachgelaufen wäre. Aber als nächstes erinnere ich mich daran, daß ich wieder auf der Straße war und bettelte, und wir riefen alle den Touristen nach: ‹Sehr gütig von Ihnen. Ich hoffe, Sie haben heute nacht einen netten Orgasmus mit Ihrem Hund.›

Dann hatte ich das Gefühl, ich ersticke, und ich war oben im blendenden Glanz sich drehender Lichter und Leuchtfeuer. Alles ging rund herum. Ich war eine Sternschnuppe, ein Komet, der durchs Firmament stach, durch den Himmel strahlte. Als ich endlich wieder zu mir kam, lag ich nackt auf dem Boden.

Ich kann es immer noch nicht glauben. Was geschieht mit mir? Ich lag nur auf dem Bett, dachte über den Geburtstag meiner Mutter nach, hörte Schallplatten, und bamm!

Vielleicht war es kein Flashback. Vielleicht bin ich schizophren. So fängt das oft bei Teenagern an, wenn sie den Kontakt mit der Realität verlieren, oder nicht? Was es auch ist, ich bin völlig durcheinander. Ich habe noch nicht einmal die Kontrolle über meinen Geist. Die Worte, die ich schrieb, als ich weg war, sind nur gekrümmte kleine Linien und Zeilen mit einer Menge dreckiger Zeichen und Symbolen dazwischen. Oh, was sollte ich tun? Ich brauche jemand, mit dem ich reden kann. Den brauche ich wirklich und wahrhaftig und verzweifelt. Oh, Gott, bitte hilf mir. Ich bin so ängstlich und so kalt und so allein. Ich habe nur dich, Tagebuch. Du und ich, welch ein Paar.

Später: Ich habe ein paar Mathematikaufgaben gemacht und sogar einige Seiten gelesen. Wenigstens kann ich immer noch lesen. Ich lernte ein paar Zeilen auswendig, und mein Verstand scheint jetzt ziemlich gut zu funktionieren. Ich habe auch ein paar Turnübungen gemacht, und ich meine, ich habe Kontrolle über meinen Körper. Aber ich wollte, ich hätte jemand, mit dem ich reden kann, jemand, der weiß, was geschieht und was geschehen wird. Aber ich habe niemand, also muß ich diese Sache vergessen. Vergessen, vergessen, vergessen und nicht zurückschauen. Ich werde mich weiter um Mutters Party kümmern. Vielleicht kann ich Tim und Alexa dazu bekommen, nach der Schule in eine frühe Kinovorstellung mit ihr zu gehen, und dann kann ich ein köstliches Essen fertig auf dem Tisch haben, wenn sie nach Hause kommen. Bitte, Gott, laß mich es vergessen, und laß es nicht noch einmal geschehen. Bitte, bitte, bitte.»[145]

Andere LSD-verwandte «Tripmittel»

In diesem Abschnitt können wir uns kurz fassen, da die Wirkung LSD-verwandter Mittel im großen ganzen dieselbe wie die von LSD ist. Es gibt zwar einige Unterschiede zwischen den einzelnen Stoffen, vor allem in bezug auf Stärke, Art und Dauer der Symptome, es handelt sich aber ohne Ausnahme um Giftstoffe, teils pflanzlichen Ursprungs, teils halb- oder völlig synthetischer Art.

Die wichtigsten rein pflanzlichen Tripmittel sind die Psylocibinpilze (aus Mittelamerika), der Fliegenpilz (Vorkommen: Europa, Nordamerika, Sibirien, Mandschurei) und der Peyotl-Kaktus (den man in Nordamerika und Mexiko findet). Letzterer enthält den Wirkstoff Meskalin, das auch rein synthetisch hergestellt werden kann. Für eine wirksame Dosis wird ungefähr die tausendfache Menge eines LSD-Trips benötigt. Chemisch zusammengesetzte «Tripmittel» sind unter anderem STP, DMT, PCP («Angel Dust»), Meskalin und MDA (siehe unten, Kapitel 10).

Bei weitem nicht alle dieser «Tripmittel» zeigen das breite, intensive Wirkungsspektrum des LSD. Nähere Informationen bietet das glänzend illustrierte Buch über die halluzinogenen Pflanzen der Welt von Albert Hofmann und Richard Schultes: *Pflanzen der Götter. Die magischen Kräfte der Rausch- und Giftgewächse.*

Unter den rein pflanzlichen «Tripmitteln» ist die Wirkung von Peyotl und Psylocibin so gut wie identisch mit der des LSD.

5. MARIHUANA UND HASCHISCH

Marihuana und Haschisch (Hasch) stammen aus den weiblichen Exemplaren der Hanfpflanze (Cannabis sativa), die in vielen Erdteilen wild vorkommt. Die Pflanze ist einjährig, das bedeutet, daß der gesamte Zyklus von Keimung, Blattbildung, Blüte, Frucht- und Samenbildung sich innerhalb eines Jahres (von Frühling bis Herbst) vollzieht. Die Stengelfasern, vor allem der männlichen Exemplare, werden seit Jahrhunderten zur Herstellung von Papier, Garn, Segeltuch und vor allem von Seilen verwendet. Die weiblichen Exemplare liefern Hanfsamen (auf die Vögel besonders erpicht sind) sowie Marihuana und Haschisch – Stoffe, die bei vielen Völker von alters her wegen ihrer medizinischen und bewußtseinsverändernden Eigenschaften auf Interesse stießen.

Die Cannabispflanze ist ein üppigwachsendes, aufrechtstehendes Gewächs, das je nach Boden- und Klimabeschaffenheit eine Länge von einem bis fünfeinhalb Metern erreichen kann. Der dicke, hohle Stengel hat viele Seitenzweige, die zusammengesetzte Blätter tragen: Jedes Blatt besteht aus einer ungeraden Anzahl lanzettlicher, feingeschnittener, sich fächerförmig verbreiternder Blättchen. Alle Blätter sind mit Härchendrüsen bedeckt, die eine klebrige Harzsubstanz abscheiden. Diese ergießt sich über Stengel, Blätter und Kronblätter der Blüten und bildet einen Film, der die Pflanze gegen Austrocknung schützt. Je höher sich die Blätter an der Pflanze befinden, desto mehr Harz scheiden sie ab. Während der Blütenperiode der weiblichen Pflanze erreicht die Harzproduktion ein Maximum: Ihre Spitzen – samt allen Blüten und Blättern – sind dann klebrig und schwer von Harz.

Dieses Harz ist der Grundstoff von Marihuana und Haschisch. Es enthält Giftstoffe, die Veränderungen im menschlichen Bewußtsein bewirken, unter anderem die sogenannten THCs (Tetrahydrocannabinole), die sich als Hauptverursacher dieser Bewußtseinsveränderungen erweisen.[146] Doch auch die anderen Bestandteile des Harzes (so zum Beispiel eine Säure, die betäubende Wirkung hat) können zu den bewußtseinsverändernden Wirkungen beitragen.[147]

Marihuana ist nichts anderes als die getrocknete, pulverisierte *Pflanze*. Die besten Sorten sind die harzreichen Spitzen der blühenden weiblichen Pflanzen.[148] *Haschisch* ist das *Harz*, das auf verschiedene Arten gewonnen werden kann. Eine mögliche Methode ist folgende: «Wenn die Pflanze genügend getrocknet ist, wird das Harz puderig. Dieser Puder kann dann über Tüchern abgeschüttelt oder durch Reiben der Pflanzenspitzen zwischen zwei Tüchern gewonnen werden. Diese Prozedur wird einige Male wiederholt, aber der Stoff [das Harz], der beim erstenmal abfällt, gilt als der qualitativ beste. Dazwischengeratene Samen und Blättchen werden entfernt, und durch Sieben werden kleinere Unreinheiten (Sand) beseitigt. Der Puder verklebt sich, wenn man ihn stampft. Er wird in Tütchen verpackt, zu kleinen Kugeln geknetet oder zu Platten gepreßt. Jeder Hersteller, der etwas auf sich hält, preßt quasi als Markenzeichen auch einen Stempelabdruck in die Platten ein.»[149]

Auf diese Weise wird also Harz (Haschisch) ziemlich reiner Qualität gewonnen. Eine Methode zur Gewinnung noch reineren Haschischs wird von O'Shaughnessy beschrieben, der in der ersten Hälfte des 19. Jahrhunderts in Indien die Ernte aus der Nähe beobachtete: «Während der heißen Jahreszeit gehen oder rennen in Leder gekleidete Männer durch die Hanffelder, wobei sie dafür sorgen, daß sie soviel wie möglich mit den Pflanzen in Kontakt kommen. Nach diesem Gang oder Sprint kann das Harz, das am Leder kleben geblieben ist, mit Messern abgekratzt und zu Kugeln geknetet werden.»[150]

Es gibt also verschiedene Techniken der Haschischgewinnung. Je nach den örtlichen Gewohnheiten, Boden- und Klimaverhältnissen ergeben sich die heute bekannten Sorten wie «Grüner Türke», «Roter Libanese», «Schwarzer Afghan», «dunkelbrauner Pakistani» usw. Diese können sich voneinander hinsichtlich ihrer Reinheit und im THC-Gehalt (als Sammelname der Tetrahydrocannabinole) stark unterscheiden. So variierte beispielsweise 1982 der THC-Gehalt von aus dem Libanon, aus Pakistan und aus Indien stammenden Partien zwischen weniger als 1 Prozent und gut 8 Prozent.[151] Marihuana («Kongo-Gras», «Kenia-Gras», «Indischer Bhang» usw.) enthielt im allgemeinen zwischen 0,5 und 5 Prozent THC. 1992 variierte der THC-Gehalt von ausländischem Marihuana oder Haschisch nach Angaben des niederländischen Zentralen Forschungs-Informationsdienstes (CRI) zwischen 0,5 und 14 Prozent.[152]

Je mehr Sonne und Wärme die Hanfpflanze erhält, desto mehr Harz wird von ihr abgeschieden. In heißen und trockenen Regionen strömt das Harz reichlich aus den angeschwollenen und aufgeplatzten Haardrüsen und schützt die Pflanze dadurch vor Austrocknung. In kühleren, gemäßigten Zonen mit weniger Sonnenschein und mehr Regen liefert die Pflanze bedeutend weniger Harz. Daher dient sie dort eher als Rohstoff für Fasern und Saatgut denn zur Gewinnung von Marihuana und Haschisch. Sonnenschein und Wärme bestimmen aber nicht nur die Harzmenge, die abgeschieden wird, sondern auch die THC-Konzentration in diesem Harz. In gemäßigteren Zonen (z. B. in Mittel- und Westeuropa) ist die THC-Konzentration in der ohnehin verminderten Harzsubstanz daher viel geringer (unter 0,3 Prozent) als in heißen, trockenen Gebieten, es sei denn, die Pflanzen werden unter künstlichen Bedingungen gezüchtet (in gut beheizten und belichteten Gewächshäusern, im Wohnzimmer usw.). Dann kann der THC-Gehalt des Faserhanfs auf bis zu 10-15 Prozent, nach manchen Quellen sogar auf bis zu 27 Prozent ansteigen.[153]

Wird das schwere und stark klebrige Harz rein, das heißt ohne Beimischung anderer Pflanzenteile, verarbeitet und verkauft, so hat der Konsument *Haschisch* bester Qualität in Händen. Meistens wird er es rauchend genießen, eventuell mit Tabak vermischt. Es ist auch möglich, Haschisch zu essen, pur oder gebacken, beispielsweise als Kuchen, oder es in Getränke zu bröckeln.

Marihuana wird in westlichen Ländern fast immer geraucht, eventuell mit Tabak vermischt. Aber es kann auch gekaut oder, wie es in Indien häufig geschieht, als Tee aufgegossen werden.

In einer Studie der Vereinten Nationen von 1950 rechnete man mit weltweit mehr als 200 Millionen Marihuana- und Haschischkonsumenten, von denen die meisten in Asien und Afrika lebten. Zum Vergleich: Die Zahl der Alkoholabhängigen wurde damals auf über 20 Millionen Menschen geschätzt, der nichtabhängigen Alkoholtrinker weltweit ungefähr auf eine Milliarde. Da seit 1950 der Konsum von Haschisch und Marihuana in der westlichen Welt stark zugenommen hat, darf angenommen werden, daß sich diese Droge zu einem der meistverwendeten bewußtseinsverändernden Mittel auf der Welt entwickelt hat, und man kann sich fragen, wie es dazu kommen konnte. Wie wurden Marihuana und Haschisch im Laufe der Menschheitsgeschichte verwendet?

Geschichtliches zu Marihuana und Haschisch

Aller Wahrscheinlichkeit nach ist die ursprüngliche Heimat der Cannabispflanze, die zu den ältesten Kulturgewächsen der Menschheit gehört, im Hochland Zentralasiens zu suchen. Von dort aus verbreitete sie sich nach China, wo Hanffasern aus der Zeit um 4000 v. Chr. nachgewiesen werden konnten. Im Jahre 2737 v. Chr. begegnen wir Cannabis zum erstenmal in der Literatur: Der chinesische Kaiser Shen-Nung empfiehlt die Pflanze als Heilmittel gegen allerlei Beschwerden wie Beriberi, Verstopfung, Rheuma, Malaria, Menstruationsbeschwerden, rheumatische Schmerzen, Gicht und Zerstreutheit (!). Im indischen *Atharveda* (20. bis 14. Jahrhundert v. Chr.) wird die Pflanze auch als «Quell des Glücks und der Freude» und als «Lachmittel» bezeichnet. Die Verwendung als bewußtseinsveränderndes Mittel, um mit der nichtsichtbaren Welt in Kontakt zu kommen, scheint in China jedoch nur in beschränktem Maße eine Rolle gespielt zu haben, und wo dies der Fall war, geschah es unter Leitung eines Schamanen. So schreibt ein taoistischer Priester im 5. Jahrhundert v. Chr., Cannabis werde benützt von «Geisterbeschwörern, in Verbindung mit Ginseng, um die Zeit vorrükken zu lassen und künftige Geschehnisse zu offenbaren».[154] Populär als bewußtseinsveränderndes Mittel wurde Cannabis jedoch nicht. In chinesischen Inschriften aus ungefähr derselben Zeit wird das Schriftzeichen für Cannabis («Ma») mit einem «negativen» Akzent versehen, der auf seine betäubenden Eigenschaften hinweist. Es erhielt sogar den Beinamen «Befreier (= Loslöser) der Sünde», verschwand dann jedoch als Droge immer mehr aus der chinesischen Kultur. Als die Europäer ungefähr 1000 n. Chr. China besuchten, trafen sie keine Verwendung von Cannabis als Rauschmittel mehr an.

Außer nach China breitete sich der Hanf von Zentralasien aus westwärts aus: Das Reitervolk der Skythen brachte die Pflanze ab 1500 v.Chr. nach Persien und Mesopotamien. Dadurch konnten die Samen der Pflanze durch Züge persischer Stämme nach Indien gelangen. Und so erschien der Hanf in der indischen Kultur, wo man der Meinung war, die Götterwelt habe diese Pflanze gesandt, um die Menschen in Verzückung zu versetzen – auf daß ein Kontakt mit der Götterwelt eintrete – und um ihnen Mut und stärkere sexuelle Begierde zu schenken. «Als Nektar oder Amrita vom Himmel tropfte, entsproß daraus Cannabis», lautet eine indische Überlieferung.[155] Einer anderen Überlieferung zufolge «kirnten die Götter mit Hilfe von Dämonen den Milch-Ozean, um Amrita herzustellen; einer der so geschaffenen Göttertränke war Cannabis. Er wurde Shiva geweiht und war Indras Lieblingsgetränk. Nach dem Kirnen des Ozeans versuchten die Dämonen, Amrita in ihre Gewalt zu bringen, aber es gelang den Göttern, dies zu verhindern. Zur Erinnerung an ihren Sieg gaben sie Cannabis den Namen Vijaya

(Sieg).»[156] Seitdem ist dieses «Geschenk der Götter» nicht mehr aus der indischen Kultur wegzudenken. Es wird einerseits als Heilmittel verwendet (um 800 v.Chr. in der Literatur erwähnt), andererseits gilt es als geheiligter Mittler zwischen Göttern und Menschen.

Auch in Tibet und im Himalaya-Gebirge wurde die Pflanze verehrt. So soll Buddha, nach einer Überlieferung des Mahayana-Buddhismus, während der sechs Stufen der Askese, die zu seiner Erleuchtung führten, von einem einzigen Hanfsamen pro Tag gelebt haben. (Der Hanfsame ist sehr nahrhaft. Er besitzt keine bewußtseinsverändernden Eigenschaften.)

In ganz Indien hielt man Cannabis in Ehren. Bhang (mit Gewürzen getrocknetes Marihuana) war so heilig, daß man glaubte, es wehre böse Kräfte ab, bringe Glück und läutere den Menschen von seinen Sünden. Heilige Schwüre wurden über dem Hanf geleistet, und man war davon überzeugt, daß jeder, der auf den Blättern dieser heiligen Pflanze herumtrampelte, Schaden oder ein großes Unglück erleiden würde.[157]

Um 1000 n.Chr. war der Cannabiskonsum in Indien so populär geworden, daß er zum täglichen Leben gehörte und in die religiösen Betätigungen der Bevölkerung eingegangen war. Dies änderte sich in den folgenden Jahrhunderten nicht. So gab man beispielsweise im 18. Jahrhundert jungen Priesterinnen bei großen Festen wie dem Vishnu-Fest Haschisch. Im Rausch sahen sie das Antlitz Gottes und taten Weissagungen. Ein anderes Beispiel: «Bei den Festen zu Ehren der blutrünstigen Göttin Kali flößte man den Opfern ein haschischhaltiges Getränk ein und stieß sie dann unter die riesigen Räder des Prunkwagens, auf dem das Standbild der Göttin thronte. Andere warfen sich im Rausch vor die Füße der heiligen Elefanten und ließen sich zermalmen. Nach einer Schätzung aus dem Jahre 1806 soll die Zahl derartiger Opfer bei diesen Festlichkeiten jährlich 20.000 betragen haben.»[158]

Im Jahre 1894 erschien der über dreitausend Seiten starke Bericht der «Indischen Hanf-Drogen Kommission», ein von den Engländern in Auftrag gegebenes Forschungsprojekt zur Frage der möglichen Schädlichkeit des Cannabiskonsums in Indien. In diesem Report ist auch eine Blütenlese aus der indischen Literatur über den Hanf enthalten. Einige Zitate: «Dem Hindu gilt die Hanfpflanze als heilig ... Träume von den Blättern, der Pflanze oder deren Saft sind ein gutes Zeichen ... Sie heilt Dysenterie und Sonnenstich, wirkt schleimlösend, beschleunigt die Verdauung, regt den Appetit an, macht die Zunge des Lisplers frei, schärft den Intellekt, verleiht dem Körper Energie und der Seele Frohsinn. Das sind nützliche und notwendige Wirkungen, für die der Allmächtige in seiner Güte den Bhang schuf ... In der Bhang-Ekstase wirft der Funke des Ewigen Licht auf die Finsternis des Stoffes ... Bhang ist der Freudenspender, der Himmelserheber, der himmlische Weggefährte, der Himmel der Armen, der Stiller der Trauer ... In Benares, Ujjain und anderen heiligen Stätten atmen Yogis, Bairaghis und Sanyassins Bhang ein, weil sie dann ihre Gedanken auf das Ewige konzentrieren können ... Mit Hilfe von Bhang können Asketen mehrere Tage ohne Essen und Trinken verbringen. Durch die Stütze des Bhang sind beachtlich viele Hindufamilien gesund und wohlbehalten durch das Elend der Hungersnot gekommen. Ein Verbot oder die drastische Einschränkung der Verwendung eines Krautes, das so heilig und dermaßen heilsam ist wie der Hanf, würde viel Leid und Ärger bewirken und die tiefe Wut großer Gruppen heiliger Asketen erregen. Es würde das Volk des Trostes in schweren Zeiten, der Heilungschancen bei Krankheiten sowie des Wächters berauben, dessen wohltuender Schutz es vor den Attacken übler Einflüsse bewahrt.»[159]

Soweit diese Impression aus der indischen Kultur bis zum Ende des 19. Jahrhunderts. Es überrascht daher auch nicht, daß die Verwendung von Cannabis als Medizin, die zugleich Droge ist, bis zum heutigen Tage in Indien weit verbreitet ist. Die indische Regierung weigert sich, das Haschisch- und Marihuanaverbot der Weltgesundheitsorganisation in die Praxis umzusetzen. Sie kontrolliert allerdings immerhin Anbau und Verbreitung der Droge.

Doch zurück nach Persien und Mesopotamien um 1500 v.Chr.

Nicht nur nach Indien, auch nach Westen wurde der Hanf von dort aus verbreitet. Die Skythen brachten die Pflanze nach Europa; dadurch machte die klassische Antike mit der Verwendung von Cannabis Bekanntschaft. Herodot (484-424 v.Chr.) beschrieb das Reinigungsritual, durch welches die Skythen bei Begräbnisfeierlichkeiten in Verzückung gerieten, wie folgt: «Sie errichten ein Zelt aus drei in die Erde gesteckten, schräg zusammenlaufenden Stangen, die sie ringsum mit so dicht wie möglich aneinandergefügten wolligen Pelzen überziehen; im Innern des Zelts wird eine Schüssel auf den Boden gestellt, in die sie eine Anzahl glühendheißer Steine legen, auf die sie dann Hanfsamen streuen. Sogleich fängt es an zu rauchen; es entsteht ein solcher Dampf, wie ihn kein griechisches Dampfbad übertreffen kann, und die entzückten Skythen schreien vor Lust [aufgrund des inhalierten Dampfes, R.D.], und dieser Dampf nimmt bei ihnen die Stelle des Wasserbades ein (denn sie waschen nie und unter gar keinen Umständen ihre Körper).»[160] Ferner berichtet Herodot von einem Volk, das am Flusse Araxes wohne und bei zeremoniellen Anlässen ein Kraut ins Feuer werfe und den Rauch inhaliere. Von diesem Inhalieren würden die Menschen genauso berauscht wie die Griechen durch das Trinken von Wein.

Bei den Griechen und später auch im Römischen Reich – wo man Hanf im übrigen vornehmlich zur Herstellung von Seilen, Segeln und Kleidungsstücken verwendete – war die bewußtseinsverändernde Wirkung der Pflanze demnach durchaus bekannt. Demokrit berichtet, daß Cannabis bei besonderen Anlässen zusammen mit Wein und Myrrhe getrunken wurde, um Visionen hervorzurufen. In Theben verarbeitete man Hanf zu einem Getränk mit opiumähnlicher Wirkung, und der Arzt Galenus berichtet ungefähr 200 n.Chr., daß Hanf manchmal zu einer süßen Nachspeise verarbeitet werde, die zusammen mit einem süßen Trank genossen werde, um die Gäste nach der Mahlzeit in eine ausgelassene Stimmung zu versetzen. Ob Cannabis dagegen auch in den Mysterien und Orakeln als Droge eingesetzt wurde, läßt sich nicht mit Sicherheit sagen. Allerdings wurden 1975 bei Ausgrabungen unter den Ruinen des Totenorakels von Ephyra in Nordgriechenland zahlreiche Klumpen Haschisch gefunden. Daß Drogen in den Orakeln und während des Einweihungsprozesses der Mysterien eine äußerst wichtige Rolle gespielt haben, wurde bereits im zweiten Kapitel dargestellt, doch ob auch Marihuana und Haschisch dazugehörten, muß offen bleiben.

In die aufblühende arabische Kultur wurde die Verwendung von Marihuana und Haschisch zunehmend integriert. So wird in der arabischen Literatur der Genuß von Haschisch in vielen Schriften besungen, wie in den Märchen aus Tausendundeiner Nacht, die förmlich vom süßen Duft des Haschisch durchzogen scheinen. Aber auch Mißbrauch drohte: Bereits um das 8. Jahrhundert n.Chr. wurde der Genuß von Haschisch in Ägypten mit strengen Strafen belegt, und spätestens im 10. Jahrhundert wurden auch andernorts häufig Maßnahmen gegen übermäßigen Konsum ergriffen.

Ungefähr ab dem ersten Kreuzzug (1099 n.Chr.) geriet die Droge in ein anderes Licht: Sie wurde innerhalb des von Al-Hasan-ibn-al-Sabbah (†1124) begründeten Geheimbundes der Assassinen verwendet. Hasan hatte von seinem Zentrum aus, der Burgfeste Alamut, einen religiös-terroristischen Orden aufgebaut, der unter den christlichen Kreuzrittern und der arabischen Bevölkerung der weiten Umgebung (Palästina, Syrien, Irak, Persien) Angst und Schrecken verbreitete. Um sein Einflußgebiet zu vergrößern, ließ Hasan politische und andere Gegner per Attentat liquidieren. Diese Morde wurden – unter Lebensgefahr – von «Fidawis» ausgeführt, die auf der untersten Rangstufe der Organisation standen und ihre Anschläge als eine Art Selbstmordkommando verübten. Wie sie soweit gebracht wurden, schildert Marco Polo, der die Festung Alamut 1271 oder 1272 besuchte. Nachdem er den paradiesischen Garten mit seinen von Hasan angelegten eleganten Pavillons beschrieben hat, fährt er fort: «Niemand hatte Zugang zu dem Garten, außer denen, die dazu bestimmt waren, Assassinen zu werden. Am Eingang stand eine Burg, die war stark genug befestigt, um die ganze Welt abzuwehren, und einen anderen Weg, in den Garten zu gelangen, gab es nicht. An seinem Hof hatte er eine Reihe von Jünglingen im Alter von zwölf bis zwanzig Jahren, die am militärischen Handwerk Geschmack gefunden hatten ... Die durften, manchmal zu viert, zu sechst oder zu zehnt, den Garten betreten, nachdem er sie von einem bestimmten Trank hatte trinken lassen, durch den sie in tiefen Schlaf fielen [der Überlieferung zufolge enthielt dieser Trank starkes Haschisch]. Dann ließ er sie in den Garten tragen, so daß sie dort erwachten. Wenn sie dann wach geworden waren und entdeckten, daß sie in einer solchen betörenden Umgebung gelandet waren, dachten sie, sie seien im Paradies selbst. Und die Damen und Mädchen dort turtelten und liebkosten sie nach Herzenslust ... Wenn der alte Mann [Hasan-Ibn-al-Sabbah] nun einen Prinzen ermorden lassen wollte, sprach er zu einem dieser Jünglinge: Gehe hin und töte den und den; wenn du zurückkehrst, werden meine Engel dich ins Paradies geleiten. Und so du sterben solltest, auch dann werde ich meine Engel senden, um dich ins Paradies zu tragen.»[161]

Der Orden existierte von 1090 bis 1257. In jenem Jahr überrannten die Mongolen auf ihrem westwärts gerichteten Eroberungszug das Reich der Assassinen und vernichteten die geheime Bruderschaft. Die Nachkommen der Assassinen verteilten sich über Nordsyrien, Iran, Sansibar und vor allem Indien, wo sie Thojas und Mowlas heißen. Ihr geistliches Oberhaupt wird der siebte Imam genannt und ist in der übrigen Welt als der Aga Khan bekannt.

Eine Erinnerung an die Rolle, die das Haschisch innerhalb dieser Bruderschaft gespielt hat, stellt der Name dar, den die Kreuzfahrer den Ordensmitgliedern gaben: Haschischin («Haschischbenützer»). Später wurde daraus Assassin. Und auch der mordlustige Charakter des alten Ordens hat sich in der französischen Sprache erhalten: «Mörder» heißt dort heute noch «assassin».

Zurück zur arabischen Welt. Trotz vieler Verbote und Androhungen strenger Strafen gelang es nicht, die Verwendung der Droge auszumerzen. Der Haschischkonsum blieb für viele ein wichtiger Bestandteil des täglichen Lebens. Dasselbe galt auch für Ägypten. Martin Schouten berichtet, daß «im Jahre 1402 ein puritanischer Reformer befahl, sämtlichen Hanf aus dem Dschoneina-Garten (einem Lustgarten, in dem die dort tätigen Damen zu ihrem Vergnügen Hanf anbauten, um die daraus bereiteten Produkte dann ihren Kunden vorzusetzen) zu entfernen. Um dem Verbot Nachdruck zu verleihen, wurde verfügt, daß jedem Mädchen, bei dem Ganja (die getrockneten Blütenspitzen der Zuchtpflanzen) gefunden wurde, ohne Pardon die Zähne auszureißen seien. Doch innerhalb weniger Jahre, so meldet der Chronist, war der Konsum stärker denn je im Schwange.»[162]

Von Ägypten aus wurde die Droge in die nordafrikanischen Länder und nach Zentral-, Ost- und Südafrika verbreitet, wo Hottentotten, Buschmänner, Pygmäen, Kaffern und viele andere Stämme den Hanf als Heil- und Rauschmittel zu gebrauchen lernten. Als bewußtseinsveränderndes Mittel spielte er eine Rolle bei kultischen und rituellen Handlungen. So beschreiben Hofmann und Schultes, wie die kongolesischen Kasai-Stämme einen alten Riamba-Kult zu neuem Leben erweckt hätten, «der den Hanf – anstelle der alten Fetische und Symbole – zum Gott und Beschützer vor körperlichem und geistigem Unheil erhob. Vereinbarungen werden mit Rauchwölkchen aus Wasserkürbispfeifen besiegelt.»[163]

Von Afrika aus wurde die Praxis der innerlichen Anwendung von Hanf, einigen Historikern zufolge, durch schwarze Sklaven nach Amerika gebracht, wo sie einen fruchtbaren Boden fand, denn die Pflanze war von den Spaniern dort bereits eingeführt und zur Herstellung von Seilen, Segeln und Kleidung verwendet worden. Hanfkulturen gab es unter anderem seit 1545 in Chile und in Peru seit 1554. Andere Forscher behaupten dagegen, daß sowohl die Cannabis-Pflanze als auch deren religiös-rituelle Anwendung bereits vor Kolumbus in Amerika existiert habe: Bereits die Azteken Mittelamerikas und die nordamerikanischen Indianerstämme sollen Cannabis bei ihren kultischen Zeremonien verwendet haben.

Im Jahre 1611 wurde in der Nähe von Jamestown (heutige USA) von den Engländern zum erstenmal Hanf zu Schiffahrtszwecken (nämlich zur Herstellung von Tauen und Segeln) angebaut. Danach wurde der Hanfanbau ein wichtiger Faktor für die Textilindustrie. Von einer Verwendung als Droge war noch keine Rede.

Das sollte sich jedoch im Laufe des 19. Jahrhunderts ändern, als nämlich eine Reihe von Ärzten, Schriftstellern und Künstlern, darunter Lewis Carroll, John Stuart Mill und William James, mit Marihuana und Haschisch zu experimentieren begannen. Die Verwendung blieb jedoch auf eine sehr kleine Gruppe beschränkt, bis im ersten Viertel des 20. Jahrhunderts mexikanische Gastarbeiter die Droge im Süden der Vereinigten Staaten einführten. Marihuana war zu jener Zeit billiger als Alkohol, und als im Jahre 1920 ein generelles Alkoholverbot verhängt wurde, gewann der Konsum von Marihuana für jene Bevölkerungsgruppen, die mit den Mexikanern zusammenarbeiteten (Schwarze, ungelernte weiße Arbeiter, Seeleute usw.), immer mehr an Attraktivität. New Orleans war das Zentrum, wo man das Marihuanarauchen von den Mexikanern übernahm. Im Jahre 1926 war die ganze Stadt, alarmierenden zeitgenössischen Zeitungsberichten zufolge, von der Unterwelt bis zur sozialen Elite, von den Vergnügungsvierteln bis zu den Schulen, dem Marihuana ergeben. Von New Orleans aus breitete sich der Drogenkonsum über die Schiffsbesatzungen der Mississippi-Boote in Richtung Mittelwesten und in den Norden der Vereinigten Staaten aus. 1921 wurde bereits in New York Marihuana konsumiert, und im Jahre 1930 gab es in den USA so gut wie keine Stadt mehr, in der die Droge nicht geraucht wurde. Der Konsum beschränkte sich jedoch zunächst auf die sogenannten untersten sozialen Schichten und auf Künstlerkreise. Schwerpunkte waren die Schwarzenghettos der großen Städte. Die Jazzmusik besang die Droge: «Muggles» (Louis Armstrong, 1928), «Chant of weed» (Don Redman, 1931), «Sweet Marihuana Brown» (Barney Bigard, 1945), «Stoned» (Wardell Gray, 1948). 1937 wurden Marihuana-Handel und -Besitz durch den «Marihuana-Tax-Act», das Marihuanasteuergesetz, so gut wie unmöglich gemacht – dies möglicherweise unter dem Druck der Getränkeindustrie, denn Alkohol war seit 1933 wieder legalisiert. Es wurde eine extrem hohe

Steuer auf den Erwerb von Marihuana erhoben: 100 Dollar pro Unze (28 g). Wer nicht bezahlte, mußte mit einer Strafe bis zu 2000 Dollar und bis zu fünf Jahren Gefängnis rechnen.

Doch trotz intensiver landesweiter Kampagnen und der Vernichtung Tausender von Tonnen Marihuana schwelte der Konsum während der vierziger und fünfziger Jahre weiter, bis er über Jazzmusiker, weiße Künstler und Intellektuelle im Laufe der sechziger Jahre die Studenten und Jugendlichen erreichte. Dadurch nahm der Konsum geradezu explosiv zu.

Der amerikanische Dichter Allen Ginsberg schrieb 1966: «Die bedeutendsten Dichter, Maler, Musiker, Filmemacher, Bildhauer, Schauspieler, Sänger und Verleger in Amerika und England rauchen bereits jahrelang Marihuana. Ich bin high gewesen, zusammen mit den meisten Dichtern, von denen ein Beitrag in der Don Allen-Anthologie neuer amerikanischer Poesie 1945–1960 aufgenommen worden ist. Und in den Jahren nach deren Erscheinen habe ich auch mit etlichen der etwas akademischeren Dichter der konkurrierenden Hall-Pack-Simpson-Anthologie eine Tasse Kaffee getrunken und eine Marihuana-Zigarette geraucht. Es kann in Paris, London, New York oder Wichita keine Ausstellung mehr eröffnet werden, ohne daß man den Weihrauchduft von Marihuana röche, wenn die Türe der Damentoilette aufgeht.»[164]

Ende der sechziger Jahre schätzte man, daß mehr als ein Drittel aller Universitätsstudenten sowie Hunderttausende von College- und High-School-Zöglingen Marihuana und Haschisch geraucht hatten. Auch zahllose amerikanische Militärangehörige in Vietnam konsumierten regelmäßig Cannabis. Es war, neben dem LSD, die Droge der Hippiebewegung. Der Konsum nahm epidemische Ausmaße an, und im Jahre 1986 war während eines Kongresses in San Francisco sogar von einem explosiven Anstieg der Zahl der Marihuana- und Haschischsüchtigen die Rede. Dies bezog sich vor allem auf junge Menschen, deren Eltern sogenannte soziale Cannabiskonsumenten waren – die «zweite Generation» von Marihuana- und Hasch-«Usern» also ...

Zum Schluß werfen wir noch einen Blick auf die geschichtliche Entwicklung in Europa. Seit der Einführung durch die Skythen spielte Cannabis bis zur Mitte des 19. Jahrhunderts keine nennenswerte Rolle als bewußtseinsveränderndes Mittel. Allerdings ist die Pflanze möglicherweise in verschiedenen spätmittelalterlichen «Hexensalben» verwendet worden. Als Faserlieferant für Bekleidung, Segeltuch und Seile dagegen war Hanf seit der griechisch-römischen Zeit sehr populär. Seit dem dritten vorchristlichen Jahrhundert wurde die Pflanze in Gallien angebaut, weil die Fasern dort wegen des kühleren Klimas viel stärker waren. Von dort aus wurden sie in die südlicheren Länder befördert. Auch als Heilmittel wird Cannabis erwähnt, obwohl man auch dessen Gefahren sah: «Mittelalterliche Kräutersammler unterschieden zwischen ‹gedüngtem› (kultiviertem) und ‹minderwertigem› Hanf und empfahlen letzteren gegen ‹Gichtknoten, Geschwülste und andere harte Tumore›, den ersteren als Mittel gegen eine ganze Reihe von Krankheiten von Husten bis Gelbsucht. Sie warnten jedoch davor, die Droge im Übermaß einzunehmen, da dies zu Sterilität führen könne; bei Männern ‹trocknet sie den Samen aus›, bei Frauen ‹die Milch ihrer Brüste›.»[165] In medizinischen Schriften des 17. und 18. Jahrhunderts wird Hanf mehrmals erwähnt, so als brauchbares Heilmittel, das jedoch den «Kopf mit Dämpfen füllt» (*The New London Dispensatory*, 1682), und als Fröhlichkeit auslösendes Präparat (*Alexander*, 1763). Von einer Anwendung in größerem Umfang, medizinischer oder anderer Art, kann jedoch eindeutig keine Rede sein.[166]

Das sollte sich allerdings, ähnlich wie in den Vereinigten Staaten, im Laufe des 19. Jahrhunderts ändern. Damals wurde nämlich, aller Wahrscheinlichkeit nach durch Soldaten des napoleonischen Heeres, Haschisch von Ägypten mit nach Europa genommen. Als außerdem die Ärzte O'Shoughnessy, Aubert-Roche und Moreau de Tours die Verwendung der Droge in Indien und in den Vereinigten Staaten erforschten – Moreau de Tours schrieb 1845 ein grundlegendes Werk darüber: *Du Haschisch et de l'Aliénation Mentale* –, nahm allmählich das Interesse zu. Anfangs war man vor allem von den beruhigenden und schmerzstillenden Eigenschaften des Haschisch begeistert. Später wurde Cannabis als Mittel gegen vielfältige Leiden angepriesen: In fast jeder Apotheke war in der zweiten Hälfte des 19. Jahrhunderts ein Extrakt erhältlich. Die Untersuchungen Moreau de Tours' erregten aber auch großes Interesse bei dessen Pariser Künstler- und Dichterfreunden. Sie gründeten den «Club des Hachischins» und trafen sich in dem im Quartier Latin gelegenen Hotel Pimodan, um dort mit der Droge zu experimentieren. Schriftsteller wie Charles Baudelaire, Théophile Gautier, Arthur Rimbaud und Gérard de Nerval beschrieben später ihre Erfahrungen. Vor allem Baudelaires *Les paradis artificiels* ist bekannt geworden. Dennoch blieb die Verwendung auf diesen Künstlerkreis beschränkt.

Sehen wir von Südrußland ab, wohin um 1930 die Droge von Kleinasien aus importiert worden ist, und von Griechenland (wo wegen des umfangreichen Hanfanbaus in der Zeit des Ersten Weltkrieges ziemlich viel konsumiert worden ist, bis dieser 1920 verboten und dieses Verbot 1936 auch tatsächlich umgesetzt wurde), treffen wir in Europa bis nach dem Zweiten Weltkrieg so gut wie keinen nennenswerten Marihuana- und Haschischkonsum an. Danach dringt Cannabis allmählich auch hierher vor. Immigranten aus Ländern, in denen der Haschisch- und Marihuanakonsum oftmals ein Teil des Kulturmusters ist, nehmen ihre Gewohnheit mit nach Europa: Jamaikaner und Afrikaner nach England, Surinamer in die Niederlande, Afrikaner nach Frankreich. Das Interesse beschränkt sich außerhalb dieser Gruppen auf die Jazzmusiker, die über ihre amerikanischen Kollegen mit der Droge in Berührung kommen, und auf Künstlerkreise, die sie von diesen Gruppen übernehmen.

Erst gegen Ende der fünfziger Jahre breitet sich der Konsum allmählich auch in Jugendgruppen aus, und im Laufe der sechziger Jahre sehen wir, genau wie in den Vereinigten Staaten, wie der Konsum explosiv ansteigt. Hippies, Studenten, Realschüler, Auszubildende und andere (überwiegend) junge Menschen übernehmen den Konsum von Haschisch jeweils in ihr Verhaltensmuster, zunächst noch als Mittel zur Bewußtseinserweiterung, später dann immer stärker als Genußmittel sowie als Medizin gegen innere Unruhe, Einsamkeit und Leere.

Einige Zahlen mögen das belegen. Die beschlagnahmte Jahresmenge Cannabis betrug in Westdeutschland 1968 380 kg, 1979 6.407 kg, in Gesamtdeutschland 1990 13.640 kg, 2001 8.942 kg. In den Niederlanden als europäischem Handelszentrum waren es im Jahr 1972 2.315 kg, 1979 17.919 kg, 1988 68.238 kg, 1990 109.752 und 2001 33.419 kg. (In Deutschland geht man übrigens davon aus, daß die illegal umgesetzte Menge Haschisch das Zehnfache der beschlagnahmten Mengen beträgt!) In den Niederlanden wurde die Zahl der Cannabiskonsumenten im Jahre 1988 auf eine halbe Million geschätzt. Die Droge ist in Coffee-shops, Diskos, Jugendzentren usw. erhältlich. Wer Cannabis sucht, der wird es ohne Probleme bekommen und kann es, ohne sich strafbar zu machen, verwenden.

Zusammenfassend darf behauptet werden, daß der Marihuana- und Haschischkonsum, der sich in Asien, Afrika, in der arabischen Welt sowie in Süd- und Mittelamerika bis heute erhalten hat, aufgrund der explosiven Zunahme vor allem in der westlichen Welt sich zu einer bisher unerreichten Höhe entwickelt hat. Cannabis ist zweifellos die meistverwendete Droge der Welt. Dieses aus dem Osten stammende Rauschgift hat sich im Westen bei vielen jungen Menschen einen festen Platz im Arsenal der bewußtseinsverändernden Mittel erobert, über die sie verfügen können. Die Prozentzahlen der Achtzehnjährigen, die irgendwann einmal Cannabis genommen haben, sehen beispielsweise für die Vereinigten Staaten so aus: 1975: 47 Prozent; 1980: 60 Prozent; 1987: 50 Prozent. Aus derselben, 1987 publizierten Studie geht hervor, daß 4 Prozent der achtzehnjährigen Amerikaner im Monat zwanzigmal oder öfter Cannabis verwendet haben.[167] In Deutschland haben 20 % der Westdeutschen und 10 % der Ostdeutschen Cannabiserfahrung, aktuell konsumieren 6 % in den alten und 5 % in den neuen Bundesländern Haschisch oder Marihuana.[168]

Die Wirkung von Marihuana und Haschisch

Eine Beschreibung der Wirkungen von Marihuana und Haschisch auf die Wesensglieder des menschlichen Organismus ist alles andere als einfach. Denn Cannabis zeigt eine breitgefächerte Skala von möglichen Wirkungen. Einerseits hat es halluzinogene Eigenschaften, andererseits betäubende, einschläfernde Effekte; außerdem kann es (das gilt besonders für Marihuana) als leicht stimulierendes Mittel eingesetzt werden. Weil sich diese Effekte während der Anwendung abwechseln oder überlagern können, ist es schwierig vorherzusagen, wie die Wirkung von Haschisch und Marihuana im jeweiligen Fall genau ausfallen wird. Die diversen Cannabissorten unterscheiden sich überdies in ihren Schwerpunktwirkungen. So wirkt zum Beispiel Kif (das getrocknete Harz und die Spitzen der nordafrikanischen Pflanze) im allgemeinen eher stimulierend, während afghanisch-nepalesisches Haschisch für viele einen mehr passiv stimmenden, halluzinierenden Effekt hat. Ferner spielt auch der unterschiedliche THC-Gehalt der diversen Cannabisprodukte eine Rolle, was ebenfalls zu ganz unterschiedlich intensiven Erfahrungen beiträgt. Kurzum, die Droge bietet dem Konsumenten – innerhalb der darzustellenden Wirkungsskala – diverse Möglichkeiten hinsichtlich Art und Intensität der Erfahrungen. Daher wird der routinierte «User» versuchen, diejenige Sorte und Qualität zu kaufen, die ihm von der Wirkung her am meisten zusagt. Der eine hat eine Vorliebe für «Roten Libanesen», der andere für «Schwarzen Afghan», ein dritter für «Kif» und so fort. Trotz dieser Unterschiede der spezifischen Wirkung wollen wir versuchen, im folgenden ein umfassendes Bild des Einflusses von Cannabis auf die Wesensglieder des menschlichen Organismus zu skizzieren.

Hierfür muß zunächst betrachtet werden, wohin die wirksamen Bestandteile von Cannabis (insbesondere THC) im Körper gelangen. Aus einer Vielzahl wissenschaftlicher Versuche an Mensch und Tier – dabei wurde unter anderem radioaktiv markiertes THC verwendet – hat man herausbekommen, daß diese wirksamen Bestandteile, trotz aller individuellen Unterschiede, im Gehirn landen. So fand man zum Beispiel bei Affen eine Stunde nach Gabe radioaktiv markierten THCs hohe Konzentrationen vor allem in der Hirnrinde und den tieferen Hirnschichten, den sogenannten Basalganglien.[169] Dort sind vor allem diejenigen Zentren zu finden, die mit dem Erleben von Gefühlen wie Lust, Unlust usw. zusammenhängen.

Zugleich gelangen die wirksamen Cannabisbestandteile in das rhythmische System des Menschen. Damit meinen wir diejenigen Teile des menschlichen Organismus, die in fortwährender rhythmischer Bewegung sind, namentlich die Lungen (Atmung) und das Herz mit seinem Blutkreislauf. Die Giftstoffe in Marihuana und Haschisch – letzteres wird so gut wie immer geraucht – kommen in erster Linie in die Lungen. Von dort aus finden sie ihren Weg zum Herzen und in den Blutkreislauf, um sich danach über den gesamten Körper zu verteilen. In den Lungen bewirkt THC eine Erweiterung der Bronchien,[170] während es im Herzen und im System des Blutkreislaufs anfangs eine Erhöhung der Herzschlagfrequenz um fast ein Drittel bewirkt, was für Herzpatienten nicht ungefährlich ist. Zugleich werden die Blutgefäße des Bindegewebes im Auge erweitert; dadurch bekommt der Betroffene rote, blutunterlaufene Augen («Kaninchenaugen»). Außerdem werden die peripheren Blutgefäße erweitert, was zu kalten Händen und Füßen und zu kalten Ohren- und Nasenspitzen führt. Wenn das THC das Drüsen- und Lymphsystem erreicht, wird die Funktion der Speicheldrüsen gehemmt; ein trockenes Gefühl in Mund und Rachen ist die Folge.

Ferner durchdringen die sonstigen Cannabisbestandteile den gesamten übrigen Körper. THC hat nämlich die Eigenschaft – ähnlich wie DDT –, daß es sich in fetthaltigem Gewebe festsetzt und daher nur sehr langsam ausgeschieden wird.[171] So zeigten Tierversuche, daß innerhalb von 24 Stunden nur 17 bis 40 Prozent des radioaktiv markierten THCs den Körper wieder verlassen hatten und nach einer Woche noch mehr als 50 Prozent der ursprünglichen Dosis in Form von Stoffwechselresten (chemischen Abfallprodukten) im Körper vorhanden waren.[172] In einem Experiment mit freiwilligen Versuchspersonen stellte sich heraus, daß acht Tage nach der Gabe einer einzigen Dosis radioaktiv markierten THCs (mittels Injektion ins Blut) 20 bis 30 Prozent in Form von Stoffwechselresten im Körper zurückgeblieben waren.[173] Sogar dreißig Tage nach der Anwendung konnten noch chemische Reste des THC nachgewiesen werden.[174]

Fassen wir diese Ergebnisse zusammen, so läßt sich sagen, daß durch Cannabis in all diesen Bereichen – das heißt im (fetthaltigen) Gehirn, im rhythmischen System und in den übrigen fetthaltigen Geweben des menschlichen Körpers, wozu auch die Stoffwechselorgane und die Gliedmaßen gehören –, im gesamten Menschen also, eingreifende Veränderungen verursacht werden. Dies im Gegensatz zu LSD, das (wie auch Meskalin) ein viel beschränkteres Wirkungsgebiet hat. LSD gelangt kaum in das Gehirn, sondern fast ausschließlich in die Nieren und die Leber. Marihuana und Haschisch wirken demgegenüber viel allgemeiner, sie verteilen sich über den gesamten Körper und beeinflussen den Menschen in nahezu allen Bereichen.

Wie sieht die Wirkung von Haschisch und Marihuana auf die Wesensglieder des menschlichen Organismus aus? Wir wollen dies anhand der Beschreibung eines Cannabis-«Highs» schrittweise zu verdeutlichen versuchen.

Der Verlauf eines Marihuana- und Haschisch-«Highs»

Ein Marihuana- oder Haschisch-«High», der, wenn die Droge geraucht wird, etwa zwei bis vier Stunden dauert, verläuft – unter Absehung individueller Unterschiede und der Stärke der verwendeten Dosis – ungefähr folgendermaßen:

Der «High» beginnt mit einer Relativierung aller irdischen Realitäten, wie den normalen Sinneswahrnehmungen und den darauf bezogenen Gedanken – Details können plötzlich viel wichtiger werden –, Gewohnheitsmustern, Terminabsprachen, Zeitverläufen, räumlichen Entfernungen usw. Das alles wird viel relativer, so andersartig, so witzig ... Man steht gewissermaßen ein wenig über den Dingen. Ein Beispiel aus dem Buch *Marihuana en hasjiesj* («Marihuana und Haschisch») von Martin Schouten: «Es beginnt, wenn du vor einem geöffneten Kleiderschrank stehst. Du bist gerade dabei, dich auszuziehen, und im Begriff, ins Bett zu gehen. Du mußt rasch schlafen, weil du in vier Stunden wieder aufstehen mußt, um nach dem Ofen zu schauen, der nicht mehr einwandfrei funktioniert. Und was noch viel wichtiger ist: Der Vertrag muß so rasch wie möglich ins Büro gebracht werden. Mike hat angerufen, daß er mit dem Investitionsplan fertig ist, und du müßtest George dringend wieder mal anrufen. Du fühlst dich in Spannung. Du bist high, und das weißt du auch. Aber dann machst du dir das kurz klar ... Du sagst dir selbst, daß das doch eigentlich kein Grund ist, so überstürzt ins Bett zu gehen. Das ist doch vollkommener Unsinn! Überstürzt schlafen gehen! All diese Sachen schießen dir durch den Kopf, während du dabei bist, eine Socke auszuziehen – und plötzlich entspannst du dich. Zeit ist doch schließlich nicht das Wichtigste, und du bist doch selbst der Herr über deine eigene Zeit, du selbst und niemand sonst. Du denkst: ‹Mein Gott, habe ich wirklich solch schreckliche Eile? Ist Zeit denn so wichtig?› Du beschließt, das Ausziehen der anderen Socke zu genießen. ‹Ein Mensch muß nicht solche Eile haben. Er kommt dadurch nur noch schneller ins Grab. Es ist Quatsch, sich das Oberhemd auszuziehen.›»[175]

Wird, wenn die soeben beschriebene Stimmung stärker wird, während des (beginnenden) Marihuana- oder Haschisch-«Highs» ausgesprochen viel gelacht, so spricht man von einem sogenannten «Lachkick». Van Epen: «Die Betroffenen können, sogar ohne daß die Situation als solche lustig zu sein braucht, in gewaltige Lachanfälle ausbrechen. Dieses Lachen wirkt auf all diejenigen, die ebenfalls high sind, ansteckend; doch Unbeteiligte beobachten das dumme Gelächter oft mit einigem Erstaunen.»[176]

Wir können aus den bisher beschriebenen Erscheinungen und insbesondere dem Lachkick ablesen, daß eine teilweise Lösung des Astralleibs aus dem Ätherleib und dem physischen Leib stattgefunden haben muß. Das Lachen ist nämlich ein Ausdruck der Tatsache, daß sich der Astralleib einen Augenblick lang aus dem ätherischen und physischen Leib zurückzieht; er kann sich dadurch quasi elastisch in seine Umgebung vergrößern und macht sich so wenigstens für einen Moment von den beiden anderen Leibern weitgehend frei. Rudolf Steiner stellt diesen Vorgang folgendermaßen dar: «Wo wir uns über ein Wesen erheben, lassen wir unseren astralischen Leib wie eine elastische Substanz erweitern, schlaff werden, während wir ihn sonst angespannt haben. Indem sich der astralische Leib erweitert, befreien wir uns von irgendeinem Bande mit der betreffenden Wesenheit; wir ziehen uns gleichsam in uns selber zurück, erheben uns über die ganze Situation. Und weil alles, was im astralischen Leibe geschieht, sich im physischen Leibe ausdrückt, so drückt sich auch dieses Zurückziehen des astralischen Leibes im physischen Leibe aus; und der Ausdruck der Erweiterung des astralischen Leibes im physischen Leibe ist das Lachen oder das Lächeln.»[177] Genau das kann während des beginnenden Highseins in hohem Maße passieren. Der Betroffene fühlt eine «Aufwärtsbewegung», wird high, erhebt sich über die Situation und die im Ätherleib vorhandenen Gewohnheitsmuster, blickt darauf herab, relativiert sie und lacht sich – zumindest beim Lachkick – beinahe krumm! Und richtig toll wird es, wenn sich mit diesen Erlebnissen auch noch die wie in einem Zerrspiegel verzeichneten Bilder der Wirklichkeit, eventuelle Halluzinationen inbegriffen, vermischen.[178] Der Lachkick – so erleben es die Betroffenen – ist dann wirklich optimal!

Wir sehen also, daß durch die Einwirkung von Haschisch und Marihuana ein teilweises Austreten oder Sich-Erheben des Astralleibes über den Ätherleib und den physischen Leib stattfindet.

Dieser Prozeß – das Ausweiten, Erschlaffen und Entspannen des sonst so gespannten Astralleibs, der dadurch teilweise nach oben schwebt und tatsächlich «high» wird – fühlt sich befreiend, leicht und entspannt an. Der physische Leib bleibt passiv, schlaff, mit entspannten Muskeln, schwer wie ein Stein – «stoned» – zurück. Man ist relaxed, stoned, gelöst, high. Und das fühlt sich gut an.

Ein Beispiel aus *Fragt mal Alice:* «Doch endlich klappte es, gerade als ich dachte, es würde nie etwas daraus, und ich fing wirklich an, mich so glücklich und frei zu fühlen wie ein bunter Kanarienvogel, der durch den weiten, endlosen Himmel zwitschert. Und ich war so entspannt! Ich glaube, noch nie in meinem ganzen Leben bin ich so entspannt gewesen. Es war wirklich herrlich.»[179]

Doch es kann auch anders ablaufen. Der teilweise ausgetretene Astralleib kann seine Wirksamkeit verlagern und sich zwingend mit den Organen des rhythmischen Systems (der Herzschlag beschleunigt sich!), vor allem aber mit den Organen des menschlichen Stoffwechsel- und Muskelsystems verbinden, wodurch sich der Betroffene schon kurz nach Aufnahme der Dosis plötzlich ungemein aktiviert fühlt. Er wird unruhig, hyperaktiv, er will sich ins Weltgeschehen stürzen und bewegen. Sein Astralleib zwingt ihn dazu. Dieses Wesensglied ist, tiefer als normal, unter anderem in das Muskelsystem der Gliedmaßen eingetaucht. Der Betroffene erlebt das so, als habe er zusätzliche Macht und Kraft zur Verfügung. Cannabis wirkt in diesem Fall als ein leicht stimulierendes Mittel, doch nicht allzu lange. Es ist eine labile Verbindung, die da zustande gekommen ist, eine Verbindung, die nach einer gewissen Zeit wieder abbrechen kann. Die Folge: Die Aktivität ebbt ab, der Betroffene beruhigt sich.

Daneben können während des beginnenden Highseins eine Reihe von Erscheinungen auftreten, denen wir später noch ausführlicher begegnen werden, wie z.B. die Beeinträchtigungen des Gedankenflusses und die Intensivierung der Sinneseindrücke.

Welches sind also die Phänomene, die als Folge des Highseins am deutlichsten auftreten? Auch wenn sich die Erfahrungen nicht genau voraussagen lassen – sie sind von der Persönlichkeit und Stimmung des Betroffenen, dem Moment der Einnahme, der Qualität und Stärke der Droge etc. abhängig –, können wir doch konstatieren, daß folgende Erscheinungen am stärksten vorherrschen:

- Veränderungen der Sinneswahrnehmungen
- Veränderungen von Denken, Fühlen und Wollen
- Veränderungen des Raum- und Zeiterlebens
- Man wird immer träumerischer und schläfriger.

Veränderungen der Sinneswahrnehmungen

Alle Sinnesempfindungen, insbesondere Hören und Sehen, aber auch Riechen, Schmecken und Tasten, werden viel intensiver, tiefer und mit einer stärker gefühlsmäßigen Komponente erlebt. Klänge sind voller, tiefer, Farben satter, strahlender usw.

Ein Beispiel aus *Fragt mal Alice:* «Dann nahm ich mir eine gesalzene Erdnuß und bemerkte, daß nie zuvor etwas so salzig geschmeckt hatte. Ich kam mir vor, als wäre ich wieder ein Kind, und versuchte, im Großen Salzsee zu schwimmen. Nur war die Erdnuß noch salziger! Meine Leber und meine Milz und mein Darm waren von Salz zerfressen.»[180]

Doch besagt das keineswegs, daß die Sinneseindrücke auch äußerlich schärfer wahrgenommen werden; die Wahrnehmungsschwelle wird nicht niedriger – es zeigt sich bei den halluzinogenen Mitteln eher das Gegenteil. Aber die Klänge, Farben, Gerüche, Geschmackseindrücke usw. werden innerlich intensiver, voller, reicher, gefühlsmäßiger erlebt. Sie sind stärker von Gefühlen, innerem, seelischem Leben durchsetzt. Leben und Gefühl verbinden sich mit ihnen, und wir können daraus folgern, daß sich – was das Leben betrifft – durch die Wirkung von Marihuana und Haschisch Lichtätherkräfte,[181] oder besser Licht-Lebenskräfte, aus der Nierensphäre und dem Nervensystem lösen, um sich an anderen Stellen mit den Ätherkräften des Nerven-Sinnes-Systems – namentlich mit den Sinnesorganen – zu verbinden. Dadurch kommt es zu intensiveren, lebendigeren Sinnesempfindungen im Astralleib. Daß sie zudem mit einer stärkeren Gefühlskomponente durchzogen sind, deutet darauf hin, daß auch der teilweise freigewordene Astralleib (der Träger unserer Gefühle der Lust, des Leides, der Freude, des Schmerzes usw.) sich mit den Sinnesprozessen verbindet. Wir kommen noch darauf zurück.

Veränderungen von Denken, Fühlen und Wollen

In bezug auf das Denken fällt insbesondere auf, daß bei einer recht hohen Dosis Cannabis der Betroffene den roten Faden, die Logik, die bewußt geführten Gedankengänge verliert. Die Gedanken springen oft unvermittelt von einem Gegenstand zum anderen, der Betroffene kann verwirrt und chaotisch werden, sein Denken wird assoziativ.

Oder er wird von einer unablässigen Flut phantastischer Ideen überschwemmt, die er nur schwer verbal formulieren kann, denn sie sind einfach «zu verrückt, einfach vollkommen irre». Das Denken verliert den Kontakt mit den irdischen Realitäten, weil der Betroffene allerlei Assoziationen herstellt, die nicht mit der Wirklichkeit übereinstimmen und die Nicht-Betroffene nicht mehr nachvollziehen können. Das hängt sicherlich damit zusammen, daß THC, wie bereits dargestellt, Veränderungen im Gehirn bewirkt. Dadurch kann das Gehirn seine Aufgabe – Spiegelinstrument für das Denken zu sein – nicht mehr ausreichend erfüllen.

Was hat es mit diesem «Spiegelinstrument» auf sich? Zum Verständnis dieser Tatsache bedarf es eines kurzen Exkurses über die Denktätigkeit, wie sie sich geisteswissenschaftlich betrachtet darstellt. Wir möchten vorausschicken, daß wir mit «Denken» eine vom Ich innerlich gewollte Aktivität meinen und nicht das zusammenhanglose Muster aus mehr oder weniger von selbst in der Seele aufsteigenden Gedankenassoziationen und konditionierten Vorstellungen. Echtes Denken ist immer willenshafter Natur. Wir können es als eine «leibfreie» Tätigkeit betrachten, das heißt als eine

Aktivität, die in unserer Seele außerhalb des Leibes stattfindet und die dazu dient – mittels unseres Gehirns –, die Welt der Begriffe zu erfassen, sie wahrzunehmen, sie zu «begreifen». Durch die Denkanstrengung entsteht ein Abdruck im physischen Leib und im Ätherleib des Gehirns, sie hinterläßt dort gleichsam ihre Spuren und wird gespiegelt. Die Folge ist, daß wir uns dieser Spiegelungen – in der Gestalt von Gedanken und Vorstellungen – innerhalb der Seele augenblicklich bewußt werden können. Anders ausgedrückt: Die vom Ich gewollte geistige Tätigkeit des Denkens findet außerhalb des physischen Leibes in der Seele statt, und der Prozeß dieser Aktivität drückt sich im physischen Leib und im Ätherleib des Gehirns ab; der Ätherleib bewirkt seinerseits wieder einen Abdruck in der Seele, um dort im Astralleib bewußt werden zu können. Das scheint ein umständlicher Prozeß zu sein, aber gerade diese Anordnung macht das Denken zu einem im höchsten Grade freien Prozeß; denn es kann sich auf diese Weise ungestört wissen von den diversen, aus dem Komplex von physischem Leib und Ätherleib aufsteigenden und ins Bewußtsein hineinsprudelnden Gedankenassoziationen und Vorstellungsmustern.

Es mag wohl deutlich sein, daß diese Sichtweise der gängigen Auffassung des Denkens als Funktion des physischen Gehirns, welches es als Resultat biochemisch-elektrischer Prozesse hervorbringt, diametral entgegengesetzt ist. Das ist also nicht unsere Sicht des echten Denkens – sehr wohl trifft diese Definition dagegen zu für die Gedankenfetzen, Vorstellungen und Assoziationen, die zwingend aus dem Ätherleib des Gehirns im Bewußtsein hervorquellen. Aber das echte Denken ist, nach einer Definition von L. F. C. Mees, «ebensowenig eine Funktion des Gehirns, wie unser Klavierspiel eine Funktion des Klaviers ist. Jemand spielt Klavier. Das Klavier ist als Instrument im Dienste desjenigen, der darauf spielt. Zum Denken benötigt der Mensch sein Gehirn, doch er selbst ist derjenige, der denkt, und sein Gehirn ist das Instrument dazu.»[182]

Und dieses Instrument wird nun durch THC beeinflußt. Dadurch wird das Gehirn des Marihuana- oder Haschischkonsumenten zu einer ziemlich labilen «Spiegelfläche», von der sich, da sie in ihrer Funktion beeinträchtigt ist, Fetzen von Ätherkräften in Gestalt von Assoziationen und Vorstellungen lösen können. Kurz, der (potentiell) so ruhige und klare «See» wird, von unten her, unruhig, chaotisch und dadurch als Spiegel unzuverlässiger.[183]

Wohin gelangen die im Gehirnbereich sich lösenden Äther- und Astralkräfte eigentlich? Die Ätherkräfte können einerseits zur Ursache von Halluzinationen und Visionen werden (siehe LSD), andererseits können sie sich auch in den Ätherkosmos ausbreiten und dort – bei hohen Dosierungen – die bereits im LSD-Kapitel geschilderten tripartigen Effekte erzeugen. Sie können sich ferner auch mit den Ätherkräften anderer Bereiche des Körpers verbinden, was Cannabis zu einem Mittel macht, das die Sinneswahrnehmungen intensiviert.

Doch wohin gehen die astralischen Kräfte des Kopfes und mit ihnen das darin «eingebettete» Ich? Bei der Beantwortung dieser Frage ist ein Vortrag Rudolf Steiners äußerst aufschlußreich, in welchem er ausführt, daß Astralleib und Ich des Menschen sich beim Einschlafen einerseits über die Astralwelt und die geistige Welt ausdehnen, andererseits aber auch vom Kopf aus innig mit dem schlafenden physisch-ätherischen Organismus verbinden: Der Astralleib verbindet sich mit dem Nervensystem des Rückenmarks, das Ich mit dem autonomen oder vegetativen Nervensystem, welches die nichtwillkürlichen Prozesse des Körpers wie Atmung, Drüsensekretion usw. steuert.[184]

Diese Tatsache ist von zentraler Bedeutung, denn wir können jetzt die Frage stellen: Was geschieht, wenn sich dieser Prozeß – zumindest anfänglich – während des Wachens, durch besondere Umstände verursacht (beispielsweise durch Einnahme von Drogen), abspielt? Wenn das der Fall ist, tritt eine Bewußtseinsveränderung ein! Diese Bewußtseinsveränderung bringt, nach Steiner, die Möglichkeit mit sich, dasjenige gefühlsmäßig wahrzunehmen, was sonst unter der Bewußtseinsschwelle verborgen bleibt, nämlich: die Weisheit, die alle Welterscheinungen durchzieht und die Schöpfung zu einem großen Ganzen vereint. So äußerte ein Haschischkonsument, während er high war, folgendes: «Es ist, als ob jedes Sandkörnchen, jedes Blättchen genau an der richtigen Stelle sitzt, absolut sinnvoll aufgehoben und vollendet gestaltet ist, und ich bekomme dann die Neigung, mich da hineinzuvergraben, ganz darin aufzugehen.»[185] Dazu Martin Schouten (in *Marihuana en hasjiesj*): «Es gibt eine Kraft, welche die Welt in ihren Teilen zusammenhält und durchdringt und die der Hasch-Raucher auch in sich selbst spürt, ein Zusammenhang, in den er sich aufgenommen fühlt.»[186]

In unserer historischen Skizze sind wir dieser Erfahrung bereits begegnet. Sie ist eines der ältesten Motive für den Konsum von Cannabis, vor allem in der östlichen Welt: die mystische Erfahrung, daß die ganze Welt von göttlicher Weisheit durchzogen und die Schöpfung dadurch eine Einheit ist. Für den Marihuana- und Haschischkonsumenten wird das zu einer unmittelbaren Erfahrung, einem gefühlsmäßigen Wissen, das als liebevolle Empfindung erlebt wird. Denn, wie ungewöhnlich es auch klingen mag: «Wenn sich Liebe entwickelt zwischen dem einen und dem anderen Menschen, ist ja im gewöhnlichen Leben tätig im hohen Grade unbewußt auch der Zusammenhang des Ich mit dem Gangliensystem und des Astralleibs mit dem Rückenmarkssystem», so Rudolf Steiner.[187]

Daher kann auch gesagt werden: Weil diese Verbindungen durch die Wirkung der Droge zustande gebracht werden, entsteht ein Gefühl der Liebe zur alldurchdringenden Weisheit der Welt. Es ist eine durch und durch mystische Erfahrung, die da auftritt, eine Erfahrung, die neuartig ist und die nicht oder kaum analytisch erfaßt werden und nur stammelnd in Worte gebracht werden kann. Anders formuliert: Da Astralleib und Ich nun bereits während des Wachens im Gehirnbereich teilweise ausgetreten sind, ist etwas geschehen, was sich normalerweise nur während des Schlafens ereignet. Die Folge: Der Betroffene gerät, während er high ist, in eine Art Zwischenzustand zwischen Wachen und Schlafen. Er kommt in einen «Traumzustand», während er doch wach ist.

Dies ist eine Erfahrung, die sich – wie im zweiten Kapitel bereits beschrieben – mit dem normalen Bewußtseinszustand der Menschheit in sehr alten Zeiten vergleichen läßt, als Götterwelt und die Menschenwelt noch ein Ganzes bildeten und die alles durchdringende göttliche Weisheit jedem noch selbstverständliche, traumhaft erlebte Erfahrung war. Dieser Bewußtseinszustand ging im Laufe der Zeiten verloren. Die Götterwelt zog sich allmählich aus dem Bewußtsein zurück, und die Menschheit erwachte zunehmend für die Erde, fühlte sich verlassen, allein, auf sich selbst gestellt. Was dabei im Innern heranwuchs, war die Sehnsucht nach dem einstigen Zustand. Cannabis konnte – schon Jahrtausende vor der Zeitenwende – diese Sehnsucht befriedigen.

M. Kooyman führt in seinem Buch *Soft Drugs* aus: «Seit alten Zeiten wird Cannabis im Osten als ein Mittel zur Erlangung mystischer Erfahrungen verwendet, wobei die Gegenwart des Göttlichen im Menschen und in allen Dingen erlebt wird. Bei den Buddhisten wird Cannabis benutzt, um zu einer mystischen Erfahrung zu gelangen, bei der die Lösung von allem Irdischen im Mittelpunkt steht.»[188]

So sehen wir, daß durch die Wirkung von Cannabis aufs neue ein alter Bewußtseinszustand erzeugt wird, allerdings auf Kosten des klaren, nüchternen, logischen Denkvermögens. Denn die Astral- und Ichkräfte sind zum Teil aus dem Gehirn verdrängt worden, sie können somit dort die Entfaltung eines konzentrierten Denkens nicht mehr unterstützen. Der Betroffene ist, wie geschildert, in gewissem Sinn zum Träumer geworden. Und wenn er dennoch einen Versuch macht, geradlinig und logisch zu denken, so besteht immer noch das Handicap, daß die Begriffsbildung mittels eines verstimmten und durch die THC-Wirkung beschädigten Instruments – um im Bilde L.F.C. Mees' zu bleiben – geleistet werden muß. Kurz, es wird schwierig sein, zu zuverlässigen Erkenntnissen und zum Verständnis der gemachten Erfahrungen zu gelangen.

Alles in allem können wir nun verstehen, warum Marihuana und

Haschisch für viele (junge) Menschen seit Mitte der sechziger Jahre neben dem LSD das Mittel war, um ihr vielfach unbewußtes inneres Verlangen nach weisheitsvoller Erkenntnis, nach Liebe und Gemeinschaft zu stillen. Die während des Highseins durchgemachten Erfahrungen befriedigten dieses Verlangen, aber der Preis war hoch: Viele stiegen aus der westlichen Denkweise aus, hingen Studium oder Beruf an den Nagel, wurden sogenannte «drop outs» und überließen die weitere Entwicklung der westlichen Gesellschaft anderen ... Und obwohl man die während des Highseins erlebten Gefühle der Liebe und Allverbundenheit durchaus der Welt deutlich zeigte – man denke an die Hippiebewegung, an flower-power, love-in's, an das Motto «Make love, not war» – und ein neues «ökologisches» Bewußtsein entwickelte, machten viele die Gepflogenheiten der «Leistungsgesellschaft» nicht mehr mit. Sie durchschauten die innere Armut des Strebens nach Höchstnoten, der Karrierejagd und des immerwährenden Festhaltens an den alten Strukturen, den alten Denkweisen. Sie verlachten, nicht ohne einen gewissen Spott, die armen Schlucker, die damit weitermachten – man selbst war ja ausgestiegen. Eine Resignation, ein Rückzug, der den Vertretern der damaligen gefestigten Ordnung – während der turbulenten Zeit der Studentenunruhen – übrigens sehr gelegen kam, denn ein zufriedener Haschischraucher ist kein Unruhestifter.

Um Weisheit zu erlangen, wendeten viele sich nach Osten: Alte (östliche) Schriften und Meditationstechniken kamen in Mode. Die westliche Denkweise, die alle Erscheinungen rein verstandesmäßig, materialistisch erklären will und in der kein Raum mehr ist für Bewunderung und Liebe gegenüber der so weisheitsvoll eingerichteten göttlichen Schöpfung, hatte verspielt.

Gleichzeitig suchte man den anderen Menschen, man suchte die Gemeinschaft, und auch dieser Sehnsucht kam (und kommt!) Cannabis entgegen. Und zwar auf folgende Weise: Bis jetzt haben wir nur über denjenigen Teil der Astral- und Ichkräfte gesprochen, der das Gehirn verläßt und sich an die Nerven des Rückenmarksystems beziehungsweise des autonomen Nervensystems bindet. Von dem anderen Teil dieser freigewordenen Kräfte sagten wir, daß er während des Einschlafens das Gehirn verlasse und sich in der Astralwelt und in der geistigen Welt ausbreite. Letzteres ist nun wichtig, wenn wir die Erfahrungen der Gemeinschaft, des intensiven Kontakts verstehen wollen, welche die Konsumenten erleben, während sie gemeinsam high sind. Denn durch die Wirkung der Droge treten die Astralleiber der Betroffenen teilweise aus, mit der Folge, daß alle partiell freigewordenen Astralleiber – mit dem darin eingebetteten Ich – sich ein wenig in der Astralwelt ausdehnen und sich dort miteinander vermischen, verschmelzen, eins werden können. Das vermittelt ein Gefühl der Einswerdung, ein Erlebnis der Verbundenheit und des intensiven Kontakts, das obendrein noch durch innige Sympathie- und Liebesempfindungen verstärkt werden kann, die durch die Verbindung des anderen Teils von Astralleib und Ich mit den Nerven des Rückenmarksystems beziehungsweise des autonomen Nervensystems hervorgerufen werden können.

Für Unbeteiligte haftet diesem Geschehen übrigens ein ziemlich exklusiver Charakter an – sie bleiben im wahrsten Sinne des Wortes Außenstehende, da sie nicht am astralen Verschmelzungsprozeß des Highseins teilhaben; die Haschischgebraucher wiederum, die high sind, haben Empfindungen der folgenden Art: ‹Sie sind so weit weg von uns, man hat gar keinen Kontakt mit ihnen.› Desto mehr Kontakt haben Cannabiskonsumenten mit ihresgleichen, weshalb Marihuana und Haschisch gerade für junge Menschen, die in der Pubertät häufig nach Kameradschafts- und Freundschaftsgefühlen im Rahmen ihrer Altersgruppe verlangen, eine solche Anziehungskraft als bewußtseinsverändernde Mittel genießen: Man genießt «blowned» das Zusammensein in der Welt des Astralen.

Das Problem liegt darin, daß dies in einem Zustand geschieht, in dem der individuelle Astralleib teilweise ausgetreten ist, während er in der Pubertät ja gerade in den Menschen einziehen will, damit ihn dieser nach und nach zu einem geeigneten Instrument für das weitere Leben heranbilden kann.[189] Der jugendliche «Blower» vollzieht genau die entgegengesetzte Gebärde: Er läßt seinen eben erst «geborenen» Astralleib zerfließen, sich auflösen, seine Identität in der Astralwelt verlieren, während derselbe Astralleib gerade über das Erleben, Verarbeiten und Umgehenlernen von Gefühlen der Freude, der Trauer, der Sympathie und Antipathie, des Kontaktes und der Einsamkeit usw. seine eigene Form, seine eigene, unverwechselbare Struktur und Gestalt finden muß.

Dies wird durch Cannabis also verhindert. Statt dessen vermittelt der teilweise ausgetretene Astralleib die geschilderten Erfahrungen der warmen, mystischen Geborgenheit in der weisheitsvoll geordneten Schöpfung, des intensiven Kontaktes und der Gemeinschaft mit einer Gruppe von Gleichhandelnden sowie ein viel gefühlsmäßigeres Erleben der Sinneseindrücke, Vorstellungen und Gedanken. Entscheidend ist aber, daß Cannabis das alles ohne eigenes Zutun der Betroffenen schenkt! Man kann sich dem innerlich passiv ausliefern. Von der Entwicklung eines eigenen, aus Liebe und Leid geborenen Gefühls- und Gemütslebens bleibt, bei regelmäßigem Konsum, nicht viel übrig. Auf diesem Gebiet tritt ein Entwicklungsstillstand ein, die Möglichkeiten der Pubertät werden «verträumt». So läßt es sich erklären, daß junge Menschen, die regelmäßig Cannabis konsumieren, die also zum Beispiel mit vierzehn damit angefangen und zehn Jahre lang fast täglich Marihuana oder Haschisch genommen haben, mit vierundzwanzig zwar körperlich selbstverständlich älter sind als Vierzehnjährige, seelisch jedoch noch viele Merkmale der beginnenden Pubertät zeigen. Sie müssen, wenn sie aufgehört haben, die Drogen zu nehmen, ihre Pubertät und Adoleszenz erst noch zu großen Teilen durchmachen ...

Gefühle werden durch die Wirkung von Marihuana und Haschisch intensiviert. M. Kooyman schreibt in *Soft Drugs*: «Bereits vorhandene Gefühle werden durch den Konsum verstärkt ... So können Schmerz, Angst, Mißtrauen und Trübsinn während des Konsums heftiger werden.»[190] Dies ist die Kehrseite der Medaille. Die Wirkung kann sich unter Umständen sogar in ganz unerwartete Richtungen entwickeln, dann nämlich, wenn beispielsweise die bereits in der

Seele lebende Melancholie und Unsicherheit durch die überschüssigen, freigewordenen Astralkräfte dermaßen verstärkt wird, daß diese Gefühle zu einer allesbeherrschenden Stimmung der Depressivität und Angst anschwellen.

Daneben kann es auch – als Folge der durch das giftige THC bedingten partiellen Lösung des Ätherleibs aus dem physischen Leib – zu solchen Phänomenen kommen, die wir als Wirkung von LSD bereits dargestellt haben; zumindest eine Reihe derartiger Erscheinungen können auftreten. Wir denken hier insbesondere an partielle Sterbeprozesse, wie sie zum Ausdruck kommen im Freiwerden von Emotionen und Erinnerungsbildern, abnormal intensiv erlebten Sinneseindrücken, Synästhesien, Halluzinationen, im Verlieren von Grenzen und im Zerfließen in die Umgebung, in Flashbacks, Horrortrips usw. Und auch hier erscheint wieder das (häufig unberechenbare) Ins-Bewußtsein-Treten dieser Erfahrungen durch den sogenannten Zerrspiegel – in räumlich und zeitlich deformierten Dimensionen also –, der auf dem nicht mehr vollständigen Zusammenstimmen von physischem und ätherischem Leib beruht.

Im allgemeinen werden die Effekte von Cannabis jedoch «softer» und weniger heftig sein als beim LSD. Sie nähern sich den LSD-Wirkungen stärker an, je mehr die inhalierte THC-Dosis zunimmt: «Die Auswirkungen höherer Dosen stärkerer Produkte, Haschisch und Haschisch-Öl, können stark denen des LSD ähneln.»[191]

Ein Beispiel für eine sehr starke Haschischerfahrung, die große Übereinstimmungen mit der LSD-Erfahrung zeigt, ist das Erlebnis des amerikanischen Journalisten Bayard Taylor, der eine sehr hohe Dosis genommen hatte. Es begann mit der – räumlich und zeitlich verzerrten – Erfahrung der Auflösung eines Teils des Ätherleibes in der Ätherwelt. «Augenblicklich fiel das Gefühl der Begrenztheit, die Beschränkung der Sinne auf unser eigenes Fleisch und Blut von mir ab. Die Mauern meines Leibes barsten nach außen und stürzten zusammen; und ohne daran zu denken, welche Gestalt ich nun angenommen hatte – ja, ohne überhaupt noch die Idee der Form schlechthin fassen zu können –, fühlte ich, daß ich über einen riesengroßen Raum hin existierte. Das Blut, das mein Herz weiterpumpte, durcheilte ungezählte Meilen, bevor es in meine Extremitäten gelangte, die Luft, die ich in meine Lungen einsog, weitete sich zu Meeren von klarem Äther aus, und die Rundung meines Schädels spannte sich weiter als das Himmelsgewölbe. In der Höhle, die mein Gehirn barg, gähnten unauslotbare Tiefen von unbeschreiblichem Blau; da zogen Wolken entlang, die der himmlische Wind zusammentrieb, da glühte die Sonnenscheibe. Es war – obwohl ich in diesem Augenblick überhaupt nicht daran dachte –, als ob mir das Geheimnis der Allgegenwart Gottes offenbart würde ...›

Und nun das düstere Gegenstück, der *horror trip*: ‹... Ich hatte das Haschischparadies durchmessen und wurde unmittelbar darauf in seine gräßlichste Hölle gestürzt ... Das aufgewühlte Blut stürmte wie ein tosendes Meer durch meinen Körper. Es schoß mir in die Augen, bis ich nicht mehr sehen konnte; es schlug dumpf in meinen Ohren und bebte so stark in meinem Herzen, daß ich befürchtete, die Rippen würden unter seinen Schlägen nachgeben. Ich riß mein Hemd auf, legte meine Hand auf die Brust und versuchte, den Puls zu zählen; doch gab es zwei Herzen, von denen das eine tausend Schläge in der Minute tat und das andere nur langsam und träge klopfte. Ich wähnte, daß meine Kehle bis oben hin mit Blut gefüllt sei und mir das Blut in Strömen aus den Ohren schösse. Ich fühlte, wie es mir warm über Hals und Nacken rann. In tiefer Verzweiflung und dem Wahnsinn nahe, floh ich aus dem Zimmer.»[192]

Soweit das Beispiel eines außergewöhnlich starken Haschischerlebnisses, das hauptsächlich durch das partielle Austreten des Ätherleibes aus dem physischen Leib bedingt ist.

Betrachten wir die Auswirkungen von Marihuana und Haschisch auf das *Wollen*, das Handeln des Konsumenten also, so läßt sich folgendes feststellen: Wie wir bereits zuvor bei der Beschreibung des beginnenden Haschisch-«Highs» erwähnten, hat das partielle Austreten, das Sich-Erheben, Ausdehnen, Erschlaffen des Astralleibs zur Folge, daß der zurückbleibende physische und ätherische

Leib lasch, entspannt (mit erschlafften Muskeln) und schwer wie ein Stein («stoned») zurückbleibt. Der Konsument fühlt sich «relaxed». Marihuana bzw. Haschisch wirkt ähnlich wie ein Tranquilizer. Aber die Situation ist – vor allem während der ersten Phase des Highseins – labil, denn die freigewordenen Ätherkräfte können sich auch zwingend mit dem Muskelsystem der Gliedmaßen verbinden, wodurch just der umgekehrte Zustand eintritt: Der Betroffene wird ziemlich unruhig und verhältnismäßig «aufgedreht». Doch dieser aktive Zustand verschwindet meistens nach einer gewissen Zeit wieder, insbesondere wenn er länger angedauert hat, und der Betroffene beruhigt sich wieder. Er wird – durch die allgemeine Tendenz seines Astralleibes, nach oben wegzuschweben und den Körper unter sich zu lassen – zunehmend ruhiger und passiv. Er kann sogar auf die Dauer apathisch, in sich selbst gekehrt, «abwesend» wirken. Die in der Seele (im Astralleib) wirkende Kraft des Willens vermag, aufgrund des Bruches zwischen Astralleib und physischem Leib, immer weniger von letzterem Gebrauch zu machen, um tatsächlich etwas zu wollen, eine Handlung zu vollziehen. Der Körper ist sozusagen «zu weit weg» geraten. Er liegt dort unten, schlaff, schwer, stoned und entspannt, und ruht. Jetzt bewußt in Aktion zu kommen, dafür fehlt die Energie. Dieses Phänomen der zunehmenden Passivität kann außerdem noch dadurch verstärkt werden, daß das Bewußtsein immer träumender und schläfriger wird. So kann der Betroffene immer schwerer zu einer wachen, zielgerichteten Handlung kommen. Wir werden im übernächsten Abschnitt noch darauf eingehen.

Zusammenfassend kann gesagt werden, daß sich der Konsument, insbesondere bei hohen Dosen, zunehmend nach innen wendet. Er zieht sich in sich selbst, in seine eigene Innenwelt – dazu gehören auch die Sinneswahrnehmungen, Vorstellungen und Gedanken – zurück und erlebt dabei die Erfahrungen, die das Highsein ihm vermittelt. Sein Bewußtsein ist vielfach träumender geworden, und er ist – es sei denn, die zusätzlich einwirkenden astralen Kräfte zwingen ihn dazu – nicht schnell in Aktion zu bringen. Körperlich wird dieses

In-sich-zurückgezogen-Sein, der Rückzug in die eigene astrale Innenwelt, bei abnehmender Ausrichtung nach außen im Handeln, daran sichtbar, daß das Gesicht bleich wird und ein Abkühlungsprozeß vor allem an den Extremitäten einsetzt. Dazu van Epen: «Den Betroffenen ist oft kalt, und sie werden nicht selten von Schüttelfrost heimgesucht. Namentlich Finger, Zehen und Nasenspitze fühlen sich kalt an.»[193] Das Ich des Konsumenten hat sich – vom Astralleib getragen – aus der Welt der Tat herausgezogen. Es hat sich mit dem autonomen Nervensystem verbunden, erfährt die inneren Verschmelzungsprozesse mit den anderen Konsumenten und erlebt die Sinneswahrnehmungen, Vorstellungen und Gedanken – in sich selbst – verstärkt in gefühlsmäßiger Weise. Es ist nach innen gekehrt. Der Wille, sich aktiv, ohne Zwang, auf die Außenwelt zu richten, handelnd in ihr zu stehen, hat infolge der teilweisen Trennung zwischen Astralleib und Ätherleib eine zunehmende Schwächung erfahren.

Veränderungen des Raum- und Zeiterlebens

Über Veränderungen des Raum- und Zeiterlebens sprachen wir bereits eingehend im Zusammenhang mit der Wirkung des LSD (siehe S. 98 ff.): Durch das Auseinanderfallen von physischem Leib (unserem Raumesorganismus) und Ätherleib (unserem Zeitorganismus) auf der einen Seite, Astralleib und Ich auf der anderen, können die Inhalte des Bewußtseins nicht mehr in den richtigen räumlichen und zeitlichen Dimensionen gespiegelt werden – das gesunde Empfinden für Raum und Zeit verschwindet. Es genügt daher, wenn wir an dieser Stelle nur noch ein Beispiel von William Burroughs anfügen: «Etwas anderes über Marihuana: Unter seinem Einfluß ist ein Mann vollkommen unfähig, Auto zu fahren. Tee [Slang für Marihuana] verwirrt den Zeitsinn und folglich den Sinn für räumliche Verhältnisse. In New Orleans mußte ich einmal an den Straßenrand fahren und warten, bis die Wirkung abklang. Ich wußte nicht mehr, wie weit irgend etwas entfernt war oder wann ich an einer Kreuzung die Bremsen betätigen mußte.»[194]

Wir charakterisierten das Bewußtsein des LSD-Konsumenten als eine Art «Wachtraum» – dies aufgrund der Unvorhersagbarkeit und Unkontrollierbarkeit der Erfahrungen, die wie ein Strom von inneren Empfindungen, Vorstellungen, Gefühlen und Gedanken am Wachbewußtsein des Betroffenen vorüberziehen. Das gilt auch für den Cannabiskonsumenten. Nie wird er in der Lage sein, vorher genau zu wissen, was auf ihn zukommen wird, welche der zahllosen möglichen Erfahrungen sich ihm aufdrängen werden. Er ist ihnen in jedem Fall ausgeliefert. Wachträume also: Er steht in einer Flut innerer Bilder usw., schläft und träumt aber nicht, sondern ist bei wachem Bewußtsein.

Doch dies ändert sich zunehmend, denn im Lauf des Marihuana- oder Haschisch-«Highs» kann das Bewußtsein des Betroffenen – vor allem bei höheren Dosen – immer traumartiger und schläfriger werden, bis er fast unmerklich in tiefen Schlaf versinkt. Er ist dann, wie man im Drogenjargon sagt, «out». Das bedeutet: Er ist aus seinem Körper getreten, oder, um es noch exakter auszudrücken, sein Astralleib und sein Ich haben sich aus seinem physischen und seinem ätherischen Leib gelöst. Letztere bleiben schlafend auf der Erde zurück.

Der dabei durchlaufene Zwischenzustand ist jene traumartige Bewußtseinsform, die wir bereits charakterisiert haben. Der Betroffene gerät aufgrund des durch die Droge forcierten partiellen Austritts von Astralleib und Ich in einen Übergangszustand zwischen Schlafen und Wachen, einen Traumzustand, der – namentlich bei hohen bzw. sehr hohen Dosierungen – wegen der teilweise erlebten «Schlafseite» des Bewußtseins vielfach als angenehm und süß empfunden wird. Bei der Verwendung von Opium ist dies in noch stärkerem Maße der Fall. Rudolf Steiner weist auf folgendes hin: «Aber wenn nun der Mensch diesen Mohnsaft, das Opium zu sich nimmt, da spürt er diese Süßigkeit, denn eigentlich ist er so im Leib, wie wenn er schlafen würde, und ist zugleich wach. Dadurch kann er die Süßigkeit genießen, und dadurch fühlt er diese Süßigkeit und fühlt sich ungeheuer wohl darinnen. Es ist, wie wenn sein ganzer Leib mit Zucker durchdrungen wäre, mit einem ganz besonderen Zucker, durch und durch mit Süßigkeit. Aber zugleich ist sein astralischer Leib frei vom physischen Leib, und dadurch nimmt er, wenn auch nicht deutlich, allerlei wahr. Er hat nicht gewöhnliche Träume, sondern er nimmt die geistige Welt wahr. Er macht große Reisen durch die geistige Welt durch ... Und die Orientalen haben vieles von dem, was sie nicht in richtiger Weise, aber doch von der geistigen Welt beschreiben, vom Opiumgenuß, *Haschisch* und dergleichen.»[195]

Unrichtig sind die Mitteilungen, die der Haschischkonsument in der geistigen Welt erfährt, unter anderem aufgrund der partiellen Trennung von Ätherleib und physischem Leib, durch die die astralen Wahrnehmungen im Zerrspiegel des Bewußtseins häufig verzeichnet erscheinen (vgl. hierzu «Die Wirkung von LSD», S. 95 ff.).

Zusammenfassend ergibt sich also, daß der Astralleib des Konsumenten durch die Wirkung von Cannabis gezwungen wird, sich allmählich von physischem Leib und Ätherleib abzulösen, und danach unter anderem in der kosmischen Astralwelt aufgeht, wo in einem traumartigen Bewußtseinszustand allerlei spirituelle Erfahrungen durchgemacht werden können – mögen sie auch verzerrt und unzuverlässig sein –, bis der Betreffende das Bewußtsein verliert und tatsächlich in Schlaf fällt. Sein Astralleib hat sich dann gänzlich aus physischem und ätherischem Leib herausgezogen und verbleibt vorübergehend, das heißt bis zum Erwachen, in der kosmischen Astralwelt; seine Verbindung mit dem Rückenmarksystem bleibt davon unberührt.

Damit sind wir definitiv bei der (möglichen) letzten Phase des Marihuana- und Haschisch-«Highs» angekommen: dem Einschlafen und dem echten Schlafzustand.

Einschlafen

Wir können uns hier kurz fassen. Der Konsument kann, insbesondere nach einer hohen Dosis, aus seiner bewegungslosen, bei geschlossenen Augen in sich gekehrten Haltung unmerklich einschlafen und damit «out» sein. Das bedeutet: Sein Astralleib verbindet sich auf die bereits beschriebene Weise mit den Nerven des Rückenmarksystems und löst sich gleichzeitig wie ein «Astralitätstropfen» im kosmischen «Astralmeer» auf; Ätherleib und physischer Leib bleiben im entspannten, schlafenden Zustand auf der Erde zurück. Dennoch braucht diese letzte Phase keineswegs immer und überall aufzutreten – viele Haschischkonsumenten lassen es nicht so weit kommen.

Der Kater

Wenn der Zustand des Highseins vorüber ist, erleben viele (insbesondere chronische) Konsumenten, daß sie von einem «Kater» heimgesucht werden: ein im Extremfall «tagelanges, manchmal sogar mehr als eine Woche anhaltendes Gefühl der Wurstigkeit, Interesselosigkeit bis hin zu lustloser Apathie ... bei gleichzeitig durchaus angenehmem (entspanntem) körperlichen Zustand».[196] – «Man merkt den Entzug an seelischer Energie subjektiv noch bis zu einer Woche nach dem Rauschzustand: als Erschöpfung, Müdigkeit, Antriebsschwäche ...»[197]

Dies ist nicht verwunderlich, denn das durch Cannabis forcierte intensive «Traumbewußtsein» überschwemmt den Betroffenen mit einer solchen Überfülle von Erfahrungen, daß er dadurch innerlich auf einer viel höheren «Tourenzahl» als normalerweise läuft, und das hat zur Folge, daß er sich anschließend innerlich matt, leer und erschöpft fühlt. Dazu kommt noch, daß es für seinen Astralleib – insbesondere bei regelmäßigem Konsum – schwer sein wird, vollständig in den physischen Leib zurückzukehren, möglicherweise deshalb, weil die Stoffwechselrückstände von Cannabis zum Teil noch so lange im menschlichen Körper vorhanden sind.

Der Betroffene kann also nicht optimal wieder in seinen Körper kommen, er hängt noch ein wenig «oben drüber», er ist noch nicht «ganz da». Daher seine Verträumtheit, der Eindruck des Abwesendseins; daher auch – bei regelmäßigem Konsum der Droge – die Lauheit, Gleichgültigkeit und das Desinteresse für irdische, praktische Dinge, das er oft an den Tag legt. Daß dies große Probleme mit sich bringt, so zum Beispiel in der Schule, wo gerade Aufmerksamkeit und Einsatz gefragt sind, mag klar sein.

Damit beenden wir die Ausführungen über den Verlauf des Marihuana- und Haschisch-«Highs», bei dem der Konsument nach einem oft «phantastischen» Anfang zuerst «high», dann (eventuell) «out» ist, um schließlich, besonders bei regelmäßigem Konsum, in einem «Kater» zu landen, aus dessen Lustlosigkeits- und Leeregefühlen dann oft die erneute Dosis herausführen soll.

Dies führt uns zu einer neuen Fragestellung: Was hat es für Folgen, wenn man nach gewisser Zeit die Droge chronisch konsumiert?

Chronischer Marihuana- und Haschischkonsum und seine Folgen

Eine der ersten negativen Folgen für die Gesundheit des chronischen Cannabiskonsumenten beruht auf der Tatsache, daß sich der Astralleib während der häufigen, oft zwei bis vier Stunden dauernden «Highs» zum Teil aus ätherischem und physischem Leib zurückgezogen hat. Dadurch können die Kräfte dieses Astralleibes und des Ich während der Wirkungszeit der Droge in viel geringerem Maße auf die weitgehend undifferenzierte Wachstumskraft des Ätherleibs gestaltend einwirken, denn «Wachstum ist das Ergebnis zweier Prozesse, des einen der Zellvermehrung, der von den Ätherkräften ausgeht, und des anderen, der Gestaltung, der Ausdruck der

Kräfte des Astralleibes und des Ich ist, die die Ätherkräfte in Bildekräfte verwandeln».[198]

Durch den partiellen Austritt von Astralleib und Ich aus dem Ätherleib entsteht ein Mangel an solchen Bildekräften. Wachstum und Aufbau des physischen Leibes drohen dadurch ihren menschlich-individuellen Charakter zu verlieren. Undifferenzierte Wachstumsprozesse können während der Phase des Highseins ihren Lauf nehmen und zu wuchern beginnen. Eine abnorme, ungesunde Substanzbildung kann sich entwickeln und den gesunden Aufbau des Körpers nachteilig beeinflussen.

Am stärksten sichtbar wird dies auf dem Gebiet des Erbguts, genauer: in Bildung, Zusammensetzung und Gestalt des Fortpflanzungs- und Erbmaterials, denn dieses ist besonders modellierbar und wird ständig erneuert. Hier einige Beispiele zur Illustration:

- Bei Männern nimmt die Potenz durch chronischen Cannabiskonsum ab. Die Zahl der Samenzellen im Sperma ist niedriger als normal, die Beweglichkeit der Spermien ist reduziert.[199] Dagegen haben sich die abnormen Samenzellen sogar deutlich vermehrt.[200]
- Bei vielen Mädchen, die sechs Monate lang dreimal pro Woche Marihuana rauchten, traten, im Vergleich zu anderen Mädchen derselben Altersgruppe, abnorme Menstruationszyklen auf, bei denen die Ovulation ausfiel. Gleichzeitig konnte eine Erniedrigung des Prolactin-Gehalts festgestellt werden, was sich unter Umständen negativ auf die Produktion von Muttermilch auswirken kann.[201] Nach Untersuchungen des Instituts für Sexualforschung von Masters und Johnson in St. Louis wirkt sich der Einfluß von Marihuana auf den weiblichen Hormonhaushalt bei jungen Frauen verheerend aus.[202]
- Bei Schwangeren: THC passiert die Plazenta und beeinflußt die Entwicklung des Ungeborenen. In einem neueren, großangelegten wissenschaftlichen Forschungsprojekt (publiziert im *New England Journal of Medicine* vom 23. März 1989) kam eine Bostoner Forschergruppe zu folgendem Resultat: «Die Verwen-

dung von Marihuana führte nachweislich zu einer Verringerung des Geburtsgewichtes um 39 Gramm, der Körperlänge um 0,5 cm. Bei Kokain lagen die entsprechenden Werte bei 93 Gramm und 0,7 cm.»[203]

Bei Tierversuchen ergab sich, daß ein hoher THC-Gehalt der Mutter zu Mißbildungen des Embryos führen kann.[204] THC wurde in der Muttermilch nachgewiesen.[205]

- Bei Männern und Frauen: Schädigungen der Chromosomen sind wahrscheinlich. Tierversuche ergaben, daß Marihuana bzw. Haschisch die Zellteilung verlangsamt und die Bildung von DNS, den Bausteinen der Chromosomen, hemmt.[206] Bereits drei Haschischzigaretten («Joints») pro Woche schädigen «nach nur drei Jahren die Chromosomen der Konsumenten unheilbar».[207]

So sehen wir, wie chronischer Cannabiskonsum ernste Konsequenzen für den harmonischen und gesunden Aufbau des physischen Leibes des Betroffenen hat. Auch das Immunsystem wird möglicherweise beeinträchtigt. Van Epen schreibt hierzu: «Tierversuche haben gezeigt, daß bei Gabe hoher Dosen von Cannabis eine Schwächung der immunologischen Eigenschaften auftritt. Bei Menschen ist das noch nicht völlig erwiesen. Dieses Forschungsgebiet findet in letzter Zeit enormes Interesse, weil die bekannt-gefürchtete neue Krankheit AIDS auf einer reduzierten oder völlig versagenden Wirkung des immunologischen Abwehrsystems beruht. Es muß angenommen werden, daß Marihuanakonsum bei AIDS-Patienten und Virusträgern einen ungünstigen Einfluß ausüben kann.»[208] Soviel zur physischen Seite des chronischen Cannabiskonsums.

Betrachten wir jetzt die Beeinflussung der psychischen Verfassung des «Blowers». Dadurch, daß die Perioden des Highseins bei chronischem Konsum einen beträchtlichen Teil des Lebens der Betroffenen einnehmen, können die während des Rausches auftretenden Veränderungen im Denken, Fühlen und Wollen ihren Einfluß immer stärker auf die Qualität dieser Seelenkräfte selbst ausdehnen. Es entsteht folgendes Bild:

- Das *Denken* wird, auch in Perioden ohne Drogenkonsum, in zunehmendem Maße verwirrt, assoziativ und träumerischer. Der «rote Faden» verschwindet, es tritt Gedächtnisschwund auf, die Konzentration nimmt ab. Wir kennen dies unter dem Namen «Hasch-Denken». Dabei spielt sicher auch die Tatsache eine Rolle, daß sich Stoffwechselrückstände des THC (bei chronischem Konsum) in den fetthaltigen Geweben des Gehirns ansammeln und dort gewissermaßen einen «Fleck» bilden, der bei jeder neuerlichen Dosis größer wird.[209] Dadurch kann das Gehirn seine Aufgabe als bewußtseinschaffendes Instrument des aktiven, ich-geführten Denkens nicht mehr angemessen erfüllen.
- Das *Fühlen*: Nach der Flut von Gefühlen während des Rauschzustandes fühlt sich der chronische Konsument, sobald die Drogenwirkung zu Ende ist, häufig gerade im Bereich seines Gefühlslebens wie ausgehöhlt, leer und grau. «All meine Gefühle sind grau, ich kann nicht mehr an meine echten Gefühle herankommen», äußern daher manche Betroffene. Und das verstärkt wiederum sehr die Versuchung, aufs neue Haschisch oder Marihuana zu nehmen. Denn viele Konsumenten wissen, «daß ich dann wenigstens etwas fühle, dann erlebe ich wenigstens was».
- Das *Wollen*: Es fehlt dem Konsumenten zunehmend an Willenskraft. So äußerte ein chronischer Konsument: «Ich tue alles nur halb ...»

Daneben wird der Astralleib durch seine wiederholten Austrittsbewegungen sowie durch das Vorhandensein von THC-Resten im menschlichen Körper in ein labiles Verhältnis zum physischen und zum ätherischen Leib gebracht; dasselbe gilt für den Ätherleib in seinem Verhältnis zum physischen Körper.

Dies führt dazu, daß das Gefühl der körperlichen Entspannung nach dem Ende des Rauschs den dazu konträren Gefühlen der Nervosität, der Unruhe und der Angst weicht. Diese Gefühle sind ein Ausdruck der Tatsache, daß Astralleib und Ich des Betroffenen sich nicht mehr optimal mit dem physischen und dem ätherischen

Leib (die ja ebenfalls nur noch in einem labilen Verhältnis zueinander stehen) verbinden können. Der menschliche Organismus hat seine Stabilität verloren, er ist in einen unvollständigen, schwankenden Zusammenhang geraten, und das erzeugt innere Unsicherheit und Angst. Außerdem können unter besonderen Umständen Brüche zwischen den Wesensgliedern auftreten, wodurch plötzlich – bei Streß, Übermüdung und ähnlichem – ohne jede Dosis, quasi von selbst, ein unerwartetes High eintreten kann. Wir kennen diesen Flashback bereits aus den Darstellungen zum LSD. Bei Cannabis ist dieser Effekt allerdings viel «softer».

Dennoch verläuft der ganze Entstehungsprozeß für den Betroffenen häufig so langsam, daß dieser ihn gar nicht mitbekommt, um so mehr, als es bei manchen Menschen, zum Beispiel mit starker Konstitution, festem Zusammenhang der Wesensglieder, starker Vitalität usw., ziemlich lange dauern kann, bis sich die Folgen des Konsums bemerkbar machen.

Auf alle Fälle führen Marihuana- und Haschischkonsum dazu, daß sich die Wesensglieder jedesmal in einen größeren Zusammenhang auflösen. Insbesondere der Astralleib geht teilweise in der Astralwelt auf, der Ätherleib partiell in der Ätherwelt, während das Ich hinnehmen muß, wie die Wesensglieder dadurch ihren inneren Zusammenhang und ihre Kraft verlieren. Marihuana und Haschisch sind «Verflüchtiger», die den Menschen teilweise aus seinen Wesensgliedern herausziehen, nach oben, weg von der Erde, in den Kosmos hinein ...

Was bedeutet es also, wenn junge Menschen regelmäßig Cannabis rauchen? Sie sind dann – wie bereits geschildert – mit ihrem eigenen Entwicklungsweg im Konflikt. Denn diese Exkarnationsvorgänge und partiellen Sterbeprozesse, dieses Wegträumen – all das steht im scharfen Gegensatz zum Weg ins Leben hinein, auf die Erde zu, wie ihn jeder junge Mensch im Zuge des Erwachsenwerdens beschreitet.

So begreiflich die Motive für chronischen Cannabiskonsum bei gewissen jungen Menschen auch sein mögen, wie hilfreich sie die

Droge als Medizin für ihre innere Problematik auch finden mögen – eine echte Hilfe ist sie auf Dauer nicht. Im Grunde ist der Konsum eher ein Ersatz für den fehlenden oder unzureichenden Kontakt mit dem Mitmenschen, der ja auch Wärme, Geborgenheit, Aufmerksamkeit, Gefühle, Fürsorge, Trost und aufregende Erfahrungen vermitteln könnte. So betrachtet, ist das Verlangen nach der Droge eine Frage nach dem Menschen, nach der Wesensbegegnung mit dem anderen, zu Hause, in der Schule und in der Welt. Es ist ein Ruf nach Gemeinschaft, nach einer Verbindung mit der irdischen Menschengemeinschaft im Hier und Jetzt – ein Verlangen nach einer Gemeinschaft, in welcher der andere einen wahrnimmt und in der man gebraucht wird.

6. OPIATE

Bevor wir die Geschichte und die Wirkung der Opiate schildern, führen wir zunächst ein indisches Märchen an, das beschreibt, wie der Mohn, aus dem die Opiate (Opium, Morphium, Heroin) gewonnen werden, in die Welt kam.

Das Märchen vom Mohn

«Es war einmal ein Heiliger, der sich aus der Welt zurückgezogen hatte und im Dschungel eine kleine Hütte gebaut hatte. Dort meditierte er zwanzig Jahre und schwieg, bis er eines Tages auch die Sprache der Tiere verstehen konnte. Seine einzige Nahrung war, was ihm eine freundliche Ratte brachte, und er fragte auch nicht, warum sie das tat. Und sie seufzte täglich bedeutungsvoll.

‹Warum klagst du so?› fragte der Heilige eines Tages und sprach damit nach zwanzig Jahren das erste Wort. – ‹Ach heiliger Mann›, seufzte da die Ratte. ‹Mein Leben ist nur Angst und Angst. Ständig bin ich in Angst vor dem größten der Feinde, der Katze. Du kannst nicht verstehen, wie schrecklich so ein Leben ist. Du bist ein heiliger Mann und wurdest durch deine Askese so mächtig, daß du mich mit einem Wort in ein besseres Wesen verwandeln könntest, doch du denkst ja in deiner Heiligkeit nicht an mein trauriges Los.›

Und so setzte die Ratte dem Heiligen zu, so lange, bis er sie eines Tages wirklich in eine Katze verwandelte. Doch die Ratten-Katze war nicht glücklicher.

‹Ach hättest du mich doch nie in eine Katze verwandelt›, klagte sie immer wieder. ‹Nun bin ich in ständiger Furcht vor den Hunden. Aber du, der du mein Rattenleben durchbrochen hast und mich in dieses schreckliche Katzenleben stelltest – warum verwandelst du mich nicht in einen Hund? Du hast ja damit angefangen. Warum gehst du nicht den nächsten Schritt?› So bedrängte ihn die Ratte wieder.

Nun, als die Ratten-Katze ein Hund war, hatte sie vor den Schakalen Angst. Und da der Meister nun schon so weit gegangen war, mußte er auch den nächsten Schritt tun. Und der Ratten-Katzen-Hund-Schakal fürchtete sich natürlich vor dem Tiger. Also wurde eines Tages aus der Ratte ein Tiger. Der fauchte und brüllte fürchterlich, und alle Tiere des Dschungels duckten sich, wann immer sie ihn hörten. Doch eines Tages kam der Tiger ganz kleinlaut in die Hütte des Heiligen.

‹Was ist denn nun schon wieder?› fragte der. ‹Nun kannst du mir doch nicht erzählen, daß du immer noch Angst leidest.›

‹Natürlich nicht›, sagte der Ratten-Tiger. ‹Und doch ist mein Herz von Gram zerfressen. Ich habe einfach falsch gedacht – ein Tiger ist das Höchste nicht. Gestern sah ich – ich sage dir, mir sträubten sich die Barthaare –, gestern sah ich den Elefanten des Königs. Mit prunkvollen Decken war er geschmückt, ein Anblick, wahrlich nicht aus dieser Welt, und er trug eine vergoldete Sänfte mit dem König in all seiner Pracht. Wahrlich, ich sage dir, nie mehr kann ich als Tiger glücklich sein, seit ich dies sah. Du mußt mich in einen Elefanten verwandeln.›

Der Heilige war zwar zornig, aber die Ratte hatte recht – da er einmal damit begonnen hatte, ihre Wünsche zu erfüllen, mußte er sie nun auch in einen Elefanten verwandeln. Der Dickhäuter zertrampelte zunächst einmal seine Hütte und lief dann durch den Dschungel davon.

Nach einiger Zeit aber kam er wieder und bat vielmals um Entschuldigung. ‹Ach›, sagte er, ‹ich habe mir wohl alles falsch vorgestellt. Ich wurde richtig gefangen und an den Hof des Königs gebracht. Dort wurde ich auch gezähmt – es war schrecklich, aber ich ließ alles mit mir machen –, und ich wurde prächtig herausgeputzt. Doch der König wollte mich nicht besteigen, sondern setzte die Königin auf meine Sänfte. Da verzweifelte ich, denn ich erkannte, daß das Höchste wohl doch eine Königin ist. So warf ich meine Sänfte ab, zertrampelte das Tor des Palastes, und nun bin ich hier. Verwandle mich in ein schönes Mädchen!›

Natürlich wollte der Heilige das nicht tun, und dann tat er's doch. Und als der König in den Dschungel zur Jagd ritt, saß an einem Baum ein wunderschönes Mädchen. Natürlich fragte er neugierig, wer das schöne Kind sei. Da klagte und weinte das Mädchen: ‹O König, ich bin eine Königstochter, die als kleines Mädchen geraubt wurde. So kam ich zu einem Einsiedler hier im Wald, doch der tat nichts für mich. Er hielt mich als Sklavin, er läßt mich nicht einmal aus dem Wald – ach, es ist ein trostloses Leben.›

Ihren Rattencharakter hat die Ratte ja immer beibehalten, alles zu tun, was ihr allein nützt, ohne an andere zu denken. Doch der König verfiel in Liebe zu ihr, nahm sie auf seinem Elefanten aus dem Wald und machte sie zu seiner Favoritin.

Nun hatte sie alles, was sie sich je hätte erträumen können und noch viel mehr. Doch eines Nachts fiel ein Mondstrahl auf ihr Lager und sagte der Lieblingsfrau des Königs, daß nun das Ende ihrer Rattenzeit gekommen sei. Ängstlich lief sie herum, wie eine Ratte in der Falle, und in den Garten. Sie versuchte, sich vor dem Mondstrahl zu verstecken und ein Loch zu wühlen. Ihre schönen Fingernägel brachen, doch es half nichts. So fand man sie am nächsten Morgen – Erde an den zerkratzten Händen und auf dem schönen, nun kalten Gesicht.

Der König war untröstlich und schickte in seiner Verzweiflung auch nach dem Heiligen um Rat. Der erzählte die ganze Geschichte und sagte: ‹Werft ihren Leichnam in einen Brunnen und schüttet ihn mit Erde zu. Daraus wird eine Blume wachsen, die Trost, Gift und Segen auf einmal enthält.›

So kam der Mohn in die Welt.»[210]

In diesem wunderbaren Märchen lassen sich einige Motive erkennen, die auf meisterhafte Weise den Kern dessen wiedergeben, worum es beim Opiumgenuß geht. Um nur die wichtigsten zu nennen:

- Die Ratte beginnt ihre «Karriere» der Gestaltverwandlung aus Angst: «Ach heiliger Mann, mein Leben ist nur Angst und Angst.» Dies will sie ändern. Zum Vergleich eine Charakterisierung des Heroins: «[Heroin] besitzt dadurch eine Eigenschaft, die der Hauptgrund dafür ist, daß es auch heute noch von den jungen Menschen fast ausschließlich genommen wird: es vertreibt alle Ängste.»[211]
- Der immerzu klagende, seufzende, bedrängende Ratten-Katzen-Hund usw., der auf die Gefühlstour kommt, ähnelt sprechend dem schmachtenden Opiatsüchtigen (oder, allgemeiner, dem Drogensüchtigen überhaupt), der alles in Bewegung setzt, um rechtzeitig an sein Dopingmittel zu kommen. Hierzu van Epen: «Um an seine Dosis zu kommen, ist der Junkie bereit, fast alles zu tun. Er wird lügen und stehlen, bestechen und manipulieren, er wird auf allerlei Arten versuchen, Ärzte dazu zu bewegen, ihm ein Rezept zu geben. Dabei wird er äußerst schlau vorgehen, er wird z.B. nicht zum Hausarzt gehen, sondern zu einer Wochenendvertretung und dort erzählen, sein Hausarzt verschreibe ihm das so unentbehrliche Medikament auch immer. Wenn der Arzt sich weigert, wird er eventuell anfangen zu drohen, z.B. mit Selbstmord, oder, allerdings weniger häufig, mit Tätlichkeiten. Er wird das Wartezimmer einfach so lange nicht verlassen, bis er seinen Willen bekommen hat. Ist der Arzt erst einmal weich geworden, wird er am nächsten Wochenende ein willigeres Opfer. Und wenn der Arzt einmal das betreffende Rezept über eine längere Periode immer wieder verschrieben hat, so wird er vom Junkie garantiert hören, daß er ja der Arzt gewesen sei, der ihn süchtig gemacht habe – was dann wiederum einen Anlaß bildet, noch mehr Rezepte von ihm zu erpressen.»[212]

  Das Märchen gibt diese Merkmale der Opiumsucht auf treffende

Weise wieder und zeigt uns, wie ein ursprünglich nur ängstlicher Mensch sich in einen unzufriedenen, unersättlichen, egoistischen und andere manipulierenden Abhängigen verwandeln kann.

- Und der Heilige gab nach: «Natürlich wollte der Heilige das nicht tun, und dann tat er's doch ...» – genauso wie viele Familienmitglieder, Eltern, Freunde und Bekannte dem Süchtigen gegenüber nachgeben! Und dieser ist ihnen dann nicht etwa dankbar, im Gegenteil, er benutzt sie nur für seine Zwecke. Er wird sogar, in den meisten Fällen, zuerst diejenigen bestehlen, die ihm am meisten geholfen haben und denen er am meisten bedeutet. «Der Dickhäuter zertrampelte zunächst einmal seine Hütte und lief dann durch den Dschungel davon.»
- Die neue Gestalt vermittelt der Ratte immer nur kurze Zeit Befriedigung, sie macht sie nur vorübergehend glücklich. Genauso geht es auch mit der Euphorie, die die Opiate schenken: Für eine ziemlich kurze Weile gibt es keine Angst, Unruhe oder Kummer mehr, sondern es herrschen Wärme und Ruhe. Aber bald hat dies ein Ende, und Angst, Schmerz (durch Entzugserscheinungen) und der Hunger nach mehr melden sich wieder.

Soweit einige Motive aus dem indischen Märchen. Natürlich ist unsere Gegenüberstellung keineswegs vollständig, doch sie genügt vielleicht, um die durchaus aktuellen Weisheiten sichtbar zu machen, die in dem Märchen verborgen liegen.

Wie sieht nun der historische Umgang mit den Opiaten aus? Wir werden im folgenden zunächst die Geschichte der Opiate darstellen und danach auf die Entwicklung der aus dem Opium isolierten Produkte Morphium und dem daraus hergestellten Heroin einehen.

Die Geschichte der Opiate

Opium

Wir begegnen einer Erwähnung der Pflanze, aus der das Opium gewonnen wird, dem Papaver somniferum (siehe Abb. S. 158), zuerst auf einer sumerischen Tontafel um ca. 3500 v. Chr. In diesem in Keilschrift verfaßten Dokument wird der Mohn als ein schläfrigmachendes, benebelndes Mittel charakterisiert und mit den Schriftzeichen gil und hull bezeichnet. Die Sumerer nannten ihn «Pflanze der Freuden».

Von Sumer aus gelangte das Wissen von den Eigenschaften des Opiums nach Ägypten, wo die Droge unter anderem als Heilmittel zur «Vertreibung übermäßigen Kindergeschreis» verwendet wurde (ca. 1600 v.Chr.). Doch nicht nur wegen seiner narkotisierenden Eigenschaften, auch als Mittel, das gefährliche Träume fernhielt und den Schlaf verlieh, war Opium bekannt. Auf der Grabinschrift eines ägyptischen Arztes wurde die Pflanze (ca. 800 v. Chr.) folgendermaßen gepriesen: «Pflanze an dem Tor der Nacht und des Todes, die den Schmerz du nimmst und das Wissen, Träume schenkend, Schlaf und Tod.»[213]

Es ist gar nicht so unwahrscheinlich, daß das Opium auch ein Inhaltsstoff des sogenannten «Vergessenstranks» war, der – wie wir sogleich noch sehen werden – ein wichtiges Hilfsmittel beim Einweihungsritual der Mysterien gewesen sein soll; sicher ist dies allerdings noch nicht.

Im alten Griechenland war der Mohn drei bestimmten Gottheiten geweiht: dem Thanatos (Gott des Todes), seinem Bruder Hypnos (Gott des Schlafes) und dessen Sohn Morpheus, dem Gott der Träume (daher stammt das Wort Morphium). Die Statuen dieser Götter wurden oft mit Mohnkränzen geziert.

In der *Odyssee* wird (höchstwahrscheinlich) das aus Ägypten

kommende Opium als das in den Wein zu mengende Zaubermittel schlechthin besungen, ein Mittel,

«Kummer zu tilgen und Gram und jeglichen Leides Gedächtnis.
Wer von diesem genoß, nachdem in den Krug es gemischt ward,
Nicht an dem ganzen Tage benetzt ihm die Träne das Antlitz,
Auch wenn selbst gestorben ihm wären die Mutter, der Vater,
Auch wenn den Bruder vor ihm, wenn selbst den geliebtesten Sohn ihm
Tötete feindliches Erz, und er mit Augen es sähe ...»[214]

Treffend wurde das Opium daher auch als der «Winterschlaf der Gefühle» bezeichnet. In der Heilkunst wurde es häufig als schmerzstillendes und betäubendes Mittel eingesetzt.

Im Römischen Reich verwendete man Opium als Schmerzstiller, als Schlafmittel und, wenn auch in geringerem Maße, als Genußmittel. So gibt es eine Erwähnung bei Petronius im 1. Jahrhundert n. Chr.: «Und er stopfte sich voll, mit den süßen Pillen aus Mohnsaft, die Freude und heitere Ruhe verhießen.»[215] Auch Selbstmorde wurden mit Hilfe von Opium begangen.

Im byzantinischen Reich und den islamischen Ländern war Opium ebenfalls bekannt. Theodotus von Smyrna schreibt um 750 n.Chr.: «Nur die Deklassierten geben sich dem Opium hin, die Besitzlosen und die ohne Recht. Sie suchen in ihm Medizin gegen ihre Unterlegenheit. Für ehrbare und geachtete Bürger bleibt es Medizin bei Krankheit.»[216]

Persien wurde das größte Opiumanbaugebiet der islamischen Welt. Von dort aus breitete sich das Opium nach Osten aus, und die medizinischen Rezepturen erreichten über Indien sogar China (über die Seidenstraße). Zu einer nennenswerten Verwendung als Rauschmittel und Medizin kam es dort jedoch nicht – China hatte ja in der Akupunktur eine höchst wirksame Methode der Schmerzbekämpfung entwickelt.

Ganz anders lag die Sache in der islamischen Welt. Opium war dort, im Gegensatz zum Alkohol, nicht vom Propheten verboten. Arabische Ärzte verschrieben im frühen Mittelalter Opium in reichlichem Maße als Medikament. Einer der größten arabischen Gelehrten jener Zeit, Avicenna (der 1037 übrigens selbst an einer Opiumvergiftung starb!), machte das Mittel bei seinen europäischen Kollegen bekannt, so daß es seit dem 12. Jahrhundert in steigendem Maße Eingang in die europäische Medizin fand. Paracelsus (1493–1541), der berühmte Arzt der Renaissancezeit, verwendete Opium als einen Bestandteil seines bekannten «Wundermittels» Laudanum, einer schmerzstillenden und beruhigenden Tinktur, die bis in unser Jahrhundert hinein in vielen Haushalten anzutreffen war.

Die Verwendung von Opium als populärem Genußmittel in Europa datiert vom Ende des 18. Jahrhunderts. Vor allem in England verbreitete sich der Opiumkonsum rasch in allen Schichten der Bevölkerung, vor allem aber unter den armen Industrie- und Hafenarbeitern. Thomas de Quincy berichtet hierüber: «Drei achtbare Apotheker in London sagten mir, die Zahl der Opiumesser sei ungeheuer groß. Als ich einige Jahre später nach Manchester kam, versicherten mir mehrere Baumwollfabrikanten, die Gewohnheit, Opium zu nehmen, bürgere sich in der Arbeiterschaft ein; Samstag nachmittags stapelten sich auf den Ladentischen der Apotheken kleine Päckchen mit je 1 oder 2 Gran Opium, die man schon zuvor für den Abend hergerichtet habe. Der Grund dafür sei der kümmerliche Lohn, der den Arbeitern nicht erlaubt, sich Bier oder Schnaps zu kaufen.»[217]

Auch in Frankreich wurde, wenn auch in geringerem Maße, Opium vor allem in den Hafenstädten populär. Es wurde allerdings nicht wie in England gegessen, sondern geraucht – eine Gewohnheit, die man von den Chinesen übernommen hatte. Dies führt uns zu einem tragischen Höhepunkt in der Geschichte des Opiums, nämlich zu dem gigantischen Konsum in China während des 19. Jahrhunderts.

In China hatte sich das Rauchen von Opium schon während des 17. Jahrhunderts in geringem Maße durchgesetzt; diese Gewohnheit war aller Wahrscheinlichkeit nach von den Arabern übernommen worden. Als der Konsum im Laufe der Zeit stetig zunahm, fing die damals bedeutendste Handelsnation der Welt, England, an, sich aus ökonomischen Gründen für die steigende Nachfrage zu interessieren. Aus diesem Grund wurden in Indien (in Bengalien) weitläufige Mohnfelder angelegt. Das Handelsmonopol wurde der englischen «East India Company» zuerkannt, die daraufhin dazu überging, größere, nicht durch die Nachfrage gedeckte Mengen von Opium auf den chinesischen Markt zu drücken. Die Folgen blieben nicht aus: Der Handel stieg von einigen tausend Kisten Opium im Jahre 1773 auf ungefähr 30.000 Kisten im Jahre 1837. China widersetzte sich dieser Praxis. 1794 wurde ein Einfuhrverbot für Opium erlassen, doch ohne Erfolg. Die Briten umschifften die Hürden, und es entstand ein äußerst lukrativer Opiumschmuggel über die Hafenstädte des chinesischen Reichs. Die chinesische Regierung, bestürzt über die katastrophalen Auswirkungen des Opiumkonsums – überall gab es ausgemergelte und dahinsiechende Süchtige, die schließlich starben – sandte im Jahre 1839 einen Regierungsbeamten nach Kanton, um den illegalen Praktiken ein Ende zu machen. Dieser Sonderbeauftragte namens Lin ging äußerst energisch vor: Er ließ mehr als 20.000 britische Opiumkisten (mehr als 1.000 Tonnen!) beschlagnahmen und vernichten. Weiterhin verhängte er die Todesstrafe auf jeglichen Handel mit Opium. Außerdem drohte er damit, im Falle der Übertretung alle britischen Schiffe zu besetzen. London reagierte umgehend: «Mit einer derartigen Forderung hat die chinesische Regierung jedes Gefühl der Sicherheit [d.h. der Sicherheit, frei Handel trieben zu können, R.D.] endgültig zerstört!»[218]

Die Antwort war schließlich, nach kurzem Geplänkel hin und her: Krieg. Die militärische Auseinandersetzung wütete von 1839 bis 1842. Der militärischen Macht des chinesischen Reiches, das damals etwa 370 Millionen Einwohner zählte, dessen Armee aber zum Teil noch mit primitiven Luntengewehren ausgerüstet war, stand die Überlegenheit des 10.000 Mann zählenden britischen Heeres gegenüber, das durchweg modern, zum Teil sogar mit Maschinengewehren, bewaffnet war. Es war ein ungleicher Kampf. Die Chinesen waren dem britischen Heer in keiner Weise gewachsen und mußten schließlich kapitulieren. England forderte Reparationen für die 20.000 vernichteten Opiumkisten sowie freien Zugang zu den fünf wichtigsten chinesischen Hafenstädten. Außerdem wurde Hongkong britisch.

Zwischen 1856 und 1860 wütete der zweite Opiumkrieg. England, Frankreich und Amerika zwangen China, seine Politik der Abschottung gegenüber dem Westen aufzugeben und den Handel zu intensivieren. Weitere chinesische Hafenstädte wurden geöffnet, was unter anderem auch dem Opiumhandel zugute kam. Die chinesischen Behörden gaben jetzt auch, gezwungenermaßen, ihre moralischen Vorbehalte gegen den Opiumkonsum auf und sahen ein, «daß die gegenwärtige Generation von Opiumrauchern Opium haben will und muß».[219] Kurz, man legalisierte die Droge und verdiente gut daran – die Besteuerung des Warenwertes (Importsteuer) betrug immerhin 8 Prozent! Die Zahl der Süchtigen nahm jetzt dramatisch zu: Sie stieg von 2 Millionen im Jahre 1850 auf 20 Millionen im Jahre 1878. Millionen Menschen fanden durch ihre Opiumsucht den Tod. 1880 erreichte der Opiumimport aus Indien einen Höhepunkt von

6.500 Tonnen – Grund genug für China, jetzt selbst im großen Stil zum Anbau von Mohn überzugehen. Jetzt gab es einheimisches Opium, das mit der indischen Qualität konkurrierte, und der Erfolg blieb nicht aus: Um die Jahrhundertwende war der Import aus Indien auf 3.200 Tonnen gesunken, während die chinesische Produktion auf 22.000 Tonnen angestiegen war.

Ausgemergelte, dahinvegetierende Menschen gehörten jetzt zum alltäglichen Erscheinungsbild auf den Straßen der Großstädte. Doch die meisten Süchtigen ließen es nicht so weit kommen. Um einen Gesichtsverlust zu vermeiden, war es üblich, vor dem Eintritt ins Endstadium durch eine Überdosis Selbstmord zu begehen.

Der Kapitulationsvertrag des Jahres 1860 hatte noch eine Klausel enthalten, durch die festgelegt wurde, daß sich ausländische Missionare in China niederlassen durften. Was diese in China als menschenunwürdige Folgen des aufgezwungenen Prinzips des Freihandels antrafen, gab ihnen einerseits den Impuls, in selbstgegründeten Krankenhäusern nach einer Methode zu suchen, wie den Opiumsüchtigen geholfen werden konnte; andererseits führte es zu einer tiefen moralischen Abkehr von einer Politik, die diesen Freihandel sanktionierte – wenigstens soweit dieser Handel das Opium betraf. «Was moralisch falsch ist, kann politisch nicht richtig sein», lautete die Devise jener reichen Quäker und des ehemaligen chinesischen Missionars, die 1874 die «Gesellschaft zur Unterdrückung des Opiumhandels» gründeten.[220] Diese Gesellschaft mobilisierte bald darauf in England eine umfangreiche Lobby, um ihr Ziel zu erreichen. Auf deren Betreiben wurde 1895 von der Regierung die «Royal Commission on Opium Study» eingesetzt, die ein Jahr später rapportierte, ein Opiumverbot werde den indischen Staatshaushalt unerträglich belasten und auch China keineswegs helfen. Überdies seien die Asiaten, im Gegensatz zu den Weißen, «gegen negative Auswirkungen des Opiums weitgehend immun».[221] Große Enttäuschung herrschte im Lager der Anti-Opium-Liga!

Doch man gab nicht auf. Wachsende Unterstützung kam aus Amerika; dort gaben sich chinesische Gastarbeiter, die nach Kalifornien geholt worden waren, um beim Bau der transkontinentalen Eisenbahn mitzuarbeiten – insbesondere als sie arbeitslos geworden waren –, dem ungehemmten Opiumkonsum hin. Die amerikanische Öffentlichkeit war entsetzt angesichts der Folgen, und es wurden strenge Gesetze erlassen, um das Opiumrauchen zu verbieten. Das war in den Vereinigten Staaten nicht allzu problematisch, da bei einem wesentlichen Teil der Bevölkerung bereits eine starke moralische Tradition gegen den Alkoholmißbrauch vorhanden war. Alkoholgenuß war, da die Puritaner schon zu Beginn des 18. Jahrhunderts mit ihren Aktionen gegen den Alkohol begonnen hatten, in mehreren Staaten seit Mitte des 19. Jahrhunderts verboten.

Doch es existierten auch rein wirtschaftspolitische Gründe, dem grassierenden Opiummißbrauch entgegenzutreten: Die Vereinigten Staaten, die kurz vor der Jahrhundertwende die Philippinen von den Spaniern «befreit» hatten, entdeckten dort, wie fürchterlich sich die Geißel Opium auswirken konnte – ungefähr 40 Prozent der erwachsenen Bevölkerung waren süchtig,[222] und die konkurrierenden Kolonialmächte, England und Frankreich, verdienten damit viel Geld. Theodore Roosevelt, der damalige Präsident der Vereinigten Staaten, schrieb 1906: «Mit Aktionen gegen den Opiumhandel verbessern wir unsere Position in Asien in zweierlei Hinsicht. Die darunter leiden, werden unsere natürlichen Verbündeten, und wir schwächen außerdem die Ökonomie der Kolonialmächte.»[223] Und unter dem Leitsatz «Es ist die heilige Pflicht der Vereinigten Staaten, den Völkern der Welt die Freiheit und die Möglichkeit rechten Lebens zu bringen!»[224] formulierte er drei Kernpunkte der Außenpolitik:

a) Opium ist ein ernstes Problem in Asien
b) die USA sollen China auf breitester internationaler Ebene unterstützen (die Witwe des chinesischen Kaisers hatte im selben Jahr strenge Gesetze gegen den Opiumkonsum ausgefertigt, jedoch ohne nennenswerten Erfolg)
c) die Vereinigten Staaten sollen sich zu Vorkämpfern eines generellen Opiumverbotes in aller Welt machen.

Unter dem Druck der britischen und der internationalen Anti-Opium-Lobby sowie der oben skizzierten politischen Entwicklungen nahm das britische Parlament im selben Jahr (1906) einstimmig einen Antrag an, der der Regierung empfahl, «die notwendigen Schritte zu unternehmen, den indisch-chinesischen Opiumhandel zu einem schnellen Ende zu bringen».[225]

In den zehn darauffolgenden Jahren fanden auf Drängen der Vereinigten Staaten und Chinas drei internationale Konferenzen statt. Sie sollten den Schmuggel bekämpfen, den Handel mit Opium und Opiaten streng regulieren und die Produktion auf den medizinischen Gebrauch beschränken. Die britische und die chinesische Regierung beschlossen zusammenzuarbeiten, um den Konsum in China zu drosseln. England verminderte im selben Maße die Opiumeinfuhr aus Indien, wie China seine Mohnplantagen rodete. Im Jahre 1917 wurden die letzten Kisten indischen Opiums von China vernichtet. Damit hatte der offizielle britische Handel mit Opium zu nichtmedizinischen Zwecken ein Ende gefunden.

Jegliche illegale Verwendung von Opium und Opiaten stand fortan, wie es die Internationale Opiumkonvention von Den Haag aus dem Jahre 1912 und die Folgekonferenzen festlegten, unter strenger internationaler Kontrolle. Die Produktion sollte nur noch zu rein medizinischen Zwecken erfolgen. Doch es sollte noch geraume Zeit dauern, bis die gesetzliche Basis einigermaßen sicher war und alle Länder die Haager Konvention unterzeichnet hatten. Mit der Genfer Opiumkonvention von 1925 fand dieser Prozeß vorläufig ein Ende – erst 1961 und 1971 folgten neue Verträge. Doch dieses Ende war sehr unbefriedigend. Die amerikanische und die chinesische Delegation verließen vorzeitig und völlig enttäuscht die Konferenz, weil sie der Ansicht waren, die Regelungen seien durch das Fehlen durchgreifender Kontrollmaßnahmen nicht radikal genug ausgefallen – sie könnten daher die Opiummisere nicht zurückdrängen. Zur Illustration: Im Jahre 1925 hatte allein die niederländische Bruttoproduktion des Opiumhandels einen Wert von nicht weniger als 36.621.100 Gulden! 1938 waren es immer noch 11.948.000 Gulden – Beträge, die die koloniale Schatzkiste nur schwer entbehren konnte, weshalb man keineswegs erpicht war auf strenge Regelungen.[226]

Die Probleme existierten also weiter. Dies spürte vor allem China: Die Zentralregierung verlor zunehmend die Kontrolle über das zerfallende Reich. Regionale Führer dominierten die Politik und entdeckten, daß sich viel Geld mit Opiumproduktion und -handel verdienen ließ. Kurz, bis in die fünfziger Jahre existierte der kollektive Opiumkonsum weiter. Erst als die Kommunisten unter der Führung Mao Tse-tungs strenge Überwachungsmaßnahmen beschlossen und diese dann auch tatsächlich gründlich durchführten, wurden sowohl der illegale Handel als auch der einheimische Konsum mit Stumpf und Stiel ausgerottet. Noch vor relativ kurzer Zeit kannte China keine nennenswerten Opiumprobleme mehr.

Erst in den letzten Jahren häufen sich Berichte über das Wiederaufleben des Opium- und sogar des Heroinkonsums. 1991 gab es, nach Einschätzung eines internen chinesischen Polizeiberichts, 300.000 Opium- und Heroinsüchtige. Offiziell wird die Zahl von 70.000 eingeräumt.[227]

Auch in der restlichen Welt hat der Opiumkonsum zunächst drastisch abgenommen. Dafür etablierten sich, wie wir sogleich sehen werden, Morphium und Heroin als Nachfolger von Opium.

Zum Schluß dieser geschichtlichen Skizze soll noch die Frage beantwortet werden, was Opium eigentlich ist: Welche Substanz wird mit dem Namen Opium bezeichnet, und wie wird dieser Stoff hergestellt?

Opium wird aus dem Milchsaft des Papaver somniferum (Schlafmohn) gewonnen, einer Pflanze aus der Familie der Mohngewächse, zu der auch unser Klatschmohn gehört. Die klassische Methode der Opiumgewinnung sieht folgendermaßen aus: Die unreifen Fruchtkapseln werden nach der Blüte mit einem Spezialmesser vorsichtig angeritzt (siehe Abb. S. 166). Dadurch tritt der weiße Milchsaft aus, der sich an der Luft rasch braun verfärbt und zu einer plastischen, knetbaren Substanz wird. Diese Substanz wird am nächsten Tag ab-

gekratzt – das sogenannte Rohopium. Es enthält noch allerlei Verunreinigungen, die durch bestimmte Reinigungsmethoden beseitigt werden. Schließlich entsteht nach weiteren Prozeduren das sogenannte «Rauchopium» (Chandu). Jean Cocteau gibt in seinem Buch *Opium. Ein Tagebuch* folgendes Reinigungsrezept: «Ich rate an, dem Wasser, in welchem die rohe Kugel eingeweicht wird, einen Liter alten Wein hinzuzufügen. Kochen vermeiden. Siebenmal filtern und das ganze über acht Tage verteilen.»[228]

Rohopium schmeckt bitter und hat einen betäubenden Geruch. Es enthält 25 verschiedene Wirkstoffe (Alkaloide), wovon das giftige Morphin den weitaus größten Anteil (10-14 Prozent) ausmacht. Die wichtigsten übrigen Stoffe, die zusammen zwischen 5,5 und 10,8 Prozent des Gesamtumfangs betragen, sind:

- Kodein: ein hustenstillendes Mittel; wirkt ungefähr wie Morphin
- Papaverin: ein krampflösendes, entspannendes Gift; wirkt auf die glatte Muskulatur des Darmes, der Bronchien und Gallenblase

- Narkotin: ein krampflösendes, entspannendes Gift; wirkt ähnlich wie Papaverin
- Narcein: ein stark schmerzstillendes Mittel, mit lähmender Wirkung auf die glatte Muskulatur
- Thebain: ein krampfauslösendes Gift.

Aus dieser Aufstellung mag deutlich werden, daß die diversen Bestandteile des Opiums einander wechselweise verstärken, andererseits sich aber (zumindest teilweise) auch blockieren. Das erklärt auch, daß die Wirkung des Rohopiums – die übrigens vornehmlich auf dem darin enthaltenen Morphin beruht – doch deutlich anders ist als die des isolierten, puren Morphins. Wird Rohopium zu Rauchopium veredelt, nimmt der Morphinanteil im Verhältnis zu den übrigen Alkaloiden zu, so daß die Wirkung dieses Rauchopiums stärker ist als die des Rohopiums. Den Wirkungsgrad des puren Morphins erreicht es allerdings nicht.

Morphin (Morphium)

Noch vor dem Ende des 18. Jahrhunderts hatte in fast allen europäischen Ländern die Forschung zwei Fragen aufgegriffen: Was ist der Wirkstoff der Opiumsubstanz? Und: Lassen sich in der Opiummasse ein oder mehrere Stoffe finden, die für die Effekte verantwortlich sind?

An diesen Fragen wurde in den Anfangsjahren der modernen Chemie intensiv gearbeitet. Um die Jahrhundertwende hatte man in wissenschaftlichen Kreisen das Gefühl, die Entdeckung liege «in der Luft».

Es war aber überraschenderweise der zwanzigjährige Apothekergehilfe Friedrich Wilhelm Sertürner, der im Jahre 1803 in Paderborn erstmals den am stärksten wirksamen Bestandteil des Opiums isolierte. Dazu bearbeitete er Rohopium, das erhitzt und in destilliertem Wasser gelöst wurde, unter anderem mit Ammoniak, so daß er schließlich eine neue, weiße, kristalline Substanz erhielt. War diese Substanz tatsächlich der Träger der bewußtseinsverändernden Eigenschaften des Opiums? Zur Untersuchung dieser Frage streute er etwas von dieser Substanz auf ein Brotstück und gab es einem Hund zu fressen, der sich vor der Apotheke herumtrieb. Sertürner konstatierte: «Nach Zufuhr des Stoffes stellten sich alsbald Schlaf und später Erbrechen ein. Bei erneuter Aufnahme wurde alles erbrochen, doch die Neigung zum Schlafe hielt mehrere Stunden an. Also ist dieser Körper der eigentliche betäubende Grundstoff des Opiums.»[229] Darauf probierte er dasselbe noch einmal am Hund eines Nachbarn aus. Dort hatte er weniger Glück: «Das Tier taumelt schlafsüchtig und stirbt schließlich ...»[230] Außerdem unternahm er Gegenversuche: Er verfütterte nicht die isolierte kristalline Substanz, sondern die Rückstände der Restmasse an ein kleines Hühnchen und ließ die austretenden Gase von einer Maus einatmen. In beiden Fällen zeigte sich keine Wirkung, und so glaubte Sertürner «mit Gewißheit schließen zu können, daß die große Reizbarkeit des Opiums nicht von Harz- oder Extraktivteilen, sondern von diesem besonderen kristallisierbaren Körper herzuleiten ist».[231] Diesen kristallinen Stoff nannte er – nach dem Gott des Schlafes, Morpheus – Morphium.

Nachdem er noch einige Experimente an sich selbst und einigen jungen Freunden durchgeführt hatte, veröffentlichte er zwei Jahre später, 1805, seine Entdeckung als Leserbrief im Leipziger *Journal der Pharmacie*, aber man nahm ihn nicht recht ernst. Weitere Artikel folgten 1806, 1811 und 1817. Im letzten beschrieb er die alkalischen, salzbildenden Eigenschaften des Morphiums. Im Rückgriff darauf wurden pflanzliche Stoffe mit diesen Eigenschaften später als «Alkaloide» bezeichnet.

Lange beklagte sich Sertürner, daß seine Entdeckung nicht ihrem Wert entsprechend gewürdigt werde. Schließlich ernannte ihn die «Sozietät für die gesamte Mineralogie in Jena» im Jahre 1817 zum auswärtigen ordentlichen Mitglied – eine besondere Ehre, zumal die Urkunde vom damaligen Vorsitzenden dieser Gesellschaft unterzeichnet war: von Johann Wolfgang Goethe. Dieser sorgte vermutlich auch im Hintergrund dafür, daß Sertürner im selben Jahr die Ehrendoktorwürde der Universität Jena verliehen wurde.

Sertürners Entdeckung hatte weitreichende Folgen: Einerseits führte sie dazu, daß man im Laufe der Zeit anderen Alkaloiden, die im Rohopium enthalten sind, auf die Spur kam (Kodein, Papaverin, Narkotin usw.), andererseits hoffte man, in dem Morphin endlich ein Mittel gefunden zu haben, das nicht in die Abhängigkeit führte – mit einer, wenn richtig dosiert, ähnlichen Wirkung wie Opium. Um dies zu erforschen, wurde es unter anderem als Ersatzdroge für Opiumsüchtige empfohlen. Die Hoffnung erfüllte sich, die Süchtigen wandten sich tatsächlich vom Opium ab, aber nur, um sich nach einiger Zeit statt dessen dem Morphin zuzuwenden. Das Problem wurde also nur verlagert.

So fragte man sich – aufgrund der Annahme, daß der sogenannte «Opiumhunger» durch das Organ verursacht werde, in dem dieses Hungergefühl auftritt, dem Magen nämlich –, ob das Gefühl des Hungers nach Opium oder Morphin wohl weiterhin entstehen würde, wenn es irgendwie gelänge, den Stoff «am Magen vorbei» in den Körper einzubringen. Die Erfindung der Injektionsspritze brachte die Lösung.

Im Jahre 1864 sah der Apotheker Charles-Gabriel Pravaz dieses Gerät innerlich vor sich, als er einen Kammerjäger beobachtete, der mit seiner großen Handspritze in unzugängliche Ecken und Löcher Gift spritzte. Das war die Lösung! Zwei Tage später hatte er sich eine Miniaturspritze zusammengebastelt, die an der Vorderseite eine lange, hohle Nadel trug. Eine Woche später stellten sich sechs Opiumsüchtige für ein Experiment zur Verfügung, bei dem ihnen Morphin injiziert wurde. Keiner von ihnen nahm jemals wieder das opiumhaltige Laudanum zu sich! Sollte dies also die Lösung sein: Morphin (mit den betäubenden, schmerzstillenden Eigenschaften des Opiums) subkutan zu injizieren? Konnte man dadurch das Problem des Opiumhungers, der Sucht umgehen?

Einige Jahre später, während des Deutsch-Französischen Kriegs

1870/71, folgte jedoch die große Enttäuschung: Nachdem man Morphin im großen Stil zur Betäubung bei Wunden, Operationen und Amputationen eingesetzt hatte, konstatierte man bei vielen der verwundeten Soldaten nach mehrmaliger Gabe der Droge einen zunehmenden Wunsch nach dem Mittel, obgleich die weitere Anwendung unter dem Blickwinkel der Schmerzbekämpfung nicht länger notwendig war. Viele Soldaten fingen an, sich selbst Morphin zu injizieren, das sie als ein Genußmittel verwendeten, welches ihnen Gefühle der Wärme, Entspannung, der Glückseligkeit und des Vergessens schenkte.

Die Existenz einer regelrechten Morphiumsucht offenbarte sich durch die ersten empirischen Studien, die in den neunziger Jahren des 19. Jahrhunderts erschienen. Vor allem unter Ärzten und Apothekern gab es viele Süchtige, wie sich zeigte. Ein Drittel der damals in einer deutschen Studie beschriebenen 142 Abhängigen gehörte zu diesen Berufsgruppen und war dem Morphin verfallen, um «die Belastungen des Berufes, der so viel mit menschlichem Leid zu tun hat, ertragen zu können».[232]

Auch aufgrund der Erfahrungen, die in den Vereinigten Staaten gemacht wurden, wo das Morphin nach dem Ende des Bürgerkriegs (1861-1865) seinen Einzug als Genußmittel gehalten hatte, wurde das Mittel im Rahmen der internationalen Opiumkonventionen von 1912 und danach wegen seiner suchterzeugenden Eigenschaften auf die Liste der nur für medizinischen Gebrauch zugelassenen Drogen gesetzt. Doch bedeutete das keineswegs, daß die Verwendung von Morphin als Droge hiermit aufgehört hätte. Vor allem unter Ärzten, in Pflegeberufen Tätigen und Apothekern (die leicht an das Mittel herankommen können) sind Morphiumkonsum und -sucht wegen der euphorisierenden Eigenschaften der Droge bis heute verbreitet.

Heroin

Man suchte also weiterhin nach dem idealen Schmerzmittel, das nicht abhängig machte. 1898 dachte man wieder einmal, es gefunden zu haben. In den Elberfelder Bayer-Arzneimittelwerken hatte der 37jährige Darmstädter Professor Heinrich Dreser aus dem Grundstoff Morphin nach Zufügung von Essigsäure und komplizierten Reinigungsprozeduren unter anderem durch Äther den Stoff Diacetylmorphin erhalten. Nach einer kurzen Experimentierphase von weniger als zwei Monaten waren folgende Eigenschaften festgestellt worden:

- Im Gegensatz zu den schlaferzeugenden Eigenschaften des Morphiums bewirkt Diacetylmorphin eher eine Aktivierung.
- Es dämpft Angstgefühle in jeglicher Form.
- Bereits die allerkleinste Dosis läßt Hustenreiz verschwinden, sogar bei Tuberkulosepatienten.
- Morphinsüchtige, die damit behandelt wurden, verloren unmittelbar danach jedes Interesse für Morphium.

Dreser wurde nach seinem Tod in einem Nachruf der Firma charakterisiert als «eine echte Gelehrtennatur, eine etwas kantige, originelle Persönlichkeit. Nicht sehr umgänglich und gesellig, hielt er sich von seinen Fachkollegen fern und war nur schwer zu bewegen, hin und wieder einmal deren Versammlungen oder sonst einen Kongreß zu besuchen.»[233] Dieser Dreser meinte, das «Wundermittel» gefunden zu haben. Nur der zündende Markenname fehlte noch. Schließlich verfiel man auf «Heroin», nach dem griechischen Wort heros (Held) und wegen der heroischen Eigenschaften, die man dem neuen Mittel zuschrieb.

Im jährlichen Rundschreiben für Ärzte, der «Bayer-Bibel», stellte Dreser sein Produkt so vor: «Ein Stoff, dessen Eigenschaften nicht zur Gewöhnung führen, der sehr einfach anzuwenden ist und der vor allem als einziger die Fähigkeit hat, Morphinsüchtige schnellstens zu heilen.»[234] Im gleichen Jahr startete Bayer eine weltweite

Pressekampagne. In allen größeren Zeitungen erschienen Anzeigen für die beiden neuen Wundermittel der Firma: Aspirin und Heroin («das Beruhigungsmittel bei Husten»).

Heroin wurde bald darauf auf der ganzen Welt im großen Stil vermarktet. Im Jahre 1904 hatte der Franzose Morel-Lavallée den Mut, der guten Reputation der Firma Bayer die Stirn zu bieten und öffentlich zu behaupten, daß Heroin sehr wohl süchtig mache. Ein Jahr später entdeckte er, daß Heroin im Blut sehr schnell in Morphin übergeht, wobei sich die Wirkung des Morphins verdoppelt – eine Tatsache, die Dreser hypothetisch für unmöglich gehalten hatte, da sich die chemischen Formeln der beiden Stoffe stark unterscheiden. 1912 beschloß Bayer, die wöchentlichen Anzeigen auszusetzen. Im selben Jahr wurde das Heroin, aufgrund der um sich greifenden Heroinsucht vor allem in den Vereinigten Staaten, im Rahmen der «internationalen Opiumkonvention» von Den Haag («Haager Abkommen») auf die Liste der verschreibungspflichtigen, das heißt für nichtmedizinischen Gebrauch verbotenen Stoffe gesetzt.

Obwohl man nun einsah, daß Heroin süchtig macht, verschrieb man das Mittel, insbesondere in den Vereinigten Staaten, dennoch weiterhin als Medikament beim Vorliegen einer Opiumsucht, weil man es für weitaus harmloser hielt als Opium. Erst 1924, als die Heroinsucht in den USA epidemische Ausmaße anzunehmen drohte, wurde es auch dort verboten. In vielen anderen Ländern aber wurde es noch einige Zeit im großen Stil weiterverwendet, so z.B. in Ägypten, wo 1925 viele Unternehmen ihren Arbeitern den Wochenlohn zum Teil in Form von Heroinpillen ausbezahlten.

Durch das internationale Verbot verlagerte sich das Geschäft mit Heroin in den Untergrund. Kriminelle Organisationen rissen Produktion, Handel und Verkauf immer mehr an sich und verdienten seit dem Beginn der Heroinwelle Ende der sechziger Jahre gigantische Summen mit dem Stoff. In geheimen Laboratorien im sogenannten «Goldenen Dreieck» (dem Grenzgebiet von Birma, Thailand, Laos und China) und in Pakistan, Afghanistan und in der Türkei wurde und wird Heroin in sehr reiner Form aus Rohopium isoliert. Von dort aus wird die Droge über Schmuggelrouten zu ihren Bestimmungsorten gebracht, wo sie von Händlern und Zwischenhändlern verschnitten wird (z.B. mit Milchzucker). Dadurch bleibt vom ursprünglichen, fast reinen Heroin im allgemeinen ein Reinheitsgrad von 20 bis 60 Prozent übrig.[235] Inzwischen ist der Preis aber gigantisch gestiegen: Der Straßenverkaufswert beträgt oft das Tausendfache der ursprünglichen Produktionskosten!

Die Zahl der Heroinsüchtigen ist seit Beginn der heutigen Heroinwelle gewaltig gestiegen: Das Mittel wird als Medikament zur Vertreibung von Angst, Wut, Kummer, (seelischen) Schmerzen und Depressionen benutzt und ist für viele, meist junge Menschen zum unentbehrlichen Begleiter geworden, der ihnen das Leben wenigstens einigermaßen erträglich gestaltet.

Die Wirkung der Opiate

Die Wirkung von Opium

Als Ausgangspunkt zur Darstellung der Opiumwirkung bringen wir jene vielzitierte Beschreibung eines Opiumrausches, die S. Hedayat gegeben hat:

«Ich wollte mich konzentrieren, und nur der feine Rauch des Opiums konnte meine Gedanken sammeln und mir Ruhe spenden. Ich rauchte, was mir noch an Opium geblieben war, damit diese wunderwirkende Droge mir alle Hindernisse und Schleier von den Augen nehme, all die aufgetürmten fernen und aschgrauen Erinnerungen vertreibe. Und der Zustand, auf den ich wartete, kam in noch stärkerem Maße als erhofft: Langsam nahmen meine Gedanken eine große Schärfe, eine zarte Reinheit an. Ich fiel in einen Zustand, der halb Schlaf war und halb Ohnmacht.

Dann war mir, als ob eine Last von meiner Brust genommen würde. Mir schien, das Gesetz der Schwere gelte für mich nicht mehr, und frei flog ich hinter meinen Gedanken her, die reich und weit und überdeutlich klar waren. Eine tiefe, unaussprechliche Wollust erfüllte mich. Ich war frei von der Last meines Leibes. Mein ganzes Sein fühlte sich der still in sich dahintreibenden Welt der Pflanzen zugehörig, einem beruhigten Dasein und doch voll zauberisch lieblicher Formen und Farben.

Der Zusammenhalt meiner Gedanken löste sich, und sie mischten sich mit diesen Farben und Gestalten. Ich war in Wellen getaucht von sanftester Zärtlichkeit. Ich konnte das Schlagen meines Herzens hören, das Pochen meiner Pulse spüren. Und all dies war voll tiefer Bedeutsamkeit und erfüllte mich zugleich mit einem unendlichen Entzücken.

Ganz und gar wollte ich mich diesem Schlaf des Vergessens hingeben. Wäre es möglich gewesen, dieses völlige Vergessen, hätte es Dauer haben können, wenn meine Augen, sich schließend, über allen Schlaf hinaus lind ins absolute Nichts eintauchten, und ich das Bewußtsein meiner Existenz nicht mehr verspürte; wenn mein ganzes Sein sich in einen Tintenfleck, in ein Wehen von Musik oder in einen bunten Strahl von Licht auflöste, und diese Wellen, diese Formen bis in unendliche Ferne wüchsen, um still dann zu verblassen bis zur Unkenntlichkeit – dann, ja, dann wäre ich am Ziel all meines Wünschens angelangt.

Nach und nach überkam mich Müdigkeit und Starre. Es war eine angenehme Müdigkeit, wie wenn zarte Wellen von meinem Körper ausgingen. Dann meinte ich, mein Leben beginne nach rückwärts abzulaufen. Nacheinander sah ich Erfahrungen, die längst vergangen, Zustände und Ereignisse von einst, verwischte Erinnerungen, vergessene, an meine Kinderzeit. Nicht bloß, daß ich sie nur sah – handelnd und fühlend nahm ich daran teil. Von Augenblick zu Augenblick wurde ich jünger und noch kindlicher. Dann – plötzlich – wurde alles ungenau und dunkel, und mir schien, mein ganzes Sein hinge an einem dünnen Haken auf dem

Grunde eines finsteren und tiefen Brunnens. Dann kam ich von dem Haken los und fiel und fiel, und kein Widerstand verhielt den Sturz – es war ein bodenloser Abgrund im Innersten einer ewigwährenden Nacht.

Dann, nach und nach, tauchten lange Folgen unklarer und verwischter Bilder vor meinen Augen auf. Dann sank ich in völliges Vergessen ...»[236]

Wenn wir diese Schilderung eines Opiumrausches näher betrachten, so fällt zunächst auf, daß wir hier einigen Erscheinungen begegnen, die wir bereits aus den Beschreibungen des LSD und, wenn auch in geringerem Maße, von Cannabis kennen. Viele Passagen der Erfahrungen von Hedayat deuten, wie wir sogleich erläutern werden, auf eine partielle Lockerung des Ätherleibs aus dem physischen Leib bzw. des Astralleibs aus Ätherleib und physischem Leib hin – Erscheinungen, die wir bereits ausführlich darstellten, weshalb wir uns nun kürzer fassen können.

Die Wirkung von Opium auf den Ätherleib

S. Hedayat spricht, bevor er die Droge nimmt, die Erwartung aus: «... nur der feine Rauch des Opiums konnte meine Gedanken sammeln und mir Ruhe spenden». Er erfährt tatsächlich: «Und der Zustand, auf den ich wartete, kam in noch stärkerem Maße als erhofft: Langsam nahmen meine Gedanken eine große Schärfe, eine zarte Reinheit an.»

Dies ist eine äußerst klare Beschreibung der Wirkung von Opium auf den menschlichen Ätherleib, insbesondere auf denjenigen Teil, der im Verlauf des zweiten Lebensjahrsiebts von der aufbauenden, gestaltenden Aktivität, die bis dahin auf den physischen Leib bezogen war, freigeworden ist und nun der Ausbildung und Gestaltung der Denkprozesse zur Verfügung steht. Denn Wachstums- und Gestaltungskräfte metamorphosieren sich um das siebente Lebensjahr teilweise in Denkkräfte.[237] Rudolf Steiner sagt darüber: «Es ist von der allergrößten Bedeutung zu wissen, daß die gewöhlichen Denkkräfte des Menschen die verfeinerten Gestaltungs- und Wachstumskräfte sind.»[238]

Diese Denkkräfte, diese freien Ätherkräfte sind es, die Hedayat in ihren klaren, reinen, gestaltenden Qualitäten wahrnimmt, ohne daß eine Trübung aus den Sorgen, Anwandlungen und Erinnerungen des täglichen Lebens auftritt («damit diese wunderwirkende Droge mir alle Hindernisse und Schleier von den Augen nehme, all die aufgetürmten fernen und aschgrauen Erinnerungen vertreibe»).

Wir können daraus schließen, daß Opium in erster Linie die Wirksamkeit des Ätherleibs beeinflußt und daß dieses Wesensglied sich allmählich und teilweise aus dem physischen Leib herauslöst, mit der Folge, daß der bereits freigewordene Teil des Ätherleibs (die Denkkräfte) zunächst durch das Selbstbewußtsein der Person (durch Astralleib und Ich) wahrgenommen und erlebt werden kann; danach wird sich der Ätherleib, wenn die Dosis nicht zum Tode führt, in zunehmendem Maße aus dem physischen Leib herausziehen. Auf diese Weise können die freigewordenen Ätherkräfte (und, von ihnen mitgenommen, Astralleib und Ich) die «abhebenden» Denkkräfte mit sich hinaufnehmen, mit ihnen entschweben: «Mir schien, das Gesetz der Schwere gelte für mich nicht mehr, und frei flog ich hinter meinen Gedanken her, die reich und weit und überdeutlich klar waren.»

Der Ätherleib macht sich teilweise auch im mittleren Bereich, dem rhythmischen System, los: «Dann war es mir, als ob eine Last von meiner Brust genommen würde ... Ich war frei von der Last meines Leibes. Mein ganzes Sein fühlte sich der still in sich dahintreibenden Welt der Pflanzen zugehörig, einem beruhigten Dasein und doch voll zauberisch lieblicher Formen und Farben.»

Dies ist höchst interessant und fesselnd, denn auch Rudolf Steiner spricht von der «Ätherpflanze, die eingebaut ist in die Lunge, die herauswächst aus der Lunge, wie die physische Pflanze aus der Erde hervorwächst».[239] Diese pflanzenartigen Ätherkräfte, die in den Lungen freiwerden, nimmt der Betroffene nun wahr, und auch der freie Teil seines Ätherleibs – seine Denkkräfte – verbindet sich mit ihm: «Der Zusammenhalt meiner Gedanken löste sich, und sie mischten sich mit diesen Farben und Gestalten. Ich war in Wellen getaucht von sanftester Zärtlichkeit.» Der Ätherleib wird also partiell aus den Lungen herausgelöst, was sich zugleich in einer Verlangsamung der Atmung während des Opiumkonsums niederschlägt. Bei einer Überdosis tritt der Tod durch Atemstillstand ein.

Auch andere Wirkungen des eigenen Ätherleibs werden jetzt, durch die Verschmelzung der freigewordenen Ätherkräfte (wie wir bereits beim LSD gesehen haben), vom Astralleib und vom Ich des Betroffenen wahrgenommen: «Ich konnte das Schlagen meines Herzens hören, das Pochen meiner Pulse spüren. Und all dies war voll tiefer Bedeutsamkeit und erfüllte mich zugleich mit einem unendlichen Entzücken.» Und der Prozeß geht weiter; freigewordene Ätherkräfte (und, in sie eingebettet, Astralleib und Ich) wollen in der Umgebung aufgehen, sich im All auflösen: «... wenn mein ganzes Sein sich in einen Tintenfleck, in ein Wehen von Musik oder einen bunten Strahl von Licht auflöste und diese Wellen, diese Formen bis in unendliche Ferne wüchsen, um dann still zu verblassen bis zur Unkenntlichkeit ...»

Zusammenfassend wird deutlich: Eine Seite der Opiumwirkung besteht darin, daß es den Betroffenen, ähnlich wie bereits beim LSD geschildert, partiell sterben läßt, das heißt, sein Ätherleib wird durch Opium teilweise aus dem physischen Leib herausgehoben, und die freigewordenen Ätherkräfte können sich in der weiteren Umgebung auflösen. Aufgrund dessen darf erwartet werden, daß die anderen Erfahrungen, die mit dem Erleben dieses teilweisen Todesprozesses einhergehen, wie zum Beispiel die der totalen oder unvollständigen Rückschau auf das bisherige Leben oder die des veränderten Raum- und Zeiterlebens, ebenfalls auftreten werden.

Das Erlebnis der Rückschau wird auch in Hedayats Schilderung deutlich: «Dann meinte ich, mein Leben beginne nach rückwärts abzulaufen. Nacheinander sah ich Erfahrungen, die längst vergangen, Zustände und Ereignisse von einst, verwischte Erinnerungen, vergessene, an meine Kinderzeit. Nicht bloß, daß ich sie nur sah – handelnd und fühlend nahm ich daran teil. Von Augenblick zu Augenblick wurde ich jünger und noch kindlicher.» Der berühmte englische Dichter und Opiumabhängige Thomas de Quincey hatte ähnliche Erfahrungen. Er beschreibt in seinen *Bekenntnissen eines englischen Opiumessers* (1822) folgendes: «Die unbedeutendsten Erlebnisse meiner Kindheit oder längst vergessene Szenen aus späteren Jahren tauchten oft wieder zu neuem Leben herauf ... Ich glaube ganz sicher, daß so etwas wie Vergessen dem Gedächtnis im Grunde gar nicht möglich ist.»[240]

Wir werden auf diesen Aspekt, die vom Opium bewirkte gewaltige Zunahme der Erinnerungsfähigkeit, sogleich noch näher eingehen.

Was nun die Veränderungen des Raum- und Zeiterlebens betrifft, die durch die teilweise Trennung von physischem und ätherischem Leib verursacht ist, so finden wir bei de Quincey ebenfalls eine eindrückliche Schilderung: «Die Empfindungen des Raumes und der Zeit waren beide mächtig erregt. Gebäude und Landschaften erstanden vor mir in so ungeheuren Größenverhältnissen, wie das natürliche Auge sie nicht fassen kann. Der Raum schwoll an und erreichte unaussprechliche Ausdehnung. Dies aber beunruhigte mich nicht so sehr wie die ungeheure Ausdehnung der Zeit. Zuweilen war es mir, als hätte ich in einer einzigen Nacht 70 oder 100 Jahre lang gelebt. Ja, manchmal hatte ich das Gefühl, als seien 1000 Jahre in der Zeit vergangen oder jedenfalls eine Dauer, welche die Grenzen der menschlichen Erfahrung weit übersteigt.»[241]

Wenn wir die Frage stellen, welche Ätherarten am stärksten von diesem Prozeß der Herauslösung aus dem physischen Leib betroffen sind, so liegt es nahe, hier in jedem Fall an den mit dem wäßrigflüssigen Element verbundenen chemischen Äther zu denken (siehe dazu die Betrachtungen zum LSD). Auch die Beschreibung von Hedayat deutet darauf hin: «Ich war in Wellen getaucht von sanftester Zärtlichkeit ... Es war eine angenehme Müdigkeit, wie wenn zarte Wellen von meinem Körper ausgingen ... und diese Wellen, diese Formen bis in unendliche Ferne wüchsen...»

Wellenartige, wachsende Bewegungen also – Ätherkräfte sind ja Wachstumskräfte. Auch bei de Quincey treffen wir dieses Wachstumselement an: «Der Raum schwoll an und erreichte unaussprechliche Ausdehnung ... die ungeheure Ausdehnung der Zeit.»

Diese mit dem wäßrigen Element verbundenen Kräfte des chemischen Äthers haben ihr Zentrum in der menschlichen Leber. Victor Bott: «Die Leber ist das Zentrum des Wasserorganismus, Träger unseres Ätherleibes.»[242] Hier, in der Leber, lösen sich also Ätherkräfte, und das kann auf Dauer zu einer zunächst im Ätherischen, dann aber auch durchaus im Physischen sich vollziehenden Beeinträchtigung der Leber führen, die sich einerseits in einer Störung der Stoffwechsel- und Wärmeprozesse (Aufbauprozesse) des physischen Leibes, andererseits in einer Lähmung des Willens, in Schwermut, Depressivität und Lebensangst äußert.[243]

Soweit die Beschreibung der Wirkung des Opiums auf den Ätherleib; wir müssen uns im übrigen klarmachen, daß vor allem auch im Bereich der Lungen Ätherkräfte freiwerden, was ein befreiendes, entkrampfendes, beruhigendes Gefühl erzeugt.

Die Wirkung von Opium auf den Astralleib

Schon kurz nachdem die ersten Opiumwirkungen einsetzen («Langsam nahmen meine Gedanken eine große Schärfe, eine zarte Reinheit an»), verfällt Hedayat in einen Zustand, der «halb Schlaf war und halb Ohnmacht». Wir können daraus folgern, daß sein Astralleib sich teilweise aus seinem physischen und seinem ätherischen Leib herausgezogen haben muß, die dadurch in einen traumschlafartigen Zustand geraten (siehe die entsprechenden Darstellungen im Kapitel über Cannabis). Auch Thomas de Quincey hat ähnliches beschrieben und darauf hingewiesen, daß aufgrund der Opiumwirkung Traum und Wirklichkeit immer stärker ineinander übergehen, bis sie schließlich völlig miteinander verschmelzen. Schmidbauer und vom Scheidt ziehen daher in ihrem *Handbuch der Rauschdrogen* die Bilanz: «Der Raucher gerät in einen Dämmerzustand zwischen Schlafen und Wachen. Traumbilder steigen auf, ohne daß das Bewußtsein völlig verlorengeht.»[244]

Traumbilder also – es ist daher wichtig, sich an dieser Stelle klarzumachen, daß alle bisher besprochenen Erfahrungen, die auf die partielle Loslösung des Ätherleibs zurückgehen, sowie alle sogleich noch darzustellenden Erfahrungen (siehe insbesondere die Ausführungen über die Wirkung des Opiums auf das Ich, Seite 185 ff.) sich ganz oder teilweise im Rahmen dieses traumartigen Bewußtseinszustandes abspielen!

Das Austreten des Astralleibs aus dem Ätherleib und dem physischen Leib hat noch einige weitere Folgen:

- Dadurch, daß der Astralleib sich aus bestimmten Gebieten seines Nervensystems zurückzieht, gerät der Konsument in einen Betäubungszustand, weswegen unter anderem Schmerzgefühle verschwinden: «Nach neuen Forschungen wirken Opiate folgendermaßen im Organismus: Offenbar gibt es im Gehirn bestimmte Chemorezeptoren, welche das – eigentlich körperfremde – Gift bevorzugt anlagern. Die Opiatkonzentration durch solche Opiatrezeptoren ließ sich vor allem im Limbischen System nachweisen, das wie ein Gewebesaum den Hirnstamm umgibt. Hier befindet sich die Amygdalae, ein Hirngebiet, das bei Furcht- und Fluchtreaktionen eine Rolle spielt ... Insgesamt läßt sich sagen, daß die Opiatrezeptoren[245] in Gebieten des Gehirns vorkommen, die Leitungswege für Schmerzreize enthalten, womit sich die schmerzlindernde Wirkung[246] von Opiaten erklären läßt.»[247] Hier wird der Astralleib also, sei es ganz oder weitgehend, aus dem Nervensystem herausgedrängt, so daß die Wahrnehmung der durch den physischen Leib verursachten Schmerz- und Angstgefühle nicht, oder nur in vermindertem Maße, ins Bewußtsein dringt. Bei reinem Morphin ist dies in noch viel stärkerem Maß der Fall, wie wir noch sehen werden.
  Der partiell ausgetretene Astralleib wird sich daher stärker als normal mit bestimmten Teilen des Nervensystems des Rückenmarks[248] verbinden, wodurch der Konsument in die Lage kommt, dasjenige wahrzunehmen, was sonst unter der Schwelle des gewöhnlichen Tagesbewußtseins verborgen bleibt: die

Weisheit, die die ganze Welt durchzieht und die Schöpfung zu einem großen Ganzen macht (siehe hierzu auch die entsprechenden Wirkungen bei Cannabis). Hedayat schildert auch dies: «Der Zusammenhalt meiner Gedanken löste sich, und sie mischten sich mit diesen Farben und Gestalten [der Pflanzenwelt]. Ich war in Wellen getaucht von sanftester Zärtlichkeit. Ich konnte das Schlagen meines Herzens hören, das Pochen meiner Pulse spüren. Und all dies war voll tiefer Bedeutsamkeit und erfüllte mich zugleich mit einem unendlichen Entzücken.»

- Es ist die Nachtseite des Bewußtseins, die hier erlebt wird. Der Betroffene versinkt in der für das normale (Tages-)Bewußtsein nicht wahrnehmbaren Welt der kosmischen Weisheit, die seinen Körper durchzieht und, besonders während des Schlafes, aufbaut und regeneriert und die ihm nun über die Nerven des Rückenmarksystems traumartig zu Bewußtsein kommt.
- Andererseits wird der teilweise ausgetretene Astralleib, individuell verschieden, dazu neigen, sich in der kosmischen Astralwelt aufzulösen, so daß die dort erfolgten Erfahrungen traumartig ins Bewußtsein treten können (siehe auch die Darstellung im Kapitel über Cannabis).

Um die Darstellung der Wirkung von Opium auf den Astralleib zu einer vorläufigen Abrundung zu bringen, soll hier ein längerer Passus aus einem Vortrag Rudolf Steiners über dieses Thema folgen:

«Beim Opium ist das so, daß es besonders stark gerade auf den astralischen Leib wirkt, und zwar so auf ihn wirkt, daß der Mensch ihn eben herauszieht aus dem physischen Leib. Sehen Sie, da ist es so, daß er dieses Herausziehen des astralischen Leibes aus dem physischen Leib als ein sehr großes Wohlgefühl empfindet. Er hat seinen physischen Leib für einige Zeit los, und das empfindet er als Wohlgefühl.

Der Mensch sagt leicht, Sie werden das schon gehört haben: der Schlaf ist süß. Aber beim Schlaf ist es ja so, daß der Mensch diese Süßigkeit gar nicht so recht empfinden kann, weil er eben schläft!

Er kann diese Süßigkeit nicht empfinden; er kann sie nur im Nachgeschmack haben. Und weil er sie im Nachgeschmack hat, so kommt es eben vor, daß die Leute sagen, der Schlaf ist süß. Aber wenn nun der Mensch den Mohnsaft, das Opium zu sich nimmt, dann spürt er diese Süßigkeit; denn eigentlich ist er so im Leib, wie wenn er schlafen würde, und ist zugleich wach. Dadurch kann er die Süßigkeit genießen, und dadurch fühlt er diese Süßigkeit und fühlt sich ungeheuer wohl darinnen. Es ist, wie wenn sein ganzer Leib mit Zucker durchdrungen wäre, mit einem ganz besonderen Zucker, durch und durch mit Süßigkeit. Aber zugleich ist sein astralischer Leib frei vom physischen Leib, und dadurch nimmt er, wenn auch nicht deutlich, allerlei wahr. Er hat nicht gewöhnliche Träume, sondern er nimmt die geistige Welt wahr. Er macht große Reisen durch die geistige Welt durch. Das gefällt ihm. Dadurch wird er hinaufgehoben, wie Sie sagen, in die geistige Welt. Beim Alkoholtrinken hingegen wird sein physischer Leib ganz in Anspruch genommen, bis ins Blut hinein. Da wird sein astralischer Leib nicht frei. Da wird alles noch mehr vom physischen Leib in Anspruch genommen. Daher wird der Mensch, wenn er Alkohol trinkt, eben ganz vom physischen Leib in Anspruch genommen, viel mehr als er sonst in Anspruch genommen wird. Das ist eben der Unterschied. Beim Opium wird das Geistig-Seelische frei, genießt erstens den physischen Leib in seiner Süßigkeit, zweitens aber macht es Reisen, wobei es zwar etwas ungeordnet, aber immerhin in die geistige Welt hineinkommt. Und die Orientalen haben vieles von dem, was sie in nicht richtiger Weise, aber doch von der geistigen Welt beschreiben, vom Opiumgenuß, Haschisch und dergleichen.»[249]

Schließlich wird der Betroffene müde. (Hedayat: «Nach und nach überkam mich Müdigkeit und Starre. Es war eine angenehme Müdigkeit, wie wenn zarte Wellen von meinem Körper ausgingen.») Diese Müdigkeit ist ein Ausdruck der Tatsache, daß sich der Astralleib jetzt aus dem physischen und dem ätherischen Leib herauslösen möchte, um sich einerseits, wie geschildert, in der kosmischen

Astralwelt aufzulösen, andererseits sich partiell mit dem Nervensystem des Rückenmarks zu verbinden.

Nachdem Hedayat eine intensiv erlebte Rückschau auf das verflossene Leben hat, wird plötzlich «alles ungenau und dunkel». Darauf folgt eine ungemein plastische Schilderung des Exkarnationsprozesses von Astralleib und Ich: «... und mir schien, mein ganzes Sein hinge an einem dünnen Haken auf dem Grunde eines finsteren und tiefen Brunnens. Dann kam ich von dem Haken los und fiel und fiel, und kein Widerstand verhielt den Sturz – es war ein bodenloser Abgrund im Innersten einer ewigwährenden Nacht.» Das ist eine wunderbare Beschreibung, weil darin der exkarnierende, in die fast endlose astrale Welt «hinaufschwebende» Astralleib durch das mit ihm verbundene Ich am Spiegel des physischen und ätherischen Leibes erlebt wird. Dies wird vom Bewußtsein so erlebt, daß dasjenige, was sich erhebt (nämlich Astralleib und Ich) zu «fallen» und in einen bodenlosen Abgrund zu stürzen scheint. Man kann sich das vielleicht bildhaft vorstellen, indem man einen Spiegel auf den Boden legt und dann die Hand aufwärts, von der Spiegeloberfläche weg, bewegt. Sie scheint dann – wenn man die Oberfläche des Spiegels betrachtet – in der Tiefe zu verschwinden, das heißt zu fallen.

Aber dieses Verschwinden, dieses «Sichauflösen» des Astralleibs und des Ich in der geistigen und astralischen Welt kann mit unangenehmen Gefühlen einhergehen. Das Tagesbewußtsein ist ja nicht auf das Erlebnis des «Wegsinkens» in der Nacht, des Verschwindens und Sichauflösens in den wie endlosen Höhen bzw. Tiefen vorbereitet. So berichtet Thomas de Quincey: «Nacht für Nacht schien ich – nicht metaphorisch, sondern buchstäblich – in Schlünde und sonnenlose Abgründe zu versinken, in Tiefen unter Tiefen, aus denen emporzusteigen es keine Hoffnung gab. Auch wenn ich erwachte, hatte ich oft nicht das Gefühl, emporgestiegen zu sein. Doch will ich hierbei nicht verweilen, denn von der Düsternis, welche jenen prachtvollen Schauspielen folgte und die sich am Ende zu einem Dunkel selbstmörderischer Verzweiflung verdichtete, vermögen Worte nicht Kunde zu geben.»[250]

Schließlich schläft der Betroffene ein («Dann, nach und nach, tauchten lange Folgen unklarer und verwischter Bilder vor meinen Augen auf. Dann sank ich in völliges Vergessen»). Das bedeutet: Er erlebt noch kurz, bevor er das Bewußtsein verliert, die Qualität seines sich in der Astralwelt auflösenden Astralleibes, die im Vergessen besteht. «Was für den physischen Leib der Tod, für den Ätherleib der Schlaf, das ist für den Astralleib das Vergessen.»[251] Und genau das ist es, was jeder Opiumsüchtige so gern will! Auch hier zitieren wir noch einmal Hedayat: « ... damit diese wunderwirkende Droge mir alle Hindernisse und Schleier von den Augen nehme, all die aufgetürmten fernen und aschgrauen Erinnerungen vertreibe ... Ganz und gar wollte ich mich diesem Schlaf des Vergessens hingeben. Wäre es möglich gewesen, dieses völlige Vergessen, hätte es Dauer haben können ...»

Zusammenfassend können wir sagen, daß der Opiumkonsument durch die teilweise Exkarnation des Astralleibes aus dem physischen und dem ätherischen Leib in einen traumartigen Zustand gerät, in dem die im Ätherleib (Gedächtnis) liegenden «aufgetürmten fernen und aschgrauen Erinnerungen» nicht mehr bzw. nicht mehr auf die übliche Weise ins Bewußtsein (den Astralleib) dringen können.[252] Der Betroffene hat sie vergessen. Sein teilweise ausgetretener Astralleib nimmt nicht mehr die im Ätherleib aufbewahrten alltäglichen Gedächtnisinhalte wahr. Die Sorgen, Ängste, Probleme usw. sind aus dem Bewußtsein verschwunden.

Schließlich schläft der Konsument ein: Sein Astralleib, sein Bewußtsein, zieht sich nun ganz aus der während des Wachens vorhandenen normalen Verbindung mit dem physischen und dem ätherischen Leib zurück und geht in der kosmischen Astralwelt auf. Als letzte Erfahrung erlebt der Konsument, daß sein Bewußtsein (sein Astralleib) versinkt, das heißt im Schlafzustand verschwindet.

Auf der anderen Seite aber genießt Hedayat paradoxerweise seine Erinnerungen: «Dann meinte ich, mein Leben beginne nach rückwärts abzulaufen. Nacheinander sah ich Erfahrungen, die längst vergangen, Zustände und Ereignisse von einst, verwischte Erinnerungen ... Nicht bloß, daß ich sie nur sah – handelnd und fühlend nahm ich daran teil. Von Augenblick zu Augenblick wurde ich jünger und noch kindlicher.»

Wir sind dieser Erfahrung der enormen Steigerung der Erinnerungsfähigkeit bei der Erörterung der Opiumwirkung auf den Ätherleib begegnet. Dort haben wir dargelegt, daß dieses Phänomen durch die partielle Trennung von Ätherleib und physischem Leib bedingt ist.

Doch es gibt noch eine weitere Ursache: Es ist wahrscheinlich, daß sich durch die Drogenwirkung auch das Ich teilweise aus seinem Zusammenhang mit dem autonomen Nervensystem löst; wenn dies geschieht, wird das Ich in die Lage versetzt, «in freierer Weise mit der Umgebung zu korrespondieren. Es ist dann nicht eingelagert in das Gangliensystem und kann daher jene Verbindungskanäle mit der Welt benützen, die es ihm möglich machen, im Raume und in der Zeit allerlei von ferne zu sehen, was normalerweise in das Ich, in das Gangliensystem eingebettet ist, wodurch diese Prozesse nicht wahrgenommen werden können.»[253] Große Überschau-Erlebnisse in Raum und Zeit sind dann möglich, was ja auch die Schilderungen de Quinceys bereits gezeigt haben.

Hinsichtlich des veränderten Zeiterlebens möchten wir noch einmal Rudolf Steiner zitieren, der sich über den Opiumgebrauch in Asien folgendermaßen äußert: «So ein Malaie mit seinem gewohnheitsmäßigen Opiumgenuß kommt ja auf etwas Riesiges. Er kommt auf das Ich. Und was kriegt er denn? Worauf freut sich denn dieser Malaie oder dieser Türke, wenn er gewohnheitsmäßig Opium genießt? ... Ja, er freut sich darauf, weil dann sein Gedächtnis in einer wunderbaren Weise aufwacht. Er überschaut rasch sein ganzes

Erdenleben und noch viel mehr. Auf der einen Seite ist es furchtbar, weil er es dadurch erreicht, daß er seinen Körper krank macht; auf der anderen Seite wirkt aber die Begierde, das Ich kennenzulernen, so stark in ihm, daß er gar nicht widerstehen kann.»[254] Und an anderer Stelle: «Die Türken schildern dann: Ja, wenn ich Opium genossen habe, dann bin ich im Paradiese gewesen ... Und die Malaien in Hinterindien, die möchten nun auch das alles sehen. Dadurch gewöhnen sie sich den Opiumgenuß an ... Diese Menschen ... versetzen sich durch den Opiumgenuß in den Zustand, um da etwas zu spüren von der Ewigkeit der Seele. Es ist ja furchtbar – aber sie führen immer wieder eine Krankheit in sich hinein ... Aber sehen Sie, es ist so: Wenn der Mensch etwas zu viel tut, dann ruiniert ihn das. Wenn der Mensch zu viel arbeitet, ruiniert ihn das; wenn der Mensch zu viel denkt, ruiniert ihn das. Und wenn der Mensch fortwährend ein zu starkes Gedächtnis hervorruft, dann ruiniert es seinen Körper.»[255]

In diesem Zusammenhang führt Steiner die allgemein bekannten Symptome an, die als Folge der Opiumsucht auftreten:

- die Hautfarbe wird blasser (im Gesicht)
- die Augenhöhlen fallen zunehmend ein
- Abmagern; Aufhören der normalen Darmfunktion, wodurch Verstopfungen auftreten
- das Steif- und Ungelenkwerden der Gliedmaßen; der Gang wird unbeholfen, man humpelt
- steigende Vergeßlichkeit; Abnehmen der Denkfähigkeit
- der gesamte Körper wird ruiniert, was bei vielen schließlich zum Tode (durch Gehirnschlag) führt.

All diese Erscheinungen sind, nach Rudolf Steiner, die Folge eines «zu starken Gedächtnisses». Oder, wie er es ein andermal ausdrückte: «Würde der Mensch nur das Gedächtnis entwickeln und würde alles in dem Gedächtnis bleiben, was auf ihn einen Eindruck macht, dann würde ja sein Ätherleib immer mehr zu tragen haben, würde immer reicheren Inhalt bekommen, aber er würde gleichzeitig innerlich immer mehr und mehr verdorren.»[256] Und dies hat natürlich dann auch die entsprechende, vom Ätherleib ausgehende verheerende Wirkung auf den physischen Leib.

Wir fassen zusammen: Durch die Wirkung des Opiums wird das Ich teilweise aus dem autonomen Nervensystem herausgedrängt, was dazu führt, daß der Konsument eine zu starke Erinnerung ausbildet und gleichzeitig seinen physischen Leib untergräbt.

Durch die explosive Zunahme des nicht-alltagsgebundenen Gedächtnisses während des Opiumrausches wird er zudem um so vergeßlicher, wenn die Wirkung des Giftes vorbei ist. Sein Gedächtnis ist gleichsam «ausgebrannt», unter Umständen so weitgehend, daß der Betreffende sich sogar nach geraumer Zeit nicht einmal mehr daran erinnern kann, wie er ein Bein vor das andere setzen muß ... Schließlich kann das viel zu starke Gedächtnis den bewußtseinstragenden Spiegelapparat des Gehirns gleichsam «durchbrennen» lassen, ihn zerstören – wodurch der Süchtige stirbt.[257]

Euphorie

Die Austrittsbewegung von Ätherleib, Astralleib und Ich aus dem physischen Leib geht, wie jeder Konsument weiß, mit starken Gefühlen der Beseligung und der Lust einher.[258] Hierzu Rudolf Steiner: «Denn es ist immer ein Freiwerden verbunden mit einem Aufgehen im Geistigen. Das aber ist verbunden mit einer gewissen Wollüstigkeit, mit einer richtigen Wollüstigkeit, direkt oder indirekt. Denn das Freigewordene, sei es ätherischer, astralischer Leib oder Ich, ergießt sich gewissermaßen in die geistige Welt hinein. Und dieses Ergießen ist durchaus mit inneren Beseligungsgefühlen verbunden.»[259] Als Beispiel führt er die Aufzeichnungen eines psychisch gestörten Patienten an, bei dem sich Ätherleib, Astralleib und Ich periodisch aus ihrer Verbindung mit dem physischen Leib lösten. Der Patient schrieb unter anderem: «Ich erwartete meine Anfälle mit Ungeduld ... Seligkeit ... Alles schien mir leicht; es zeigten sich keine Hindernisse, weder in der Theorie noch in der Praxis. Mein

Gedächtnis erlangte plötzlich einen seltsamen Grad der Vollkommenheit ...»[260]

Es läßt sich vorstellen, daß diese Gefühle der Euphorie noch gewaltig zunehmen, wenn Opium – in Form einer erwärmten wäßrigen Lösung, der sogenannten O(pium)-Tinktur – direkt in eine Ader gespritzt wird, so daß die Opiumsubstanz über das Blut innerhalb weniger Sekunden die inneren Organe und das Gehirn erreicht. Dabei kommt es blitzschnell zu einer partiellen Lösung von Ätherleib, Astralleib und Ich. Die Wesensglieder «schießen» aus dem physischen Leib heraus, und der damit verbundene Genuß, die Euphorie, tritt wirklich in einem intensiven Blitz der Seligkeit, als «Flash», auf. Beim Heroin ist dies in noch stärkerem Maße der Fall, wie noch zu zeigen sein wird.

Der Kater

Der Opiumkonsument erwacht aus seinem Rausch mit einem fürchterlichen Kater, Gefühlen der Übelkeit, des Schmerzes und innerer Unruhe, oft auch mit Schuldgefühlen angesichts dessen, was er getan hat. Um derartige Gefühle zu beseitigen, liegt es nahe, daß er wiederum zur Droge greift; bei Wiederholung kann dies zur Sucht führen.

Wir können uns fragen: Warum ist es so schmerzlich, wieder in den eigenen Leib zurückzukehren, genauer: mit dem Astralleib und dem Ich den physischen und den ätherischen Leib aufs neue zu durchdringen, wodurch das normale, wache Tagesbewußtsein entsteht?

Um dies zu verstehen, ist es notwendig, kurz den Prozeß zu betrachten, der sich während des Erwachens abspielt. Helmut Hessenbruch beschreibt in seinem Buch über *Wesen und Sinn des Schmerzes* diesen Vorgang folgendermaßen: «Wenn wir als Menschen morgens aufwachen, so werden wir ja deshalb wach, weil unser Geistig-Seelisches wieder in den Leib kommt und wirklich in dem Leib ‹anstößt›. Das dürfen wir uns ganz konkret so vorstellen. Das Übersinnliche ist zwar selber nicht räumlich, wenn es sich aber wieder in Kontakt mit dem räumlichen Leibe begibt und tiefer hineindringt, dann geschieht eine Art ‹Anstoß›. Das Übersinnliche, die wieder zurückkehrende Geistseele des Menschen ‹stößt an› in dem Leibe, in den sie eindringen will. Und das Erleben dieses ‹Anstoßens› ist das Wachwerden. Der konkrete Vorgang, der sich abspielt beim Aufwachen, ist der, daß das Geistig-Seelische in das Leibliche hineinkommt und jenen Widerstand empfindet, jene Verdichtung, eine Art Anstoßen erlebt. Aber in dem Eindrücken, Hineinpressen in den Leib wird – sofort nach dem ersten Widerstandleisten – dieser Leib durchlässig, und das Geistig-Seelische kann hindurchdringen.»[261]

Ist der Körper aber vom Opium vergiftet, «durcheinandergeraten», mehr oder weniger ruiniert, so kann – aufgrund der Disharmonie, die zwischen dem durch das Opium untergrabenen physischen Leib einerseits und dem zurückkehrenden Astralleib und dem Ich des Konsumenten andererseits entsteht – der Astralleib sich nicht, wie es seiner Natur entspräche, ohne Schwierigkeiten fortwährend mit dem physischen Leib verweben.

Hessenbruch weiter: «Wir entdecken, daß jeder Schmerz ein Erleben der Disharmonie ist. – Auch bei allen sonstigen Schmerzformen – wenn uns der Kopf weh tut, wenn uns der Magen schmerzt, wenn wir in den Gelenken Schmerzen haben usw. –, überall ist es das tiefere Erleben einer Disharmonie, einer irgendwie gearteten Störung des harmonisch richtigen Zustandekommens und Zusammenwirkens der Dinge und Vorgänge. Wir nennen das in der Medizin die Dysfunktion der Organe ... Wir können, wohin wir auch schauen, überall beobachten, daß der physische Schmerz immer fußt auf dem Erleben einer Zerreißung, einer Trennung, einer Störung und Zerstörung, einer Disharmonie.»[262]

Genau dies ist nun der Fall beim Opiumkater: Der Astralleib und das Ich des Betroffenen kehren zurück in einen durch die Opiumwirkung vereinnahmten physischen Leib, und der Konsument erfährt diese Disharmonie, dieses Nicht-ganz-durchdringen-Können des veränderten physischen Körpers als Schmerz.[263]

Hinzu kommt, daß Astralleib und Ich durch die Wirkung der Droge mit einer gewissen Gewalt aus physischem Leib und Ätherleib «herausgeschleudert» werden; ihre «Rückkehr», das «Anstoßen» dieser beiden Wesensglieder an den physischen Leib, wird daher um so heftiger sein. Das läßt sich mit einem Pendelschlag vergleichen: Je weiter das Pendel ausschlägt, desto stärker ist auch die Rückwärtsbewegung. Astralleib und Ich werden also beim Erwachen aus dem Rausch um so heftiger gegen den physischen Leib «anstoßen». Sie knallen gewissermaßen mit ihm zusammen und wollen ihn mit aller Macht durchdringen. Der Konsument wird die dadurch entstehende Disharmonie zwischen entfremdetem physischen Leib einerseits und Astralleib und Ich andererseits auf viel heftigere, das heißt schmerzlichere Weise erfahren. Oder, wie es Olaf Koob in seiner *Drogensprechstunde* ausdrückt: «Je weiter man aus dem Leib herausgeht, desto tiefer ‹plumpst› man wieder hinein, das heißt die Seele verbindet sich hinterher intensiver mit der Leiblichkeit, und das führt zu seelischen und körperlichen Schmerzen.»[264]

Entzugserscheinungen

Bei regelmäßiger Verwendung von Opium als Droge gewöhnt sich der menschliche Organismus bis zu einem gewissen Grade an die Opiumsubstanz, und eine Erhöhung der Dosierung bis zu einer toxischen Grenze ist notwendig, um den erwünschten Effekt zu erreichen, das heißt den Ätherleib (teilweise) sowie Astralleib und Ich (ganz oder teilweise) aus dem physischen Leib herauszulösen. Kurz, es entsteht eine sogenannte Toleranz (siehe die Ausführungen im Einleitungskapitel). Daneben treten, wenn der regelmäßige oder chronische Konsum beendet wird und dadurch die Zufuhr von Opium stagniert, die sogenannten Abstinenz- oder Entzugssymptome auf wie Magen- und Muskelkrämpfe, Schmerzen im ganzen Leib, Unruhe usw. (die sogenannte Entzugskrankheit). Diese Krankheit verschwindet wieder, sobald die Droge eingenommen wird oder nachdem man die Entzugssymptome durchgestanden hat.

Wodurch entstehen diese Entzugserscheinungen? Warum sind sie so heftig? Nach allem, was bisher dargestellt wurde, können wir dazu folgendes sagen: Durch die Wirkung des Opiums werden Ätherleib (teilweise) und Astralleib und Ich (zum Teil oder ganz) aus dem mit der Opiumsubstanz durchsetzten physischen Leib herausgelöst; dadurch entsteht der Opiumrausch. Solange die Opiumsubstanz in ausreichender Menge im physischen Leib vorhanden ist, können Ätherleib, Astralleib und Ich nicht vollständig in ihn zurückkehren – der traumartige Rausch dauert an. Sobald der Opiumspiegel (Alkaloidspiegel) in Blut und Gewebe jedoch unter ein bestimmtes Minimum abgesunken ist (durch Stoffwechselabbau, Ausscheidungsprozesse usw.), «fallen» Ätherleib, Astralleib und Ich in den physischen Leib zurück, sie «stoßen» sich kräftig an ihm, versuchen, mit aller Macht in ihn einzudringen, und der heftige, ernüchternde Schmerz ist da: die Abstinenzkrankheit.

Je mehr der physische Leib nach wiederholtem Konsum – wie es bei der Sucht ja der Fall ist – ausgehöhlt wird und sich an den Opiumstoffwechsel gewöhnt hat,[265] um so «abgeschlossener» und undurchlässiger wird er gegenüber dem Astralleib und dem Ich des Betreffenden: Die Disharmonie zwischen physischem Leib einerseits und Astralleib und Ich andererseits verstärkt sich. Infolgedessen wird sich der «Kampf» von Astralleib und Ich, den physischen Leib zu durchdringen, immer mehr steigern. Die Entzugserscheinungen werden so immer schmerzhafter. Es können unter anderem heftigste Krämpfe auftreten.

Hierzu noch einmal Helmut Hessenbruch: «Kommt das Geistig-Seelische in den Leib, kommt aber nicht hindurch, dann tritt alles das auf im umfassenden Sinne, was wir in der Medizin ‹Krämpfe› nennen – Krämpfe sind immer ein Anzeichen dafür, daß in irgendeiner Art der übersinnliche Mensch den Versuch macht, durchzukommen mit seinem Geistig-Seelischen durch das Leibliche, und nicht durchkommt ... Alle Krämpfe sind der Ausdruck, daß der gesunde normale Durchfluß des Geistigen sich nicht vollziehen kann, daß es ‹hängenbleibt›. Das ist auch das, was den Schmerz mit sich bringt.»[266]

So sehen wir, wie durch die starke Aufwärtsbewegung von Astralleib und Ich die kräftige, abwärtsgerichtete «Rückfallbewegung» dieser beiden Wesensglieder in Richtung des verformten, verdichteten, ihnen entfremdeten physischen Leibes Erscheinungen wie heftige Muskelschmerzen und schmerzhafte Krämpfe zeitigt.[267] Wir gebrauchten bereits das Bild des Pendels: Auf die aufwärtsgerichtete, das heißt die austretende, sich weitende, auflösende Bewegung von Astralleib und Ich – mit all ihren physischen Folgen wie Abfall des Blutdrucks und Verlangsamung der Atmung – folgt die abwärtsgerichtete, zusammenziehende, verdichtende Gegenbewegung, die unter anderem eine Erhöhung des Blutdrucks und eine Beschleunigung der Atmung nach sich zieht.

Zur Illustration zitieren wir zum Schluß J. H. van Epen: «Es ist auffallend, daß die Abstinenzerscheinungen im allgemeinen das genaue Gegenteil der Rauschsymptome darstellen. Ein Beispiel zur Verdeutlichung: Bei jemandem, der regelmäßig Opium, Morphium oder Heroin gebraucht, lassen sich Ruhe, verengte Pupillen, träge Darmtätigkeit (Obstipation) und Hemmung der Sexualfunktionen beobachten. Während der Abstinenzphase treten folgende Symptome auf: Unruhe, weite Pupillen, eine mit Bauchkrämpfen und Durchfall verbundene beschleunigte Darmtätigkeit sowie eine Enthemmung der sexuellen Funktionen, z. B. in Form spontaner Samenergüsse und Orgasmen, die zumeist als unangenehm erlebt werden.»[268]

So läßt sich abschließend sagen, daß das Opium über den physischen Leib eine starke Wirkung auf die anderen drei Wesensglieder (Ätherleib, Astralleib und Ich) ausübt. Das macht begreiflich, warum diese Droge eine so stark bewußtseinsverändernde Wirkung hat. Wir möchten den Leser, der an weiteren anthroposophischen Perspektiven interessiert ist, auf die Anmerkungen verweisen.[269] Dort wird einigen Phänomenen nachgegangen, die ebenfalls eng mit dem Opium zusammenhängen: der «paradiesischen Atmosphäre», die den Konsumenten umfängt, und dem paradoxen Verhältnis von Vergessen und Erinnern.

Die Wirkung von Morphin

Wir zitieren zunächst aus Berichten von Morphiumkonsumenten, aus denen die Wirkung von Morphin deutlich wird. William Burroughs beispielsweise schreibt: «Man spürt das Morphium zuerst in den hinteren Beinpartien, dann im Nacken, eine Welle der Entspannung breitet sich aus, die Muskeln erschlaffen und weichen von den Knochen zurück, so daß man das Gefühl hat, konturlos dahinzutreiben, als ob man in warmem Salzwasser läge.»[270]

Hans Fallada beschreibt die Wirkung kurz vor der Injektion: «Nur ein paar Minuten, ein ganz, ganz kleiner Augenblick, und tiefe, feierliche Ruhe wird in meine Glieder strömen ...» Und kurz danach: «Ich fühle das Prickeln in meinem Leibe und die holde, verstohlene, huschende Wärme. Tausend Gedanken sind in mir, denn mein Hirn ist stark und frei.»[271]

Oder René Stoute, nach einer Injektion direkt in die Vene: «Jeglicher Schmerz verschwand aus meinem Körper, Wärme verteilte sich sanft durch meine Adern, alle Spannungen fielen von mir ab.» Einige Momente später: «Das Morphin lag wie eine komfortable Bodenschicht unten in meinem Bauch.»[272]

Morphiumkonsum bringt also Wärme, Entspannung, Schmerzstillung und Ruhe mit sich. Im folgenden betrachten wir genauer die Wirkung dieser Droge auf die Wesensglieder des menschlichen Organismus innerhalb der drei verschiedenen Organsysteme (Stoffwechselsystem, rhythmisches System, Nerven-Sinnes-System einschließlich des Gehirns).

Das Stoffwechselsystem

Zum Stoffwechselsystem zählen wir auch die Gliedmaßen, da die Muskeln vor allem des Bewegungsapparates an den Stoffwechsel- und Verbrennungsprozessen des menschlichen Körpers ganz wesentlich beteiligt sind.[273] In den Muskeln findet durch Morphin eine Entspannung statt, das heißt, der Astralleib, der immerzu für

Spannung, Wachheit, Aktivität und Bewegung sorgt, zieht sich aus ihnen zurück. Die Muskeln fallen dadurch gewissermaßen «in Schlaf», und der Betroffene erlebt dies als einen warmen Strom, eine Welle der Entspannung, die seine Muskeln und Glieder durchzieht. Aus dieser Wärmewelle läßt sich schließen, daß sich die Ätherkräfte, und unter ihnen insbesondere die des Wärmeäthers, teilweise aus den Prozessen des Wärmestoffwechsels lösen – dies vor allem im Bauchraum und dessen Zentrum, der Leber; infolgedessen empfindet der Konsument zwar innerlich Wärme, kühlt aber äußerlich-physisch ab. Van Epen stellt in diesem Zusammenhang fest, daß Morphium- und Heroinkonsumenten eine etwas niedrigere Körpertemperatur haben.[274]

Dies ließe sich allerdings auch so betrachten, daß durch die Wirkung des Morphins auch im Herz- und Blutkreislaufsystem, dem eigentlichen «Wärmeorganismus» des Menschen, sich Wärmeätherkräfte lösen, wodurch der Betroffene eine wohltuende ätherische Wärmewirkung erfährt.

In bezug auf das Stoffwechselsystem bewirken Morphin und Heroin außerdem:[275]

- eine Schwächung der Darmbewegung (Peristaltik), was zu Verstopfungen führt
- eine Hemmung der Sexualfunktionen, vermindertes Interesse an Sexuellem, bei Männern oft Impotenz, bei Frauen Aussetzen der Menstruation
- eine verminderte Urinproduktion
- ein Absinken bestimmter Hormonspiegel im Körper, unter anderem der Corticosteroide bzw. Nebennierenhormone.

Wir können aus diesen Phänomenen erkennen, daß der Astralleib sich in hohem Maße aus den erwähnten Organen zurückzieht. Sie verlieren ihre Spannung, ihre Aktivität, ihre Beweglichkeit – die physische Grundlage des Willens wird mehr oder weniger außer Kraft gesetzt. Aber so ohne weiteres vollzieht sich dies nicht. Es zeigt sich zum Beispiel, daß in der (unwillkürlichen) glatten Muskulatur des Magenausgangs, der Gallenblase, der Gallenwege und des Schließmuskels der Blase Krampfzustände auftreten, die durch die Versuche des Astralleibs hervorgerufen werden, diese Bereiche dennoch zu durchdringen.[276] Aber trotz allem überwiegt doch die Ekstase und die Ruhe: «Das Leben ist schön. Es ist so sanft, ein glücklicher Strom wallt durch meine Glieder dahin, in ihm bewegen sich alle kleinen Nerven zart und sacht wie Wasserpflanzen in einem klaren See. Ich habe Rosenblätter gesehen» (Hans Fallada nach einer Morphin-Injektion).[277]

Das rhythmische System

Auch im rhythmischen System löst das Morphin den Astralleib ganz oder teilweise aus seiner Verbindung mit dem physischen Leib und dem Ätherleib. Morphin und Heroin bewirken eine Verlangsamung der Atmung und eine Hemmung der Herztätigkeit.[278] Ein solcher Zustand verminderter Aktivität ist charakteristisch für die Funktionsweise dieser Organe während des Schlafes, wenn sich der Astralleib aus der normalen Verbindung mit dem physischen Leib und dem Ätherleib, wie sie während des Wachseins besteht, gelöst hat. Auch Hustenreiz wird gedämpft.

Bei einer schweren Vergiftung wird auch der Ätherleib aus seiner Verbindung mit dem physischen Leib gelöst; dies kann zum Tode führen: «Man kann wahrnehmen, daß bei einer Überdosis Morphin oder Heroin eine extrem langsame Atmung eintritt ... Atemstillstand durch Überdosis führt zum Tode, wenn nicht rasch eingegriffen wird, z. B. durch künstliche Beatmung oder Gabe eines Gegenmittels, eines sogenannten Antagonisten.»[279]

Das Nerven-Sinnes-System

Wie bereits bei der Beschreibung der Opiumwirkung dargestellt, ziehen Morphin und Heroin den Astralleib aus demjenigen Teil des Nervensystems und des Gehirns heraus, der unter anderem für die Leitung der Schmerzreize sorgt (siehe S. 180). Dazu van Epen:

«Morphin und Heroin haben den Effekt, daß sie die Funktion des zentralen Nervensystems (ZNS), unter anderem des Gehirns, beeinträchtigen ...»[280] Darum gerade sind ja Morphin und Heroin auch solche unerreichten schmerzstillenden Mittel, wobei die Wirkungsdauer von Morphin, wie erwähnt, länger ist als die des Heroins.

Zusammenfassend kann gesagt werden, daß Morphium den Konsumenten wirklich betäubt; es versetzt ihn in eine mehr oder weniger «pflanzenartige» Daseinsform, indem es den Astralleib ganz oder teilweise aus den drei Organsystemen herauszieht. Dadurch gerät der Betreffende in einen seligen, warmen, sanften, hellen, träumenden bis schlafenden Bewußtseinszustand. «Morphium ist eine stille, sanfte Freude, weiß und blumig. Es macht seine Jünger glücklich» – mit diesen Worten besingt der morphinabhängige Hans Fallada seine Droge.[281] Und René Stoute beschreibt die Wirkung der Droge so: «Morphiumgesättigt fiel ich auf einem Stuhl in Schlaf. Der Zeit entrinnend (Illusion, Illusion ...), verschwammen Konturen, verdampften bedrückende Gedanken, hörten Sünden auf zu existieren, gab es kein Karma mehr, nagte kein Schmerz mehr, fehlte die Langeweile, und mein Bewußtsein wurde zu einem gewichtslosen Nichts herabgelähmt. Meine Augenlider wurden schwer und fielen zu. Der Schlaf ist da, wo kein Eindringling hingelangen kann, der Schlaf tanzt auf sanften Pantoffeln und in warmen Farben. Der Schlaf fällt kein Urteil, er macht vergessen. Du brauchst nichts mehr zu tun, nichts mehr zu wollen, brauchst keine Gedanken, Gefühle, nichts mehr ... gar nichts. Das alles kann Morphin dir bringen.»[282]

Keine Sorgen, keine Sünden, kein Karma, kein Urteil, keine Erinnerung, keine Gedanken, keine Gefühle, kein Wille – kein Ich!

Auf den Schwingen des Wärmeäthers, der aus dem die drei Organsysteme durchdringenden Bereich des Blutkreislaufs frei wird,[283] steigt das Ich aus Körper und Seele auf, um sich in eine paradiesische Welt des Alleinseins mit sich selbst zu verflüchtigen. Auch hierzu finden wir eindrucksvolle Schilderungen von Morphiumkonsumenten: «Ich bin allein auf der Welt. Ich habe keine Verpflichtungen, alles ist eitel, nur der Genuß, der gilt ... Ich bin überall, ich bin alles, ich allein bin Welt und Gott. Ich schaffe und vergesse, und alles vergeht ...» (Hans Fallada).[284] René Stoute beschreibt die Morphinisten folgendermaßen: «Die puren Morphinisten und Heroinisten legten Wert auf einen konstanten Betäubungszustand und lange Schlafzeiten. Sie waren nur wach, um so schnell wie möglich wieder den Schlaf zu suchen. Man lebte nebeneinander her, tat zwar Dinge zusammen, blieb aber doch für sich. Allein.»[285] Allein mit dem geliebten Morphin.

«Auch an dich denke ich, mein süßes Mädchen, das ich längst verlor. Meine einzige Geliebte ist jetzt das Morphium. Sie ist böse, sie quält mich unermeßlich, aber sie belohnt mich weit über jedes Begreifen hinaus. Diese Geliebte ist wahrhaft in mir. Sie erfüllt meinen Sinn mit einem hellen, klaren Licht, in seinem Schein erkenne ich, daß alles eitel ist und daß ich nur lebe, diese Verzückungen zu genießen ... Dringe tiefer in mich, meine Freundin, verzücke mich wilder noch ... Und ich bin selig und weiß, daß ich allein bin mit ihr, und daß nichts sonst gilt ... Entmutigt und verzweifelt lehne ich mich zurück. Und da spüre ich plötzlich: Die Wirkung des Morphiums ist vorbei! Mein Körper zittert schon wieder. Und verlassen von meiner Geliebten, habe ich natürlich nicht einmal ein Rezept fertiggebracht ...» (Hans Fallada).[286]

Die Wirkung von Heroin

Dieser Zustand der außergewöhnlichen Isolation verstärkt sich noch beim Heroin. Der Konsument gerät in einen eigenen, warmen Kosmos, in dem er allein ist mit sich selbst. Das Ich hat die Verbindungen zu dem eigenen Körper, der Seele und den Mitmenschen fast ganz verloren. Ängste, Sorgen und Schmerzen dringen nicht mehr zu ihm durch. Man ist «dicht» für sich selbst und gegenüber der Welt. Treffend bringt die 19jährige Jenny G. die Isolation in einem Gedicht zum Ausdruck:

«Liebes kleines Schwesterchen,
du Prinzessin auf der Erbse,
kostbarste Königin,
ich liebe dich,
und nur dich –
du machst mich unabhängig,
du machst mich schmerzunempfindlich
– was sollen die Menschen mir noch?
...
In meinen Adern blüht dein Feuer auf,
durchglüht meine Eingeweide
ohne sie zu verbrennen,
entspannt meine verklemmte Seele,
befriedigt die Sehnsüchte meines Herzens.
Auf deinen Schwingen
gleite ich in die Abgründe meines Geistes, seines Geistes hinein,
im Hintergrund Musik ...»[287]

Die freigewordenen Wärmeätherkräfte durchdringen und umhüllen das Innere des Konsumenten. Innerhalb der nach außen hin kalten, geschlossenen Hülle ist es schön warm.

Doch Heroin bewirkt noch mehr: Auf den Schwingen des Wärmeäthers fliegt das Ich der betreffenden Person in den freien Teil des Ätherleibs hinaus, in jenen Teil, der die Kopfregion, allgemein ausgedrückt, umhüllt und für die Denkprozesse verfügbar ist. Der Betreffende wird ganz «Kopf». Gegenüber den aus Körper und Seele kommenden alltäglichen Schmerzen, Ängsten und Sorgen ist er betäubt und «dicht», da sein Astralleib teilweise ausgetreten ist. Sein Bewußtsein hat sich gewissermaßen zurückgezogen in die Spitze des Leuchtturms. Hier einige Zitate, die dies belegen:

- «Mein Kopf ist wie von meinem übrigen Körper abgeschnitten, ich bin ganz in der Gegenwart.»[288]
- «Heroin macht dich kühl und berechnend, es schirmt dich ab gegen Angst.»[289]
- «Ich fühlte mich über mich gehoben, weit über mir selbst und allen Dingen stehend, ich war cool. In gewissem Sinn ganz klein unter mir, wie ein Wanderer, aus dem Flugzeug gesehen, war da mein Ich, mein körperliches Ich, und es war mir in dem Moment eigentlich ziemlich egal, ob dieses andere Ich auf die Nase fallen würde oder nicht.»
- Koob (1989): «Der Mensch wird ganz ‹Kopf› durch diese Substanz ... eisig im Bewußtsein, erstarrt und angepaßt nach außen hin. So trennt das Heroin das Seelische vom Intellekt und besitzt dadurch eine Eigenschaft, die der Hauptgrund dafür ist, daß es auch heute noch von den jungen Menschen fast ausschließlich genommen wird: es vertreibt alle Ängste. Anpassung durch Entängstigung – kann es heute eine bessere und entscheidendere Verlockung geben?»[290]

Wir fassen zusammen:
- Heroin hebt den Ätherleib teilweise aus dem physischen Leib heraus. Dadurch werden auch (neben den Ätherkräften aus der Lunge, siehe den Abschnitt über Morphin) Wärmeätherkräfte frei.
- Heroin drängt den Astralleib teilweise oder ganz aus dem physischen Leib und dem Ätherleib. Hieraus resultiert die betäubende, schmerzstillende und beruhigende Wirkung.
- Heroin löst das Ich (unter anderem auf den Flügeln des Wärmeäthers) aus seiner Verbindung mit den anderen Wesensgliedern.
- Heroin läßt allerdings noch eine Verbindung zwischen dem Ich und dem freien Teil des Ätherleibs intakt, so daß das – lokal von Körper und Seele isolierte – Ich nur noch auf kalte, distanzierte, instrumentelle (d.h. von Seelenwärme und Herzenskräften verlassene) Weise weiterdenken kann, bis es von dem möglicher-

weise sich ganz herauslösenden Astralleib in die Welt der Bewußtlosigkeit, des Schlafes, mitgenommen wird.

Man kann sich denken, daß die Euphorie, die mit diesen Exkarnationsprozessen einhergeht, sehr stark ist, vor allem dann, wenn Heroin direkt in die Blutbahn gespritzt wird und so innerhalb einiger Sekunden die inneren Organe und das Gehirn erreicht. Auch hierzu einige Zitate:

- «Der Flash kam wie eine Flutwelle, die gegen den Deich anbrandet. Eine behagliche Wärme durchglühte seinen Körper.»[291]
- «Dieses Nirwana-Gefühl ist beim Heroin-Spritzer nochmals gesteigert. Für den Drogenhungrigen gibt es nichts Sehnlicheres als den erlösenden Flash (Blitz), wenn das Heroin in den Kreislauf und anschließend ins Gehirn eintritt und schlagartig die wirklich höllischen Entzugsschmerzen löscht.»[292]
- «Ein Unterschied zum Morphin besteht darin, daß Heroin viel rascher im Gehirn ankommt, weil es die Hirnhaut leichter passiert und daher einen stärkeren Flash gibt als Morphin.»[293]

Doch der Preis ist hoch: Zum einen tritt die Euphorie als Anreiz mehr und mehr in den Hintergrund; an ihrer Stelle macht sich die Angst vor den zu erwartenden Entzugserscheinungen breit. «Und die Zeit ist der große Spielverderber. Die Zeit ist der Wächter an der Schwelle. Die Zeit ruft zur Verantwortung», schreibt der süchtige Autor Arie Visser.[294] Van Ree drückt dies so aus: «Der Süchtige bekommt durch seinen Blut-Opiat-Spiegel einen Vier- bis Sechs-Stunden-Rhythmus aufgezwungen. Er fühlt sich nie normal, er ist entweder ‹stoned› oder ‹krank›. Auf die Dauer werden die normalen Lebensrhythmen (Schlafen – Wachen, Hunger – Sättigung, Arbeiten – Ausruhen, sexuelle Bedürfnisse – Befriedigung usw.) völlig in den Hintergrund gedrängt. Süchtige halten sich denn auch nie an ‹unsere› Zeit, sie gehen nach ‹Junkzeit›.»[295]

Zum anderen wird die körperliche und seelische Verfassung des Süchtigen auf die Dauer immer schlechter. Zu den bereits beim Morphin beschriebenen physischen Wirkungen des Heroinkonsums können noch einige weitere hinzukommen: eine graue Gesichtsfarbe, Störungen an Lunge, Leber und Blut (Veränderungen bei der Anzahl der Lymphozyten), Anfälle von Angina pectoris, Magen-Darm-Störungen, Hautausschlag, Schweißausbrüche beim geringsten Anlaß, Nervenschwäche, Zahnausfall, Störungen der Sexualorgane sowie ein erniedrigter Testosteronspiegel im Blut, Potenzabnahme bei Männern und Menstruationsstörungen bei Frauen.

Außerdem geht dieser körperliche Verfall mit einer seelischen Rückentwicklung einher. Im *Handbuch der Rauschdrogen* lesen wir: «Anfangs bleibt zwar die Verstandestätigkeit, trotz durch den Rausch gestörter Wahrnehmungsfähigkeit, in erstaunlichem Ausmaß intakt. Intellektuelle können trotz jahrelangem Mißbrauch von Opiaten noch bedeutende wissenschaftliche und künstlerische Leistungen vollbringen. Aber die fortlaufende Untergrabung der Konzentrationskraft, Gedächtnisstörungen und schließlich psychotische Zustandsbilder greifen auch in diesem Bereich nach einiger Zeit so massiv ein, daß eine sekundäre ‹Verdummung› häufig unvermeidlich ist.»[296]

Wir sehen also, daß durch den Heroinkonsum eine allgemeine Verschlechterung der körperlichen und seelischen Verfassung des Abhängigen eintritt. Viele Süchtige realisieren dies auch, doch sie betäuben dieses Gefühl durch erneuten Heroinkonsum. Obendrein hält die Angst vor der Entzugskrankheit und vor Leere und Depressivität viele von ihnen davon ab, den Konsum einzustellen.

Wie werden die Entzugserscheinungen von einem Heroinsüchtigen eigentlich erlebt? William S. Burroughs beschreibt, wie er sich beim «Abkicken» in einer Polizeizelle fühlte: «Ich lag auf der schmalen Holzbank und warf mich von einer Seite auf die andere. Mein Körper war eine aufgedunsene, wunde Masse, das im Opiat eingefrorene zuckende Fleisch in qualvollem Auftauen. Ich legte mich auf den Bauch, und ein Bein glitt von der Bank herunter. Ich rutschte vorwärts, und die abgerundete, von vielen Kleiderstoffen glattpolierte Kante der Bank glitt zwischen meinen Beinen entlang.

Die glatte Berührung ließ das Blut plötzlich in die Genitalien schießen. Funken explodierten vor meinen Augen, meine Beine zuckten – der Orgasmus eines gehängten Mannes, wenn das Genick bricht ... Durch den Verlust an Körperflüssigkeit war mein Blut dick und konzentriert. Während der achtundvierzig Stunden ohne Opiat hatte ich zehn Pfund abgenommen. Der Arzt brauchte zwanzig Minuten, um mir ein Röhrchen voll Blut für eine Blutuntersuchung abzunehmen, weil es immer wieder in der Nadel gerann ... Der dritte Tag und die Nacht der Suchtkrankheit sind im allgemeinen am schlimmsten. Nach dem dritten Tag werden die Abstinenzerscheinungen allmählich schwächer. Ich spürte ein kaltes Brennen auf der ganzen Körperoberfläche, als ob sie ein ruheloser Insektenstaat sei und Ameisen unter der Haut umherkröchen. Man kann sich von den meisten Schmerzen distanzieren – Zahn-, Augen- und Genitalwunden verursachen besondere Schwierigkeiten –, so daß der Schmerz als neutrale Reizung erfahren wird. Vor der Suchtkrankheit scheint es keine Flucht zu geben. Suchtkrankheit ist die Kehrseite der Euphorie. Der Reiz des Opiats liegt darin, daß man es unbedingt braucht. Süchtige leben nach der Opiat-Zeit und dem Opiat-Metabolismus. Sie hängen vom Opiat-Klima ab. Opiat spendet ihnen Wärme und läßt sie frieren. Der Reiz des Opiats liegt im Leben unter seinen Bedingungen. Man kann der Suchtkrankheit genausowenig entfliehen wie der Euphorie nach einer Spritze.»[297]

Die verschiedenen Entzugserscheinungen, wie sie bei Heroinsüchtigen auftreten können, faßt J. H. van Epen übersichtlich zusammen: «Bei Opiaten mit einer kurzen Halbwertszeit wie Morphin und Heroin treten die ersten Entzugssymptome bereits innerhalb einiger Stunden nach der letzten Gabe auf. Sie erreichen am zweiten oder dritten Tag ein Maximum und nehmen im Lauf des vierten bis sechsten Tages langsam wieder an Intensität ab. Bei einem Opiat mit einer höheren Halbwertszeit, dem Methadon, entstehen die Symptome erst einen Tag nach dem Absetzen. Sie sind nach fünf bis sieben Tagen am heftigsten und nehmen danach allmählich während eines Zeitraums von ein bis drei Wochen ab. Die Entzugssymptome können sehr ernst bis fast nicht vorhanden sein. In seltenen Fällen können sie lebensbedrohliche Formen annehmen.

Eine ganze Reihe von Faktoren haben auf die Art und Intensität der Entzugserscheinungen einen Einfluß. Wir nennen hier zum Beispiel die Schwere und die Dauer der vorangegangenen Sucht. Bei Menschen, die erst kurz Opiate konsumieren, begegnet man in der Regel milden Entzugssyndromen. Der Konsum großer bis sehr großer Mengen führt zu ernsteren Symptomen. Außerdem ist die allgemeine körperliche Verfassung des Patienten von großer Bedeutung.

Die Entzugssyndrome sind im allgemeinen ausgeprägter bei Menschen, die körperlich krank sind, sowie bei Patienten mit schlechter allgemeiner Verfassung. Von Einfluß ist ferner die seelische Konstitution des Patienten: Manche schreien Zeter und Mordio, während objektiv nicht so viel von ihrer Entzugskrankheit zu sehen ist. Andere ertragen relativ gelassen ziemlich starke Entzugserscheinungen.

Die Symptome des Opiat-Entzugssyndroms sind: ein ängstliches, unruhiges, etwas eingefallenes Gesicht, das sich klamm und kalt anfühlt, große Augen mit weiten Pupillen, eine laufende Nase, manchmal Schluckauf, des öfteren ständiges Gähnen, abwechselnd Wärme- und Kältegefühle, Bauchkrämpfe mit starken Blähungen und Durchfall, manchmal auch Erbrechen; Muskelschmerzen und Krämpfe in Rücken und Beinen; Gänsehaut, zu Berge stehende Haare, verstärkte Darmbewegungen, leichter Anstieg von Pulsfrequenz, Blutdruck und Körpertemperatur. Bei all dem meistens ein unstillbares Verlangen, wieder ein Opiat zu sich zu nehmen.»[298]

An diesen Erscheinungen läßt sich ablesen, daß vor allem der Astralleib und das Ich des Betroffenen versuchen, den von ihnen verlassenen, an einen Opiatstoffwechsel gewöhnten und durch das Heroin ihnen entfremdeten Körper wieder zu beziehen. Puls, Blutdruck und Körpertemperatur steigen daher an, die Stoffwechselorgane kommen wieder in Bewegung, der ehemalige Konsument wird wieder wach – und zwar gehörig! Da Astralleib und Ich sich während der Zeit des Heroinkonsums stark exkarniert haben, «stürzen» sie jetzt mit gewaltiger Wucht in den physischen Leib hinein und machen diesen in gewisser Weise «überbewußt», überwach (vergrößerte Pupillen und Haare, die zu Berge stehen, sind die Folge). Sie «pressen» ihn gleichsam aus: Die Nase läuft, die Augen tränen, es kommt zu einem starken Feuchtigkeitsverlust. Aber der physische Leib bietet Widerstand. Er hat, vor allem nach längerem Konsum, seine Transparenz für Astralleib und Ich verloren. Er hat sich verdichtet, verhärtet, ist kalt geworden (Burroughs: «das im Opiat eingefrorene, zuckende Fleisch in qualvollem Auftauen»). Dadurch prallen Astralleib und Ich immer wieder ab, sie federn zurück, mit der Folge, daß der Blutdruck abnimmt und die Körpertemperatur sinkt. Der «abkickende» Konsument kommt in einen gewissen Entspannungszustand, ein unwiderstehlicher Gähndrang befällt ihn.

Doch dann drängen Astralleib und Ich erneut mit großer Wucht heran. Diese Überaktivität des Astralleibs führt wiederum zu starkem Schmerz, der mit Krämpfen einhergeht. Das heißt, die Disharmonie zwischen dem verdichteten, veränderten physischen Körper und den beiden höheren Wesensgliedern ist so stark geworden, daß deren wiederholte Versuche, in ihn einzudringen, zu nichts anderem mehr führen können als eben zu starken Schmerzen und Krämpfen.

Und so geht es immer weiter, auf und ab, tage- und nächtelang – häufig gepaart mit Ängsten und Anfällen von Depressivität –, bis Astralleib und Ich wieder einigermaßen in Harmonie mit dem physischen Leib sind und ihn hinlänglich durchdrungen haben. Aber es bleibt eine langandauernde labile Situation. Der Exkonsument ist instabil, überempfindlich, überemotional, reizbar, schnell müde; er fühlt sich leer und depressiv. Van Epen spricht in diesem Zusammenhang sogar von einem «Post-Detoxifikationssyndrom», das viele Monate andauern kann.[299]

Wir müssen an dieser Stelle anmerken, daß auch die Umgebung beim «Abkickprozeß» eine wichtige Rolle spielt; sie hat einen Einfluß auf die Heftigkeit der Entzugskrankheit. Denn der Astralleib und das Ich des Betroffenen sind in die astrale und moralische Qualität (Farben, Formen, Atmosphäre usw.) der Umgebung eingetaucht, und auch die Qualität von Astralleib und Ich derjenigen Menschen, die um ihn sind, ist von Einfluß auf die Schwere der Krankheit. Ein «Abkicken» in einer kalten, gleichgültigen, vielleicht sogar feindlichen Umgebung (z. B. einer Zelle im Polizeirevier) wird darum in den meisten Fällen weitaus schmerzhafter sein als in einer menschlich warmen, aufmerksamen, hilfsbereiten und engagierten Umgebung.

So schildert Roorda, daß «das Abkicken viel schlimmer war, als diese Suchtprobleme noch neu und unbekannt waren. Das kam daher, weil jeder Angst davor hatte – nicht nur die Patienten, sondern auch die betreuenden Instanzen und sonstiges Personal von Pflegeeinrichtungen. Man machte sich gegenseitig Angst. Und durch diese Angst wurden alle Symptome viel stärker gespürt.»[300] Auch dies zeigt, wie wichtig die Umgebung während des «Abkickprozesses» ist.

Wir möchten unsere Darstellung der Heroinwirkungen hier abschließen. Es muß aber noch erwähnt werden, daß der Heroinkonsum unter den heutigen Bedingungen – Heroin als illegale Droge mit allen damit verbundenen Folgen (Verwendung schmutziger Nadeln, Prostitution zur Geldbeschaffung, schlechte Qualität des Stoffes usw.) – große Gefahren für das Leben der Süchtigen mit sich bringt. So ergab eine Studie im ehemaligen West-Berlin, daß die Zahl der Todesfälle unter den männlichen Heroinsüchtigen im Vergleich zu ihren nichtsüchtigen Altersgenossen zwölfmal so hoch war. Bei Frauen war sie sogar neunundzwanzigmal so hoch![301] Gleichzeitig belegten ausländische Folgeuntersuchungen: Man kann davon ausgehen, daß von einer ursprünglichen Konsumentengruppe nach gut zehn Jahren mindestens 15 Prozent verstorben sind. Fünfzehn Jahre nach Beginn des Konsums hatten übrigens nur 35 Prozent der Gruppe mit dem Konsum aufgehört.[302]

Methadon

Zur Abrundung des Kapitels über die Opiate soll noch kurz die synthetische Ersatzdroge *Methadon* behandelt werden.

Methadon (Polamidon, Symoron) ist ein rein synthetisches Opiat. Es wurde zum erstenmal 1940 in Deutschland hergestellt, ohne daß irgendein natürlicher Grundstoff dabei verwendet wurde. Methadon wird heute vor allem als Ersatzmittel für Heroin verwendet, weil es nur einmal in 24 Stunden eingenommen zu werden braucht, Heroin dagegen vier- bis sechsmal. Dadurch kann der Süchtige zu einem wesentlich normaleren Tag-/Nacht-Rhythmus kommen, allein schon deswegen, weil er sich nicht den ganzen Tag um die Beschaffung von Heroin kümmern muß. Außerdem bietet Methadon den Vorteil, daß es durch den Mund eingenommen werden kann, entweder in Form von Tabletten oder als dicker, klebriger Zuckersirup, der sich so gut wie nicht spritzen läßt. Dadurch entfallen die Gefahren der intravenösen Injektion (Blutvergiftung, Venenentzündung, Abszese, Leberentzündung, AIDS-Infektion usw.).

Zunächst war man der Meinung, man habe mit dem Methadon ein Wundermittel gefunden, das nicht abhängig macht, während es zugleich annähernd die Wirkung von Heroin hat. Doch die Erwartungen erfüllten sich nicht. Es zeigte sich, daß auch Methadon körperlich abhängig macht und daß sich zudem die Entwöhnungsphase als viel schwieriger und langwieriger als bei Heroin erweist, wenn man das Mittel auf einen Schlag absetzt.

Was die *Wirkung* betrifft, so erzeugt Methadon, genau wie die Opiate, ein starkes Gefühl des Wohlbehagens. Auch körperlich wirkt es vielfach wie Morphin und Heroin (das macht sich insbesondere in hartnäckiger Verstopfung, starkem Schwitzen und, vor allem bei hohen Dosen, starkem Jucken bemerkbar). Die Wirkung von Methadon, die Art des Katers und der Entzugserscheinungen müssen wir hier daher nicht näher beschreiben; wir verweisen auf die entsprechenden Abschnitte bei der Darstellung der Opiate, insbesondere des Morphins und des Heroins.

Dennoch nehmen Methadonsüchtige zusätzlich Heroin, weil sie weiter nach der viel intensiveren Euphorie des intravenösen Flashs verlangen. So hat sich auch die Erwartung, daß die tägliche Gabe von Methadon (auf der sogenannten Unterhaltsbasis) den kriminellen Aktivitäten von Ex-Süchtigen ein Ende machen würde, in der Praxis oft nicht erfüllt. Die Kriminalität (Diebstahl, Raubüberfälle usw.) nahm um kaum zehn Prozent ab.[303]

Methadon wird heute auf zwei verschiedene Arten eingesetzt: einerseits in Form von Reduktionskuren für langsam «abkickende» Heroinsüchtige, wobei der Betreffende eine Anfangsdosis Methadon erhält, die im Laufe einiger Wochen bis Monate bis auf Null reduziert wird, andererseits als Unterhaltsdosis; hier wird dem Methadonabhängigen während mehrerer Jahre dieselbe tägliche Dosis des Mittels verabreicht.

7. ALKOHOL

Alkohol ist die meistverwendete Rauschdroge der Welt. 1950 wurde die Zahl der Alkoholkonsumenten in einer Studie der Vereinten Nationen auf etwa eine Milliarde geschätzt, die Zahl der Alkoholsüchtigen auf 20 Millionen. Zum Vergleich: Die Zahl der Marihuana- bzw. Haschischkonsumenten wurde damals auf 200 Millionen Menschen geschätzt.[304] Seitdem ist der Alkoholkonsum stark angestiegen. In Deutschland hat sich z.B. die Zahl der Alkoholabhängigen zwischen 1950 und 1988 verzwölffacht.[305] Und in den Niederlanden beispielsweise erhöhte sich die Zahl der Menschen, die mindestens acht Gläser Alkohol pro Tag trinken (man geht von etwa 8 g hundertprozentigem Alk ohol pro Glas aus), von 124.000 im Jahre 1960 auf ca. 760.000 im Jahr 1979; sie hat sich in dieser Zeit also ungefähr versechsfacht. Danach trat ein leichter Rückgang ein (auf ca. 664.000 im Jahr 1990). Von diesen 664.000 Menschen tranken etwa 186.000 durchschnittlich mehr als sechzehn Gläser Alkohol pro Tag![306] (Siehe auch Fig. 2 auf Seite 34.)

Einige weitere Zahlen:

- 1950 wurden in Deutschland pro Einwohner 3,27 Liter Reinalkohol getrunken; 1979 waren es 12,74 Liter, im Jahr 2001 10,4 Liter (siehe Tabelle 1, S. 33).
- 56 Prozent aller Kinder zwischen zwölf und dreizehn Jahren haben schon Alkohol getrunken,[307] und ab dem sechzehnten Jahr ist das Konsummuster dasselbe wie bei Erwachsenen. Auch immer mehr Frauen werden zu Trinkern. Das Verhältnis von männlichen zu weiblichen Alkoholikern lag noch vor vierzig Jahren bei 20:1; heute ist es 3:1!

- In psychiatrischen Kliniken werden in Deutschland gegenwärtig bis zu 30 Prozent der männlichen Insassen als Alkoholkranke diagnostiziert, in Inneren Kliniken zwischen 11 und 15 Prozent, in chirurgischen Kliniken zwischen 7 und 12 Prozent der Patienten.[308]
- Etwa 42.000 Menschen sterben in Deutschland jährlich durch Alkoholmißbrauch (zum Vergleich: Im selben Zeitraum sind etwa 1.800 Rauschgifttote zu beklagen); die Zahl der durch Alkoholeinfluß verursachten Unfälle im Straßenverkehr mit Personenschaden lag 2001 bei 25.690 (909 Tote).[309]
- Die Steuereinkünfte durch alkoholische Getränke betrugen 2001 in Deutschland 3,428 Milliarden Euro (davon 2,143 Milliarden Branntweinsteuer).[310]
- Um 1975 wurden in den Niederlanden 25 Prozent aller Verbrechen unter Alkoholeinfluß begangen. Dabei handelte es sich vor allem um Aggressionsdelikte.[311]
- In Ländern wie Kanada und den Vereinigten Staaten, wo die Untersuchung und Registrierung von Alkoholeinfluß bei tödlichen Verkehrsunfällen gesetzlich vorgeschrieben sind, zeigte sich bei 40 bis 50 Prozent der Verkehrstoten ein Blutalkoholspiegel von mehr als 0,8 Promille.[312]
- Die Kosten alkoholbezogener Krankheiten (ohne Kriminalität) werden auf jährlich ca. 20,6 Milliarden Euro geschätzt. Der größte Teil des volkswirtschaftlichen Schadens bezieht sich auf die alkoholbezogene Mortalität (ca. 7 Milliarden Euro).[313]

So läßt sich zusammenfassend sagen: Alkohol ist eine gefährliche Droge. Wie konnte es so weit kommen, daß sie dennoch die meistverwendete harte Droge der Welt geworden ist?

Hier ein kurzer Blick auf die Geschichte des Alkohols.

Die Geschichte des Alkohols

Wie bereits in Kapitel 2 dargestellt, begegnen wir dem Alkohol in Form von Wein bereits im Alten Testament, als Noah einen Weinberg anpflanzte und «trunken ward vom Wein» (Genesis 9,20 und 21); und in Genesis 14,18 heißt es: «Melchisedek brachte Brot und Wein hervor. Und er war ein Priester des allerhöchsten Gottes.»

Wein ist das älteste alkoholische Getränk der Welt. Zusammen mit dem Getreide und dem Flachs, aus dem Linnen hergestellt wurde, gehört die Weinrebe zu den ältesten Kulturgewächsen der Menschheit. In der alten sumerisch-babylonisch-ägyptischen Kultur ab ca. 3000 v. Chr. war der Wein bekannt. In Ägypten sind Darstellungen aus der Zeit um 2400 v. Chr. gefunden worden, die Traubenanbau und -ernte und Weinzubereitung zeigen. Im 18. Jahrhundert v.Chr. verkündigte König Hammurabi von Babylon das erste Gesetz zur Reglementierung des Alkoholgebrauchs. Einige Jahrhunderte später kannte man auch das Bier. Man nimmt an, daß die Sumerer diesen Trank als erste zu brauen verstanden. Von dort aus erreichte das Bier auch Ägypten.

Doch das vorherrschende alkoholische Getränk des Altertums war der Wein. Er wurde von Anfang an dazu verwendet, den Menschen – vor allem in der griechischen Kulturperiode ab etwa 700 v. Chr. – bei der Erlangung eines neuen Bewußtseinsstadiums zu helfen. Dies geschah vor allem im Dionysoskult.

Rudolf Steiner schildert die Bedeutung dieses Kultus folgendermaßen: «Sie wissen alle, wie der Dionysoskult in Zusammenhang gebracht wird mit dem Wein ... Alkohol hatte nämlich eine Mission im Laufe der Menschheitsentwickelung; er hatte – so sonderbar das erscheint – die Aufgabe, sozusagen den menschlichen Leib so zu präparieren, daß dieser abgeschnitten wurde von dem Zusammenhang mit dem Göttlichen, damit das persönliche ‹Ich-bin› herauskommen konnte. Der Alkohol hat nämlich die Wirkung, daß er den Menschen abschneidet von dem Zusammenhang mit der geistigen Welt, in der der Mensch früher war. Diese Wirkung hat der Alkohol auch noch heute. Der Alkohol ist nicht umsonst in der Menschheit gewesen. Man wird in einer zukünftigen Menschheit im vollsten Sinne des Wortes sagen können, daß der Alkohol die Aufgabe hatte, den Menschen so weit in die Materie herunterzuziehen, damit der Mensch egoistisch wurde, und daß der Alkohol ihn dahin brachte, das Ich für sich zu beanspruchen und es nicht mehr in den Dienst des ganzen Volkes zu stellen ... Er hat den Menschen die Fähigkeit genommen, in höheren Welten sich mit einem Ganzen eins zu fühlen.»[314]

Ganz entgegengesetzt ist dies also zur Wirkung von Haschisch und Opium. Alkohol führte den Menschen nicht nach «oben», in die geistige Welt, sondern nach unten, ins Irdische hinein; er zerschnitt die Bande, die ihn mit der geistigen Welt verknüpften, stimulierte sein Unabhängigkeitsgefühl gegenüber der Götterwelt und half ihm, die Verantwortung für seine jetzt eigenen Entschlüsse und Taten zu übernehmen.

Doch diese Entwicklung war nicht ganz gefahrlos. Daher war die Mission des Alkohols in den aus der Mysterienweisheit heraus geschaffenen Dionysoskult eingebettet. Wer war Dionysos, und wie sah sein Kult aus?

Nach den *Dionysiaka* des Nonnos wurde Dionysos aus der Verbindung des Zeus mit dem Erdenweib Semele gezeugt, nachdem Kadmos, deren Mutter, zuvor das traurige Erdenschicksal der Menschen beklagt hatte.[315] Der gerührte Gott schenkte ihnen zum Trost den Weinstock und den Dionysos. Die Geburt des Dionysos erfolgte zu früh, so daß Zeus ihn vor den heftigen Widerständen aus der Götterwelt in seinem Schenkel bergen mußte, bis es an der Zeit war. Unter dem Schutz der Göttin Rheia wurde er nach Lydien gerettet. Dort wuchs er zu einem schönen Jüngling heran. Seine Liebe schenkte er dem jungen Satyr Ampelos, mit dem er sich in Wettkämpfen vergnügte. Eines Tages wurde Ampelos durch einen Stier getötet. Dionysos wurde von Schmerz übermannt. Um ihn zu trösten, verwandelte Zeus Ampelos in einen Weinstock. Gleichzeitig erfand er die Weinbereitung und den berauschenden Wein. Damit konnte die Mission des Dionysos ihren Anfang nehmen.

Zunächst zog Dionysos nach Osten, nach Indien. Doch die dort lebenden Völker wollten nichts von diesem neuen, jungen Gott wissen. Sie blieben ihren alten Göttern treu. Es kam zu Auseinandersetzungen, wobei auf beiden Seiten Götter mitkämpften. Schließlich, nach sieben Jahren, wurden die Inder besiegt. In der Überlieferung fand dies seinen Ausdruck in der Vorstellung, daß Dionysos dem Osten Ackerbau, Bienenzucht (Honig), Weinbau und Wissenschaft gebracht habe. Auch in Arabien stieß er auf solch erbitterten Widerstand, daß er zeitweise fliehen mußte und im Roten Meer untertauchte. Später sollte der Alkohol im Islam verboten werden. Schließlich überwand Dionysos jedoch überall die Widerstände, die sich ihm entgegenstellten. Die Götter selbst waren fast vollständig auf seiner Seite. Selbst Apoll duldete stillschweigend seine Gegenwart. In mehreren Mysterienstätten wurden Dionysos *und* der Wein verehrt, in Delphi sogar Apoll und Dionysos gemeinsam.

In den vielen Mythen und Erzählungen um Dionysos und um den Wein kommt zum Ausdruck, daß die alte Geborgenheit in einem traumartig-kosmischen Bilderbewußtsein einem viel individuelleren, wacheren und verstandesmäßigen Bewußtsein wich. Das barg aber auch die Gefahr in sich, daß der Mensch der mit diesem Übergang einhergehenden Verwirrung und Disharmonie verfiel. Das ist der Grund, weshalb Dionysos oft in Gesellschaft einer bunten Schar abgebildet wurde, die in Tierfellen hinter ihm herzog; manchmal gehören auch Tiere, Bacchanten und Satyre zu seinem Gefolge – allesamt Bilder dafür, daß die aus der kosmischen Harmonie herausgelösten tierischen Kräfte im Menschen von nun an seine weitere Entwicklung begleiten. In dieser verwirrenden Welt ist die einzige Stütze der senkrechte «Tyrsosstab» (Dionysosstab), mit dem der Mensch sich verteidigt. Allerdings schlägt er nie damit, er rührt immer nur an. Mit dem Stab kann er sich in dem Bereich der tierischen Kräfte aufrecht halten – ein Bild für die Kraft des Ich!

Doch es lauerte auch die Gefahr der egoistischen Vereinsamung und der Zwietracht, als der Mensch nun aus der göttlichen Führung entlassen war. Er mußte lernen, jetzt selbst mit Hilfe seiner gerade erst entstandenen verstandesmäßigen Fähigkeiten seinen eigenen Weg zu gehen und neue soziale Strukturen aufzubauen.

Im Dionysoskult versuchte man, diesen Gefahren zu begegnen, indem man die Beteiligten alle gemeinsam, und zwar in großen Mengen, vom Wein trinken ließ. Dadurch konnten sie ein neues Gemeinschaftsgefühl erfahren, das sich von den Bluts- und Familienbanden unterschied. Zugleich mußten sie lernen, sich trotz des Weineinflusses so stark wie möglich zu beherrschen und so die «Tiere im eigenen Innern» zu überwinden. Zum Dionysoskult gehörten daher auch orgiastische Feste, bei denen man nicht nur gemeinsam Tiere opferte (insbesondere Böcke und Stiere als Bild für die zu opfernden inneren Tierkräfte im Menschen), sondern auch Geschicklichkeitsspiele durchführte, um die Körperbeherrschung während des Rausches zu üben: «Dort wurde z. B. aus der umgestülpten Bockshaut ein mit Wein gefüllter ‹Schlauch› hergestellt, der äußerlich mit Olivenöl schlüpfrig gemacht wurde. Dann versuchten einzelne Festteilnehmer, mit einem Beine hinaufzuhüpfen und sich darauf zu halten. Das geschah selbstverständlich *nach* dem Genuß von Wein. Was diese Übungen als Selbstbeherrschung herausforderten, ist vielleicht nachzufühlen. Wer herunterfiel, wurde von der Menge der Festteilnehmer ausgelacht. Wer oben blieb, wurde als Sieger gefeiert.»[316]

Selbstbeherrschung und positive Gestaltung aufkommender Meinungsunterschiede wurden auch in den sogenannten Symposien geübt, wo man, nach Genuß von Wein, gemeinsam philosophische Fragen diskutierte, Rätsel löste oder allerlei intelligente Kunststücke betrieb.[317]

All diese Maßnahmen hatten zum Ziel, daß das noch junge Ich auf dem Weg der Selbstbeherrschung tiefer in Seele und Körper eintauchte und darin ankam. Ein sehr hilfreiches Mittel war dabei der Kater, der nach dem Konsum von Alkohol auftrat. Durch den Schmerz, die Übelkeit usw. wurde der Mensch sich seines physischen Leibes, seines eigenen Stückchens «Erde», das er an sich trug, bewußt, was dazu beitrug, daß seine höheren Wesensglieder (Ätherleib, Astralleib und Ich) eine stärkere Verbindung mit dem physischen Leib eingehen konnten.

Allmählich wurde der Dionysoskult aber dekadent. Die ursprünglichen Ziele traten immer mehr in den Hintergrund, die Feste verloren ihren ursprünglichen Glanz, und vor allem im Bacchuskult des Römischen Reichs drohte der massenhafte Alkoholkonsum aus dem Ruder zu laufen. Im Jahre 186 v.Chr. wurden die Bacchanale, die orgiastisch-kultischen Dionysos-Bacchus-Feste, in ganz Italien bei Todesstrafe verboten – aus Anlaß von sexuellen Orgien und rituellen Morden, die während dieser Feste stattgefunden haben sollen. Dennoch konnte der römische Senat es nicht verhindern, daß die ekstatischen Weinfeste nach einiger Zeit wieder aufblühten und sich nach und nach fest in die römische Kultur integrierten.

In diese Epoche, in der der Alkohol den Menschen massiv von der geistigen Welt isolierte und den Egoismus kräftig in ihm schürte, fiel die Zeit der Erdenwirksamkeit Christi. Rudolf Steiner beschreibt dies eindringlich: «Aber es taucht auch in derselben Epoche, wo die Menschheit durch den Alkohol am tiefsten in den Egoismus heruntergezogen worden ist, die stärkste Kraft auf, die dem Menschen den größten Impuls geben kann, um wieder den Zusammenschluß mit dem geistigen Ganzen zu finden. Auf der einen Seite mußte der Mensch bis zur tiefsten Stufe hinuntersteigen, um selbständig zu werden, auf der anderen Seite mußte dagegen die starke Kraft kommen, die wieder den Impuls geben konnte, um den Weg zum Ganzen zurückzufinden ... Dionysos ist der zerstückelte Gott, der in die einzelnen Seelen eingezogen ist, so daß die einzelnen Teile nichts mehr voneinander wußten. In viele Stücke zersplittert, in die Materie geworfen ist der Mensch durch das, was durch den Alkohol – das Symbol für Dionysos – der Menschheit gebracht worden ist.»[318]

Christus knüpft in erster Linie an den Dionysoskult an, als er während der Hochzeit zu Kana das Wasser (als Bild für das alles durchsetzende, träumende, an die göttliche Welt hingegebene alte Gruppenbewußtsein des Menschen) in Wein verwandelt: «Dies mußte der Christus andeuten in dem ersten Zeichen für seine Mission. Er mußte erstens andeuten, daß das Ich selbständig werden sollte, und sodann, daß er sich an diejenigen wendet, die sich schon losgelöst haben von den Blutszusammenhängen. Er mußte sich wenden an eine solche Hochzeit, wo die Körper unter dem Einfluß des Alkohols standen; denn bei dieser Hochzeit wird Wein getrunken ... Es mußte sozusagen der höchste Impuls heruntersteigen bis zu den Lebensgewohnheiten der damaligen Zeit. Denn er mußte das, was höchste Wahrheit ist, in die Worte und die Verrichtungen kleiden, welche dem Verständnis der betreffenden Epoche angemessen waren. So mußte der Christus durch eine Art Dionysos- oder Weinopfer sagen, wie die Menschheit sich zur Gottheit erheben solle ... Christus geht zu den Galiläern, die zusammengewürfelt sind aus allerlei Nationen, die nicht durch Blutsbande verknüpft sind, und tut da das erste Zeichen seiner Mission; und er schickt sich so weit in ihre Lebensgewohnheiten, daß er ihnen das Wasser in Wein verwandelt.

Halten wir fest, was der Christus da eigentlich sagen will: Ich will auch diejenigen Menschen zu einem geistigen Zusammenhange führen, die herabgestiegen sind bis zu der Stufe von Materialität, welche durch das Weintrinken symbolisiert wird.»[319]

Danach kann Christus seine eigentliche Mission vollenden, die von Rudolf Steiner folgendermaßen beschrieben wird: «Seine Mission besteht darin, dem Menschen die volle Kraft des Ich, die innere Selbständigkeit in die Seele zu bringen. Das einzelne Ich sollte sich in völliger Selbständigkeit und Abgeschlossenheit, in völligem Stehen-in-sich-selber fühlen, und durch die Liebe, die als eine freie Gabe gegeben wird, soll Mensch mit Mensch zusammengeführt werden ... Es muß festgehalten werden, daß der Christus sagt: Meine Mission ist eine solche, daß sie in eine fernste Zukunft hinweist; und es soll den Menschen als selbständigen Menschen gebracht werden der Zusammenhang mit der Gottheit, die Liebe zur Gottheit als eine freie Gabe des selbständigen Ich.»[320]

Die soeben beschriebene Mission des Alkohols in der damaligen Zeit ist, nach Rudolf Steiner, mit dem Kommen des Christus erfüllt:

«Jetzt, wo die Menschheit wiederum strebt, den Weg zurückzufinden, wo das Ich so weit entwickelt ist, daß der Mensch wieder den Anschluß finden kann an die göttlich-geistigen Mächte, jetzt ist die Zeit gekommen, wo, anfangs sogar aus dem Unbewußten heraus, eine gewisse Reaktion gegen den Alkohol eintritt. Diese Reaktion tritt aus dem Grunde ein, weil viele Menschen heute schon fühlen, daß so etwas, was einmal eine besondere Bedeutung hatte, nicht ewig berechtigt ist.»[321]

Der Dionysoskult ist an sein Ende gekommen. Die Verehrung des Dionysos als Gott der zu zerbrechenden Blutsbande und der vom Ich zu beherrschenden Impulse, Triebe und Leidenschaften – sie kann Platz machen für das innere Akzeptieren des Christus als des Bringers der Liebe von Mensch zu Mensch und der freien, geistigen Liebe von Mensch zu Gott. Christus hat sich damit an die Stelle des Weinstocks gestellt. Im Johannes-Evangelium spricht er dies mit den Worten aus: «Ich bin der wahre Weinstock» (Joh 15,1) und: «Ich bin der Weinstock, ihr seid die Reben» (Joh. 15,5). Während des letzten Abendmahls gipfelt diese Wirksamkeit in der Wandlung des Weins in Sein Blut. Die Mission des Weins ist damit erfüllt: Der Wein ist zum Blut des Christus geworden. Als Ausdruck der veränderten Situation warnt der Apostel Paulus daher die ersten Christus-Gläubigen davor, auf dem alten Weg weiterzuschreiten: «Und berauschet euch nicht mit Wein, in welchem Ausschweifung ist, sondern laßt euch erfüllen vom Geist ...» (Eph. 5,18). Ein neuer Weg ist eröffnet.

Bei all diesen Schilderungen sollte man sich bewußtmachen, daß Weinbau und Weinkonsum sich zur Zeit jener Ereignisse im riesigen Römischen Weltreich, zu dem ja auch Palästina gehörte, einigermaßen durchgesetzt hatten. So waren zum Beispiel in vielen Städten Weinhäuser eröffnet worden, das heißt Häuser, wo man den selbst mitgebrachten Wein trank. Und mit den Feldzügen nach Gallien und Germanien begann sich auch der Weinbau in West- und Nordeuropa zu verbreiten. In der römischen Kaiserzeit entwickelte sich jedoch ein besonders starker Mißbrauch des Weines, der schließlich zur Dekadenz und dem endgültigen Untergang dieses Weltreichs beigetragen hat.

Wenn wir die Geschichte des Weins weiter verfolgen, zeigt sich, daß auch im Reich Karls des Großen (Regierungszeit 768-814) der Weinbau stärker betrieben wurde. Von der Atlantikküste bis nach Norddeutschland und dem nördlichen Polen wurden Weingärten angelegt. Aber die meisten dieser nördlichen Weingärten hielten sich nicht lange – die kalten Winter und der Import besserer südlicher Weinsorten forderten ihren Tribut. Schließlich erwiesen sich die Gebiete an Mosel und Rhein, die Gegenden um Bordeaux, im Osten von Paris (Champagne) und Burgund als die mit den besten Weinsorten. Bis heute kommen von dort hervorragende Weine.

Seit dem 10. Jahrhundert trat eine große Veränderung auf: Die Araber entdeckten als erste, daß die berauschende Substanz im Wein destilliert und dadurch konzentriert werden konnte. Den auf diese Weise erzeugten «brennenden» Wein – Branntwein – nannten sie *al kohol,* das heißt das Feinstofflichste, Flüchtigste einer Substanz oder «der Geist». Dieser Branntwein, der also einen höheren Alkoholgehalt als der normale Wein hatte, wurde im Mittelalter vor allem als Medizin verschrieben, ähnlich wie Haschisch und Opium.

Bier, Ale (das englische Bier), Cidre und Wein (letzterer vor allem für die höheren Bevölkerungsschichten) waren die am häufigsten konsumierten alkoholischen Genußmittel des Mittelalters. Sie wurden unter anderem in Herbergen und anderen öffentlichen Stätten getrunken – und in der Kirche! Aldo Legnaro beschreibt ein englisches «church-ale» folgendermaßen: «Im England des Mittelalters zählt das *church ale* zu den regelmäßigen Gelegenheiten, bei denen auf konviviale Weise gemeinsam Alkohol getrunken wird ... Gemeinsame Betrunkenheit hat einen geradezu sakralen Charakter, ist ein rauschhaftes Erlebnis von Gemeinschaft. Noch deutlicher wird das an den fünfmal jährlich abgehaltenen *glutton masses*, den Schlemmermessen: des Morgens versammelt sich die Gemeinde in der Kirche, bringt Essen und Trinken mit, hört die Messe an und feiert im Anschluß ein Fest, das offensichtlich in der völligen Betrunkenheit aller Beteiligten (auch der Priester) endet. Zwischen den Angehörigen verschiedener Gemeinden gibt es dabei regelrechte Wettbewerbe, wer zu Ehren der heiligen Jungfrau am meisten Fleisch vertilgen und am meisten Alkohol trinken kann.»[322] Welch eine Parallele zu den rituell-sakralen Festen des alten Dionysoskults!

Eine andere Übereinstimmung lag darin, daß «von höherer Hand» bestimmte Regeln und Verbote eingeführt wurden, damit die Menschen lernten, sich während der gemeinsamen Trinkgelage zu beherrschen. So ließ zum Beispiel der angelsächsische König Edgar im 10. Jahrhundert an den Trinkgefäßen Eichmarkierungen anbringen. Wer einen Zug zuviel trank und dadurch die Markierung überschritt, wurde bestraft.

Im übrigen hatte Trunkenheit im Mittelalter an sich kein negatives Image. Man akzeptierte sie als «dritten Bewußtseinszustand» des Menschen (neben Schlaf und Wachen), vorausgesetzt, sie blieb in den von der Obrigkeit festgelegten Grenzen. Innerhalb dieser Grenzen und Regeln trank der Mensch ungehemmt, ohne Angst vor Sanktionen und ohne sich dessen zu schämen.[323] Doch sobald man die Grenzen übertrat, indem man beispielsweise ständig und zudem noch außerhalb der rituellen Trinkanlässe trank, wurde man von der sozialen Kontrolle erfaßt und aus der Gemeinschaft gestoßen. So endet z. B. ein Gedicht aus der ersten Hälfte des 13. Jahrhunderts über einen notorischen Zecher, der zuerst seinen «Meister», den Wein, und sodann seine Trunkenheit besungen hat, um den Dichter dazu zu bewegen, dies ebenfalls zu tun, wie folgt:

«... auf deinen Rat und deine Lehr'
verzichten kann ich gut.
verflucht sei deine Ehr'.
...

Ich will dich und den Wein
beieinander lassen sein.
Ich acht' nicht mehr auf dich!»
Also trennten sie sich ...[324]

Dies war eine ernste Sanktion, denn das Bewußtsein des mittelalterlichen Menschen war noch nicht so individuell geartet wie heute. Der Mensch des Mittelalters war quasi kindlicher; er erscheint uns nicht als eine scharf umrissene individuelle Persönlichkeit, und er erlebt sich selbst nicht so: «Nicht der Teil, sondern das Ganze, nicht die Individualität, sondern die Universitas tritt in den Vordergrund. ‹Individuum est ineffabile›, ‹das Individuelle ist nicht ausdrückbar› – dieses Bekenntnis der mittelalterlichen Philosophen zeigt die allgemeine Einstellung der Epoche zur Demonstration in erster Linie des Typischen, Allgemeinen und Überindividuellen.»[325] Die Verstoßung aus der Gemeinschaft war also eine äußerst einschneidende Maßnahme.

Zusammenfassend kann gesagt werden, daß Weinkonsum und Trunkenheit im Mittelalter noch stark in der Tradition des alten Dionysoskults standen. Innerhalb der sozialen, von höheren Instanzen festgelegten Normen konnte man sich gemeinsam frei, scham- und schuldlos besaufen, sofern man die innere Beherrschung aufbrachte, es innerhalb der geltenden Normen und Anlässe zu tun. Die Übertretung dieser Regeln zog die Ausstoßung aus der Gemeinschaft nach sich.

Mit dem Beginn des 16. Jahrhunderts fängt eine neue Epoche in der Geschichte der europäischen Kultur an. Der aufkommende Rationalismus und die sich entwickelnde naturwissenschaftliche Forschungshaltung verlangten zunehmend eine innerlich aktive, individuelle Selbstkontrolle. Die Beherrschung der Gefühle und des eigenen Handelns traten in den Vordergrund. Selbstbeherrschung wurde zur Kunst erhoben. Baltasar Gracián (1601-1658), ein spanischer Jesuit und Moralist, formulierte dies ein Jahrhundert später folgendermaßen: «Keine höhere Herrschaft als die über sich selbst und über seine Affekte, sie wird zum Triumph des freien Willens.»[326]

Trunkenheit wird in jener Zeit viel negativer bewertet. Man erlebt sie als einen Mangel an Selbstkontrolle, als Hindernis auf dem Weg zu einem rationalen Selbstbewußtsein. Die Welt ist jetzt nüchterner geworden. Das Ideal der nüchternen Mäßigung entsteht, das heißt eines Lebenswandels, der die Extreme zu vermeiden und sich im Genuß zu zügeln weiß. Dies gilt auch für den Alkoholkonsum: Mäßiges, beherrschtes Trinken wird propagiert. Der erste Mäßigungsverein (nicht Abstinenzlerverein!), der St. Christophsorden, gründet sich 1517, und 1524 bildet sich in Heidelberg ein Fürstenbund gegen das Zutrinken, der «Orden vom Goldenen Ring». Auch Martin Luther wendet sich in seiner Auslegung des 101. Psalms gegen den übermäßigen Alkoholgenuß (1534): «Es muß ein jeglich Land seinen eigenen Teufel haben, unser deutscher Teufel wird ein guter Weinschlauch sein und muß Sauf heißen, daß er so durstig und heilig ist, der mit so großem Saufen Weins und Biers nicht kann gekühlet werden ...»[327] Und ein paar Jahre später (1541): «Es ist leider ... ganz Deutschland mit Saufen geplagt. Wir predigen ... und schreien darüber, es hilft aber leider nicht viel ... Da sollten Kaiser, Könige, Fürsten, Adel zutun, daß ihm gesteuert würde.»[328]

Trotz all dieser Ermahnungen und trotz des Ideals der Mäßigung ist das 16. Jahrhundert doch bei weitem die Periode mit dem exzessivsten Trinkverhalten. Der Branntwein wurde jetzt nicht mehr nur medizinisch-therapeutisch angewandt, er wurde auch als Mittel gebräuchlich, das viel rascher einen Rausch herbeiführte und eine stärkere Benebelung bewirkte als der normale Wein. Diese stärkere Betäubungswirkung hatte zudem den Vorteil, daß sie aufkommende Schuldgefühle wegen übermäßigen Trinkens im Keim erstickte.

Wir sehen also, wie im 16. Jahrhundert das Ideal der Selbstkontrolle und der Mäßigung auftritt, andererseits sich aber auch die gegenläufige Tendenz zum exzessiven Alkoholkonsum entwickelt. Man nimmt heute an, daß es sich bei dieser Tendenz um eine Ventilfunktion handelte, die inneren Spannungen zu entladen, die sich im Zusammenhang mit der Forderung nach Selbstkontrolle aufgebaut hatten.[329] Die Trunkenheit hat jetzt – im Gegensatz zum alten Dionysoskult, bei dem durch sie Selbstbeherrschung und Gefühlskontrolle erübt wurden – eine neue Rolle eingenommen: Sie enthemmt just die Gefühle, man kann sich für eine kleine Weile «gehenlassen», kurz die selbst auferlegte Selbstkontrolle loslassen. Dies allerdings innerhalb eines legitimen Rahmens und mit voller Verantwortlichkeit für alles, was man während des Rausches tut: «Trunken gesündigt, nüchtern gebüßt», sagt ein Sprichwort aus jener Zeit.

Und welcher Art waren die Strafen? In Deutschland sahen sie unter anderem so aus: Ausnüchterung bei Wasser und Brot, drei Gulden Buße oder ersatzweise drei Tage bei Wasser und Brot bei Übertretung des sogenannten «Zutrinkverbots», Einweisung in Zucht- und Arbeitshäuser sowie Abschiebung über die Landesgrenzen, Entzug der Schankerlaubnis für Wirte, die am Sonntag zur Kirchzeit Alkohol ausschenkten, Alkoholiker ausnutzten oder Volltrunkene weiter mit Alkohol versahen.[330] Ob diese Strafen tatsächlich ausgeführt wurden, wissen wir nicht, doch sie hatten zur Folge, daß der Alkoholverbrauch – auch durch das Aufkommen anderer Drogen wie Kaffee, Tee und Tabak – allmählich abnahm. 1673 formulierte Increase Mathers die puritanische Haltung zum Alkoholgenuß noch einmal so: «Das Trinken ist an sich eine gute Schöpfung Gottes und muß mit Dankbarkeit empfangen werden, doch der Mißbrauch des Trinkens ist von Satan; der Wein ist von Gott, doch der Trinker ist des Teufels.»[331]

In der darauffolgenden Periode bis zum Beginn der industriellen Revolution zu Anfang des 19. Jahrhunderts hält einerseits diese Tendenz zur Mäßigung an, andererseits treten auch massive Ausbrüche exzessiven Alkoholgenusses auf, insbesondere in den untersten Schichten der Bevölkerung. Ein Beispiel dafür ist der gigantische Anstieg des Ginkonsums in England zu Beginn des 18. Jahrhunderts. Um einen Eindruck seiner Dimensionen zu geben, seien hier einige Zahlen angeführt: Von 7,5 Millionen Litern Gin im Jahr 1714 stieg der Konsum auf mehr als 40 Millionen Liter im Jahr 1750. Wie läßt sich dies erklären?

Gin wurde von britischen Soldaten, die aus den Kriegen in den Niederlanden im 17. Jahrhundert heimkehrten, in England eingeführt. Das Getränk hatte ihnen «dutch courage» eingeflößt. Die englischen Brauer lernten schnell, diesen Schnaps, größtenteils aus englischem Getreide, selbst zu brennen. Zunächst konnte das neue Getränk neben den aus Frankreich importierten Weinen und Weinbränden kaum Fuß fassen, doch als William III. von Oranien 1688 den englischen Thron bestieg und ein Jahr später die Einfuhr dieser französischen Produkte verbot, änderte sich dies schlagartig. Der Verbrauch an Gin stieg von ungefähr 2 Millionen Litern im Jahr 1685 allmählich auf 7,5 Millionen Liter im Jahr 1714. Danach ging alles plötzlich sehr schnell. Ein Komitee aus dem Jahr 1736 berichtet: «Personen in untergeordneten Berufen trinken ganz ungehemmt [Gin], so daß ihnen am Wochenende kein Geld übrigbleibt, das sie nach Hause zu ihren Familien bringen könnten, die natürlich verhungern oder der Gemeinde aufgebürdet werden müssen. Im Hinblick auf das weibliche Geschlecht stellen wir fest, daß sich sogar unter ihm die Verseuchung ausgebreitet hat. Unglückliche Mütter gewöhnen sich daran, Kinder werden schwächlich und kränklich geboren und sehen oft so eingefallen und alt aus, als ob ihr Alter schon nach vielen Jahren zählte. Andere wiederum geben es täglich ihren Kindern, auf daß sie kosten und an diesem sicheren Vernichter Gefallen finden mögen ...» Viele kriminelle Handlungen seien Gintrinkern zuzuschreiben, die sich «zu maßloser Raserei hinreißen lassen ...» Kinder würden ausgehungert und nackt zu Hause zurückgelassen und so entweder zu einer Last für die Gemeinde oder schon während der Kindheit gezwungen zu betteln und mit dem Älterwerden zu stehlen und zu stibitzen.[332]

Vor allem in London geriet die Entwicklung außer Kontrolle. Henry Fielding, der berühmte englische Dramatiker, Satiriker, Sozialreformer und spätere Friedensrichter, schrieb 1751 in einer Untersuchung, «daß unter den Hauptursachen für Armut und, daraus folgend, für Kriminalität, ‹jenes Gift, das Gin genannt wird›, zu suchen sei, ‹von dem ich gute Gründe habe, anzunehmen, daß es die vornehmliche Ernährung von mehr als hunderttausend Menschen in dieser Metropole ist›».[333]

Nach einigen mißlungenen Versuchen auf dem Gebiet der parlamentarischen Gesetzgebung – unter anderem wurde 1729 eine Besteuerung von Gin eingeführt (was aber nur dazu führte, daß die hohe Qualität langsam verschwand und durch eine viel giftigere, minderwertige Variante, den «Parlamentsbranntwein», ersetzt wurde) – beschloß das Parlament 1751, unter anderem aufgrund des Fieldingschen Berichts, einschneidende Maßnahmen. So wurde es unter anderem den Destillateuren verboten, selbst mit Alkoholika zu handeln oder an Kleinhändler zu verkaufen, die keine Genehmigung dafür hatten. Die Vergabe von Genehmigungen wurde im übrigen viel restriktiver gehandhabt. Bei Übertretung warteten strengere Strafen. Die Resultate dieser gedrosselten Ginversorgung blieben nicht aus: In den Jahren nach 1751 sank der Verbrauch allmählich wieder auf 7,5 Millionen Liter. Um 1790 war der Verbrauch auf ungefähr 4 Millionen Liter pro Jahr vermindert worden. Viele Menschen stiegen unter dem Druck der Verhältnisse auf die neuen Drogen Kaffee und Tee um. Man schätzt, daß um 1765 in neun von zehn Familien zweimal täglich Tee getrunken wurde.

Soweit dieses Beispiel für einen außergewöhnlichen Alkoholkonsum aus dem 18. Jahrhundert.

Zur Zeit der industriellen Revolution im 19. Jahrhundert ist die allgemeine Mentalität in bezug auf den Alkohol noch immer dieselbe. Aldo Legnaro schreibt dazu: «So gilt doch für die dominante Kultur weiterhin, daß die Kontrolle eigenen Verhaltens im Sinne nüchterner Berechenbarkeit einen für das gesellschaftliche System funktionalen Wert darstellen muß. Damit verharrt der Rausch in jener mit dem Beginn der Neuzeit geprägten Ambivalenz, die ihn als verbotene Frucht erscheinen läßt: mag auch das Naschen erlaubt und sogar notwendig sein, um den stringenten Zwang zur Affektbeherrschung auf Zeit zu lockern, so darf dies doch nur mit dem Bewußtsein der engen lokalen und zeitlichen Begrenzung geschehen: Wer Berauschung zu oft, zu lange und zu intensiv sucht, verfällt einer Ausgrenzung, die nur durch die öffentliche Reue und eine nachfolgende Buße mit dem Versprechen, sich zu bessern, aufgehoben werden kann.»[334] Das bedeutet: Mäßiger Alkoholgenuß bei festlichen Gelegenheiten ist positiv, ja sogar gesund, Mißbrauch ist verabscheuenswert. Dieser Alkoholgenuß ist übrigens seit einigen Jahrhunderten durchaus auch zu Hause, innerhalb der Familie, statthaft, nicht nur in Kneipe, Herberge oder anderen öffentlichen Orten. «Als Spezifikum der Neuzeit kann daher gelten, daß der exzessive Alkoholkonsum privatisiert wird, also in der intimen Primärgruppe, vor allem der Familie, eher zugelassen ist.»[335]

Durch die industrielle Revolution veränderten sich die Lebensgewohnheiten großer Teile der Bevölkerung. Viele arbeitslos gewordene Tagelöhner und Handwerksburschen zogen aus den verarmenden ländlichen Regionen in die aufstrebenden industriellen Zentren, um dort Arbeit in den Fabriken zu suchen. Fanden sie Arbeit, so waren die Umstände oft katastrophal: zwölf- bis sechzehnstündige Arbeitstage, Sonntagsarbeit, keine Ferien, schlechte Luft, verschmutztes Trinkwasser, gefährliche Maschinen, extrem niedrige Löhne. Auch die Wohnverhältnisse waren oft schlecht: Ein- oder Zweizimmerwohnungen für ganze Familien, spärlich eingerichtet und manchmal sogar noch an Dritte untervermietet, um etwas Geld dazuzuverdienen.

Es verwundert daher nicht, daß für diese Menschen der Branntwein – in geringerem Maße auch der Kartoffelschnaps – oft der einzige Trost war. Friedrich Engels wies im Jahr 1845 darauf hin, daß Branntwein nahezu die einzige Quelle der Freude für die Arbeiter sei. Durch den Rausch konnten sie die Not und die Last des Lebens wenigstens für ein paar Stunden vergessen. Von großer Bedeutung war auch die Tatsache, daß viele Arbeiter Alkoholika tranken, um bei der schlechten Trinkwasserqualität nicht krank zu werden. Ferner wurden häufig die Löhne zum Teil in Form von Branntwein ausbezahlt, ein Brauch, der in der Alkoholindustrie entstanden und nach und nach von vielen Fabrikanten und Großgrundbesitzern übernommen worden war.

Eine wesentliche Ursache dieser Entwicklung lag darin, daß die technisch stark verbesserte und expandierende Alkoholindustrie neue Abnehmer suchte. Sie fand diese in den verarmten Massen der Industriearbeiter. Daneben nahm auch der Alkoholgenuß im Heer sowie in den höheren und mittleren Klassen der Bevölkerung zu, während die überschüssige und minderwertige Produktion zur einheimischen Bevölkerung der afrikanischen Kolonien verschifft wurde.[336]

Es sollte noch geraume Zeit dauern, bis sich im Zuge des technischen Fortschritts herausstellte, daß Alkoholisierung und eine Tätigkeit in der industriellen Fertigung sich nicht miteinander vereinbaren ließen. Die Unternehmer konstatierten, daß das Leistungsvermögen der zum Trinken neigenden Arbeitnehmer unter die Norm abfiel.[337] Von diesem Moment an, etwa ab der Mitte des 19. Jahrhunderts, erfolgte eine Reaktion: Die Ausbezahlung der Löhne in Form von Alkohol wurde eingestellt.

Inzwischen hatten sich in England, Schottland, Irland, Schweden und Amerika Bewegungen gegen den Mißbrauch von Branntwein gebildet. Wir nehmen einmal die Entwicklung in den Niederlanden als Beispiel. Hier wurde 1842 die «Niederländische Gesellschaft zur Abschaffung des Branntweins» gegründet, die sich, wie ihr Name schon besagt, gegen den Genuß von Branntwein, gegen hochprozentige Getränke wie Schnaps, Korn usw., wandte. Bier und Wein gehörten nicht dazu – man erkannte deren Gefahren noch nicht. Es wurden sogar Bierhäuser gegründet, um den Konsum hochprozentiger Getränke zu bremsen. Die Mitgliederzahl dieses Vereins wuchs stetig: 1843, ein Jahr nach der Gründung, betrug sie 1834, 1867 schon 14 000. Doch trotz aller Bemühungen stieg der Branntweinkonsum stetig. So hieß es im Jahresbericht der Vereinigung aus dem Jahr 1854: «Die niedere Klasse trinkt und wird weiterhin trinken, trotz aller Vorhaltungen, obgleich sie sich durchaus des Elends bewußt ist, das sie sich damit zufügt.»[338] Der Verbrauch stieg bis in die siebziger Jahre weiter. Dann erfolgte ein Umschwung. 1882 wurde der erste Totalabstinenzlerverein gegründet. Seine Mitglieder wandten sich nicht nur gegen hochprozentige Alkoholika, sondern auch gegen die Produktion, den Handel und den Konsum aller anderen alkoholischen Getränke, also auch gegen Bier und Wein. Schließlich, im Jahre 1894, konnten die Totalabstinenzler auch Mitglied der «Gesellschaft zur Abschaffung des Branntweins» werden, die sich daraufhin (1899) endlich zum Prinzip des völligen Alkoholverzichts durchrang.

Auch in der aufkommenden sozialistischen Bewegung war eine starke Gegnerschaft gegen den Mißbrauch von Alkohol innerhalb der Arbeiterklasse entstanden. Überall, wo sich die Arbeiter organisierten und Macht erwarben, nahm der Alkoholverbrauch ab. Domela Nieuwenhuis sprach damals die berühmten Worte: «Trinkende Arbeiter denken nicht, und denkende Arbeiter trinken nicht.»

So entstand aus den verschiedensten gesellschaftlichen Richtungen eine starke Bewegung gegen den Alkohol, eine echte Volksbewegung, die voller Eifer «den Trunkenheitsteufel, das Satanswasser, die Schnapspest und das Ungeheuer Alkohol» bekämpfte. Sie versuchte Einschränkungen oder ein Totalverbot des Alkohols durchzusetzen und die Menschen zur Mäßigung anzuspornen. Dadurch kam es zu einem allmählichen Absinken des Konsums, das sich, insbesondere nach der Einführung verschiedener Alkoholgesetze, bis nach dem Zweiten Weltkrieg fortsetzte. Eine wesentliche Rolle spielte dabei die Bestimmung, daß Jugendliche unter 16 Jahren Kneipen und Cafés nur in Begleitung Erwachsener betreten durften, die mindestens 21 Jahre alt waren.

Ganz anders verlief die Entwicklung in Finnland, dem ersten europäischen Staat, der das Trinken von Alkohol völlig untersagt hatte. Dort verdoppelte sich zwischen 1919 und 1930 der Alkoholverbrauch. Die Zahl der Männer, die pro Jahr in Helsinki wegen öffentlicher Trunkenheit festgenommen wurden, stieg auf ein Drittel (25.000) der erwachsenen männlichen Bevölkerung! Bei 40 Prozent aller Unfälle war Alkohol im Spiel (ein Viertel der Delikte waren Messerstechereien), und der Prozentsatz der in Nervenheilanstalten aufgenommenen Patienten mit Alkoholproblemen stieg von 8 Prozent (1919) auf 28 Prozent (1931). 1931 wurde daher das Verbot wieder aufgehoben.

Viel erfolgreicher war die Methode, den Alkoholkonsum durch drastische Preiserhöhungen (Besteuerung) zu drosseln, wie es in Schweden und Dänemark geschah. In Schweden sank der Verbrauch dadurch auf die Hälfte, in Dänemark sogar auf ein Viertel. Dort ging die Zahl der chronischen Delirium-Tremens-Patienten durch Alkohol von 40 pro 100.000 Einwohner (1910) auf 2 im Jahr 1935 zurück.

Nach dem Zweiten Weltkrieg sehen wir eine Zunahme des Alkoholverbrauchs, die sich im Verlauf der sechziger Jahre spektakulär fortsetzt und erst in den siebziger Jahren einigermaßen beruhigt, um danach sogar leicht abzufallen, wie die Graphiken in Kapitel 3 belegen.[339] Über die möglichen Ursachen dieser Entwicklung haben wir dort bereits das Notwendige dargelegt.

Bevor wir darauf eingehen können, welche Rolle der Alkohol heute innerhalb der gesellschaftlichen und wirtschaftlichen Strukturen vieler europäischer Länder spielt, betrachten wir noch ein Land, das zuerst vom Alkohol überwältigt wurde und danach den Alkohol selbst überwältigte: die Vereinigten Staaten von Amerika.

Mit den weißen Kolonisten im 16. Jahrhundert kam auch der Alkohol nach Amerika. Die dort lebenden Indianer kannten dieses Getränk nicht, das ihnen im übrigen gut schmeckte. Es zeigte sich, daß sie äußerst sensibel darauf reagierten: Dieselben Mengen wirkten bei ihnen viel stärker als bei den Weißen. Die Indianer nannten Alkohol *wisakon* («es ist bitter») oder *eskotewapo* («Feuerwasser»). Später bezeichneten sie den vielverwendeten Rum als «Milch» oder «Muttermilch». Alkohol war in dieser Zeit vor allem Tauschmittel im Pelzhandel. So tauschten im Jahre 1770 die weißen Händler vier Fünftel aller Pelze, die sie von den Chickasaws bezogen, gegen Rum.

Die Indianer konnten der Anziehungskraft des Alkohols nicht lange widerstehen. Delaware sagte 1698 zu weißen Kolonisten in New Jersey: «Wir wissen, daß es schädlich für uns ist, zu trinken.

Wir wissen es; aber wenn eure Leute uns Alkohol verkaufen, sind wir ihm so verfallen, daß wir es nicht fertig bringen, ihn abzulehnen. Wenn wir ihn trinken, macht er uns wild; wir wissen nicht, was wir tun; wir tun einander Gewalt an, wir werfen uns gegenseitig ins Feuer. Durch Branntweintrinken sind sieben Stämme unseres Volkes umgekommen.»[340]

Um diese Folgen und die damit einhergehende Aggressivität so weit wie möglich zu begrenzen, trafen viele Indianerstämme Vorsorgemaßregeln. Zum Beispiel wurden jedem Trinker ein bis zwei Stammesgenossen als Begleiter zur Seite gestellt, die verhindern sollten, daß der Betreffende aggressiv und destruktiv wurde. Oder man setzte eine Truppe von Kriegern als Ordnungsdienst ein, die, nachdem sie sämtliche Waffen beschlagnahmt hatten, jeden Trinker, der sich danebenbenommen hatte, aus der Gruppe entfernten. Doch auch das half nur wenig. «Ein betrunkener Mann ist ein heiliger Mann», zitiert der Franzose Bougainville im Jahre 1758 die allgemein verbreitete Meinung unter den Indianern, und er beschreibt das Ziel ihres Trinkverhaltens: Nicht Beschwingtheit wird angestrebt, sondern die totale Betäubung. «Sie schwammen in Schnaps, tranken ihn faßweise und ließen das Faß nicht aus der Hand, bis sie stockbesoffen zu Boden fielen. In ihren Augen gibt es keinen schöneren Tod als den Tod durch Berauschung. Trinken ist ihr Paradies.»[341]

Weil die Indianer, wie erwähnt, keinerlei Toleranz gegenüber dem für sie körper- und kulturfremden Alkohol besaßen (genausowenig übrigens wie gegenüber Milch, die sie, von der Muttermilch abgesehen, als Getränk nicht kannten und nicht vertrugen), machten sie nicht sich selbst, sondern den Alkohol für die Folgen ihres Trinkens verantwortlich. Nicht sie, sondern die weißen Händler sollten die Folgen büßen! Daher wurden von offizieller Seite immer wieder Anstrengungen unternommen, den Alkoholhandel drastisch zu reduzieren oder ihn ganz zu verbieten, was im Jahre 1832 tatsächlich mehr oder weniger gelang. Dennoch ließen sich immer wieder Händler finden, die bereit waren, dieses Verbot zu unterlaufen und das begehrte Naß im Tausch gegen Pelze zu liefern: «Die Russen verboten in ihrer Kolonie Alaska strikt jeden Branntweinhandel; Schmuggler aus Neu-England sprangen in die Bresche. Wollten die Franzosen im Seengebiet die Lieferungen einstellen, waren die Briten mit ihren Rumfässern da. Wollten die Briten aufhören, mußten sie damit rechnen, daß sich die Franzosen durch Alkoholgeschenke entscheidende Vorteile im Pelzhandel verschafften.»[342]

Der Alkohol wirkte bei den Indianern so, daß er ihr Verbundensein mit der übersinnlichen Welt allmählich lockerte. Der Alkohol unterband die Verbindung ihres Bewußtseins mit dem Göttlich-Geistigen. Durch diesen Verlust der Orientierung auf die Götterwelt zerfielen nach und nach die sozialen Strukturen zumindest derjenigen Stämme, die Alkohol benutzt hatten. Der alte Stammeszusammenhalt löste sich auf, die Menschen standen immer mehr isoliert da. Viele konnten die dadurch verursachte psychische und soziale Zerrüttung nicht ertragen und begingen Selbstmord. Daneben starben viele an Krankheiten infolge von Alkoholgenuß oder in den blutigen Konflikten und Stammeskriegen, die ebenfalls auf die Zerrüttung des sozialen Gefüges aufgrund von Alkoholgenuß zurückgingen. So war die indianische Bevölkerung Nordamerikas am Ende des 19. Jahrhunderts durch Alkohol dezimiert.

Wenn man das Trinkverhalten der weißen Kolonisten Amerikas im 17. und beginnenden 18. Jahrhundert studiert, läßt sich nach Harry Gene Levine folgendes feststellen:[343] Die Amerikaner tranken viel – sie tranken vor allem Rum, in kleinen Mengen zu den Mahlzeiten, in den Arbeitspausen, vor dem Schlafengehen usw. –, sie tranken zu Hause, bei der Arbeit und auf Reisen, in größeren Mengen tranken sie bei gemeinsamen Festen (Erntefeste, Dorffeste, Geburtstage, Kindstaufen usw.), doch sie erlebten das nicht als problematisch. Für die meisten Amerikaner war der Rausch «eine natürliche, harmlose Konsequenz des Trinkens.»[344] Sie berauschten sich ihrer Meinung nach, weil sie es wollten, nicht weil sie nicht anders konnten. Alkohol taste den freien Willen angeblich nicht an, er führe nicht zur Sucht. Kurz, man trank aus Liebe zum Trinken und nicht etwa, weil man nicht mehr ohne Alkohol auskam.

Zu Beginn des 19. Jahrhunderts wurde dies anders. Es tauchten jetzt einige Männer auf, die öffentlich erklärten, sie verspürten einen übermächtigen Drang zum Trinken und hätten sich in dieser Hinsicht nicht mehr unter Kontrolle. «Das erste öffentliche Eingeständnis von Kontrollverlust ... stammt von einem Mann, der 1795 eine eidesstattliche Erklärung veröffentlichte, in der er bat, daß niemand ihm Alkohol verkaufe. Er sagte, daß ‹die schädliche Angewohnheit zu trinken seinem Vermögen und seiner Person schweren Schaden zugefügt hat› und daß ‹es keine Möglichkeit gibt, besagte Gewohnheit aufzugeben außer durch die Unmöglichkeit, Alkohol zu bekommen›.»[345] Solche Erklärungen gab es häufiger. Statt Vokabeln wie «Liebe» und «Zuneigung» wurden nun Begriffe gebraucht wie «erdrückend», «überwältigend» und «unwiderstehlich», um das Verlangen des Alkoholikers nach Alkohol zu beschreiben. Der Begriff der *Trunksucht* war geboren – übrigens ungefähr zur selben Zeit wie in Europa. Benjamin Rush war der erste, der diesen Begriff in einer modernen Weise definierte (1772). Er umschrieb die Trunksucht als eine *Krankheit*, und zwar als eine Krankheit des Willens: «Der Brauch, viel zu trinken, ist zunächst eine freie Entscheidung des Willens. Von der Gewohnheit wird er zur Notwendigkeit.»[346] Und er illustrierte diese Unfähigkeit, sich zu enthalten, mit folgendem Beispiel: «Als ein Gewohnheitstrinker von einem seiner Freunde energisch gebeten wurde, die Trinkerei aufzugeben, sagte dieser: Wäre ein Fäßchen mit Rum in einer Ecke des Raumes und würde ein Geschütz ununterbrochen Kugeln zwischen ihm und mir abfeuern, könnte ich mich nicht zurückhalten, vor dem Geschütz herzulaufen, um an den Rum zu gelangen.»[347] Die einzige Heilmethode war, so Rush, die der totalen Abstinenz: «‹Probiere nicht, nimm es nicht in die Hand, berühre es nicht› sollte auf jedes Gefäß, das Alkohol enthält, im Haus eines Mannes, der von der Trunksucht geheilt werden möchte, geschrieben werden.»[348] Dadurch wurde Rush zum theoretischen Begründer der radikalen Mäßigkeitsbewegung in den USA, einer Vereinigung, die

die vollständige Enthaltsamkeit auf ihr Banner schrieb und, nach einem langsamen Start Anfang des 19. Jahrhunderts, Mitte der dreißiger Jahre bereits eine halbe Million Menschen zählte. Innerhalb dieser Bewegung galt, daß der Alkohol und nicht der Trinker die Ursache allen Übels war. Der Alkohol bekam – ganz ähnlich wie bei den Indianern – die Schuld an Krankheit, Armut, Aggressivität, Kriminalität, Geistesverwirrung und zerrüttetem Familienleben.

Dadurch war die Basis für die sogenannte Prohibition (das staatliche Alkoholverbot) gelegt, auf die wir später noch eingehen werden. Doch vorläufig galt die Aufmerksamkeit (neben der Propaganda für die Totalabstinenz) den Opfern des Alkohols, den Trinkern, in deren Lage man sich hineinversetzte und denen man beistehen wollte im Kampf gegen den Alkohol. Ein Autor aus der Mäßigkeitsbewegung schrieb 1833: «Alle haben derartige Fälle gesehen, in denen nach einer längeren oder kürzeren Periode totaler Abstinenz ein Anfall tödlicher Schwäche folgt ... In ihren nüchternen Phasen urteilen sie ehrlich über ihre eigene Situation und ihre Gefahr: Sie wissen, daß es für sie kein maßvolles Trinken gibt. Sie beschließen, sich gemeinsam zu enthalten und so der Versuchung aus dem Wege zu gehen, der sie zu schwach sind zu widerstehen. Nach und nach gewinnen sie an Selbstvertrauen und werden sich ihrer eigenen Widerstandskraft sicher. Und dann probieren sie einen Schluck Wein. Von diesem Augenblick an wird das gerade erreichte Gleichgewicht der Selbstkontrolle gestört, der Dämon kehrt zurück an die Macht, die Vernunft wird vertrieben, und der Mensch wird ruiniert.»[349]

Das einzige Gegenmittel war also die totale und andauernde Enthaltsamkeit. Die Argumente dafür wurden bereits 1830 formuliert und blieben während des gesamten 19. Jahrhunderts und eines Teils des 20. Jahrhunderts gültig. Sie lauteten:

«1. Alkohol an sich ist eine süchtig machende Substanz. Obwohl zunächst harmlos, nimmt das Verlangen bis zur völligen Abhängigkeit zu. Gewohnheitstrinken und Alkoholsucht sind die normale Folge von regelmäßigem Alkoholgenuß.

2. Die unmittelbare Wirkung von Alkohol liegt in der Schwächung des moralischen Bewußtseins und der Selbstkontrolle des Trinkers. Alkohol löst tierische Leidenschaften und Gewalttätigkeiten aus. Ein bedeutender Teil von Armut und Kriminalität (etwa drei Viertel) ist auf die moralische Zerrüttung infolge Alkohols zurückzuführen.
3. Alkohol ist ein Gift und schwächt die gesamte körperliche Konstitution, die geistigen und moralischen Fähigkeiten, ist unmittelbare Ursache vieler Krankheiten und macht den Körper anfällig für viele andere.»[350]

Zusammenfassend und zugleich rückblickend formuliert Harry Gene Levine die allgemein verbreitete Sicht der Mäßigkeitsbewegung: «Armut, Kriminalität, Slums, verlassene Frauen und Kinder, geschäftliche Mißerfolge und persönlicher Ruin waren im Denken der Mäßigkeitsbewegung keine Folge struktureller oder organisatorischer Art der Fehlentwicklungen von Wirtschaft und Gesellschaft, sondern von Alkohol. Alkohol war der Sündenbock im klassischen Sinn des Wortes: Ein Opfer, das gerichtet werden mußte, um die Gesellschaft von ihren Hauptleiden und Problemen zu befreien. Amerika würde gesund sein, wenn die Nation nur völlig abstinent wäre.»[351] Man vergleiche dies einmal mit dem «Kampf gegen die Droge» in unserer Zeit.

Zunächst hatte man versucht, dieses Ziel durch Aufklärungsarbeit zu erreichen. Jeder wurde ermahnt, entweder mit dem Trinken aufzuhören oder gar nicht erst damit anzufangen. Seit 1850 aber waren viele innerhalb der Bewegung zu dem Schluß gekommen, daß sich dieses Ziel nur erreichen ließ, wenn ein allgemeines Alkoholverbot erlassen würde.

Bereits um 1850 waren einige Versuche unternommen worden, die Gesetzgebung in diesem Sinne zu beeinflussen, die nach verschiedenen regionalen Erfolgen – einige Bundesstaaten verboten den Alkohol – doch nicht zum erwünschten Resultat führten, weil die Staaten ihre Verbote rasch wieder aufhoben. Daher wurde die

Kampagne im 20. Jahrhundert schärfer und professioneller geführt. Die aus der Mäßigkeitsbewegung hervorgegangene «Anti-Saloon-League» setzte nun die modernsten Methoden des politischen Drucks und der Lobbybildung ein. Die vielen Berufskräfte dieser Organisation bearbeiteten Politiker, kamen mit Gesetzesvorschlägen und gaben (fast immer ausschlaggebende) positive Wahltips zugunsten von Politikern, die sich während des Wahlkampfes deutlich für ein allgemeines Alkoholverbot ausgesprochen hatten. Diese Strategie funktionierte ausgezeichnet: In den ersten zehn Jahren des 20. Jahrhunderts wurden viele Städte, Gemeinden und Bundesstaaten allmählich «trockengelegt».

Der nächste Schritt erfolgte 1913: der Kampf um ein landesweites Alkoholverbot. Zielscheibe waren vor allem die mächtige Schnapsindustrie und die Kneipen, die «Saloons» vor allem der großen Städte, die nicht nur als Herd des Alkoholkonsums, sondern auch als Brutstätten subversiver kommunistischer Aktivitäten von Arbeitern und Immigranten betrachtet wurden (daher der Name «Anti-Saloon-League»). Einflußreiche Industriellen-Persönlichkeiten wie John D. Rockefeller schlossen sich dieser Bewegung an. Nüchterne Arbeiter könnten mehr leisten, die modernen Maschinen besser bedienen, sie würden weniger krankfeiern und weniger Betriebsunfälle erleiden; sie stellten weniger Lohnforderungen und streikten weniger – schon deswegen, weil sie kein Geld mehr für ihren Alkoholbedarf benötigten. So könnten sie ihr Geld für andere Konsumartikel verwenden, was der Gesellschaft als ganzer zugute käme. Die Steuern könnten gesenkt werden, weil weniger Geld für Gefängnisse, Polizei, Richter, Krankenhäuser usw. ausgegeben werden müßte, wenn die alkoholbedingte Kriminalität, Korruption, Krankheiten, Unfälle etc. wegfielen.

Anfang 1920 war es dann wirklich soweit: Amerika war «trocken». «Eine neue Nation wird geboren werden», verkündete die Anti-Saloon-League triumphierend. Und tatsächlich wurde weniger getrunken – zumindest unter den Arbeitern. Andererseits gab es jetzt aber auch mehr illegale Schnapsbrenner («moonshiners»),

Alkoholschmuggler («bootleggers» und «rumrunners»), illegale Saloons, Nachtclubs, Gangsterbanden, korrupte Polizisten und Politiker. Die Qualität des verfügbaren Alkohols war jetzt so schlecht, daß er manchmal lebensgefährlich war. 1930 schätzte man die Zahl der an den Beinen gelähmten Konsumenten hochgiftiger stark-alkoholischer Getränke (des sogenannten «Jake Jazz») auf 15.000! Doch außerdem gab es eine spektakuläre Steigerung der Gesetzesverstöße. Die Mißachtung der Gesetze war die normalste Sache der Welt geworden und drohte zur Norm zu werden. Amerikas schlechter Ruf im Ausland wuchs.

Dies war einer der Gründe, die dazu führten, daß sich 1926 die AAPA («Association Against the Prohibition Amendment») konstituierte – eine Organisation, die sich für die Aufhebung des Alkoholverbots einsetzte. Zu ihren Förderern gehörten einige der reichsten und konservativsten Persönlichkeiten der Politik und der Großindustrie Amerikas, wie die Präsidenten der *American Telephone and Telegraph*, *Southern Pacific Railroad*, *Goodrich Rubber*, *Anaconda Cupper*, *U.S. Steel*, *General Electric*, *Phillips* und *Boeing*. Die Führung lag in den Händen von Pierre Du Pont (*Dupont Chemicals*) und John J. Raskob (*General Motors*). «Sie hatten mehr Reichtum hinter sich als alle Propaganda-Feldzüge, die jemals geführt wurden»,[352] sagte Henry M. Leland von *Cadillac* und *Lincoln Motors*, einer der wenigen Verteidiger der Prohibition, über diese Gruppe.

Aus welchen Motiven handelten diese Menschen? Levine sieht folgende Gründe:[353]

1. Sie glaubten, daß durch die Wiedereinführung der Getränkesteuer ihre persönlichen und geschäftlichen Steuern gesenkt werden könnten, was ihren Betrieben zugute käme. Denn der Wegfall der Alkoholsteuer seit Einführung der Prohibition hatte die öffentliche Hand gezwungen, statt dessen eine Bundeseinkommenssteuer einzuführen.
2. Die im Zuge der Prohibition sich anbahnende Gesetzlosigkeit («lawlessness») und die Aufweichung der allgemeinen Verhal-

tensnormen würde ihrer Meinung nach auf die Dauer zu einem allgemeinen Verlust des Rechtsbewußtseins und schließlich zum Zusammenbruch des Rechtsstaates führen – was für die Vertreter der herrschenden Ordnung natürlich äußerst bedrohlich war.

3. Die Wiederbelebung der Alkoholindustrie würde mehrere hunderttausend neue Arbeitsplätze und damit zusätzliche Einnahmen für Länder und Gemeinden ergeben. Gerade in den Jahren der wirtschaftlichen Rezession mit ihrer extrem hohen Arbeitslosigkeit könne dies einen willkommenen Impuls bedeuten.

Als 1932, am Tiefpunkt der Wirtschaftskrise, John D. Rockefeller aufgrund seiner Furcht vor dem möglichen Zusammenbruch des Rechtsstaats sich vom Verteidiger der Prohibition zu ihrem Gegner wandelte und die Demokraten unter Führung Franklin D. Roosevelts – in deren Parteiprogramm die Aufhebung der Prohibition ein Hauptpunkt war – die Wahlen gewannen, war der Fall rasch entschieden. 1933 wurde das Prohibitionsgesetz (Prohibition-amendement) widerrufen. Am 16. Februar votierte der Senat mit 63 zu 23 Stimmen dafür, und vier Tage später das Abgeordnetenhaus ebenfalls (289 zu 121 Stimmen). Die «wiedergeborene Nation» hatte gerade vierzehn Jahre existiert und war um viele Illusionen ärmer geworden. Sie mußte mit überfüllten Gefängnissen und zahlreichen Anträgen zum Bau weiterer Anstalten fertig werden; der Justizapparat war am Rotieren, es kamen Anfragen nach Tausenden von zusätzlichen Justizoffizieren, weil der vorhandene Apparat überlastet war; die Unterwelt hatte ihre Macht enorm vergrößern können; der minderwertige, giftige illegale Alkohol hatte Zehntausende von Opfern gefordert – kurz, der Glaube an die «machbare Gesellschaft» war tief erschüttert. Ernüchterung kehrte ein.

Nach der Aufhebung der Prohibition wurde die Produktion alkoholischer Getränke rasch von einigen großen Konzernen kontrolliert. Die Qualität der Alkoholika stieg daher wieder, und die Zahl der Alkoholtoten zum Beispiel in New York sank von 794 im Jahre

1931 auf 509 im Jahre 1935. Bereits nach drei Jahren hatte die Alkoholindustrie wieder ihre alte Größe erreicht, obwohl in den Vereinigten Staaten sogar weniger getrunken wurde (60 Prozent), eine Tendenz, die übrigens auch in Deutschland wahrnehmbar war. 1949 arbeiteten ungefähr eine Million Menschen in der amerikanischen Alkoholindustrie sowie im Alkoholhandel und -verkauf. Der Alkohol war also wieder vollständig in die amerikanische Gesellschaft integriert. Bis zum heutigen Tag ist er politisch kein heißes Eisen mehr geworden.

Um uns abschließend ein Bild zu verschaffen von der Rolle, die der Alkohol in der westlichen Gesellschaft spielt, richten wir den Blick noch kurz auf zwei der größten weinproduzierenden Länder der Welt, auf Frankreich und Italien:

In Frankreich stammen 11 Prozent aller landwirtschaftlichen Einnahmen aus dem Weinbau; der Ertrag der französischen Weinproduktion wird mit 17 Milliarden Francs pro Jahr angesetzt. In Italien sind 2 Millionen Menschen mit ihren Einkommen ganz oder teilweise von Weinproduktion und -verkauf abhängig. Zehn Prozent des verfügbaren Baulands dient dem Weinbau.

Die Kehrseite der Medaille: Jährlich sterben in Frankreich 20.000 bis 30.000 Menschen durch Leberzirrhose, Delirium tremens und Nierendegeneration.

So sehen wir, wie die Menschheit jahrhundertelang mit der Gabe des Dionysos gekämpft hat, ein Ringen, das sich bis heute fortsetzt und an Intensität nur zugenommen hat, seit die beschützende Macht der Traditionen weggefallen ist. Seit die Alkoholsucht – parallel mit diesem Wegfall der Traditionen – sich etabliert hat, ist, jedenfalls in der westlichen Welt, jeder Mensch als einzelner ungeschützt der Anziehungskraft des Alkohols ausgesetzt. Sein Einfluß hat enorm zugenommen. Verbote helfen nicht mehr, es sei denn in einer strengen Form, wie sie in den orthodox-islamischen Ländern existieren. Jeder Mensch wird deshalb heute – da, wo keine solchen Verbote gelten – aus seinem individuellen Bewußtsein heraus ein eigenes Verhältnis zu dieser meistverwendeten Droge der Welt finden müssen.

Die Kenntnis der Wirkungen kann dabei eine Hilfe sein; sie sollen sogleich eingehend beschrieben werden. Doch zuvor wollen wir noch der Frage nachgehen, was Alkohol eigentlich ist und wie er entsteht.

Wie entsteht Alkohol?

Alkohol entsteht durch Gärung. Wie dies vor sich geht, läßt sich am besten am Prozeß der Weingewinnung verdeutlichen, wo die Gärung unter besonders günstigen Voraussetzungen abläuft.

Sobald die Trauben am Weinstock einen ausreichenden Reifegrad erreicht haben, werden sie gepflückt, zerquetscht und, nach Entfernung der Kerne und Stiele, in Bottiche geschüttet, damit der natürliche Gärungsprozeß des zuckerhaltigen Saftes beginnen kann. Auf der Haut der Trauben haben sich während der Fruchtbildung zahlreiche Hefepilze angesiedelt, die sich nun ungehemmt und heftig im süßen Traubensaft vermehren können. Dadurch gerät der Traubensaft in einen mehr oder weniger «stürmischen» Gärungsprozeß; die Zucker werden in Alkohol umgesetzt, dabei wird Kohlensäuregas frei. Rotwein entsteht aus blauen Trauben, die zusammen mit den Schalen zehn bis fünfzehn Tage gegoren haben, Rosé aus blauen Trauben, deren Schalen nur 12 bis 24 Stunden im Saft mitgegoren haben, und Weißwein aus hellen Trauben durch eine Gärung ohne Schalen. Der Gärungsprozeß läßt nach und hört schließlich ganz auf, wenn der gebildete Alkohol selbst die Hefepilze abgetötet hat – denn diese können keinen Alkoholgehalt von mehr als 10 bis 15 Prozent ertragen. Auf diese Weise vernichtet der Alkohol das pflanzliche Leben, dem er seine eigene Existenz verdankt. Genauer: Das primitive pflanzliche Leben (der Hefepilze) vernichtet die höheren pflanzlichen Formen (die Traubenfrucht), und durch diese Vernichtung vernichten die Hefezellen wiederum sich selbst! Was übrigbleibt in diesem Abbau- und Todesprozeß, ist – nebst einigen Abfallprodukten wie die toten Hefezellen und Weinstein – der Alkohol. Dieser ist nichts Vorübergehendes, sondern dauerhaft.[354]

Betrachten wir diesen Prozeß von einer etwas anderen Seite aus, so läßt sich feststellen: Der Weinstock hat in den Trauben im Verlauf seiner Reifung in Sonnenlicht und -wärme viele Lebenskräfte (Ätherkräfte) aufgenommen. Die Trauben sind durch ihre Zucker und Vitamine daher auch sehr gesund für den Menschen, sie haben eine vitalisierende, regenerierende und blutreinigende Wirkung auf seinen Organismus. Sie stärken seine Lebenskräfte, indem sie etwas von der verborgenen Vitalität und Wachstumskraft auf ihn übertragen. Das Fruchtfleisch ist von starken Lebens- und Wachstumskräften durchzogen, und in diesen Kräften kann sich das primitive niedere pflanzliche Leben der Hefezellen stürmisch entfalten. Sie vermehren sich in unbeschreiblichem Maße und führen (wie alle Pilze[355]) mittels ihres einseitig abbauenden Stoffwechsels das Fruchtfleisch in die Auflösung. Dabei entsteht als Resultat unter anderem Alkohol, der den Traubensaft konserviert, haltbar macht und schließlich als Wein erscheinen läßt.[356]

In den Kulturen der westlichen Welt hat man den beschriebenen Gärungsprozeß auch bei etwas weniger geeigneten Produkten (bei einigen zuckerhaltigen Früchten und bei Getreide) ausgenutzt, um andere alkoholische Getränke zu brauen. Hier muß vor allem das Bier erwähnt werden, das aus Gerstenmalz[357] in einer gemeinsamen Gärung mit Wasser, Bierhefe und Hopfen gewonnen wird. Bier erhält seinen typischen Geschmack vor allem durch den Hopfenanteil.

Seit dem frühen Mittelalter ist auch die Destilliertechnik bekannt, durch die Getränke mit einem höheren Alkoholgehalt erzielt werden können:

- Branntwein: durch Destillation von Wein gewonnen
- Kognak: ein Destillat aus Wein, der über längere Zeit in Eichenholzfässern gelagert wird

- angereicherter Wein, z.B. Portwein: Alkohol wird zugefügt
- Gin: Korn wird über Wacholderbeeren destilliert, was den spezifischen Geschmack hervorruft
- Whisky: aus einer vergorenen Mischung von Gerstenmalz und Roggen destilliert; danach entsteht das Aroma durch jahrelange Lagerung in hölzernen Fässern, die innen verkohlt sind
- Rum: aus Destillation von Zuckerrohrmelasse
- Wodka: aus Kartoffelwein.

Alle diese Getränke haben ihre besonderen Qualitäten, so daß der Konsument heute, je nach persönlichem Geschmack, Vorliebe und Bedürfnis, wählen kann, welche alkoholische Droge er in einem bestimmten Moment seines Lebens am liebsten möchte.

Die Wirkung von Alkohol

Wenn wir die Wirkung von Alkohol beschreiben, müssen wir zunächst erwähnen, daß im menschlichen Körper immer eine kleine Menge Alkohol vorhanden ist. Dieser wird vom Organismus selbst in der Leber gebildet.[358] Auch im Blut läßt sich diese kleine Menge (etwa 0,001 Promille) nachweisen.

Was geschieht nun, wenn der Mensch Alkohol zu sich nimmt? Der Stoff gelangt über die Mundschleimhaut, die Magenscheidewand und den Darm direkt ins Blut und erreicht auf diesem Wege, je nach der konsumierten Menge, die verschiedenen Organe des menschlichen Körpers. Im Blut wirkt die darin enthaltene Menge Alkohol wie eine Art «Überfall», eine «Bombe»: Der natürliche Alkoholgehalt wird überlagert und steigt nach ein bis zwei Gläsern Alkohol bis auf 0,1 bis 0,4 Promille, bei drei bis vier Gläsern auf etwa 0,6 Promille, nach fünf bis sechs Gläsern auf 0,7 bis 1 Promille. Bei neun bis zehn Gläsern sind es dann 1,7 bis 2 Promille, bei elf bis fünfzehn Gläsern 2,1 bis 3,9 Promille. Bei mehr als 26 Gläsern (das entspricht einem Gehalt von mehr als 5,1 Promille) tritt der Tod durch Herzstillstand ein.[359]

Das Blut gerät durch den Alkoholgehalt in beschleunigte Zirkulation, es wird beweglicher, auch der Herzschlag beschleunigt sich, und nach einigen Gläsern steigt meistens auch der Blutdruck. Man hat den Eindruck, daß der Alkohol im Blut fast denselben «stürmischen» Prozeß durchmacht, dem er auch seine Existenz verdankt. Viele Alkoholkonsumenten erleben diese brausende, «gärende» Wirkung einiger Gläschen daher als die Hauptqualität des Alkohols, die sie in eine relativ aufgedrehte Stimmung versetzt. Alkohol aktiviert in erster Linie und erhöht die Tiefe und Zahl der Atemzüge. Die Aktivität des rhythmischen Systems wird angeregt. Der Astralleib verbindet sich in stärkerem Maße mit den Organen des Stoffwechsels, vor allem den Nieren (was zur Erhöhung des Blutdrucks führt) und dem Kreislauf. Man kommt in Schwung, gerät in Bewegung, die Emotionen werden locker, alles fängt an zu strömen - ein Grund, warum manche Schriftsteller wie z. B. William Faulkner oder Ernest Hemingway etwas tranken, bevor sie an die Arbeit gingen.

Doch zugleich zieht sich der Astralleib aus dem Nervensystem zurück. Alkohol hat eine dämpfende Wirkung auf das zentrale und periphere Nervensystem. Er lähmt unter anderem die Nerven der peripheren Blutgefäße. Das hat zur Folge, daß die Blutgefäße von Haut und Muskelgewebe erschlaffen und sich erweitern, wodurch die Durchblutung vor allem der Haut gefördert wird (daher die Rötung von Augen, Nase und Gesicht).

Diese lähmende Wirkung des Alkohols auf das Nervensystem führt dazu, daß es dem Konsumenten warm wird: Nach einem ordentlichen Schnaps oder einem guten Gläschen Kognak fühlt er sich warm, auch dann, wenn es in seiner Umgebung ziemlich kalt ist. Diese Kälte der Außenwelt wird nicht mehr gespürt, denn der Wärmesinn ist ausgeschaltet. Weil sich auch die peripheren Blutgefäße unter dem Einfluß der Kälte nicht mehr zusammenziehen können, entstehen bei extremer Kälte oft lebensgefährliche Situationen: Über die stark durchblutete Haut wird zuviel Körperwärme an die Außenwelt abgegeben, und der Betreffende kühlt zu stark ab, ohne es zu bemerken. So sind Betrunkene, die draußen in der

Kälte ihren Rausch ausschliefen, öfters gestorben, weil ihre Körpertemperatur unter das kritische Niveau abgesunken war.

Was sagt uns dieses Phänomen der starken Auswirkung auf Blutkreislauf und Wärmeorganismus im Hinblick auf die menschlichen Wesensglieder?

Der Wärmeorganismus ist die körperliche Basis für das menschliche Ich. Der Arzt Victor Bott beschreibt dies in seinem Buch *Anthroposophische Medizin*: «Das Ich ist keine Abstraktion, wie es gewisse Philosophen gemeint haben, sondern eine Ganzheit, genauso wirklich wie der physische Leib, der Ätherleib, der Astralleib, es ist – *der menschliche Geist* ... Und diese Kraft braucht, wie die anderen Wesensglieder, eine materielle Grundlage: *die Wärmeorganisation.* Wenn die Wärme in unserem Körper sich isolieren ließe, könnte man sehen, daß der Körper nicht überall gleich warm ist, daß die Wärme eine Struktur hat, eine Organisation, die man übrigens mit der Infrarotphotographie teilweise sichtbar machen kann. Daher ist es berechtigt, von einem Wärmeorganismus zu sprechen, durch den das Ich wirken kann ...»[360] Dies läßt sich durch folgende Zuordnung ausdrücken:

Ich (menschlicher Geist) – organische Basis: Wärmeorganismus – natürliches Element: Feuer

Über das Wärmeprinzip wirkt das Ich auch auf den Ätherleib. «Der Wärmeäther durchdringt den gesamten Organismus mit seinen Wirkungen. Sein zentrales ‹Organ› ist der Blutkreislauf – das Medium, welches es dem Ich, das geistiger Natur ist, ermöglicht, mit der lebendigen Körperlichkeit in Beziehung zu treten.»[361] Das Ich kann sich durch den Wärmeorganismus im Irdischen manifestieren; hierbei ist der warme Blutkreislauf mit seinem Zentralorgan, dem Herzen, das wichtigste Medium. Und dieses Blut, dieses Instrument des Ich, wird nun durch die Einwirkung des Alkohols verändert, in seinem Rhythmus gestört, «zum Rasen gebracht».

«Wenn der Mensch Alkohol trinkt, was für ein Glied seiner

Wesenheit wird da beeinflußt? Das Ich. Und das hat zu seinem Werkzeug physisch die Blutzirkulation. In der Blutzirkulation offenbart sich physisch der Einfluß des Alkohols auf das Ich. So daß der Mensch in dem, was eigentlich sein Leben ausmacht, in der Blutzirkulation, durch den Alkohol ganz besonders stark beeinflußt wird.»[362]

Auch der Wärmeorganismus selbst wird, wie geschildert, teils gehemmt, teils aus dem Gleichgewicht gebracht. Die Wärme verströmt in die Außenwelt. Die Folge: Das eigentliche (geistige) Ich kann sich nicht mehr optimal über den Organismus von Wärme und Blutkreislauf im Menschen offenbaren, es wird in seiner irdischen Manifestation behindert.

Bei wiederholtem Konsum kann diese Tatsache dazu führen, daß die Impulse, die Entwicklungsantriebe des Ich, schwieriger, verzerrt oder in geringerem Maße wirksam werden können. In solchen Fällen läuft der Mensch Gefahr, in seiner inneren Entwicklung zu stagnieren. Er verfällt in Wiederholungen, bleibt eben «der alte», konserviert sich selbst ...

Auch die durch den Alkohol bewirkte Veränderung des Blutzuckergehalts müssen wir noch näher betrachten, denn das Blut ist ja, wie wir gesehen haben, das «Instrument» des Ich.

Der menschliche Organismus bereitet während des Verdauungsprozesses in der Leber unter anderem aus zuckerhaltigen Getränken (wie Traubensaft und Fruchtsäfte) und kohlehydrathaltigen Nahrungsmitteln (wie Brot und Getreide) eigenen Zucker, der als Blutzucker im Körper zirkuliert, alles durchdringt und überall, auch im Gehirn und im Muskelgewebe, vorhanden ist. Ist der Körper mit diesem Zucker gesättigt, so dient der eventuell überschüssige Zukker zur Bildung von Glykogen, einer stärkeähnlichen Substanz, die in der Leber oder den Muskelzellen abgelagert und bei Bedarf wieder zu Zucker umgewandelt wird. Gleichzeitig bereitet der menschliche Organismus in der Leber (u.a. aus Aminosäuren) Glukose (Zucker) – die sogenannte «Glukoneogenese».

Auf diese Weise stellt der menschliche Organismus sicher, daß die notwendige Menge Blutzucker vorhanden ist. Sie ist bei einem gesunden Menschen konstant. Ein starkes Absinken des Blutzuckers hat «schockartige, lebensgefährliche Zustände mit Bewußtlosigkeit zur Folge».[363]

Der Blutzuckergehalt ist also für die Wirksamkeit des Ich genauso wichtig wie die Blutwärme, weil «das höchste menschliche Wesensglied, das Ich, der Geistkern, diesen Zucker als Werkzeug benötigt, um seine Impulse im Körper entfalten zu können».[364] Rudolf Steiner und Ita Wegman weisen mit folgenden Worten auf diese Tatsache hin: «Indem das Blut, Zucker enthaltend, durch den ganzen Körper zirkuliert, trägt es die Ich-Organisation durch diesen.» Und eher: «Wo Zucker ist, da ist Ich-Organisation.»[365] (Unter «Ich-Organisation» ist die Organisation gemeint, die das Ich im Laufe der Zeit in den Wesensgliedern angelegt hat und in welcher es sich offenbart und manifestieren kann.)

Dieser Blutzuckergehalt wird durch den Einfluß des Alkohols oft verändert. Durch den Abbau (d.h. die Oxidation) des Alkohols in der Leber wird in erster Linie ein bremsender Einfluß auf den Prozeß der Glukoneogenese bzw. auf die potentielle Bildung von neuem Zucker ausgeübt. Dies kann zur Hypoglykämie führen (einem erniedrigten Blutzuckergehalt), eine der bekanntesten Komplikationen bei akuten Alkoholvergiftungen. Vor allem dann, wenn keine anderen Möglichkeiten vorhanden sind, Blutzucker zu bilden, was bei Alkoholikern vielfach der Fall ist,[366] kann die Blockierung der Glukoneogenese Auslöser ernster Probleme (z.B. epileptischer Anfälle) werden. Doch auch das Gegenteil kann auftreten: Durch die Wirkung des Alkohols können die Symptome der Hypoglykämie (Tremore) vorübergehend gemildert werden,[367] während, insbesondere bei längerem Trinken, zugleich aufgrund einer Fülle weiterer Faktoren[368] sich der Blutzuckergehalt erhöhen kann.

Es kann also durch die Wirkung von Alkohol zu einer Veränderung des normalen Blutzuckergehalts kommen, wobei ein Ansteigen (wie im Falle der Zuckerkrankheit) im allgemeinen weniger gefährlich ist als ein Absinken. Doch auch ein erhöhter Blutzuckergehalt führt möglicherweise zu ungünstigen Situationen, da das Ich dann ein erheblich weniger geeignetes Werkzeug zur Verfügung hat, um seine Impulse im Körper zu entfalten.

Wenn die Ich-Organisation aufgrund der beschriebenen Veränderungen im Blutzuckergehalt und der damit parallelgehenden Störung des Wärmeorganismus und des Blutkreislaufs teilweise blockiert und gehemmt wird, entstehen für den Alkoholkonsumenten schwerwiegende Folgen:

- Zunächst werden durch die teilweise Ausschaltung der Ich-Organisation die darin lebenden Kräfte des Ich in gewissem Sinne «ausgetrieben» bzw. herausgehoben. Der Betroffene erlebt sich etwas über die irdische Wirklichkeit erhoben, er fühlt sich gelöster, freier, leichter.
- Dadurch kann sich das Ich des berauschten Alkoholkonsumenten weniger stark mit den übrigen Wesensgliedern verbinden. Die betreffende Person schnürt sich – in verschieden starkem Maße – von seinem geistigen Ursprung, seinem geistigen Wesenskern ab. Sie gerät, geistig betrachtet, mehr oder weniger in Isolation, entfremdet sich ihrem eigentlichen Wesen.
- Dazu kommt noch ein weiterer Aspekt. Rudolf Steiner und Ita Wegman schreiben: «Wo Zucker ist, da ist Ich-Organisation; wo Zucker entsteht, da tritt die Ich-Organisation auf, um die untermenschliche (vegetative, animalische) Körperlichkeit zum Menschlichen hin zu orientieren.»[369]

Wir können dieses Zitat auch ein klein wenig abwandeln: Wo Zucker ist, da ist Ich-Organisation; und wo eine dämpfende Wirkung auf das Entstehen von (Blut-)Zucker ausgeübt wird, dort kann die Ich-Organisation in geringerem Maße auftreten, um die untermenschliche (vegetative, also ätherisch geprägte, und animalische, also astralisch geprägte) Leiblichkeit in Richtung des Menschlichen zu führen.

Diese schwächere Wirkung der Ich-Organisation läßt sich sehr gut beobachten: an dem hemmenden Einfluß, den Alkohol auf den Prozeß der Glukoneogenese ausübt. Sobald nämlich in der Leber der Alkoholabbau einsetzt und das erste giftige Abbauprodukt, Azetaldehyd, entsteht, tritt unmittelbar eine Hemmung der Glukoneogenese, das heißt der Neuentstehung von Blutzucker unter anderem aus Aminosäuren, auf.

Sieht man von den anderen beiden Möglichkeiten der Blutzuckerbildung, die der Körper hat, einmal ab (erstens direkt aus kohlehydratreicher Nahrung, zweitens aus Glykogenvorräten), so ist dies ein Zeichen, daß die Ich-Organisation durch die Wirkung des Alkohols in geschwächtem Maße eingreift, um die untermenschliche (vegetative, animalische) Leiblichkeit in eine menschliche Richtung zu steuern. Das hat bestimmte Folgen:

- Die animalischen («tierischen»), emotionellen Kräfte des Astralleibs kommen stärker zum Zuge. Die im täglichen Leben dank der Ich-Organisation beherrschten Triebe, Begierden und Leidenschaften werden weniger gebremst – Alkohol wirkt enthemmend. Außerdem verleihen die im Blut wirksamen Kräfte des Stoffwechsels, wenn sie in schwächerem Maße von der Ich-Organisation beherrscht und gehemmt werden, den Trieben, Emotionen und Begierden eine stärkere Kraft. Der Mensch fühlt sich dann besonders stark, er hat durch das «starke Getränk» z. B. seine Schüchternheit abgelegt, kann sich als strahlender Mittelpunkt fühlen und sich sonnenhaft in sozialer Großzügigkeit verströmen. Er kann übermütig werden und seine Selbstbeherrschung verlieren, oder er möchte sich vielleicht in sexuellen Höchstleistungen ausleben und fühlt sich in maßloser Selbstüberschätzung zu allem in der Lage. Die astralischen Kräfte im Menschen brechen unkontrolliert und mit großer Macht hervor, die individuell-menschlichen Qualitäten treten zurück, Empfindungen und Stimmungen schwellen (bis zur Unüberhörbarkeit) an, Grenzen werden überschritten. Wir brauchen hier nur an den Karneval zu denken ...

- Die vegetative Leiblichkeit (d.h. in diesem Fall: die unbeherrschten, nicht vermenschlichten Kräfte des Ätherleibs) tritt stärker in den Vordergrund. Das bedeutet, daß die Kräfte der rhythmischen Wiederholung (der Ätherleib lebt in rhythmischen, sich wiederholenden Prozessen; der Alkoholiker kann daher während des Rausches viele Male dieselbe Geschichte erzählen), das Wegträumen, Wegsinken in ein passives und sentimentales Bewußtsein, das Lahm- und Schlaffwerden jetzt überwiegen, vor allem bei weitergehender Intoxikation.

Zugleich erhalten die im Ätherleib schlummernden Gewohnheitsmuster, tieferen Charaktereigenschaften und persönlichen Eigenarten (die «Steckenpferde») freie Bahn. Ein gewohnheitsmäßiger Trinker entwickelt dadurch seinen eigenen Rausch. «Bei einer weitergehenden Vergiftung bekommt jeder ‹seinen› Rausch. So gibt es den ‹traurigen› und den ‹aggressiven› Suff. Der eine wird unruhig und fanatisch, der andere zeigt ausgesprochene Querulantenzüge. In allen Fällen sehen wir, daß bestimmte Züge der Persönlichkeit, die zwar immer vorhanden sind, im nüchternen Zustand aber ganz oder großenteils unterdrückt werden, unter Einfluß des Alkohols deutlich und scharf in den Vordergrund treten. Menschen mit einer gewissen Neigung zur Prahlerei und Eitelkeit können, wenn sie betrunken sind, unverantwortlich hohe Geldbeträge an völlig Fremde wegschenken, wieder andere werden von Gefühlen des Mitleids und der Brüderlichkeit übermannt und würden gern das Leid der halben Welt auf ihre Schultern nehmen. Ein typischer Zug von stärker alkoholisierten Menschen ist der, daß sie einige Male hintereinander dieselbe Geschichte mit denselben Worten erzählen ...»[370]

Der Einfluß der Ätherkräfte verstärkt sich also. Auch Rudolf Steiner weist darauf im Zusammenhang mit der Wirkung von Kognak hin: «Und dann wirkt der Ätherleib besonders stark, wenn der Mensch Kognak trinkt. Bei allen Schnäpsen wirkt der Ätherleib besonders stark. Der Mensch fühlt sich wohlig, weil er das

Bewußtsein ausschaltet und ganz Pflanze wird. Er senkt sich ganz ins Pflanzenhafte ein, wenn er Schnäpse trinkt, und dabei fühlt er sich wohl, geradeso, wie sich der Mensch sonst im Schlaf wohlfühlt. Im Schlaf aber hat er nicht das Bewußtsein vom Wohlsein.»[371]

Alles in allem fällt der Mensch in seiner Entwicklung zurück, wenn er Alkohol konsumiert. Denn dasjenige, was er sich während seiner Entwicklung an Durchdringung, Individualisierung und Vermenschlichung seines astralischen, ätherischen und physischen Leibes errungen hat, wird mehr oder weniger weitgehend ausgeschaltet. Er fällt zurück in ein früheres Stadium und wird faktisch ein Stück «kindlicher». Er schlägt die umgekehrte Entwicklungsrichtung ein: vom Erwachsenen zurück ins Kindheitsstadium. Denn die Ich-Organisation kann jetzt nur noch (aufgrund des veränderten Blutzuckergehalts) in abnehmendem Maße im Sinne der Vermenschlichung, das heißt einer Durchdringung und Individualisierung von Astralleib, Ätherleib und physischem Leib, wirksam sein.

Der Alkoholkonsument verliert daher allmählich auch die Fähigkeiten, die er sich mittels seiner Ich-Organisation seit seinen frühesten Kindheitsjahren erworben hat: den aufrechten Gang, das Sprechen, Denken und Erinnern – alles Fähigkeiten, die ihn über das Tier erheben und die er sich während der ersten drei Jahre angeeignet hat: den aufrechten Gang im ersten Lebensjahr, das Sprechen im zweiten und Denken und Erinnern im dritten.

Diese Errungenschaften, die zugleich Qualitäten der Ich-Organisation sind, werden durch die Aufnahme von Alkohol folgendermaßen beeinflußt:

- Das Denken wird unzusammenhängender, die Gedankenführung schneller, die Assoziationen folgen rasch aufeinander, während die Urteilsfähigkeit und das kritische Unterscheidungsvermögen an Qualität verlieren. Wird erheblich mehr getrunken, so verschwinden Logik und Zusammenhang fast ganz, und die Gedankengänge verwirren sich zunehmend. Schließlich, in einem späteren Stadium des Alkoholrausches oder bei sehr hohen Dosen, verschwindet das Denkvermögen (fast) völlig, es treten Bewußtseinsstörungen auf wie Abgestumpftheit, Benommenheit, Schläfrigkeit und zuletzt Bewußtlosigkeit.

- Bevor es soweit ist, kann aber bereits die Ursache für einen sogenannten «Blackout» gelegt sein. «Typisch für den Zustand nach einem schweren Alkoholrausch ist die Tatsache, daß man sich oft nur noch sehr vage an alles erinnern kann, was während des Rausches genau vorgefallen ist. Man nennt dieses Phänomen den ‹Blackout›.»[372]

Das deutet darauf hin, daß das Ich während des Rausches eigentlich nicht mehr (ganz) anwesend war. Es war in mehr oder weniger starkem Maße ausgetreten. Daher kann es sich später auch nicht mehr erinnern, was genau während des Rausches vorgefallen ist. Kurz, das Ich kann eine seiner wichtigsten Funktionen, das Erinnern, nicht mehr ausüben.[373]

- Die Sprache leidet: Zunächst löst der Alkohol die Zunge, doch gesellen sich bei einem leichten Rausch die sogenannten «Wortfindungsstörungen» und Verwechslungen hinzu. Beim schweren Rausch kommt es zur «lallenden Sprache», der bekannten «schweren Zunge». Bei hohen Dosen schließlich kann der Betroffene zuletzt kein Wort mehr herausbringen, er ist «stockbesoffen». (Die niederländische Sprache kennt dafür sogar das Wort «stummbetrunken».)
- Die Fähigkeit des aufrechten und geraden Ganges nimmt mit der Schwere des Rausches ab. Der Betroffene fängt an zu torkeln, zu straucheln, er fällt immer wieder hin und kann sich schließlich überhaupt nicht mehr auf den Beinen halten. Er ist gewissermaßen wieder zum Baby geworden und muß getragen oder im Auto transportiert werden.

Der Verlust der Qualitäten der Ich-Organisation und die Beeinträchtigung der Sinnesfunktionen – bis hin zum völligen Aussetzen –

von Sehen (man sieht «doppelt»), Hören, Riechen, Schmecken, Tasten, Wahrnehmen des Gleichgewichts, der Bewegung (Motorik) und der Temperatur wird auch dadurch verursacht, daß der Alkohol immer tiefer in das Gehirngewebe vordringt. Dabei werden die mit den oben beschriebenen Fähigkeiten und den genannten Sinnesfunktionen verbundenen Zentren im Gehirn beeinträchtigt, betäubt und infolgedessen mehr oder weniger ausgeschaltet. Auch hier wird also das Ich hinausgedrängt. Das Ich (und ebenso der Astralleib) kann sich aufgrund dieser Störungen der Gehirnprozesse nicht mehr ausreichend mit dem Gehirn verbinden.

Betrachten wir die Wirkung des Alkohols auf den menschlichen *Astralleib*, so läßt sich im Anschluß an die bereits beschriebenen Phänomene konstatieren, daß dieser aufgrund der partiellen Ausschaltung der Ich-Organisation in geringerem Maße «von oben» her, von den Kräften des Ich, durchdrungen werden kann. Dagegen erlangen die «von unten her» wirkenden Kräfte des ätherischen und des physischen Leibes einen viel größeren Einfluß auf den Astralleib. Er wird stärker an sie gebunden – ein wichtiger Unterschied zur Wirkung beispielsweise von Opium oder Haschisch!

Rudolf Steiner weist darauf hin, daß bei der Verwendung von Opium der astralische Leib frei vom physischen Leib ist, «und dadurch nimmt er, wenn auch nicht deutlich, allerlei wahr. Er hat nicht gewöhnliche Träume, sondern er nimmt die geistige Welt wahr. Er macht große Reisen durch die geistige Welt durch ... Und die Orientalen haben vieles von dem, was sie in nicht richtiger Weise, aber doch von der geistigen Welt beschreiben, vom Opiumgenuß, Haschisch und dergleichen ... Beim Alkoholtrinken hingegen wird sein physischer Leib ganz in Anspruch genommen, bis ins Blut hinein. Da wird sein astralischer Leib nicht frei. Da wird alles noch mehr vom physischen Leib in Anspruch genommen. Daher wird der Mensch, wenn er Alkohol trinkt, eben ganz vom physischen Leib in Anspruch genommen, viel mehr, als er sonst in Anspruch genommen wird.»[374]

Das heißt, es sind beim Alkoholgenuß verschiedene Tendenzen im Astralleib wirksam: Einerseits wird er durch die teilweise Ausschaltung der Ich-Organisation in viel stärkerem Maße von den in ihm selbst lebenden astralen Kräften wie Lust und Unlust, Sympathie und Antipathie, Trieben, Begierden, Leidenschaften usw. beherrscht, während andererseits die im physischen und ätherischen Leib lebenden Kräfte des Stoffwechsels, des Temperaments (vom Ätherleib her) und der Schwere (physischer Leib) einen stärkeren Einfluß auf die Bewegungen des Astralleibs bekommen. Durch diese letzteren Einflüsse, die von «unten her» wirken, wird der Betroffene gleichsam schwerer (vergleiche den Ausdruck «schwere Trunkenheit»). Er bleibt dadurch im Grunde ständig an dieselben Verhaltensmuster gefesselt und kann ihnen nicht entrinnen.

Alkohol im Jugendalter

Eine der wichtigsten Wirkungen des Alkohols ist also, daß er die astralen Kräfte in ihrer rauhen Form aktiviert und sie an den physischen Leib bindet. Der Alkohol weckt den noch nicht «vermenschlichten» Teil des Astralleibs in besonderem Maße. Das wird vor allem dann zum Problem, wenn Kinder Alkohol trinken. Denn der individuelle Astralleib des Kindes wird erst mit der Pubertät «geboren», das heißt selbständig.[375]

Trinkt nun ein Kind vor der Pubertät bereits Alkohol, so wird sein eigener, noch «embryonaler» Astralleib mit den darin schlummernden astralen Kräften verfrüht geweckt. Diese Kräfte werden durch den Alkohol gleichsam von außen her aktiviert. Der Astralleib wird zu einer «Frühgeburt» forciert.

Dazu noch einmal Rudolf Steiner: «Und daher kommt es, daß das Kind, wenn es früh Alkohol trinkt, eigentlich einen astralischen Leib kriegt, den es erst mit dem vierzehnten, fünfzehnten Jahre ganz ausgebildet kriegen soll; und es hat ihn nicht in seiner

Gewalt.»[376] Das läßt sich leicht nachvollziehen, da die verfrühte «Geburt» des Astralleibs dazu führt, daß dieser zum Spielball von Gefühlen wie Lust, Unlust, Sympathie, Antipathie usw. werden kann, die in ihm geweckt werden. Der junge Mensch vermag dem noch keinen Widerstand entgegenzusetzen, er kann diese Gefühle noch nicht beherrschen und gerät in ihr Schlepptau. Das kann später, beim Erwachsenen, zu einem schwer beherrschbaren Handicap führen, dann nämlich, wenn der Betreffende merkt, daß er seine Begierden, Sympathien, Lüste usw. nicht oder kaum im Zaum halten kann und die Neigung entwickelt, ihnen ständig freien Lauf zu lassen.

Auch wenn der jugendliche Konsument erst während der Pubertät (d.h. nach der «Geburt» des Astralleibs) zum ersten Mal Alkohol trinkt, wird es für ihn schwer sein, die entfesselten Astralkräfte beherrschen zu lernen. Doch gerade wegen der Entfesselung dieser astralischen Kräfte wird offensichtlich in der Pubertät soviel Alkohol getrunken. Der jugendliche Konsument lernt direkt die rohen Kräfte seines eigenen Astralleibs kennen; er kann mit Hilfe des Alkohols Eindruck auf andere machen, zeigen, wie stark er ist, sich gehen lassen usw. Gleichzeitig wird er steif und fest behaupten, daß er sich trotz einiger Gläser immer noch gut beherrschen könne und sich völlig unter Kontrolle habe. Der alte Mysteriencharakter des Alkohols erscheint wieder: Man überläßt sich den wilden Kräften des Rausches und versucht, sich ihnen gegenüber zu behaupten.

Welch ein Unterschied zum Haschisch- und Marihuanakonsum derselben Altersgruppe! Durch Haschisch bzw. Marihuana kann man den eigenen Astralleib sanft «verwehen» lassen, ihn mit den Astralleibern anderer, Gleichgesinnter verschmelzen lassen; man kann innerhalb des Astralleibs zu farbigen, intensiven, traumartigen Halluzinationen und Gefühlen kommen. Durch den Alkohol dagegen wird die *Kraft* des Astralleibs erfahren, die Macht des Stoffwechsels im Blut usw. Alkohol schenkt also, ähnlich wie Marihuana und Haschisch, Gefühle, aber sie sind von einer gröberen, kompakteren, «stofflicheren» Qualität. Auf diese Weise wird, wie bereits geschildert, der Astralleib (und zum Teil auch das Ich) stärker an die physisch-stoffliche Welt gebunden, während Marihuana und Haschisch den Astralleib, nach der ersten, meist aktivierenden Phase, teilweise austreten und in der Folge in der kosmischen Astralwelt zerfließen läßt.

So wird auch verständlich, warum Alkohol und Marihuana gerade für junge Menschen in der Pubertät und Adoleszenz *die* Drogen schlechthin sind: Der eigene, gerade erst «geborene» Astralleib wird durch den Alkohol an das Stoffliche gebunden, macht sich aber durch Marihuana und Haschisch im Gegenzug wieder davon los. Beide Drogen manipulieren den Astralleib. All dies geschieht unter Umgehung der Ichtätigkeit – die Drogen übernehmen die Aufgabe des Ich. Das Ich steht gleichsam daneben und schaut zu. Die Bildung, die «Vermenschlichung», Individualisierung und Entwicklung des individuellen Astralleibs *und* des Ich werden dadurch gehemmt.

Wie wirkt Alkohol auf den *Ätherleib*? Es muß daran erinnert werden, daß Alkohol eine *giftige* Substanz ist, das bedeutet: Alkohol löst den Ätherleib mittels der Giftwirkung teilweise vom physischen Leib. Die freigewordenen Ätherkräfte dringen in den Astralleib ein und sorgen dafür, daß der Konsument, insbesondere bei hohen Dosen, benebelt wird, sein Bewußtsein langsam verliert und gleichsam wieder zur Pflanze wird. Alkohol wirkt in dieser Form entspannend, entkrampfend, einlullend, schlafweckend. Er ist, unter diesem Aspekt, ein Betäubungsmittel. Daher wird er ja auch von vielen Menschen als «Einschlafhilfe» vor dem Zu-Bett-Gehen benutzt. Denn er versetzt den Astralleib durch Einwirkung der Ätherkräfte in einen eher «pflanzlichen» Schlafzustand; der astralische Leib löst sich, weil er sich viel stärker entspannt hat, leichter von dem als «schwer» erlebten physischen und ätherischen Leib. Die Folge: Der Betroffene schläft ein.

Dies ist also eine ganz andere Wirkung des Alkohols als die zuvor beschriebene «Energiewirkung», doch auch ihretwegen wird die Droge bereits sehr lange und gern verwendet.

Wird Alkohol länger, regelmäßig und in hohen Dosen konsumiert, so kann es sein, daß sich der Ätherleib aufgrund der starken Vergiftung in stärkerem Maße vom physischen Körper löst, mit der Folge, daß allerlei Halluzinationen und psychotische Zustände auftreten können, wie die Alkoholhalluzinose und die Erscheinungen, die während des Delirium tremens entstehen.

Die Wirkung von Alkohol auf den *physischen Leib* ist in jüngster Zeit immer wieder ausführlich erforscht und in allgemein zugänglicher Fachliteratur beschrieben worden, so daß wir uns auf eine Darstellung in großen Linien beschränken können.

Zunächst gehört natürlich der *Kater* dazu, mit dem fast jeder, der zu tief ins Glas geschaut hat, am nächsten Morgen konfrontiert wird. Unerträglich starke Kopfschmerzen, Übelkeit, Erbrechen, ein trockener Mund, schlechter Appetit, Reizbarkeit, Nervosität, «Zittrigkeit», Schwitzen, rasche Ermüdung und ein Gefühl der Erschöpfung gehören zu den Erscheinungen. Der Kater wird dadurch verursacht, daß sich in dem durch den Alkoholkonsum ziemlich erschöpften Körper zahlreiche schädliche Stoffe angesammelt haben, wie das giftige Abbauprodukt des Alkohols, Acetaldehyd, und erhöhte Konzentrationen von Milchsäure, Essigsäure und Urinsäure. Durch diese Störungen des physischen Leibes können der «rückkehrende» Astralleib und das Ich des Betroffenen beim Erwachen – wenn sie an den Körper «anstoßen» – weniger stark durchdringen. Der Astralleib und das Ich des Konsumenten kehren in einen durch die Alkoholwirkungen ihnen mehr oder weniger fremd gewordenen Körper zurück – eine Disharmonie, die der Betroffene als schmerzhaft und unangenehm erfährt. Eine ausführlichere Beschreibung des Katerphänomens haben wir bereits im Kapitel über die Opiate gegeben (S. 188ff.). Wir wollen hier nur noch darauf hinweisen, daß der Kater vor allem im Kopfbereich besonders schmerzhaft sein kann, weil der auf Zucker basierende Gehirnstoffwechsel, vor allem nach Konsum gezuckerter Weine und süßer alkoholischer Getränke wie Portwein, in eine Art von Gärungsprozeß gerät, der den normalen Ablauf einschränkt.[377]

Außerdem treten, nach kontinuierlichem Konsum mittelstarker bis hoher Dosierungen – manchmal aber auch schon nach gelegentlicher Zuführung extrem großer Mengen –, am Tag nach dem Rausch oder etwas später Entzugserscheinungen auf. Im physischen Leib ist dann eine mehr oder weniger ausgeprägte Alkoholtoleranz entstanden, das heißt, es sind im Körper ziemlich dauerhafte Abwehrmechanismen in Aktion getreten, die dafür sorgen, daß der Schadstoff Alkohol in gewisser Weise neutralisiert wird. Daher sind – bis zum Erreichen eines kritischen Punktes – immer höhere Dosen notwendig, damit der vom Konsument gewünschte Effekt des Alkohols eintritt. Bei Leberschäden und Leberkrankheiten sinkt die Toleranz übrigens wieder, da die Neutralisierungsfunktion verlorengeht. Die Folge ist, daß eine kontinuierliche Trunkenheit nicht allzuviel Geld kostet.

Die Entzugserscheinungen sehen häufig so aus:

- Muskelzittern der Finger und der Zunge
- psychomotorische Unruhe (Bewegungsdrang), Muskelkrämpfe
- Verwirrtheitszustände, Desorientierung, ungeordnetes Denken
- Schwitzen, schneller Puls, erhöhter Blutdruck, erhöhte Temperatur
- Schlaflosigkeit
- in geringerem Maße: epileptische Anfälle, Halluzinationen, Illusionen
- Ängste und depressive Beschwerden.

Diese Erscheinungen deuten vor allem darauf hin, daß der Astralleib und die Ich-Organisation des Betroffenen alles daransetzen, den gegen die «alkohollose» Situation rebellierenden Körper wieder zu ergreifen (Symptome: erhöhter Blutdruck, schneller Puls, psychomotorische Unruhe, Muskelkrämpfe, Schwitzen, Schlaflosigkeit), während die verschiedenen Wesensglieder die größten Schwierigkeiten haben, sich wieder auf normale Weise miteinander und mit dem auf einen «Alkoholstoffwechsel» eingestellten Körper zu verbinden. Eine labile Situation ist entstanden:

- Ich und Astralleib können nach Abklingen des Rausches nicht mehr gut in die anderen beiden Wesensglieder einziehen. Sie werden bei ihren Versuchen quasi zurückgeworfen (Symptom: epileptische Anfälle). Dabei spielt auch der häufig erniedrigte Blutzuckergehalt eine Rolle.
- Das Ich hat oft auch viel weniger Kontrolle über die Denkprozesse (Symptom: Verwirrtheit) und über die Unruhe und unwillkürlichen Bewegungen des Astralleibs (Symptom: psychomotorische Unruhe).
- Insbesondere in den Gliedmaßen (Symptome: Zittern und Muskelkrämpfe) und in der Leber, die durch den Alkohol geschädigt wurde, aber auch im Gehirn und im peripheren Nervensystem zeigt sich die Unfähigkeit der höheren Wesensglieder, den physischen Körper völlig zu durchdringen.

Zusammenfassend: Astralleib und Ich-Organisation setzen alles daran, die Situation, die vor der Einnahme von Alkohol vorhanden war, wiederherzustellen.

Werden – aufgrund der Entzugserscheinungen und des quälenden Bedürfnisses nach Alkohol – einige Morgendrinks genossen, so verschwinden die meisten Symptome schnell, und das hinderliche Beben und Zittern hört auf. Der Alkohol hat wieder vom Menschen Besitz ergriffen, man ist wieder «der (oder die) alte». Die andere, vom Alkohol geprägte Konfiguration der Wesensglieder hat sich wieder eingestellt.

Vor diesem Hintergrund ist es auch verständlich, daß man in der Vergangenheit vom «Ungeheuer Alkohol», vom «Dämon» oder «Teufel Alkohol» sprach, der sich an die Stelle des Ich gesetzt habe. Denn nicht das Ich, sondern der Alkohol prägte das gegenseitige Verhältnis der Wesensglieder. So nannte Rudolf Steiner in diesem Zusammenhang den Alkohol einmal ein «Gegen-Ich».

In verstärkter Form treten die Symptome der Entzugskrankheit während des sogenannten *Delirium tremens* auf.[378] Es kann den Konsumenten befallen, wenn er nach chronisch exzessivem

Trinken den Alkohol absetzt, stellt sich manchmal aber auch schon während seines jahrelangen extremen Konsums ein. Der physische Leib ist in solchen Fällen oft ebenfalls in hohem Maße geschädigt, so daß der Kampf der übrigen Wesensglieder, ihn wieder zu beziehen, viel heftiger wird. In vielen Fällen ist es ein Kampf um Leben und Tod: 30 Prozent der Patienten sterben an Delirium tremens, wenn sie nicht behandelt werden.[379]

Durch langandauernden übermäßigen Alkoholkonsum werden viele Organe des Körpers geschädigt. In erster Linie beeinträchtigt der Genuß und der dadurch notwendige Abbau des Alkohols bekanntermaßen die Leber. Dort entstehen allerlei Stoffwechselstörungen, die im Laufe der Zeit zu Deformationen führen und Auslöser von Krankheiten wie Leberüberfettung, Hepatitis und endlich Leberzirrhose sein können. In letzterem Falle werden die durch den Alkohol abgetöteten Leberzellen durch Bindegewebe ersetzt, so daß die Leber zusammenschrumpft und die Funktion dieses Organs kaum mehr gewährleistet ist; dies führt schließlich zum Tode.

Infolge der Vergiftung durch den Alkohol lösen sich also die Ätherkräfte aus der Leber. Geschieht dies in leichterer oder subtiler Form, so kann es zu Beschwerden depressiver Art kommen.[380] Der Betroffene erlebt sich selbst als unzureichend bezüglich seiner Willenskräfte, bleibt quasi in seiner Vergangenheit gefangen und kann kein Verhältnis zur Zukunft finden. Diese flößt ihm nur Angst ein, und es entsteht eine generelle Angst vor dem Leben. Selbstvorwürfe und auch plötzliche Wutausbrüche vervollständigen das Bild; schließlich kann das Leiden sogar zum Selbstmord führen. Bei dieser auf der Schädigung eines Organs beruhenden Depression spielt auch das Herz eine Rolle: «Die zentrale Betroffenheit des Herzens äußert sich in der organisch zwingenden Tendenz zu Schuldgefühlen, zu Selbstvorwürfen, d.h. zu Vorwürfen, die sich das Selbst macht. Das kann wahnhafte Ausmaße annehmen: ‹Ich bin die schlechteste Hausfrau, die es je gegeben hat, ich bin nicht mehr wert zu leben.›»[381] Viele Alkoholiker werden dies erkennen.

Außerdem kann nach vielen Jahren extremen Alkoholkonsums

aufgrund der teilweise austretenden Ätherkräfte eine Alkoholhalluzinose entstehen. Hierbei erlebt der Betroffene massive Gehörhalluzinationen, die ihn häufig bedrohen und ihm große Angst einjagen (zum Zusammenhang von Leber und Halluzination siehe die Darstellungen im Kapitel über LSD, S. 80 f.). Auch können Schädigungen des Magen-Darm-Systems auftreten (Magenblutungen, Magengeschwüre, Speiseröhrenkrebs) sowie der Nieren und Nebennieren. Überdies werden die Bauchspeicheldrüse (Drüsengewebe wird ersetzt durch Bindegewebe) und die Schilddrüse vielfach geschädigt. Das Hormonsystem gerät durcheinander. Alkoholiker haben oft einen erniedrigten Gehalt an männlichen Hormonen (Testosteron) und einen erhöhten Gehalt an weiblichen Geschlechtshormonen im Blut (letzteres bei nachweisbarem Leberschaden).[382] Eine Folge hiervon ist die «Verweiblichung» des Körpers, mit Schrumpfen der Testikel, Brustbildung und Ausfall der Schambehaarung.[383] Außerdem kann während einer Periode mit übermäßigem Alkoholkonsum eine allgemeine Muskelschwäche auftreten, wobei Muskelgewebe abstirbt. Ferner ist bei Alkoholikern die Abwehrfähigkeit gegen Infektionen in hohem Maße geschwächt.

Die Folgen für die Fortpflanzungsfähigkeit sind sehr eingreifend: Bei der Hälfte der männlichen chronischen Alkoholkonsumenten läßt sich, neben den soeben beschriebenen Symptomen, ein Libidoverlust beobachten, der häufig mit Abweichungen des Samens als Folge der beschädigten Samenkanäle einhergeht. «Nach einer Zeit der Enthaltsamkeit vom Alkohol erholen sich Libido und Potenz nur langsam, und zwar nur bei denjenigen, die keine Verschrumpelung der Hoden (Testisatrophie) und eine normale Spermatozoenkonzentration haben.»[384] Die Sperma-Abnormitäten bei chronischen Alkoholikern sind oft (in 25 Prozent der Fälle) unumkehrbar, auch nach Abstinenz, bei den meisten Männern tritt aber nach etwa acht Wochen eine Besserung ein. Die Folgen für die Nachkommen sind bei Menschen nur schwer objektiv nachzuweisen. Bei Tierversuchen zeigte sich jedoch, «daß die Ratten, deren männliche Elternteile mit Alkohol gefüttert worden waren, signifikant kleiner und geringer im Gewicht waren und zudem ein anderes Verhalten zeigten als ihre Geschwister aus einer Vergleichsgruppe. Außerdem waren die Zahl der Würfe und die Menge der Ratten pro Wurf kleiner als bei der Vergleichsgruppe.»[385]

Bei 50 Prozent der Frauen, die mehr als drei Gläser Alkohol pro Tag trinken, treten Menstruationsstörungen auf. Bei den meisten von ihnen gibt es auch Veränderungen im Hormonhaushalt (erniedrigter Östradiol- und Progesteronspiegel).[386] Zugleich kommt es wiederholt zu Fehlgeburten und Unfruchtbarkeit.[387]

Eine weitere Folge von Alkoholkonsum zeigt sich in dem «fötalen Alkoholsyndrom» (FAS), wie es von Jones 1973 beschrieben wurde: Kinder von Alkoholikerinnen können ein festes Muster prä- und postnataler Abweichungen zeigen, nämlich:

- Wachstumsverlangsamung
- zu niedriges Geburtsgewicht
- zu geringer Schädelumfang; Gehirnabweichungen, Anomalien des Zentralnervensystems, durch die neurologische, intellektuelle und/oder Verhaltensstörungen auftreten
- Gesichtsabweichungen: niedrige Haargrenze (sehr kleine Stirn), zu kurze Lidfalten, flache Nase, verformte Ohrmuscheln, unterentwickelter Oberkiefer, schmale, dünne Oberlippe ohne bzw. mit zu flacher Nasenrinne – kurz, das menschliche Angesicht ist mißgebildet
- Abweichungen der Gliedmaßen, verminderte Beweglichkeit der Gelenke, kurze Nägel, anders verlaufende Handlinien, Defekte an Herzklappen, Nieren und Hämangiome; Mißbildungen der äußeren Geschlechtsorgane.

Einige weitere Anmerkungen dazu:

- Es treten nie alle Abweichungen zusammen bei einem Kind auf.
- Die Ursache muß vermutlich in der Wirkung des Alkohols oder Acetaldehyds vor und während der ersten drei Monate der Schwangerschaft gesucht werden, während Trinken in der

zweiten Hälfte der Schwangerschaft Wachstumsrückstand und zugleich Hirnschäden auslösen kann.[388]

- «Die Tremore, das nervös-schreckhafte Verhalten, die Ruhelosigkeit im Schlaf- und Wachrhythmus sowie die übermäßige Reflexaktivität von FAS-Babys beruhen auf einer beeinträchtigten Organanlage.»[389]
- R. Spieksma führt außerdem aus: «Von verschiedenen Seiten wurde nachgewiesen, daß das Trinken von Alkohol in der allerfrühesten Schwangerschaft dazu führt, daß Kinder mit angeborenen Abweichungen geboren werden, die auf FAS deuten. Die meisten Frauen wissen in dieser Zeit noch kaum, daß sie schwanger sind, da ihre Monatsblutung erst einige Tage ausgeblieben ist. Selbst eine geringe Menge Alkohol (vergleichbar mit drei bis vier Gläsern Wein pro Tag) oder eine einmalige Trunkenheit verursachte signifikante Unterschiede in der Testgruppe. Es handelt sich hier keineswegs um weibliche Alkoholiker, sondern um normales Trinken aus ‹sozialen Anlässen›. Sozialer Alkoholkonsum während einer fortgeschrittenen Schwangerschaft ist für den Fötus weniger riskant, weil sich die Plazenta bereits ausgebildet hat. [In der Plazenta wird Acetaldehyd abgebaut. Daher wird nach der 16. Woche, wenn die Ausbildung der Plazenta beendet ist, kein Alkohol im Fötus mehr gefunden. R.D.] Man sieht dann allerdings mehr Totgeburten aufgrund einer Lösung der Plazenta, und zwar schon ab drei bis vier Gläsern pro Tag.»[390]
- «Es ist also absolut ratsam, daß man Frauen, die schwanger werden wollen, empfiehlt, keinen Tropfen Alkohol mehr zu trinken. Das Feiern einer Schwangerschaft mit einer Flasche Champagner kann daher verhängnisvoll sein!»[391]

Zugleich dringt Alkohol in das Knochenmark vor, wo das Blut gebildet wird (weiße und rote Blutkörperchen). Alkohol wirkt dort direkt blockierend, es wird nachweislich weniger Blut gebildet.[392] Van Epen: «Beim Alkoholismus treffen wir verschiedene Arten von

Blutarmut an. Auch die Bildung von Blutplättchen, die zur Blutgerinnung unerläßlich sind, ist gestört.»[393]

Daneben kommt es zur Beeinträchtigung des Herz- und Gefäßsystems, wie z.B. Schädigungen des Herzmuskels (vielfach aufgrund von Vitaminmangel, insbesondere Thiaminmangel), dem sogenannten «Ferienherz» (Herzrhythmusstörungen, Herzvergrößerung, Ödeme usw. durch extremen Alkoholkonsum während des Urlaubs, an Wochenenden, bei Festen und Partys) sowie erhöhtem Blutdruck (bei mehr als drei Alkoholschüben pro Tag).

Neueren Studien zufolge hat Alkohol allerdings auch einen «schützenden» Effekt auf die Entstehung von Koronarsklerosen (= Verengung der Herzkranzschlagadern, wodurch Angina pectoris und schließlich Herzinfarkte entstehen).[394]

Bei der Hälfte der chronischen Alkoholiker trifft man auf Anzeichen, die darauf deuten, daß die langen Nervenbahnen der Beine und Arme geschädigt sind. Nach einiger Zeit treten Empfindungsstörungen und eventuell sogar Lähmungen auf. Bei Untersuchungen stellt sich heraus, daß die Reflexe verschwunden sind. Diese Nervenstörung wird vor allem durch Vitamin-B_1-Mangel verursacht (Thiaminmangel).[395]

In Verbindung mit schlechter Ernährung kann langfristiger übermäßiger Alkoholkonsum zu ernsten Hirnschäden führen (insbesondere durch Vitamin-B_1-Mangel). Die wesentlichste Erscheinung in diesem Zusammenhang ist das Auftreten der verfrühten Demenz (Geistesschwäche durch organische Hirnschädigungen), die vom Gedächtnisverlust bis zum ernsten Wernicke-Korsakoff-Syndrom variieren kann.[396] Im letzteren Fall kommt es zunächst zu Störungen der Konzentrationsfähigkeit, des Kurzzeitgedächtnisses und des Gehvermögens (das Ich zieht sich gezwungenermaßen aus der in Unordnung geratenden Ich-Organisation zurück). In einem späteren Stadium nehmen die Gedächtnisstörungen zu, es treten sogenannte Konfabulationen auf (unwahre, nicht vom Ich kontrollierte Phantasien). Danach erscheinen Störungen im Erleben von Ort, Raum und Zeit (das bedeutet, daß auch der Ätherleib sich teilweise aus dem geschädigten Gehirn zurückzieht). Personen aus der direkten sozialen Umgebung werden nicht mehr erkannt, und schließlich tritt die Demenz ein, was übrigens durchaus schon in jüngerem Alter möglich ist. Wir zitieren noch einmal van Epen: «Durch die Zunahme des Alkoholismus hat auch die Zahl der chronischen, nicht mehr heilbaren Korsakoff-Patienten zugenommen. Sie sind in stationären Abteilungen psychiatrischer Einrichtungen unterzubringen, oder es müssen besondere Vorkehrungen getroffen werden.»[397]

Wir sind ans Ende unserer Betrachtungen zum Thema Alkohol gekommen. Versuchen wir, die Wirkung, die Alkohol auf die Wesensglieder des Menschen hat, in großen Linien zu überblicken, so läßt sich konstatieren, daß das Ich während des Rausches durch die teilweise Ausschaltung der Ich-Organisation mehr oder weniger nachhaltig aus dem Körper gedrängt wird. Dies wird als angenehm, leicht und befreiend erlebt. Sorgen, Probleme und Einsamkeit verschwinden für das Ich, sie lösen sich gleichsam in der behaglichen Wärme dieses Vergessen schenkenden «Trösters» auf.

Doch an Stelle des Ich erhalten die astralischen, leibgebundenen Kräfte ihre Chance. Sie verleihen dem «enthemmten» Alkoholkonsumenten das Gefühl der Kraft und starke Empfindungen, während zugleich die ätherischen und physischen Kräfte das Ich – soweit noch anwesend – an die «von unten» kommenden Kräfte binden. Es wird in die Sphäre des Tierischen, des Vegetativen (d.h. In-sich-Kreisenden, Betäubenden) und des Physischen (Erstarrung, Schwere) gezogen.

Alkohol schnürt den Menschen von seinem eigenen Wesen ab, von seinem Ich, seiner unverwechselbaren persönlichen Identität. Chronischer Alkoholkonsum kettet den Menschen an die Erde; er bewirkt, daß dessen Astralleib sich wie eine Art von Schein-Ich aufführt. Er führt dazu, daß der Mensch sich in Wiederholungen erschöpft, sich selbst gleichsam konserviert. Schließlich kommt es zum körperlichen Zerfall.

8. KOKAIN UND AMPHETAMINE

Kokain

Zur Geschichte

Als die ersten europäischen Entdeckungsreisenden zu Beginn des 16. Jahrhunderts Südamerika erforschten, trafen sie unter der örtlichen Bevölkerung eine seltsame Gewohnheit an. Amerigo Vespucci berichtet darüber in einem Brief vom 7. September 1504: «Sie waren sehr häßlich in Art und Erscheinung; ihre Backen blähten sich alle mit einem gewissen grünen Kraut, das sie, wie Kühe, beständig kauten. Sie konnten kaum sprechen, und jeder trug zwei Kürbisflaschen um den Hals. Die eine war voll des Krauts, das jeder im Mund hatte, die andere voll eines weißen Mehls, das wie Gipspulver aussah. Von Zeit zu Zeit pflegten sie einen Stock anzufeuchten, ihn in das Mehl zu tauchen und ihn dann in den Mund zu stecken ... Dadurch vermischten sie das Mehl mit dem Kraut ... Und da wir sehr darüber erstaunt waren, konnten wir dieses Geheimnis nicht verstehen.»[398]

Kein Wunder, denn das Kauen der Blätter des Kokastrauchs (*Erythroxylon coca*) in Kombination mit ein wenig Kalk oder dem Pulver gemahlener Muscheln, um das Freiwerden des Kokains aus den Blättern zu erleichtern, war für die Conquistadores ein völlig neues Phänomen – so etwas war in der europäischen Kultur völlig unbekannt. Bei den Indianern Südamerikas dagegen hatte die Verwendung der Koka bereits eine lange Tradition, eine Geschichte, die, in groben Linien skizziert, etwa folgendermaßen aussah:

Der Gebrauch der Kokablätter reicht bis ins dritte Jahrtausend vor unser Zeitrechnung zurück, wie Abbildungen von kokablattkauenden Menschen belegen, die an der ecuadorianischen Küste gefunden wurden. Er breitete sich über die peruanische Küste, wo man gut konservierte Kokablätter aus der Zeit von ungefähr 1300 v. Chr. gefunden hat, über den gesamten südamerikanischen Kontinent aus. Wir wissen aus vielen archäologischen Funden, daß Priester und Schamanen die Droge bei ihren religiösen und heilkräftigen Handlungen verwendeten.

Zur Zeit des Inkareichs (1020-1533 n.Chr.) nahmen Anbau und Verbreitung der Pflanze zu. Den Inkas galt Koka als heilige Pflanze, die ihnen von Göttern geschenkt worden war. Den Mythen zufolge soll Manco Capac, der göttliche Sohn der Sonne, in Urzeiten von den Felsen des Titicacasees herabgestiegen sein, um den Menschen viele Kenntnisse zu bringen. «Er brachte den armseligen Erdbewohnern das Licht seines Vaters, lehrte sie die Götter kennen, er brachte ihnen nützliche Künste bei, er schenkte ihnen die Koka, jene ‹göttliche Pflanze, die den Hungrigen sättigt, den Schwachen stärkt und die das Mißgeschick vergessen läßt› (Sigmund Freud, 1884).»[399]

Dennoch blieb die Verwendung von Koka anfangs beschränkt auf die Priesterkaste und den privilegierten Adel, der aber in Ausnahmefällen auch anderen dieses Recht einräumen konnte.

Koka spielte eine Rolle bei religiösen Ritualen, Einweihungsfesten und eventuell bei außergewöhnlichen Anlässen. Einige Beispiele:

- Bei bestimmten Zeremonien wurden Kokablätter geopfert. Aus dem Rauch der brennenden Blätter sagten Priester die Zukunft voraus. Wer Bittschriften einreichen wollte, durfte sich dem Altar nur mit Kokablättern im Mund nähern.
- Beim «Huaraca», dem Einweihungsfest der jungen Adligen, wurden Wettrennen abgehalten, bei denen junge Mädchen den Läufern unterwegs Koka reichten. Am Ziel bekam jeder Teilnehmer zum Zeichen seiner jetzt erreichten Männlichkeit eine mit Koka gefüllte «chuspa» (Schultertasche).
- Männer mit einem außergewöhnlichen Erinnerungsvermögen, deren Aufgabe es war, sich wichtige Fakten zu merken – man kannte damals noch keine ausreichenden schriftlichen Möglichkeiten –, durften Koka kauen, um ihre Erinnerungskraft zu verstärken.

– Bei religiösen Ritualen wurden in den Tempeln Kokablätter wie Weihrauch verbrannt. Die Götterstatuen trugen Kokablätter in ihren Händen.[400]

Aus all diesen Beispielen geht hervor, welch große Rolle Koka in der Inkakultur spielte. So überrascht es nicht, daß immer größere Gruppen der Bevölkerung die Droge verwendeten.

Als Pizarro mit seinen 180 Conquistadores im Jahre 1533 das Inkareich eroberte, war das Kauen von Koka bereits in weiten Kreisen der Bevölkerung verbreitet. Nach wie vor hatte der Gebrauch von Koka zudem noch eine religiöse Bedeutung. Für die christlichen Spanier, die jetzt in wachsender Zahl in das Land eindrangen, besaß der Kokakonsum etwas Rätselhaftes: «Wenn man die Indianer fragt, warum sie ihren Mund immer voll von jenem Kraut haben, das sie nicht essen, sondern nur zwischen den Zähnen halten, sagen sie, daß sie dadurch weniger Hunger empfänden und sich kraftvoll und stark fühlten. Ich denke, daß es etwa eine solche Wirkung haben muß, obwohl es mir eine Sünde und eine schlechte Gewohnheit zu sein scheint, die solchen Menschen wie diesen Indianern wohl angemessen erscheint» (Pedro Ciezo de Leon, Anfang des 16. Jahrhunderts).[401]

Doch allmählich wandelte sich die Einschätzung zum Negativen. Die Magie des Kokakauens wurde als ein Haupthindernis bei der Christianisierung des Landes erlebt. Auf dem ersten christlichen Konzil von Lima (1551) wurde die Kokapflanze daher als «unnützes, verderbliches, zum Aberglauben verführendes Ding und Blendwerk des Teufels» geächtet. Andere meinten, daß die Pflanze vom Teufel zur vollständigen Zerrüttung der Eingeborenen erfunden worden sei. Koka sei «ein wichtiges Element in ihrem Götzendienst, ihren Zeremonien und ihrer Hexerei», und ihre Behauptung, daß sie «Stärke empfangen», wenn sie es im Mund haben, sei eine Vorspiegelung des Teufels (so der spanische König in einem Dekret aus dem Jahre 1569).[402]

Es kam zu Verboten des Kokakults, Anbau und Kauen der Blätter waren untersagt, bei Übertretung wurden Strafen verhängt. Doch das alles hatte wenig Erfolg. Im Juli 1579 schrieb der katholische Geistliche Antonio de Zunida in einem Brief an den spanischen König, daß ihm die Bekehrung der Heiden wegen ihres Kokakonsums nicht gelungen sei, und plädierte für härtere Maßnahmen. Er empfahl, alle Plantagen zu roden und die Indianer, die auf ihnen gearbeitet hatten, als Sklaven zu verkaufen. Doch soweit kam es nicht. Die Spanier begannen einzusehen, daß der Kokagenuß nicht auszurotten war, weil er zu tiefe Wurzeln in der alten indianischen Kultur hatte; darüber hinaus bot er lukrative Perspektiven: für einen Hungerlohn hart arbeitende Indios und hohe Gewinne ... Noch unter den Spaniern wurden die Verbote wieder aufgehoben. Man akzeptierte, daß die Indianer Koka brauchten, um unter oft extremen klimatischen Bedingungen ihre schwere Arbeit, unter anderem in den Gold- und Silberminen, verrichten zu können.

Jetzt entstand ein richtiger Kokahandel. Kokablätter waren sogar als «Geldstücke» in Umlauf, und am Ende des 16. Jahrhunderts hatte sich bereits eine regelrechte Kokaindustrie entwickelt, in der etwa 2000 Spanier ihr Brot verdienten. Die Gewinne waren enorm, sie erreichten die Größenordnung der Einnahmen aus den Gold- und Silberminen.

Die Indios wiederum integrierten ihre alten Mythen in den ihnen aufgezwungenen christlichen Glauben, und so entstand die Mythe von der «Mama Koka», der Jungfrau Maria, die während ihrer Flucht nach Ägypten erschöpft unter einem Baum Ruhe suchte. «Traumverloren habe sie von den Blättern dieses Baumes gekostet. Kaum habe sie nur ein wenig von ihnen gekaut, habe sie sich bereits erfrischt und gekräftigt gefühlt»[403] – für die Indianer ein weiterer Beweis der Heiligkeit der Kokapflanze.

Am Ende des 16. und zu Beginn des 17. Jahrhunderts war das Kokakauen bereits ein völlig akzeptierter Bestandteil des Lebens in der Andenregion geworden. Sogar Teile der weißen Bevölkerung hatten diese Sitte übernommen. Außerdem hatten die Spanier die medizinischen Anwendungsmöglichkeiten der Pflanze entdeckt. So beschrieb der Jesuitenpater Barnabe Cobo, wie er von den Indios gelernt habe, Koka bei Beinbrüchen und Wundinfektionen sowie bei Magenverstimmungen und krampfartigem Erbrechen anzuwenden.

Wissenschaftler und Handelsreisende, die im 19. Jahrhundert die Andenregion bereisten, trafen einen weitverbreiteten Kokakonsum an. Einige von ihnen kosteten auch selbst davon, wie z.B. Clement Markham, der 1859 Peru bereiste: «Ich kaute Koka, nicht ständig, aber häufig ... und ich bemerkte – abgesehen vom angenehm beruhigenden Gefühl, das es mir gab –, daß ich längeren Nahrungsmangel mit weniger Beschwerden ertragen konnte als normalerweise. Außerdem war ich dadurch in der Lage, steile Berghänge mit einem Gefühl der Leichte und Gelenkigkeit zu erklettern, ohne außer Atem zu geraten. Diese letztere Wirkung spräche dafür, das Mittel den Mitgliedern des ‹Alpine Club› und den Weltreisenden im allgemeinen zu empfehlen.»[404]

Bis zum heutigen Tag spielt Koka eine wichtige Rolle in der Kultur der Indianer der Andenregion und des Amazonasgebiets. Koka wird bei religiösen Riten, bei der Wahrsagerei und in der Heilkunst verwendet. Es hilft heute noch den Indios, die Strapazen bei der Arbeit in den Erzminen zu bewältigen. Denn es regt zu größerer Aktivität an und beschleunigt die Atmung, so daß der Körper in großen Höhen besser mit Sauerstoff versorgt wird. Als Heilmittel findet es insbesondere als Schmerzmittel bei Kopf- und Magenschmerzen, bei Wunden und bei Geburten Verwendung. Auch in den Umgangsformen spielt Koka eine Rolle: Wenn zwei Freunde einander begegnen, schenken sie sich als Willkommensgabe häufig Kokablätter, ähnlich wie man bei uns einem Gast eine Tasse Kaffee, Tee oder ein Glas Wein anbietet.

Die Zahl der «coqueros» (so nennen die Indianer die Kokakauer) wird auf mehr als 8 Millionen, in der Regel Männer, geschätzt. Man nimmt an, daß 90 Prozent der männlichen Bevölkerung mehr oder weniger intensiv Koka kaut. Die Menge an Reinkokain, die ein chronischer Konsument täglich zu sich nimmt, wird auf 0,14 g[405] bis 0,5 g[406] geschätzt. Im Vergleich zu einem kokainschnupfenden oder -spritzenden Süchtigen ist dies eine niedrige bis in etwa vergleichbare Dosis. Allerdings ist es so, daß Kokain durch das lange Kauen (ca. 40 Minuten) und die Verdünnung durch den Speichel eine weniger schnelle und weniger intensive Wirkung entfaltet als beim Schnupfen oder Injizieren (wobei das viel reinere Kokain bedeutend rascher bzw. direkt ins Blut gelangt).

Was die Folgen für die Indios betrifft, herrschen unterschiedliche Auffassungen, angefangen bei der Verminderung der Intelligenz, die zu Desinteresse, verminderter Lernfähigkeit, Analphabetismus und Unterernährung führe (Ashley), bis zu Aussagen der Art, daß die Risiken des Kokakauens auf eine Linie zu stellen seien mit denen des Trinkens von Kaffee oder Tee (E. Brecher). Den Indianern verleiht Koka hingegen ein höheres Selbstwertgefühl: «Die Coca war und ist ein psychisches und physisches Hilfsmittel für die Indios, sich über schwerste Unterdrückung und Notlagen hinwegzuretten. Sie ist noch etwas ihnen Eigenes; der gemeinsame Gebrauch, sei es kultisch-rituell, sei es als Genußmittel, vermittelt ein Zusammengehörigkeitsgefühl und ein Gefühl der Stärke.»[407]

Bevor wir zur Beschreibung der Geschichte des Kokains in Europa übergehen, wollen wir kurz die Pflanze betrachten, aus der Kokain gewonnen wird, das *Erythroxylon coca* (Kokastrauch).

Die Kokapflanze

Die Kokapflanze ist ein mehrere Meter hoher Strauch, der unter anderem in den Anden in einer Höhe von 500 bis 2000 Metern gedeiht. Wildwachsend kann er bis zu 5 Meter hoch werden, doch zur Vereinfachung der Ernte werden die Sträucher auf eine Höhe von ein bis zwei Metern zurückgeschnitten. Die Pflanze hat gelbliche Blüten, die Früchte sind steinhart und rot. Die Blätter, aus denen Kokain gewonnen wird, sind zart, länglich und reichlich vorhanden. Drei- bis viermal pro Jahr werden sie geerntet (siehe Abb. S. 268). Bei einer durchschnittlichen Tagestemperatur von 15° bis 20° C während der Wachstums- und Reifeperiode enthalten sie

die höchste Konzentration an Kokain. Der Kokastrauch gedeiht optimal in feuchtwarmen gebirgigen Gegenden, wo er auf kleinen, terrassenförmigen Flächen angebaut wird. Nicht nur in den Anden, sondern auch auf Java, Sri Lanka, Indien, Afrika und auf dem Westindischen Archipel konnte man in der Vergangenheit Kokaplantagen antreffen. Der Anbau konzentriert sich heute fast ganz auf dem südamerikanischen Kontinent.

Kokain in Europa

Die Kokablätter wurden 1569 erstmals nach Europa gebracht, die Pflanze selbst erst 1749. Zunächst schenkte man jedoch den Blättern wie der Pflanze wenig Beachtung. 1783 gelang es Jean Baptiste Lamarck, die Pflanze als zu den Erythroxylazeen gehörig zu klassifizieren. Seitdem trägt sie ihren Namen: *Erythroxylon coca* (Lamarck). Erst im 19. Jahrhundert drangen die Berichte bekannter Forschungsreisender wie Alexander von Humboldt und Eduard Poeppig in die breite Öffentlichkeit und in wissenschaftliche Fachkreise. Die Kokablätter, die sie mitbrachten, wurden in wissenschaftlichen Instituten auf ihre geheimnisvollen Kräfte hin untersucht, die ihnen die südamerikanischen Indios zuschrieben.

1860, möglicherweise aber auch schon ein Jahr früher, gelang es Alfred Niemann, den wichtigsten Wirkstoff des Kokablatts zu isolieren: das Alkaloid Methylbenzoylergonin, den Niemann «Cocain» taufte. Fast gleichzeitig erschien das erste umfangreiche Buch über Koka. Autor war der italienische Anthropologe, Arzt, Romancier und Märchenverfasser Paolo Mantegazza, der die Wirkungen der Droge aus eigener Erfahrung positiv beschrieb: «Von zwei Kokablättern als Flügeln getragen, flog ich durch 77.348 Welten, eine immer prächtiger als die andere. Gott ist ungerecht, daß er es so eingerichtet hat, daß der Mensch leben kann, ohne immer Koka zu kauen. Ich ziehe ein Leben mit Koka einem Leben von einer Million Jahrhunderten ohne Koka vor.»[408]

In den sechziger Jahren des 19. Jahrhunderts setzte eine intensive industrielle Nutzung der Koka ein. Vor allem in Südeuropa fand die Droge reißenden Absatz als Genußmittel, während sie in Mittel- und Nordeuropa zunächst als Spezialmedizin eingeführt wurde. 1863 wurde in Frankreich ein kokainhaltiger Wein auf den Markt gebracht: Der Apotheker Angelo Mariani produzierte sein Kraftelixier, den «Vin Mariani». Viele Berühmtheiten der damaligen Zeit ließen sich in von Mariani publizierten «Jahrbüchern» lobend darüber aus, so unter anderem Emile Zola, Jules Verne und Henrik Ibsen, die Komponisten Charles Gounod, Jules Massenet und John Ph. Sousa, der Maler Mucha und der Erfinder Thomas A. Edison. Auch Zar Alexander II. und Papst Leo XIII. griffen gern zu Marianis Elixier.

Überall in Europa erschienen nun Kokaweine, Kokachampagner, Kokapastillen und Kokazigaretten auf dem Markt. Dazu ein Zitat aus der *Detroit Therapeutic Gazette* aus dem Jahr 1881: «Ich würde weiter behaupten, daß in einer Anzahl von Apotheken in Paris Koka-Spezialitäten zubereitet werden und daß in ausnahmslos allen Apotheken Kokawein auf ärztliche Verschreibung bereitet wird. Man findet in allen Apotheken von Paris Kokablätter zum Verkauf angeboten. Diese findet man auch in den größeren Städten Italiens in den großen Apotheken ... In allen Cafés Italiens serviert man Elixir de Coca Boliviana, erzeugt von einer großen Firma, die eine Spezialität aus diesem Produkt macht.»[409]

Coca-Cola

1886 brachte John Styth Pemberton sein Coca-Cola auf den Markt, einen alkoholfreien kokainhaltigen Sirup, der zunächst vor allem wegen seiner heilenden Wirkung gepriesen wurde. Ein Reklametext aus dieser Zeit behauptete, Coca-Cola sei nicht nur ein «köstliches, anregendes, erfrischendes und kräftigendes Getränk», sondern auch eine «wertvolle Hirnnahrung, die alle möglichen nervösen Symptome: nervöse Kopfschmerzen, Neuralgien, Hysterie und Melancholie, zur Heilung bringen» könne.[410]

Pemberton lag im Trend: In manchen Staaten Amerikas war Alkohol unter Druck der Mäßigkeitsbewegung verboten worden, und Coca-Cola war daher für viele eine ideale Alternative. Zwei Jahre später verschwanden die medizinischen Indikationen aus den Reklametexten, und man pries Coca-Cola jetzt nur noch als «erfrischendes und anregendes Getränk» an. Doch als die radikalen Trunkenheitsbekämpfer und Mäßigkeitsverfechter, aufgrund von kritischen Publikationen über Kokain als Problemdroge, die Gefahren des Kokains entdeckt hatten, wurde der Druck auf die Hersteller immer größer. So entschloß sich die Coca-Cola-Gesellschaft, den Kokainanteil des Getränks durch Koffein zu ersetzen.

Doch bis heute werden, allerdings in entkokainierter Form, noch Kokablätter als Grundstoff verwendet, denn sie tragen zu dem besonderen Aroma des Getränks bei.

Ende des 19. Jahrhunderts

In den letzten zwei Jahrzehnten des 19. Jahrhunderts wurde Kokain auf mehrere Arten wissenschaftlich erforscht und angewandt:

- Seit Anfang der achtziger Jahre spielte die Droge, insbesondere in den Vereinigten Staaten, eine unterstützende Rolle als Ersatzdroge während der Entwöhnung von Alkoholikern und Morphinisten. Als aber immer mehr negative Berichte über die schädlichen Nebenwirkungen des Kokains in der Presse erschienen, verlor es allmählich an Bedeutung; 1898 machte es in der Behandlung der Morphiumsüchtigen dem neuen, vielversprechenden Wundermittel Heroin Platz.
- In der Fachwelt wurden intensive Forschungen nach weiteren Anwendungsmöglichkeiten des Kokains als Heilmittel durchgeführt. Man gebrauchte es unter anderem als Medizin gegen Erkältung und Grippe, als Stärkungsmittel gegen die Folgen sitzender Lebensweise und als allgemeines Mittel gegen Verdauungsstörungen und Migräne. In verschiedenen Ländern wurden Kokainfabriken errichtet.

Der Wiener Augenarzt Carl Koller war der erste, der – nach früheren Beobachtungen und Forschungen von Karl Schroff (1862) und Vasili von Anrep (1879) – die Verwendung von Kokain als Lokalanästhetikum entdeckte: «Dr. Engel nahm ein wenig Kokain auf die Spitze seines Taschenmessers und sagte: ‹Wie das die Zunge betäubt!› Ich sagte: ‹Ja, das hat noch jeder bemerkt, der es zu essen versucht hat.› Und in diesem Augenblick hatte ich die Erleuchtung, daß ich in meiner Tasche das Lokalanästhetikum mit mir herumtrug, das ich bereits seit mehreren Jahren suchte ...»[411]

Zuerst erprobte Koller Kokain an Fröschen, später an Warmblütlern. Danach, als diese Experimente erfolgreich erschienen, setzte er Kokain als örtliches Betäubungsmittel bei Augenoperationen an Menschen ein. «Die Bedeutung dieses Fortschritts kann nur der ermessen, der sich vorstellen kann, welche unendlichen Qualen bis dahin Menschen erleiden mußten, bei denen Operationen im Bereich des Auges notwendig geworden waren.»[412] Durch Kokain wurden Operationen möglich, die bis dahin als undurchführbar gegolten hatten.

Im September 1884 präsentierte Koller seine Entdeckung während eines Fachkongresses in Heidelberg. Daraufhin fand Kokain starken Absatz als das beste Betäubungsmittel. Es wurde nicht nur bei Augenoperationen eingesetzt, sondern vor allem auch im Bereich der Hals-, Nasen und Ohrenmedizin. Bis heute wird Kokain auf diese Weise verwendet, wenngleich andere Mittel hinzugekommen sind, die eine vergleichbare Wirkung haben, wie Novocain, Xylocain, Scandicain, Lidocain und andere.

Zur Gruppe der Forscher, die in Wien mit Kokain experimentierte, gehörte neben Koller auch Sigmund Freud. Von 1884 bis 1887 führte er viele Selbstversuche durch, die ihn zunächst sehr begeisterten (siehe die Auszüge aus einem Brief an seine Braut, S. 41) und ihn dazu bewogen, wissenschaftliche Forschungen durchzuführen, um «ein Loblied auf dieses Zaubermittel» schreiben zu können. In einem anderen Brief (vom 21. April 1884) schreibt Freud an seine Braut: «Mit einem Projekt und mit einer Hoffnung trage ich mich jetzt auch, die ich Dir mitteilen will; vielleicht wird's ja auch nichts weiter. Es ist ein therapeutischer Versuch. Ich lese vom Cocain, dem wirksamen Bestandteil der Cocablätter, welche manche Indianerstämme kauen, um sich kräftig für Entbehrungen und Strapazen zu machen. Ein Deutscher hat nun dieses Mittel bei Soldaten versucht und wirklich angegeben, daß es wunderbar kräftig und leistungsfähig mache. Ich will mir nun dieses Mittel kommen lassen und auf Grund naheliegender Erwägungen es bei Herzkrankheiten, ferner bei nervösen Schwächezuständen, insbesondere bei dem elenden Zustande bei der Morphiumentziehung (wie bei Dr. Fleischl) versuchen. Vielleicht arbeiten schon viele andere damit, vielleicht taugt es nichts. Aber das Versuchen will ich nicht unterlassen und Du weißt, was man oft versucht und immer will, das gelingt dann einmal.»[413]

Einige Monate später publizierte er die ersten Resultaten seiner Forschungen: *Über Coca*. Die Resultate weiterer Forschungen, bei denen ihm Koller assistierte, erschienen im Januar 1885 unter dem Titel *Beitrag zur Kenntnis der Coca-Wirkung*.

Schon in *Über Coca* empfiehlt Freud das Mittel als Medizin gegen die verschiedensten «psychischen Schwächezustände» wie «Hysterie, Hypochondrie, melancholische Hemmung, Stupor u. dgl.»[414] Weiter empfiehlt er Kokain bei Neurasthenie, Asthma, Verdauungsstörungen und psychischer Impotenz (der Fall eines Schriftstellers, der wochenlang unfähig zur literarischen Produktion war und nach Einnahme von Kokain «14 Stunden ohne Unterbrechung arbeiten konnte»[415]).

In diesen Jahren führte Freud auch Experimente an sich selbst durch, die er minuziös beschrieb: «Ich habe diese gegen Hunger, Schlaf und Ermüdung schützende und zur geistigen Arbeit stählende Wirkung der Coca etwa ein dutzendmal an mir selbst erprobt.»[416]

Nach einiger Zeit ging er dazu über, kleine Dosen Kokain seinen leicht neurotischen Patienten als Medizin zu verabreichen.

Freud «wurde von seinem (allerdings sehr maßvollen) Kokainkonsum durch den tragischen Tod seines Freundes Fleischl geheilt, der 1891 u.a. an extremen Überdosen Kokain zugrunde ging – die Freud ihm empfohlen hatte, damit er von seiner Morphiumsucht loskomme!»[417]

Ein anderer Grund für die Beendigung der Kokainexperimente Freuds mag darin gelegen haben, daß sich ab 1886 die gesamte wissenschaftliche Welt gegen den Konsum der Droge wandte und Freud um seine Reputation als Wissenschaftler fürchten mußte. In seiner *Traumdeutung* (1900) erinnerte sich Freud noch lange danach, daß ihm seine Empfehlung des Kokains in Wien «schwerwiegende Vorwürfe» eingetragen habe.

Kokain im 20. Jahrhundert

Der erste Bericht über eine neue Methode des Kokainkonsums erschien 1900 im *Journal of the American Medical Association.* Er beschrieb das *Schnupfen* des Kokains: «Man berichtet, daß Schwarze in bestimmten südlichen Staaten einer neuen Form von Delikten verfallen seien – dem Kokain-‹Schnupfen› oder auch

‹Coke-Habit›.»[418] Auch in Europa fing man einige Jahre später mit dieser neuen Form des Kokainkonsums zu experimentieren an. Dies war vor allem in Pariser Künstler- und Intellektuellenkreisen der Fall (in Paris lebte bereits, aus dem 19. Jahrhundert stammend, eine gewisse Tradition des Haschischrauchens, der «Club des Haschischins»), außerdem, einer Enquète aus dem Jahr 1913 zufolge, angeblich unter «Minderwertigen, den Haltlosen, den Lügnern, Schwindlern und Gesellschaftsfeinden», wie man damals Problemgruppen nannte.[419]

Während des Ersten Weltkriegs stopften sich «manche französischen und deutschen Jagdflieger ... die Nasenlöcher mit dem weißen Pulver (‹Schnee›) voll, ehe sie zum Feindflug aufstiegen.»[420]

Danach, insbesondere in den «Wilden Zwanzigern», setzte sich das Kokain in vielen Großstädten Europas durch. Es war ein Handel mit dem nach Kriegsende auf den Markt gekommenen Kokain entstanden, und die äußerst unsichere, revolutionär gefärbte sozialökonomische Situation sowie die gigantische Inflation sorgten für einen idealen Nährboden für eine Droge, die kurze Phasen der Euphorie versprach. Der italienische Futurist Marinetti charakterisiert die Atmosphäre dieser Zeit folgendermaßen: «Die rohe und primitive Mehrheit der Menschen stürzt sich stürmisch auf die revolutionäre Eroberung des kommunistischen Paradieses und auf die endgültige Erstürmung des Glücks, in der Überzeugung, alle Bedürfnisse und materiellen Begierden befriedigend lösen zu können. Die intellektuelle Minderheit verachtet auf ironische Weise diesen beschwerlichen Versuch, versteht das Leben als grausamen Prozeß und ergibt sich, da ihr auch die alten Freuden der Religion, der Kunst und der Liebe, die einst ihre Privilegien und ihre Zufluchtsstätten waren, nicht mehr schmecken, dünnen Pessimismen, sexuellen Abnormitäten und den künstlichen Paradiesen des Kokains, des Opium, des Äthers ...»[421]

In einem Berliner «Kommerslied» jener Zeit wird die Stimmung unter der Jugend so besungen:

... Und wir Berliner greifen drum
Zu Kokain und Morphium –
Mag's donnern drauß und blitzen,
Wir schnupfen und wir spritzen!
...
Und spritzt man sich ins Irrenhaus
Und schnupft man sich zu Tode –
Du lieber Gott, was macht das aus
In dieser Weltperiode!
Ein Narrenhaus ist ohnedies
Europa, und ins Paradies
Mag Einer gern heut schlupfen
Durch Spritzen und durch Schnupfen![422]

Auch in Amerika wurde in den zwanziger Jahren viel Kokain konsumiert. Das paßte zur Atmosphäre des Optimismus, von Geld, Freiheit usw. – ganz im Gegensatz zu Europa also. Doch in den dreißiger Jahren mit ihrer wirtschaftlichen Depression sank der Kokainverbrauch drastisch, danach machte es dem Marihuana und dem inzwischen (1933) wieder legalisierten Alkohol Platz.

Auch in Europa nahm der Kokainkonsum in den Dreißigern ab. Zu Beginn des Zweiten Weltkriegs war er kaum mehr der Rede wert.

Nach dem Zweiten Weltkrieg

Während und nach dem Zweiten Weltkrieg gab es keine nennenswerte Kokainanwendung für nichtmedizinische Zwecke. Die stimulierenden Mittel, die in der damaligen Zeit in großem Stil von Soldaten und später von Millionen Japanern, aber auch vielen Skandinaviern verwendet wurden, waren rein synthetischer Natur und gehörten zur Gruppe der sogenannten Weckamine, wie zum Beispiel Amphetamin.

Kokainkonsum kam erst wieder zu Anfang der siebziger Jahre in den USA in nennenswerter Größenordnung auf. Er wurde dadurch begüngstigt, daß viele Menschen die Nachteile und Gefahren der rein synthetischen stimulierenden Mittel («Speed») inzwischen am eigenen Leibe erfahren hatten. Kokain schien da ein viel harmloseres Mittel zu sein – basierte es doch auf einem natürlichen Grundstoff. Und hatten nicht die Indianer schon jahrtausendelang Kokablätter gekaut? Die Lektion der zwanziger Jahre mit ihren Zehntausenden von Kokainsüchtigen schien vergessen.[423]

Der große Durchbruch des Kokains erfolgte in den achtziger Jahren, im Zeitalter des «no nonsense», als die teure Droge zunehmend von Menschen aus der Film-, Musik- und Medienwelt, von Yuppies, Drogensüchtigen usw. verwendet wurde.

Crack

Seit Mitte der achtziger Jahre wurde die Droge «demokratisiert» – es erschien eine viel billigere und stärker wirksame Variante auf dem amerikanischen Markt: *Crack*. Crack ist eine Kokainlösung, die mit Backpulver und Wasser aufgekocht wird. Nach Abkühlung entsteht eine Masse, die in Stücke («rocks») gebrochen wird. Diese Stücke können geraucht werden.

Crack hat eine extrem starke und kurze Wirkung (etwa drei bis fünf Minuten). Der Kick löst eine enorme Euphorie aus, und der Betreffende hat während des Rausches das Gefühl, daß er körperlich und seelisch, oft in höchst aggressiver Weise, die ganze Welt «stemmen» kann. Außerdem hat diese Droge den Vorteil, daß sie geraucht werden kann. Dadurch setzt die Wirkung schon nach wenigen Sekunden ein, im Gegensatz zum normalen Kokain, das in der Regel geschnupft (gekokst) wird und erst nach einigen Minuten über die Nasenschleimhaut und das Blut das Gehirn erreicht. Crack führt fast sofort zur Abhängigkeit. Dadurch erhöhte sich die Zahl der Kokain- bzw. Cracksüchtigen in Amerika bis 1989 auf etwa 22 Millionen! In amerikanischen Großstädten breitete sich der Crack-Konsum wie eine Epidemie aus; seit zehn Jahren ist die Zahl der Crack-Abhängigen in den USA glücklicherweise jedoch stark rückläufig.

Die Crackwelle in den USA hat sich aber bis heute kaum bis nach Europa ausgebreitet. Man kennt allerdings in den Niederlanden seit Mitte der achtziger Jahre die aus Surinam eingeführte sogenannte «Kokainbase», bei der Kokain, vermischt mit Backpulver (Natriumkarbonat), durch eine in der Regel mit Rum gefüllte Wasserpfeife geraucht wird. Infolgedessen gelangt das Kokain, vermischt mit Alkoholdunst, schnell ins Blut, was manchmal durchaus mit Ausbrüchen heftiger Aggressionen einhergehen kann.[424]

Die illegale Produktion und der Handel mit Kokain ist heute eine äußerst lukrative Sache geworden. Die vielen Konsumenten und Abhängigen, vor allem in den USA und Europa, werden von Drogenkartellen der Mafia in Bolivien, Peru, Ecuador usw. versorgt, die den Welthandel kontrollieren. Die Gewinne dieser Kartelle sind – trotz des amerikanischen «war on drugs» und aufgrund der wachsenden Märkte in Osteuropa – enorm: Waren es am Ende der siebziger und zu Beginn der achtziger Jahre Marihuana und Haschisch, bei denen der illegale Umsatz schätzungsweise ungefähr gleich hoch war wie die Umsätze der Welt-Ölindustrie, so hat seitdem das viel teurere Kokain teilweise diesen Rang eingenommen. Außerdem erreichte der Konsum von Kokain zwischenzeitlich einen epidemischen Umfang, so daß die Gewinne der Kokainmafia gewiß in unvorstellbare Höhen schnellten.[425]

Die Wirkung von Kokain

Wie bereits erwähnt, hat Kokain eine betäubende, stimulierende und euphorisierende Wirkung. Wir wollen diese Wirkungen jetzt im einzelnen besprechen und den Einfluß des Kokains auf die menschlichen Wesensglieder betrachten.

Betäubende Wirkung

Die betäubende Wirkung auf das Zentral-Nervensystem und vor allem das periphere Nervensystem beruht auf einer Blockierung der Reizleitung der Gefühlsnerven. Kommt die Droge zum Beispiel mit den Schleimhäuten der Magenwand in Berührung, so werden die Gefühle von Hunger und Durst betäubt, wie wir bereits bei der Darstellung der kokakauenden Indianer sahen.

Einige weitere Beispiele:

- Wird eine Kokainlösung in niedriger Dosierung direkt in den Rückenmarkskanal gespritzt, so werden alle Körperteile unter der Gürtellinie empfindungslos, und es kann operiert werden (erstmals 1899 von August Bier durchgeführt).[426]
- Gelangt Kokain durch Rauchen, Schnupfen («Koksen») oder Injizieren in die Blutbahn, so hat die Droge eine betäubende Wirkung auf bestimmte Ganglien des Nervensystems, die dadurch reizunempfindlich werden.[427]

Aus alldem läßt sich ableiten, daß sich das Bewußtsein (der Astralleib) aus den vom Kokain besetzten Teilen des Nervensystems zurückzieht. Der Astralleib tritt teilweise aus, atmet gewissermaßen aus. Bei sehr niedriger Dosierung gelangt der Betroffene in einen ruhigeren, entspannten, traum- bis schlafartigen Zustand. Die Frequenz des Herzschlags nimmt ebenfalls ab.

Doch andererseits atmet der Astralleib (bei steigender Dosierung) auch wieder ein, wodurch just eine Aktivierung, eine erhöhte Stimulation und Wachheit zustande kommt.

Stimulierende Wirkung

Diese verstärkte Einwirkung des Astralleibs läßt sich an einer Reihe von Phänomenen ablesen:

- Beschleunigung der Atmung (ohne gleichzeitige Vertiefung); bei einer hohen Dosierung entsteht eine sehr rasche, oberflächliche Atmung

- Erhöhung der Herzfrequenz, jedenfalls bei normaler bis hoher Dosierung; zugleich Erhöhung des Blutdrucks infolge der Verengung der peripheren Blutgefäße
- leichtes Ansteigen der Körpertemperatur; bei Tieren (Pferden, Hunden) kann die Temperatur bis zu drei Grad Celsius ansteigen
- Reizung bestimmter Gehirnregionen,[428] wobei auch der sympathische Teil des vegetativen Nervensystems aktiviert wird; dadurch erweitern sich u.a. die Pupillen
- Zunahme der Darmbewegungen: Kokain hat eine laxierende (abführende) Wirkung; zugleich wird die Blase stimuliert, wodurch ein ständiger Drang zum Urinieren auftritt
- Energie und Leistungsfähigkeit nehmen vorübergehend zu; erhöhter Bewegungsdrang, der Betroffene will aktiv werden.

Durch diese starke «Einatmung» des Astralleibs wird der Konsument gewissermaßen überwach. Müdigkeit und Schlafneigung verschwinden, sie werden überlagert von den stark «einziehenden» Astralkräften. Der Astralleib ist übermächtig gegenwärtig, der Konsument «glänzt und glitzert» in seiner aktivierten, quasi exhibitionierten Astralität. Gefühle der Schutzlosigkeit, des Zweifels, der Unsicherheit und der Angst werden durch dieses Übermaß an Astralkräften übertönt. Die seelischen Reaktionen sind deshalb oft unerwartet heftig und können sich leicht in aggressiven Stimmungen entladen. Die sexuelle Begierde wird, zumindest im ersten Rausch, stimuliert.[429]

Besonders auffällig ist die Steigerung des körperlichen Durchhalte- und Leistungsvermögens. Der stark «eingeatmete» Astralleib bietet den Gefühlen der Ermüdung und Erschöpfung keinen Raum mehr, so daß der Betreffende sich während der Wirkzeit der Droge wach, kräftig und vital fühlt. Dazu einige Berichte:

- Freud: «Man fühlt eine Zunahme der Selbstbeherrschung, fühlt sich lebenskräftiger und arbeitsfähiger ... Während dieses ... Cocainzustandes tritt das hervor, was man als die wunderbare stimulierende Wirkung der Coca bezeichnet hat.»[430]

- Der schwedische Ethnograph Erland Nordenskiöld berichtet, sein indianischer Begleiter habe bis zu 30 Kilogramm Gepäck siebzehn Stunden lang im Dauerlauf durch die Berge geschleppt – eine Leistung, die ohne Koka undenkbar wäre.[431]
- «Die Indianer können ohne Hunger oder Übermüdung lange Märsche durch die Berge machen. Die ‹Kokade› ist ein Längenmaß geworden, nämlich die Strecke, die mit einer bestimmten Dosis Koka zurückgelegt werden kann, ähnlich wie früher unsere Bauern den Abstand zwischen zwei Dörfern nach der Zahl der Pfeifen zählten, die unterwegs geraucht wurden.»[432]
- Frank (21 Jahre): «Als ich in so 'ner Disco war, gegen zwei Uhr hing ich dann leblos gegen die Bar, und dann ging ich kurz auf die Toilette, man nimmt eine Prise und kommt dann wieder völlig wach zurück. Und dann kann man weitermachen bis so um sechs Uhr.»[433]
- «Kein Wunder, daß bei strapaziösen Sportveranstaltungen, wie der ‹Tour de France› oder den Berliner Sechstagerennen, Kokain gelegentlich als Dopingmittel verwendet wurde (ehe die modernen Weckamine aufkamen).»[434]

Die Euphorie

Die gewaltige «Einatmung» des Astralleibs vermittelt dem Konsumenten ein herrliches Gefühl. Sein Selbstwertgefühl steigt, er hat die Empfindung, die ganze Welt «stemmen» zu können. Er ist schnell, hart, selbstsicher, fühlt keine Angst mehr und wagt viel. «Jung, schnell, wild – das willst du doch auch!» Dieser Reklameslogan von «Radio Veronica» könnte auch für Kokain eingesetzt werden.

Auch das Denken wird aktiviert. Der Kopf wird hyperaktiv, man assoziiert rasend schnell, leicht und klar. Einige Zitate:

- «Der Konsument hat das Gefühl, rascher nachdenken und urteilen zu können.»[435]
- «Kokain schafft ein Erlebnis, als könne man außergewöhnlich schnell und klar denken.»[436]

- «Das eigene Denken wird als sehr klar erlebt ... Der Betroffene fühlt sich kurze Zeit paradiesisch glücklich.»[437]
- Auch Sherlock Holmes erfuhr dies. In Sir Arthur Conan Doyles Kriminalroman *Das Zeichen der Vier* schildert Dr. Watson: «Auch heute, als wir im Zimmer beisammen saßen, langte Sherlock Holmes die Flasche von der Ecke des Kaminsimses herunter und nahm die Induktionsspritze aus dem sauberen Lederetui. Mit seinen weißen, länglichen Fingern stellte er die feine Nadel ein und schob seine linke Manschette zurück. Eine kleine Weile ruhten seine Augen gedankenvoll an den zahllosen Narben und Punkten, mit denen sein Handgelenk und der sehnige Vorderarm über und über bedeckt waren. Endlich bohrte er die scharfe Spritze in die Haut, drückte den kleinen Kolben nieder und sank mit einem Seufzer innigsten Wohlbehagens in seinen samtenen Lehnstuhl zurück.

  Seit vielen Monaten hatte ich diesen Hergang täglich dreimal mit angesehen, ohne mich jedoch damit auszusöhnen. Im Gegenteil, Tag für Tag steigerte sich mein Verdruß bei dem Anblick, und in der Nacht ließ mir der Gedanke keine Ruhe, daß ich zu feige war, dagegen einzuschreiten. So oft ich mir aber vornahm, meine Seele von der Last zu befreien, immer wieder erschien mir mein Gefährte, mit der kühlen, nachlässigen Miene, als der letzte Mensch, dem gegenüber man sich Freiheiten herausnehmen dürfe ...

  Aber an diesem Nachmittag fühlte ich plötzlich, daß ich es nicht länger aushalten könne ...

  ‹Was ist denn heute an der Reihe›, fragte ich kühn entschlossen, ‹Morphium oder Cocain?›

  Er erhob die Augen langsam von dem alten Folianten, den er aufgeschlagen hatte. ‹Cocain›, sagte er, ‹eine Lösung von sieben Prozent. Wünschen Sie's zu versuchen, Doktor Watson?› – ‹Wahrhaftig nicht›, antwortete ich ziemlich barsch ...

  Er lächelte über meine Heftigkeit. ‹Vielleicht haben Sie recht, der physische Einfluß ist vermutlich kein guter. Ich finde aber die Wirkung auf den Geist so vorzüglich anregend und klärend, daß alles andere dagegen von geringem Belang ist.›

‹Aber überlegen Sie doch›, mahnte ich eindringlich, ‹berechnen Sie die Kosten! Mag auch Ihre Hirntätigkeit belebt und erregt werden, so ist es doch ein widernatürlicher, krankhafter Vorgang, der einen gesteigerten Stoffwechsel bedingt und zuletzt dauernde Schwäche zurücklassen kann. Auch wissen Sie ja selbst, welche düstere Reaktion Sie jedesmal befällt. Wahrlich, das Spiel kommt Sie hoch zu stehen. Um eines flüchtigen Vergnügens willen setzen Sie sich dem Verlust der hervorragenden Fähigkeiten aus, mit denen Sie begabt sind. Ich sage Ihnen das nicht nur als wohlmeinender Kamerad, sondern als Arzt, da ich mich in dieser Eigenschaft gewissermaßen für Ihre Gesundheit verantwortlich fühle. Bedenken Sie das wohl!›

Er schien nicht beleidigt. Seine Ellenbogen auf die Armlehnen des Stuhls stützend, legte er die Fingerspitzen gegeneinander, wie jemand, der sich zu einem Gespräch anschickt.

‹Mein Geist›, sagte er, ‹empört sich gegen den Stillstand. Geben Sie mir ein Problem, eine Arbeit, die schwierigste Gemeinschrift zu entziffern, den verwickeltsten Fall zu enträtseln. Dann bin ich im richtigen Fahrwasser und kann jedes künstliche Reizmittel entbehren. Aber ich verabscheue das nackte Einerlei des Daseins; mich verlangt nach geistiger Aufregung. Das ist auch die Ursache, weshalb ich mir einen eigenen, besonderen Beruf erwählt oder vielmehr geschaffen habe; denn ich bin der Einzige meiner Art in der Welt.›»[438]

Auch Sherlock entging offenbar nicht dem Überheblichkeitsgefühl, das Kokain erzeugt.

Kokain vermittelt also auch die Erfahrung der «geistigen Aufregung», großer Klarheit und Schnelligkeit des Denkens. Der Benutzer der Droge gelangt in eine helle, klare Welt beschleunigter Gedankenassoziationen, die ihm das Gefühl geben, zu großen intellektuellen und kreativen Leistungen imstande zu sein. Das beruht jedoch häufig auf einer Illusion, «denn die Droge vermag objektiv die Denkfähigkeit keineswegs zu steigern».[439] Allerdings verläuft das Assoziieren tatsächlich schneller. Die hervorgerufenen Bilder erscheinen oft blitzartig und lassen an die raschen, assoziativen Bilder von Videoclips und Kinoreklame denken (die in gewisser Hinsicht selbst als Früchte der Kokainkultur gelten können). Doch das freie, innerlich besonnene Unterscheidungs- und Denkvermögen, bei welchem Gedanken aus freiem Willen entwickelt, wahrgenommen und «gewogen» werden, wird durch die Wirkung des Kokains eindeutig nicht gefördert – es kann nur dort entstehen, wo die freie Denkkraft des menschlichen Ich waltet.

Wird Kokain geschnupft (gekokst), so ist die ungefähr eine Stunde lang anhaltende Euphorie (deren Höhepunkt nach 15 bis 20 Minuten eintritt) deutlich milder als bei Injektionen oder beim Rauchen. In den beiden letzteren Fällen wird die Euphorie viel schneller erreicht; sie ist intensiver, dauert aber nur maximal fünf Minuten. William S. Burroughs meint, Kokain sei die am meisten euphorisierende Droge, die er je genommen habe, diese totale Heiterkeit durch Kokain könne nur durch die direkte venöse Injektion erreicht werden[440] – und heute, so muß man hinzufügen, in noch stärkerer Form durch das Rauchen von Crack!

Das orgiastische, brausende, intensive Glückseligkeitsgefühl wird unseres Erachtens durch den rasend schnellen «Einatmungsprozeß» des Astralleibs bewirkt. Dieser überaus schnell ablaufende Vorgang, der oft von einem raschen Ansteigen des Blutdrucks und des Herzschlags sowie von Schmerzen in der Herzregion begleitet ist, läßt sich mit einem blitzartigen Erwachen vergleichen: Die in einem «Flash» in den physischen und den ätherischen Leib hineinschießenden Astralkräfte geben dem Benutzer der Droge das herrliche Gefühl brausender Energie und brillanter intellektueller «Potenz». Man fühlt sich, als platze man fast vor Energie, Selbstvertrauen, Kraft und Macht. In dieser Hinsicht ist der Kokain- und Amphetaminflash qualitativ völlig anders geartet als die warme, schwebende Empfindung, die bei Opiuminjektionen beschrieben wird. Denn dort vollzieht der Astralleib eine äußerst rasche *austretende* Gebärde.

Da der Benutzer von Kokain Gefühle der Macht erfährt, sich selbstsicher, zweifelsfrei, selbstgefällig und extrovertiert erlebt (insbesondere bei Festen und geschäftlichen Anlässen), ist Kokain die «Macho-Droge» par excellence. Das Ego wird «aufgeblasen» und walzt über alle sensibleren und nuancierteren Empfindungen hinweg. Schluß mit all den spirituellen, verfeinerten, künstlerischen oder anteilnehmenden Gefühlen. «No nonsense!» – das ist Kokain!

In dieser Hinsicht ist die Droge besonders attraktiv für jeden, der seine eigene Unsicherheit, seine Ängste und Minderwertigkeitsgefühle überspielen will. Daher ist sie bei Jugendlichen und jungen Erwachsenen besonders beliebt.

Doch der wahre Preis ist hoch: Die durch Kokain erreichte Euphorie der Scheinsicherheit geht auf Kosten der *echten* Gefühle. Die typisch menschliche Erfahrung der Unsicherheit, des Zweifels und die Fähigkeit, innere Fragen zu stellen, wodurch persönliche Entwicklung erst möglich wird, gehen verloren. Solche Empfindungen und Fragen werden von dem harten, im Grunde zynischen Gefühl überlagert, welches Kokain erzeugt. Die Droge macht echte Anteilnahme, Empathie und künstlerisches Empfinden unmöglich. Kokain brennt den Konsumenten mit all seinen Gefühlen gewissermaßen aus. Die organische Grundlage des menschlichen Gefühlslebens – das rhythmische System mit Atmung und Blutkreislauf – wird überlastet, und was am Ende übrigbleibt, ist die Erschöpfung, die Leere. Das Herz, das Organ des abgewogenen Urteilens und der warmen, menschlichen Anteilnahme und Liebe, wird ausgelaugt und ausgeraubt. Der Kokainkonsument spürt das nach Abklingen des Rausches an dem dunklen, tristen, matten und leeren Gefühl, das ihn überfällt.

Der Kater

Vor allem nach Kokaininjektionen oder auch nach dem Rauchen von Crack (und in weniger starkem Maße nach dem Schnupfen von Kokain) fühlt sich der Konsument müde und depressiv. «Auf den Höhenflug des ausgesprochen exaltierten, auf die Außenwelt gerichteten Rausches folgt bereits nach etwa einer Stunde ein starker Kater. Man fühlt sich abgespannt, mißmutig und schläfrig wie bei einer Depression. Aus dieser gedrückten Stimmung heraus soll es gelegentlich zum Selbstmord kommen. Am häufigsten allerdings flüchtet man sich in den nächsten Rausch» (Jürgen vom Scheidt).[441]

Ähnliches schreibt Bernard Segal (über das «free-basen» oder Rauchen von Crack): «Eine einzige tiefe Inhalation des free-base-Rauchs verursacht eine kräftige, schnelle Zunahme der Kokainkonzentration im Blut und im Gehirn. Das Problem ist aber, daß der euphorisierende Effekt von sehr kurzer Dauer ist und daß schnell nach dem Abklingen des angenehmen Gefühls ein Gefühl der Depressivität auftreten kann. Diese Depressivität steht in einem so schrillen Kontrast zu dem erlebten ‹High›, daß der User die Euphorie oft von neuem erleben will, indem er wieder zur Droge greift. Alle drei bis fünf Minuten wird inhaliert während kontinuierlicher Rauchsitzungen oder Feten, die ein bis drei Tage dauern können, bis die Kokainvorräte aufgebraucht sind und der User infolge von Erschöpfung zusammenbricht.»[442]

Sucht

Auf diese Weise kann eine Sucht entstehen: «Das geistige Fiebern (‹craving›) nach der Droge, und vor allem nach *mehr* von der Droge, kann grenzenlos sein. Dieses Fiebern muß als der Kern betrachtet werden, um den sich eine weitgehende geistige Kokainabhängigkeit entwickeln kann. Man frage einen Opiumabhängigen nach dem Unterschied, und er wird sagen, daß er Heroin und/oder Methadon echt braucht und Kokain nicht, daß er aber, trotz alledem, wenn er einmal damit angefangen hat, ständig hinter dem Coke herrennt. Insofern ist Kokain eine intensiv zwanghafte und geistig süchtigmachende Droge.»[443]

Wenn der Konsument sich langfristig und übermäßig dem Kokain hingibt, können während des Rausches vier deutliche Intoxikationsstadien unterschieden werden:[444]

Zuerst befindet sich der Konsument im Stadium der *Euphorie*, das oft verbunden ist mit Unruhegefühlen. Er ist wachsam, sehr aktiv, unruhig, redet gern und viel, fühlt keine Müdigkeit. Er ähnelt einem nervösen, tschilpenden, überbeweglichen, von einem Bein aufs andere springenden Vogel.

Dann folgt das Stadium der *Dysphorie*. Der Betroffene verliert das Licht, die Klarheit, die brausende Energie und gerät mehr und mehr in Verstimmung, wird finster, ängstlich und reizbar. Diese Gefühle wechseln ab mit Perioden der Gleichgültigkeit und der Apathie. Man hat Mühe, sich zu konzentrieren, und redet unzusammenhängendes Zeug.

Das dritte Stadium ist das des *Mißtrauens*. Der Kokainkonsument leidet vor allem unter taktilen Halluzinationen und paranoiden Ängsten. Er spürt Insekten oder Schlangen, die über seinen Körper kriechen (wie Dr. Fleischl seinem Freund Freud berichtete), oder halluziniert Parasiten und andere «seltsame Dinge», die sich angeblich unter der Haut bewegen. Auch quält ihn Juckreiz an Armen, Beinen und Rücken, später wandert das Jucken über den ganzen Körper.

Schließlich tritt das Stadium der *Psychose* ein, charakterisiert durch angsthafte paranoide Wahnideen. Es kommt zu Parasiten-, aber auch Beziehungs- und Verfolgungswahn, oft begleitet von visuellen, auditiven und manchmal olfaktorischen Halluzinationen. Am stärksten treten die visuellen Halluzinationen, in Kombination mit den Erscheinungen des Verfolgungswahns, in den Vordergrund. Dazu ein Beispiel aus der Literatur: «Patient ist ein junger Mann von 25 Jahren, der im Krisenzentrum aufgenommen wurde, weil er auf der Flucht vor der Polizei war. Er wähnte sich ständig verfolgt und sah überall Polizeiagenten, die sich verdeckt aufgestellt hatten. In seiner Wohnung hörte er sie bei seinen Obermietern, und er sah, wie sie durch Löcher in der Decke nach ihm lauerten. Daß er deshalb sogar nachts ihre Gesichter sah, machte ihn sehr ängstlich ... Bei der Aufnahme sahen wir einen unruhigen und ängstlichen Mann, der über den Boden des Untersuchungszimmers kroch, damit die Polizei ihn nicht sähe. Es lagen lebendige visuelle Halluzinationen vor (Polizeiagenten, getarnte Polizeiautos, vorbeilaufende Spione) und ebenso auditive (Polizeisirenen, Automotoren). Taktile Halluzinationen und Parasitenwahn fehlten ...»[445]

Wir können diese Halluzinationen zu deuten versuchen: Es sind die aus den Organen des physischen Leibes freiwerdenden Ätherkräfte, die in den Astralleib eindringen und dort zu Bildern werden. Insekten, Schlangen, Parasiten usw. sind in diesem Zusammenhang als tierhafte (astralische) Bilder für die aus bestimmten Teilen des physischen Leibes sich lösenden Ätherkräfte anzusehen (beispielsweise Schlangen vielleicht als Bild für die Blutgefäße, Insekten und Parasiten als Bild für Nervenknoten u.ä.). Auch die visuellen und auditiven Halluzinationen, wie die beängstigenden Polizeiagenten und die Sirenen im obigen Beispiel, können wir in diesem Zusammenhang als die in den Astralleib ins Bild projizierten Ätherkräfte ansehen, die ihren furchterregenden Charakter der Tatsache verdanken, daß das *Herz*, das Organ des Ich, durch die Wirkung des Kokains bedroht wird. Denn das Herz wird durch das Kokain im Grunde «ausgezehrt», das Ich wird bedroht, und der Betroffene steht Todesängste aus, daß er erwischt wird, verlorengeht, das heißt: sein Ich verliert.

Eine andere Halluzination, die in späteren Stadien der Psychose vorkommen kann, ist das Sehen von Schnee- oder Kokainkristallen («snow-lights»), die im Licht glitzern. Manchmal werden auch glänzende, strahlende geometrische Figuren gesehen. Das Pulsieren oder Vibrieren dieser Formen erfolgt mit rascher Frequenz.[446]

Diese Halluzinationen scheinen freigewordene und ins Bild metamorphosierte Form- (Kristallisations-) oder Lebensätherkräfte zu sein, deren Rhythmen «die geometrische Ordnung der Materie in ihren Kristallstrukturen» bewirken.[447]

Schließlich gibt es zwei weitere Phänomene, die während der Kokainpsychose auftreten können:

a) Das zwanghafte Wiederholen bestimmter sinnloser stereotyper Verhaltensweisen, wie z. B. das ununterbrochene Umkreisen desselben Häuserblocks mit dem Auto («punding»).

Ferner kann der Betroffene eine Obsession durch bestimmte belanglose Nebensächlichkeiten entwickeln.

Diese zwanghaften Handlungen können als das Resultat von Ätherkräften gedeutet werden, die in den Lungen freiwerden: «Das Lungenorgan, das schon durch seine stark durchgeformte und feste Struktur eine Beziehung zum Kopfpol und zum festen Element erkennen läßt, neigt mehr als alle anderen Organe zum Verhärten, zum Mineralisieren bis zur Verkalkung und Knochenbildung ... Von da aus kann man verstehen, daß die Lunge ein Zentralorgan für jene Grundkraft des Ätherleibes ist, welche die Bildungen des physischen Leibes in das feste Element hinein- und aus ihm herausführt (Lebensäther). – In diesem Zusammenhang wird es auch verständlich, wenn Steiner darauf hinweist, daß solche im Inneren der Lunge sich sammelnden Kräfte aus dem physischen Leib sich lockern und dann in die Bildung von Zwangsvorstellungen eingehen können.»[448]

b) Der Verfolgungswahn, eventuell kombiniert mit den oben beschriebenen Halluzinationen, kann Anlaß zum Selbstmord oder heftigen aggressiven Entladungen gegenüber der Umgebung werden. In diesen Erscheinungen können wir als aktives Organ das Herz erkennen, da wir auch bei der Herzpsychose unter anderem tollkühne Waghalsigkeit antreffen: «Der Wille steigert sich so zur Tobsucht. Dieser Mangel an Selbstkontrolle, diese Schrankenlosigkeit ist die Gefahr für den Choleriker. Er geht bis zur Selbstzerstörung und reißt andere mit in seinen Untergang. Er ist wie eine Feuersbrunst, die alles vernichtet.»[449]

So sehen wir, daß bei der Kokainpsychose das *Herz* und die *Lungen* die geschädigten Organe sind, aus denen sich Stoffwechselkräfte (Ätherkräfte) lösen. Doch auch aus den *Nieren* können sich Ätherkräfte befreien, wie aus der Tatsache hervorgeht, daß «die Kokainpsychose sprechend einer akuten paranoid-schizophrenen Psychose ähneln kann; hier ist im Unterschied dazu jedoch meistens ein gewisses Gefühl dafür vorhanden, daß Kokain die Ursache dieses Zustands ist».[450] Das Freiwerden von Ätherkräften aus Herz und Lunge zeigt sich auch darin, daß bei einer Überdosis der Tod durch Herzstillstand (aufgrund des vergiftenden Einflusses auf die Herzmuskulatur) oder Atemstillstand eintritt.

Bei anhaltendem Genuß von Kokain entsteht häufig das Bedürfnis, den durch das Freiwerden der Ätherkräfte verursachten nervösen, aufgeregten, ängstlichen und zwanghaften Zustand soweit wie möglich zu beruhigen, zu dämpfen, zu «dimmen». Deshalb gehen viele süchtige Kokainbenutzer nach einiger Zeit dazu über, Alkohol, Schlafmittel, Tranquilizer oder Heroin zu nehmen.

Nachdem die Kokainwirkung abgeklungen ist, bleibt letztlich eine dauerhafte Depression zurück, der unmittelbar nur durch den erneuten Gebrauch von Kokain oder anderen Drogen abgeholfen werden kann. Der Betroffene leidet in diesem Fall an einer körperlich verursachten Depression. Dazu van Epen: «Die Kokaindepression schließlich kann einer vitalen, endogenen Depression ähneln, die mit einer trüben, ängstlichen Stimmung, dem Fehlen einer positiven Lebensperspektive, völligem Desinteresse und Apathie einhergeht. Die Betroffenen sind ausgesprochen müde und energielos, sie schlafen und essen nicht mehr, sie können nicht mehr weinen und haben oft suizidale Neigungen.»[451]

Körperliche Folgen des chronischen Kokaingenusses

Bei regelmäßigem Genuß haben in erster Linie die wichtigen Organe des rhythmischen Systems stark unter der Wirkung von Kokain oder Crack zu leiden.

Was Herz und Blutkreislauf betrifft, besteht (insbesondere beim «freebasen» oder Rauchen von Crack) ein erhöhtes Risiko, daß

Herzanfälle, Gehirnblutungen und Niereninfarkte auftreten. «Durch das plötzliche Zusammenziehen der Blutgefäße wird die Blutversorgung des Herzens gestört. Das schnelle Ansteigen von Blutdruck und Herzschlag kann Krämpfe und Herzstillstand bewirken. Crack unterdrückt im menschlichen Körper die Herstellung verschiedener Enzyme, die für die Funktion des Herzens unentbehrlich sind. Infolgedessen läuft das Herz größte Gefahr ...»[452]

Doch auch die Lungen werden durch das Inhalieren von Crack- oder free-base-Rauch geschädigt: «Am Boden einer zwei- bis dreimal gerauchten Crackpfeife ist der Niederschlag kleiner, klebriger Klümpchen zu sehen. Der Filter, der den Boden des Pfeifenkopfs bildet, muß regelmäßig ausgebrannt oder ersetzt werden, weil er sonst verstopft. Auch in den Lungenbläschen schlagen sich die schwarzen, klebrigen Klümpchen nieder, doch die Lungen können nicht wie eine Pfeife saubergemacht werden. Kurzatmigkeit, Lungenschmerzen bei der geringsten Anstrengung und eine stark gestiegene Empfänglichkeit für verschiedene Lungenbeschwerden sind die Folge. Per saldo wird der Crack-Raucher bei jeder Sitzung anfälliger für Herz- und Lungenkrankheiten.»[453]

Schließlich kann die Nasenscheidewand durch das Schnupfen von Kokain angegriffen werden: Es bilden sich kleine Geschwüre, die zu Perforationen der Scheidewand führen können.

Im Hinblick auf den Stoffwechselorganismus erkennen wir eine Verminderung der Produktion wichtiger Leberenzyme[454] und gelegentlich auch eine verminderte Nierenfunktion.[455] Auch bestimmte Stoffwechselprozesse im Gehirn geraten möglicherweise eine Zeitlang außer Kontrolle.[456] Außerdem kommt es zu extremem Gewichtsverlust bei gleichzeitigem Muskelverfall.

Kokain hat einen schädigenden Einfluß auf die menschlichen Fortpflanzungsprozesse. Die Gefahr von Fehlgeburten nimmt deutlich zu; die Rate liegt bei 38 Prozent.[457] Diejenigen Babys, die trotzdem geboren werden, weisen mehr Lungen- und Nierenkomplikationen auf als Babys von Eltern, die kein Kokain konsumieren.[458] In einem Versuch, an dem 1226 schwangere drogenabhängige Frauen teilnahmen, zeigte sich, daß die Babys von Frauen, die Kokain genommen hatten, bei der Geburt durchschnittlich 93 g weniger wogen und 0,7 cm kleiner waren als die Babys von Müttern ohne Drogenkonsum.[459]

Beim Rauchen von Crack scheinen sich diese Gefahren noch zu verstärken. «Totgeburten, Fehlgeburten und gelähmte oder mißgebildete Babys sind keine Ausnahme bei Müttern, die während der Schwangerschaft Crack geraucht haben. Chromosomenabweichungen, unvollständige Entwicklung der Geschlechtsorgane, Herzschwächen und Herzleiden kommen am allermeisten vor. Die Babys ... zeigen ein geschwächtes Immunsystem. Die Sterberate liegt sehr hoch.»[460]

Obwohl bisher noch wenige Großstudien durchgeführt wurden bezüglich der Langzeitfolgen bei Kindern, deren Eltern Crack oder Kokain nahmen, sind die ersten Resultate doch sehr beunruhigend. Segal zitiert in *Drugs and Behaviour* dazu einen amerikanischen Arzt: «Die Langzeitfolgen werden verheerend sein. Ich sehe mit großer Deutlichkeit Kinder, die in ihrer mentalen Entwicklung zurückgeblieben sind, die große Probleme mit dem Lernen und allen Spielarten der Motorik haben, sogar mit einfachen Handlungen wie Essen oder Ankleiden.»[461]

In dieser Hinsicht erweist sich Kokain – die Droge, die anfänglich als so harmlos galt – als verhängnisvoll und zerstörerisch, nicht nur für den Konsumenten selbst, sondern auch für die Kinder von Müttern, die während ihrer Schwangerschaft die Droge chronisch nahmen. Auf jeden Fall kann bereits heute gesagt werden, daß Frauen während der Schwangerschaft von jedem Kokaingenuß abzuraten ist.[462]

Amphetamine («Speed»)

Amphetamine und ihre Abkömmlinge (die sogenannten Weckamine), auch «Speed» oder «Pep» genannt, sind stimulierende Mittel, die in ihrer Wirkung starke Verwandtschaft mit dem Kokain aufweisen.

So schreiben Louis S. Goodman und Alfred Gilman in ihrem *Pharmacological Basis of Therapeutics*: «Kokainabhängige beschreiben die Euphorisierung durch Kokain in Begriffen, die fast ununterscheidbar sind von denen, die von Amphetaminabhängigen verwendet werden. Kokain ruft bei depressiven Patienten ein Gefühl gesteigerten Wohlbehagens hervor, und das Vergiftungssyndrom, das von Kokain bewirkt wird, scheint sich klinisch nicht von dem, das von Amphetaminen hervorgerufen wird, zu unterscheiden ... Diese Substanzen verursachen sehr ähnliche subjektive Erfahrungen, rufen ähnliche Vergiftungserscheinungen hervor und können im Falle außermedizinischen Gebrauchs, wenn eine Substanz nicht erhältlich ist, gegeneinander ausgetauscht werden.»[463] Amphetamine haben allerdings den Vorteil, daß sie eine längere Wirkungsdauer besitzen als Kokain (in Tablettenform eingenommen ungefähr vier bis acht Stunden) und zugleich deutlich billiger sind.

Geschichtliches

Amphetamin (früher Benzedrin genannt) ist seiner chemischen Struktur nach eng mit dem Hormon Adrenalin verwandt, das im Nebennierenmark erzeugt wird und unter anderem den Blutdruck und die Herzschlagfrequenz erhöht, wodurch der Organismus in eine erhöhte Leistungsfähigkeit versetzt wird. Versuche, Amphetamin als Surrogat für Adrenalin zu verwenden, schlugen fehl, da bei Tierversuchen der Effekt auf Herz, Lungen und Kreislauf im Vergleich zu Adrenalin zu gering war.

Später wurde die anregende Wirkung des Mittels entdeckt, als man Tiere in Narkose versetzte und ihnen zuvor Amphetamin gab: Die Narkose dauerte deutlich kürzer als normal. So wurde die Substanz (in einer niedrigen Dosis) in den dreißiger Jahren schließlich auch bei Menschen medizinisch angewandt, um eine bestimmte Form der Schlafsucht zu bekämpfen, bei der der Patient immer wieder plötzlich in Schlaf fällt, ohne daß echte Müdigkeit vorliegt (Narkolepsie).

Nachdem im Jahre 1919 auch das stärker wirksame Pervitin (= Metamphetamin) synthetisiert worden war, wurde in den dreißiger Jahren eine Reihe von Studien durchgeführt, in denen weitere Eigenschaften und Anwendungsmöglichkeiten von Weckaminen getestet wurden. Es stellte sich heraus, daß körperliche Spitzenleistungen unter Einfluß dieser Drogen nicht wesentlich erhöht werden, Müdigkeit, Schläfrigkeit und Erschöpfungszustände jedoch besser vertrieben werden. Dadurch nimmt das physische Dauerleistungsvermögen zu. Im Sport werden solche Mittel daher zu Dopingzwecken verwendet.

Außerdem erwiesen sich Amphetamine als ausgesprochen brauchbare Abmagerungsmittel (Appetitzügler): Man brennt gewissermaßen aus und verspürt eine Weile keine Eßlust mehr. Doch die Risiken und Nebenwirkungen sind besonders groß. Dazu Hans van Epen: «Das Resultat ist oft ein gehetzter, schreckhafter Patient, der zwar einige Kilo abgenommen hat, doch an Schlafstörungen leidet, manchmal einen erhöhten Blutdruck entwickelt und nach dem Absetzen des Medikaments schnell wieder an Umfang und Gewicht zunimmt und überdies Gefahr läuft, ernstlich depressiv zu werden. Wenn er dann entdeckt, daß ein paar Schlankheitstabletten ihm schnell und wirksam über seine Depressionen hinweghelfen, ist der Teufelskreis geschlossen und die Grundlage für die Sucht gelegt.»[464]

Gleichzeitig entdeckte man, daß Amphetamine in niedriger Dosierung als Medikament zur Behandlung hyperkinetischer (d.h. überbeweglicher, stark ablenkbarer) Kinder angewendet werden können, die durch die Wirkung solcher Mittel ruhiger und fügsamer werden.

Gegen Ende der dreißiger Jahre erfolgten die ersten Warnungen: «Amphetamin und verwandte Stoffe wirken wie die Peitsche auf ein müdes Pferd. Sie führen dazu, daß körperliche Reserven bis zum Zusammenbruch ausgeschöpft werden. Der Konsument unterdrückt gewaltsam die schützende, sein seelisches und körperliches Gleichgewicht erhalten helfende Müdigkeit. Amphetamine können zur Sucht führen.»[465]

In den USA entstand allmählich eine Suchtwelle durch die sogenannten «benzedrine-inhalers», die seit 1927 als Mittel gegen Erkältung und Schnupfen im Gebrauch waren, bis sie schließlich aus dem Verkehr gezogen wurden.

Während des Zweiten Weltkriegs wurden «pep pills», wie die Weckamine auch genannt werden, in großen Mengen von Soldaten verwendet, um Müdigkeit und Erschöpfung zu bekämpfen und ihr Durchhaltevermögen zu erhöhen. Zugleich wurden sie zu einem aggressiven, tollkühnen Verhalten stimuliert. Wie wir bereits im zweiten Kapitel erwähnten, wurde allein der Anteil der von den Engländern und Amerikanern verbrauchten «Kampfpillen» auf 150 Millionen Stück geschätzt.

Nach dem Krieg kam es in Japan zu einer Suchtwelle, als Millionen von Amphetamintabletten aus Heeresbeständen auf den Markt geworfen wurden. 1950 gab es schätzungsweise eine halbe bis eine Million Menschen, die regelmäßig solche Pillen nahmen. Strenge Gesetze und massenhafte Arreststrafen konnten nicht verhindern, daß der Gebrauch von Amphetaminen in Japan bis heute nicht ganz ausgerottet ist.

Auch in Schweden gab es 1958 eine starke Zunahme des Speedkonsums, insbesondere die intravenöse Injektion war populär. Das führte zu einer Speedwelle in den sechziger Jahren, auf die ein absolutes Verbot der Produktion, des Handels und des Konsums folgte. Dennoch blieben Amphetamine in Schweden sehr beliebt. Auch in den übrigen skandinavischen Ländern wurden und werden sie nach wie vor illegal genommen, als Stimulans und Genußmittel.

Die Niederlande erlebten zwischen 1969 und 1972 eine Speedwelle (danach trat die Heroinwelle an ihre Stelle). Während dieser Periode gab es viel Gewalt auf seiten der «Speedfreaks»: «Die Speedzeit war für die Therapeuten besonders schwierig und unangenehm: Die Konsumenten waren im allgemeinen aufgedreht, sie standen unter Druck und waren aggressiv. Viele von ihnen waren vorübergehend bis länger psychotisch (verwirrt, Wahnvorstellungen und Halluzinationen). Der körperliche Zustand der Süchtigen war besorgniserregend: Speed laugt auf die Dauer den Körper vollkommen aus und verursacht verschiedene, oft ernste medizinische Komplikationen. In der Speedphase wurden viele Therapeuten von solchen aufgedrehten ‹Speedfreaks› angegriffen und manchmal verwundet. In der Szene erschienen Stillette und Feuerwaffen. Dies und vieles andere bildete einen schrillen Kontrast zur vorangegangenen Flower-power-Zeit.»[466]

Seit 1976 fallen Amphetamine unter das Rauschmittelgesetz und stehen dadurch in einer Reihe mit Drogen wie LSD, Meskalin, Opiate, Kokain usw.

Auch in den USA zerstörte die Speedepidemie die Ideale der Hippie-Zeit. Timothy Leary warnte 1970: «Jegliche Einnahme einer gefährlichen Substanz ist ein Angriff auf die Natur. Wenn du Amphetamine oder Barbiturate in deinen Organismus einbringst, handelst du genauso böse wie die Ölproduzenten, die ihre Gifte in die Ozeane verströmen lassen. Dein Körper kann sich wunderschön im Fluß der Natur mitbewegen: Blut fließt, und die Nahrung bedingt die Verdauung; all das geschieht im Einklang mit der Energie des Kosmos. Wenn du aber etwas in deinen Körper aufnimmst, das auf merkliche Weise dieser Harmonie entgegenarbeitet, dann schaltest du dich aus, nicht an (‹you turn off, not on›).

Die Amphetamine, sie alle vom schäbigen Stoff, den du auf der Straße kriegst, bis hin zur Schachtel voll von Kristallen, bringen dich auf eine falsche Fährte auf deinem Weg zur Quelle der Energie. Sie machen einen Supermann auf Zeit aus dir, niemand kann dich stoppen, abgesehen von dir selbst. Aber gerade wenn du dich daran machst, irgend etwas zu tun, dann hält dich eine unbestimmte Hemmung zurück, so daß du wie tot auf deiner Fährte verharrst. Du kannst dich nicht mehr in Einklang mit der früheren Wellenlänge bringen, wie hart auch immer du dich bemühst.

Speed-freaks glauben, daß sie phantastische Mächte und großartige kreative Fähigkeiten besitzen, aber es sieht so aus, daß sie nie etwas zu Ende bringen, das sie in Angriff nehmen. Das kommt daher, daß Speed für sie eine unrealistische Energiequelle ist ...

Speed bringt dich niemals in den Himmel, es schickt dich richtiggehend in die Hölle. Es geht doch in Wirklichkeit darum, daß wir alle langsamer werden sollten.»[467]

Sidney Cohen schildert die Atmosphäre jener Zeit folgendermaßen: «Der ‹Speed-freak› ist ein Kapitel für sich. Der ‹wahre Hippie› ist entsetzt von diesem exzessiven Amphetaminkonsum und bedauert jene Drogenkonsumenten wegen ihres starken Bedarfs an Stimulanzien. In den Hippie-Ghettos, wie z.B. dem Haight-Ashbury in San Francisco oder dem Venice West in Los Angeles, sieht man oft Posters mit der Aufschrift ‹Speed Kills› oder ‹Meth ist Death›; ein ziemlich klarer Beweis dafür, daß eingeschworene LSD-Konsumenten Amphetaminmißbrauch als gefährlich und unverträglich ansehen. In diesen Drogenkolonien wird dem Methedrinkonsumenten mit Mißtrauen begegnet, nicht nur wegen der paranoiden Haltung, die er an den Tag legt, sondern auch wegen der impulsiven und gewalttätigen Art, die oft seine Handlungen kennzeichnet ...

Eine der häufigsten Arten des Mißbrauchs ist die Tour, ‹the binge›, wobei die Droge ca. alle zwei bis sechs Stunden rund um die Uhr injiziert wird, bis zur Erschöpfung und zum Kollaps bzw. bis Barbiturate eingenommen werden, um Schlaf zu erzeugen. Diese ‹Speed-Touren› erstrecken sich oft auf drei bis zehn Tage; während dieser Zeit wird der ‹Meth-head› meist weder essen noch schlafen, da das Bedürfnis danach ausgeschaltet ist – aufgrund des pharmakologischen Effekts der Droge. Wenn Schlaf endlich doch erzielt worden ist, so dauert dieser oft zwei bis vier oder fünf Tage. Darauf erwacht der ‹Meth-head› wahnsinnig hungrig und verfällt, nachdem er seinen Hunger gestillt hat, in eine Periode tiefer psychischer Depression. Diese Depression ist für ihn so überwältigend, daß er sofort wieder in die einzige ‹Kur› flüchtet: Methedrin. Meiner Meinung nach sind hier Depression, Apathie und die Reduktion von psychomotorischen Aktivitäten derart ausgeprägt und von so großer Regelmäßigkeit, daß sie eine ganz spezifische Art von Abstinenzsyndrom darstellen.»[468]

Aufgrund der sich häufenden schlechten Erfahrungen, die Speedfreaks auf Dauer durch den intensiven Konsum machten, und wegen der verschärften Kontrolle der illegalen Produktion, des Handels und des Konsums von Amphetaminen nahm das Interesse für diese Droge sichtlich ab, und der Weg für eine neue stimulierende Droge wurde frei: Kokain. Diese war zwar teurer und schenkte nur eine kürzere Euphorie, aber es hatte den Vorteil des natürlichen Ursprungs, wodurch es ein viel unschädlicheres Mittel zu sein schien als die rein synthetischen Amphetamine. Die Indianer hatten doch auch jahrhundertelang Koka gekaut, ohne daran zugrunde zu gehen! Der illegale Drogenhandel war gut vorbereitet auf die wachsende Nachfrage und reagierte schnell und effektiv. Innerhalb einiger Jahre hatte Kokain Speed aus seiner Position als Nummer eins unter den stimulierenden Drogen verdrängt. Ganz vertrieben sind die Weckamine jedoch nicht. Sie sind noch immer in Umlauf und werden illegal eingesetzt gegen Müdigkeit, zur Herbeiführung körperlicher Höchstleistungen, um rascher denken (assoziieren) zu können und wegen der Euphorie, die der «Kick» bewirkt.

Die Wirkung

Wir sagten bereits, daß die Wirkung der Amphetamine stark mit der des Kokains übereinstimmt. Es gibt jedoch einen Unterschied: Amphetamine haben keine betäubenden Eigenschaften.

Was die stimulierenden Eigenschaften betrifft, so sehen wir, daß der Astralleib durch die Wirkung von Speed gleichfalls zu einer stärkeren Verbindung mit dem ätherischen und dem physischen Leib gezwungen wird. Dadurch kommt eine erhöhte Wachheit und Aktivität zustande. Müdigkeit wird nicht mehr verspürt, das heißt, der Astralleib bekommt keine Gelegenheit mehr, sich durch den Schlaf von Ätherleib und physischem Leib zu lösen und einerseits aufzugehen in der kosmischen Astralwelt, andererseits eine andere, regenerierende Verbindung mit diesen Wesensgliedern einzugehen (siehe hierzu das Kapitel über Marihuana und Haschisch). Der Astralleib bleibt fest an physischem und ätherischem Leib «haften» (Symptome: erhöhter Blutdruck und Herzfrequenz, Reizung bestimmter Hirnregionen, Zunahme der Darmbewegungen usw.; weiteres siehe bei der Darstellung zu Kokain). Er preßt den Ätherleib aus – ganz ähnlich wie Kokain – mit der Folge, daß einerseits ein erhöhtes Bewußtsein und erhöhte Aktivität entsteht, andererseits aber, insbesondere bei höheren und aufeinanderfolgenden Dosierungen, ein Gefühl der Erschöpfung und der totalen Leere beim Benutzer der Droge zurückbleibt. Die Ätherkräfte sind verbrannt, erschöpft, verbraucht. Eine lange Periode Schlaf ist notwendig, um die verlorengegangene Vitalität, soweit überhaupt möglich, wiederherzustellen.

In seiner *Geheimwissenschaft im Umriß* weist Rudolf Steiner darauf hin, welche Bedeutung das rhythmische Austreten des Astralleibs während des Schlafes für die Gesundheit, das heißt den Aufbau und die Kräftigung des physischen und ätherischen Leibs hat. «Es kann dem physischen Leib die ihm für den Menschen zukommende Form und Gestalt nur durch den menschlichen Ätherleib erhalten werden. Aber diese menschliche Form des physischen Leibes kann nur durch einen solchen Ätherleib erhalten werden, dem seinerseits wieder von dem Astralleibe die entsprechenden Kräfte zugeführt werden. Der Ätherleib ist der Bildner, der Architekt des physischen Leibes. Er kann aber nur im richtigen Sinne bilden, wenn er die Anregung zu der Art, wie er zu bilden hat, von dem Astralleibe erhält. In diesem sind die *Vorbilder*, nach denen der Ätherleib dem physischen Leibe seine Gestalt gibt. Während des Wachens ist nun der Astralleib nicht mit diesen Vorbildern für den physischen Leib erfüllt oder wenigstens nur bis zu einem bestimmten Grade. Denn während des Wachens setzt die Seele ihre eigenen Bilder an die Stelle dieser Vorbilder. Wenn der Mensch die Sinne auf seine Umgebung richtet, so bildet er sich eben durch die Wahrnehmung in seinen Vorstellungen Bilder, welche die Abbilder der ihn umgebenden Welt sind. Diese Abbilder sind zunächst Störenfriede für diejenigen Bilder, welche den Ätherleib anregen zur Erhaltung des physischen Leibes ... Wie nun der physische Leib in die physische Welt eingebettet ist, zu der er gehört, so ist der Astralleib zu der seinigen gehörig. – Wie dem physischen Leibe zum Beispiel die Nahrungsmittel aus seiner Umgebung zukommen, so kommen dem Astralleib während des Schlafzustandes die *Bilder* der ihn umgebenden Welt zu. Er lebt da in der Tat außerhalb des physischen und des Ätherleibes im Weltall. In demselben Weltall, aus dem heraus der ganze Mensch geboren ist. In diesem Weltall ist die Quelle der Bilder, durch die der Mensch seine Gestalt erhält. Er ist harmonisch diesem Weltall eingegliedert. Und er hebt sich während des Wachens heraus aus dieser umfassenden Harmonie, um zu der äußeren Wahrnehmung zu kommen. Im Schlaf kehrt sein Astralleib in diese Harmonie des Weltalls zurück. Er führt beim Erwachen aus dieser so viel Kraft in seine Leiber ein, daß er das Verweilen in der Harmonie wieder für einige Zeit entbehren kann. Der Astralleib kehrt während des Schlafes in seine Heimat zurück und bringt sich beim Erwachen neugestärkte Kräfte in das Leben mit. Den äußeren Ausdruck findet der Besitz, den der Astralleib beim Erwachen mitbringt, in der Erquickung, welche ein gesunder Schlaf verleiht.»[469] Soweit dieses Zitat.[470]

Bei der Verwendung von Speed bekommt der Astralleib nun nicht die Gelegenheit, sich im Falle der Ermüdung aus dem physischen Leib und dem Ätherleib zurückzuziehen. Das hat zur Folge, daß der Ätherleib nicht die benötigten Kräfte aus dem Astralleib empfangen kann, um den physischen Leib zu gestalten und aufzubauen. Wenn der Konsum der Droge sehr regelmäßig und in hohen Dosen stattfindet, wird der Körper daher binnen relativ kurzer Zeit ruiniert, das heißt, die Abbauprozesse, die durch den Schlafmangel und die vergiftende Wirkung der Amphetamine verursacht sind, können nicht mehr durch die Aufbauprozesse des Ätherleibs ausgeglichen werden.

Abbau überschattet den Aufbau, Zerfall dominiert Regeneration, ein Todesprozeß ist in Gang gesetzt: «Es kommt zu Geschwüren, die nicht heilen, starkem Gewichtsverlust, porösen Fingernägeln, Zahnfäule und chronischen Lungeninfektionen.»[471] Zugleich treten allerlei Komplikationen im Herz- und Gefäßsystem auf, die durch die «erdrückende», aufputschende und ununterbrochene Anwesenheit des Astralleibs mitverursacht sind, wie z. B. Gehirnblutungen, Überreiztheit und Abbauprozesse des Nervensystems (darunter Hautirritationen, weswegen Speedabhängige fast ausnahmslos die Neigung haben, an ihrer Haut herumzumachen), auch Störungen des Stoffwechsel-, Fortpflanzungs- und Bewegungsorganismus (Muskelzittern an Händen und Armen, Bewegungsstörungen und eventuell bei Männern sehr schmerzhafte Entzündungen an Hodensack und Samenkanälen).[472] Kurz, der physische Leib wird ruiniert.

Bei weniger hohen Dosierungen und unregelmäßigerem Konsum kündigen sich diese Beschwerden bereits in Form unangenehmer Erscheinungen an, die die ununterbrochene Anwesenheit des Astralleibs begleiten: Reizbarkeit, Ruhelosigkeit, Gehetztheit, Kopfschmerzen, Herzklopfen, Angst, Schlaflosigkeit, Bauchkrämpfe, Durchfall.[473] Ferner, aufgrund der toxischen Wirkung der Amphetamine, treten Schwindelgefühle, Übelkeit und Erbrechen auf. Daneben existieren, am stärksten natürlich bei hohen und sehr hohen Dosierungen, die im Kapitel über die Wirkung des Kokains beschriebenen negativen psychischen Effekte, wie z.B. Dysphorie (Verstimmtsein, Reizbarkeit, Ängste usw.), Mißtrauen, Halluzinationen (vor allem über den Bereich der Haut), Depressivität und Psychosen.

Bei niedrigen Dosen sind diese Erscheinungen noch am schwächsten ausgeprägt, aber angesichts der Tatsache, daß sich durch die euphorisierenden Eigenschaften von Speed rasch eine Toleranz entwickelt und immer höhere Dosen notwendig werden, um die erwünschte Wirkung zu erzielen, manifestieren sich die negativen Effekte bei wiederholtem Konsum und insbesondere im Falle der Sucht immer nachdrücklicher.

Worin besteht nun die Euphorie? Man fühlt sich energiegeladen und heiter, hat die Neigung zur Konversation und zur Kontaktaufnahme. Langeweile, Müdigkeit und depressive Gefühle verschwinden, körperliche und intellektuelle Leistungen scheinen besser durchführbar. Man erlebt eine außergewöhnliche Klarheit des assoziativen Denkens. Gedankenkombinationen, aber auch die Handlungen, scheinen viel schneller zu gehen als normalerweise – daher der Name «Speed» gleich «Schnelligkeit».

Kurzum, dies sind die Freuden, die durch die starke Anwesenheit des Astralleibs verursacht werden. Man ist wacher, aktiver, verspürt mehr Selbstvertrauen und weniger Selbstkritik, hat mehr Mut, mehr Aggressivität, mehr Macht. Auch hier also wieder die Ähnlichkeit mit der Wirkung des Kokains; sie ist jedoch, nach dem Urteil vieler Drogenbenutzer, «synthetischer», schärfer und mit einer gewissen Kühle verbunden.

Es ist aber keineswegs so, daß die intellektuellen Leistungen unter Einfluß von Speed tatsächlich besser werden. Schmidbauer zitiert im *Handbuch der Rauschdrogen* einen autobiographischen Bericht des deutschen Psychiaters Kurt Schneider: «Unter der Pervitin-Wirkung schrieb ich viel und ausführlich, aber ich mußte am nächsten Tag das meiste wieder streichen. Der Gedankenverlauf zeigte eine wesentliche Verkürzung und war nicht mehr streng logisch. An zwei Abenden verfiel ich in unbegründete Hypothesenbildungen, die am nächsten Tag keiner Kritik standhielten. Die Initiative war vermehrt, gleichzeitig mit einem optimistischen Grundton in den Gefühlen. Ein Brief, den ich einem guten Freund schrieb, wurde mit den Worten beantwortet: ‹Ich habe mich über deinen kindlichen Optimismus gefreut.›»[474]

Auch Studenten, die Speed zur Vorbereitung ihrer Examina oder im Examen selbst benutzen, wurden oft enttäuscht: «Zwar gelingt es unter Umständen wegen der unterdrückten Schläfrigkeit, mehr Stunden als sonst zu lernen. Doch der Erfolg ist nur subjektiv. Dank der Euphorie glaubt der Student, mehr zu beherrschen, als er tatsächlich kann. In der Prüfung wird er unter Amphetamin-Einfluß glauben, flüssig und geistreich zu sprechen und alle Fragen richtig beantwortet zu haben, während der Prüfer einen viel weniger günstigen Eindruck hat, ja den Kandidaten wegen seiner oberflächlichen Einfälle ungünstig beurteilt.»[475]

Nimmt die Dosierung aufgrund der eingetretenen Toleranz zu, so verschwindet das Erleben des klaren Denkens häufig wieder, um einem verwirrten und chaotischeren Gedanken-Assoziieren Platz zu machen.

Die stärkste Euphorie wird aber im *Flash* erlebt. Man injiziert Speed dafür intravenös und hat dann das genußvolle Erlebnis von Energie, Kraft und Macht.

Abschließend sei noch auf einige Phänomene hingewiesen, die als Folge des regelmäßigen Speedkonsums auftreten:

- Nach dem Abklingen der Wirkung setzt der «Kater» mit der dazugehörenden enormen Müdigkeit, Lethargie und Depressivität (siehe Kokain) ein. Weil eine erneute Dosis Erleichterung verschafft, kann leicht eine Abhängigkeit entstehen.
- Als Folge davon können nach längerem und intensivem Konsum die bereits beim Kokain beschriebenen paranoiden und schizophrenen Psychosen auftreten. Vor allem das Herz und das Gefäßsystem werden geschädigt: Eine aggressive Herzpsychose tritt häufig in den Vordergrund.
- Neben dem ebenfalls beim Kokain beschriebenen «punding» (siehe S. 283) kann auch das sogenannte «jerking» auftreten, das heißt, es werden allerlei unwillkürliche Bewegungen unter anderem der Kiefer, z.B. Kau- und Schmatzbewegungen oder

Zähneknirschen, vollführt. Oder Gesichtsverzerrungen, Rumpfdrehen, Kopfnicken oder ruckartige Bewegungen von Armen und Händen treten auf – gleichsam hypernervöse Bewegungen, die wie Nervenzuckungen anmuten und von einer zu starken astralen Überreizung und einer Verdrängung der Ich-Organisation aus diesen Körperteilen herrühren. Das Ich hat seine Kontrollfunktion verloren, es durchdringt diese Körperteile – aufgrund der «abbröckelnden» Ich-Organisation[476] – nicht mehr in ausreichendem Maße. Die Bewegungen werden unwillkürlich.

- Das Ich ist während des «Speed-Kicks» so gut wie ausgeschaltet. Denn die übrigen Wesensglieder werden in der beschriebenen Weise durch die Droge unter Umgehung des Ich beeinflußt. Dieses wird dadurch mehr oder weniger in eine passive Rolle versetzt. Es steht quasi daneben und schaut zu. Von einer Entfaltung oder Entwicklung des Ich kann so gut wie keine Rede mehr sein.
- Dennoch kann Speed in einer niedrigen Dosis zur Behandlung hyperkinetischer Kinder eingesetzt werden. Diese überbeweglichen, schnell abgelenkten und (durch einen flatterhaften und rasch «wegflüchtenden» Astralleib) besonders sensitiven und schnell auf Reize reagierenden Kinder kommen durch die Wirkung der Amphetamine zur Ruhe. Ihr Astralleib wird in seiner ausbrechenden Bewegung zum Stillstand gebracht. Denn Speed bringt den Astralleib dazu, eine entgegensetzte Bewegung zu machen, läßt ihn einziehen und konzentriert ihn gewissermaßen, so daß die Kinder zu sich kommen und sich besser anpassen können.

  Doch muß man auch hier natürlich die Schattenseite des synthetischen Charakters und der toxischen Wirkung der Amphetamine bedenken. Außerdem gilt es als erwiesen, daß Kinder, die auf solche Weise mit Speed behandelt wurden, in der Pubertät ein erhöhtes Risiko laufen, von Weckaminen abhängig zu werden.[477]

  Gegenwärtig wird Ritalin (Methylfenidathydrochlorid) oft zur

Behandlung von schnell abgelenkten Kindern mit einem sogenannten hyperkinetischen Sydrom (ADHD: Attention Deficit Hyperactivity Disorder) verschrieben. Ritalin ähnelt hinsichtlich seiner pharmakologischen Eigenschaften den Amphetaminen. Chronischer Mißbrauch kann zur Gewöhnung und zur Abhängigkeit führen und in unterschiedlichem Maße ein abnormes Verhalten nach sich ziehen.

9. ECSTASY (XTC)

Ecstasy ist ein relativer Spätblüher unter den Drogen. Obwohl bereits 1898 synthetisiert, dauerte es noch bis Anfang der achtziger Jahre, bevor die Droge in den USA ihren großen Durchbruch erlebte und kurz darauf auch in Europa auftauchte. Die neue Droge wurde hier schnell populär, man gebrauchte sie auf «House-Partys», im Haus oder in der freien Natur. Man konsumierte die stimulierende Droge, die ein «warmes», soziales Feeling vermittelt, fast ausschließlich gemeinsam, innerhalb von Freundeskreisen, deren Mitglieder einander schon längere Zeit kennen. Die Gruppen und Strömungen, in denen Ecstasy verwendet wird, sind sehr verschieden. Das Spektrum reicht von «New-Age-Bewegten» bis zu Discogängern, von den sogenannten Randgruppen bis zu den Yuppies. In den letzten Jahren ist Ecstasy bei vielen jungen Leuten zu einer äußerst beliebten Tanzdroge bei Techno-Partys (Rave-Partys, Love-Paraden) geworden und hat dadurch einen ungeheuren Aufschwung erlebt.

Geschichtliches

Das neue Mittel trug zunächst noch nicht den heutigen Namen. Der Stoff, der in den Laboratorien des Pharmaherstellers E. Merck in Darmstadt – dort wurden unter anderem auch hochwertiges Morphin und Kokain produziert – auf der Grundlage des Öls der Muskatnuß (Safrol-Öl) synthetisiert wurde, wurde 1912 zum Patent angemeldet und 1914 anerkannt.

Die heilenden und bewußtseinsverändernden Wirkungen der Muskatnuß, die von den Molukken stammt, ist seit langem bekannt. Arno Adelaars schreibt: «Im Ayurveda, einem klassischen indischen Buch, wird die Muskatnuß als eine ‹narkotisierende Frucht› beschrieben. Sklaven auf holländischen Schiffen, die im 17. Jahrhundert Muskatnüsse verschifften, waren mit deren halluzinierender Wirkung vertraut. Sie stahlen die Nüsse, um eine Weile ihren erbärmlichen Verhältnissen entfliehen zu können. Die Übelkeit und die Schwindelgefühle, die den Rausch begleiteten, nahmen sie in Kauf.

Im Jahre 1829 war der tschechische Biologe Purkinje der erste Wissenschaftler, der die halluzinierende Wirkung der Muskatnuß beschrieb. Er aß drei Nüsse und fand, daß der Rausch auffällig dem ähnelte, der nach dem Genuß von Marihuana auftrat. Anderthalb Jahrhunderte später sollte diese These durch den schwarzen amerikanischen Black-Muslim-Aktivisten Malcolm X bestätigt werden. Während des Absitzens einer Gefängnisstrafe nahm er Muskat und berichtet, daß es ‹den Kick von drei bis vier Marihuana-Joints› ergab.»[478]

Der neue Stoff machte jedoch nicht Furore. Man hatte vor, ihn als Appetitzügler (Schlankheitsmittel) auf den Markt zu bringen, sah aber davon ab, als sich zeigte, daß kein kommerzielles Interesse dafür bestand. Ende der dreißiger Jahre erwog zwar die amerikanische Firma Smith, Kline & French, das Mittel dennoch in den Handel zu bringen, doch das Auftreten unerwünschter Nebenwirkungen hielt den Betrieb schließlich davon ab. So verschwand Ecstasy vorerst aus dem Blickfeld.

Der Stoff tauchte wieder auf, als das amerikanische Heer in der Zeit des Kalten Krieges 1953/54 der Universität von Michigan den Auftrag gab, das Mittel auf eine eventuelle Verwendung als «Wahrheitsserum» zu testen, eine Funktion, für die es sich jedoch als ungeeignet erwies. Dabei bekam es den Namen, den es bis heute behalten hat: MDMA (3,4-*M*ethylen-*D*ioxy-*M*ethyl-*A*mphetamin).

Im Jahre 1960 verbesserten die polnischen Chemiker S. Biniecki und E. Krajewski das Rezept zur Herstellung von MDMA, wobei sie nach wie vor von Safrol-Öl ausgingen.[479] Doch schließlich wurde auch ein anderes Produktionsverfahren entdeckt: Zu Beginn der sechziger Jahre gelang es dem amerikanischen Forscher Alexander Shulgin vom Chemiekonzern Dow Chemical Company, MDMA auf rein synthetischem Wege zuzubereiten, auf der Basis der chemischen Substanz Piperonal.

Die Anwendungsmöglichkeiten von MDMA wurden zunächst fast ausschließlich im Rahmen von psychotherapeutischen Sitzungen gesucht, um die Patienten in Kontakt mit Gefühlen zu bringen, die unter normalen Umständen unerreichbar sind. MDMA war in dieser Hinsicht der Nachfolger des 1970 auch für therapeutischen Gebrauch verbotenen stärkeren Halluzinogens MDA, das seinerseits wieder der Nachfolger des noch stärkeren, ebenfalls verbotenen LSD gewesen war. Es entstand nun ein Dilemma für die Psychiatrie und Psychotherapie: Einerseits erschienen die Forschungsergebnisse in bezug auf eventuelle therapeutische Anwendungsmöglichkeiten von MDMA bedeutend genug, um sie zu publizieren, andererseits lief man dadurch Gefahr, daß das Mittel dann ebenfalls verboten wurde.

Trotzdem publizierten Shulgin und Nichols 1978 einen wissenschaftlichen Artikel. Sie behaupteten, daß das Mittel eine «leicht zu beeinflussende Bewußtseinsveränderung verursacht, verbunden mit emotionalen und sensuellen Höhepunkten ... Die Wirkung kann mit der von Marihuana, mit einer niedrigen Dosis MDA oder mit derjenigen von Psilocybin-Pilzen verglichen werden, jedoch ohne deren halluzinogene Komponente.»[480]

Die Effekte traten durchschnittlich eine halbe Stunde nach Einnahme der Droge auf. Die Spitze des Rausches folgte dreißig Minuten bis eine Stunde später und dauerte nicht länger als ein paar Stunden. Die körperlichen Vergiftungserscheinungen und psychologischen Nebenwirkungen waren verhältnismäßig geringfügig, es traten höchstens einige Erscheinungen auf, wie man sie von stimulierenden Mitteln kennt: Appetitlosigkeit, vergrößerte Pupillen und steife Kiefermuskeln.[481]

Nun kam es zu weiteren Studien. Darin wurde beschrieben, wie

MDMA eine Verminderung der Angst, eine größere Offenheit in der Äußerung von Gefühlen und ein allgemeines Gefühl des Wohlbehagens bewirkte.

Das Interesse für die Droge stieg weiter. Bereits in der zweiten Hälfte der siebziger Jahre beschloß eine Gruppe von geschäftstüchtigen Chemikern, im kalifornischen Marin County ein illegales Labor zur Herstellung von MDMA aufzuziehen. Man suchte nach einem ansprechenden Namen für das neue Produkt. Anfangs schien – aufgrund der «warmen», einfühlsamen, sensitiv-sozialen Eigenschaften – der Name «Empathy» am besten geeignet, doch schließlich wählte man einen «aufregenderen» Namen: «Ecstasy» oder XTC oder kurz «E». Auf einem Beipackzettel jener Zeit war (unter Berufung auf Hermann Hesse) sinngemäß etwa folgendes zu lesen: «Ecstasy, das Entheogen [frei übersetzt: ‹Das Gott in dir Erweckende›] des 21. Jahrhunderts. Es ist die Welt deiner eigenen Seele, die du suchst. Nur in dir existiert jene andere Realität, nach der du dich sehnst. Die einzige Gemäldegalerie, die ich dir zeigen kann, ist die deiner eigenen Seele. Ich kann dir nichts anderes geben als die Möglichkeit, den Reiz, den Schlüssel. Ich kann dir helfen, deine eigene Welt sichtbar zu machen. Sonst nichts.»[482]

Vor allem sollte Ecstasy nicht auf Partys oder bei anderen turbulenten Anlässen genommen werden, denn: «Ecstasy soll, vor allem wenn es das erste Mal ist, in einer angenehmen Umgebung genommen werden, z. B. abends, zu Hause bei sanftem Kerzenlicht oder gedämpfter Beleuchtung, mit leiser, angenehmer Musik. Auf keinen Fall Acid Rock oder Rock 'n Roll, sondern beruhigende, soulartige Musik.»[483]

Doch dies änderte sich bald. War Ecstasy zuerst noch ein Mittel, das, laut Packungsinformation, dazu verwendet werden konnte, um die «Herzchakren zu öffnen» und die «intuitive rechte Gehirnhälfte zu stimulieren» – wodurch es vor allem bei Anhängern des Baghwan Shree Rajnesh und bei vielen New-Age-Aposteln populär wurde –, so kam im Laufe der achtziger Jahre eine neue Konsumentengruppe hinzu.

Studenten der Southern Methodist University in Dallas (Texas) entdeckten, daß Ecstasy ein würdiges Ersatzmittel für den an der Universität verbotenen Alkohol war. Während Festen und Partys benutzten sie Ecstasy als ein Hemmungen abbauendes, die sozialen Gefühle stimulierendes Mittel, das genügend Energie gab, um die ganze Nacht durchzufeiern und zu tanzen. Parker meldete, daß in den Nachtclubs von Dallas Ecstasy Studenten öffentlich zum Kauf angeboten wurde, die pro Dosis mit Kreditkarte 20 Dollar bezahlten![484]

Die Verwendung als Freizeitdroge nahm jetzt, unter anderem aufgrund vieler Publikationen in Blättern wie *Newsweek, Time* und *Life,* sprunghaft zu. Der Drogenforscher Ronald Siegel schätzte die Zahl der im Jahre 1976 in den USA verkauften Dosen auf 10.000 Stück, 1985 waren es bereits 360.000![485]

Und das, was man in Therapeutenkreisen befürchtet hatte, geschah tatsächlich: Am 1. Juli 1985 wurde Ecstasy gesetzlich verboten und erhielt denselben Status wie Heroin, LSD und andere Rauschdrogen. Folgende Gründe führten zu diesem Verbot:

- Warnungen von Wissenschaftlern vor einer vergleichbaren Entwicklung wie zwanzig Jahre zuvor beim LSD. Damals herrschte ebenfalls eine anfängliche Begeisterung für die als harmlos eingestufte Droge. Doch angesichts der hohen Zahl von Opfern (durch tödliche Unfälle und schizophrene Psychosen) war sie einer starken Ernüchterung gewichen.
- Das Auftreten der ersten Ecstasy-Toten (die allerdings gleichzeitig eine Reihe weiterer Drogen genommen hatten, wie sich herausstellte).
- Der außer Kontrolle geratene Konsum.

Ecstasy fiel unter die rigideste Kategorie des Gesetzes, was bedeutete, daß es als ein Mittel betrachtet wurde, das aufgrund seiner immensen Gefahr für die Volksgesundheit nicht einmal für medizinische oder therapeutische Zwecke eingesetzt werden durfte. Wissenschaftliche Forschungen mit Versuchspersonen waren untersagt. Die Strafen bei Verstößen waren bedeutend: Ein Händler konnte mit maximal fünfzehn Jahren Haftstrafe und einem Bußgeld über 125.000 Dollar rechnen! Jemand, in dessen Besitz Ecstasy gefunden wurde, hatte maximal fünf Jahre Gefängnis zu erwarten. Andere Länder zogen rasch mit ähnlichen Verboten nach, als eines der letzten im Jahre 1988 die Niederlande.

Das Verbot in den USA bedeutete aber keineswegs, daß der Konsum auch tatsächlich abnahm. Nur die Preise stiegen, und die Qualität nahm ab (u.a. wegen Verschnitts mit Amphetaminen, Ephedrinen, MDA und Koffein). Allein dadurch kam es während der ersten Monate nach dem Verbot zu mindestens fünfhundert Krankenhausaufnahmen wegen Überdosis.

Der Verbrauch nahm sogar weiter zu. Siegel meldete 1986, daß sich überall in den USA illegale Laboratorien etabliert hätten und zugleich im großen Stil Vorbereitungen für die Massenausfuhr der Droge nach Europa getroffen würden. Eine Umfrage von 1987 ergab, daß 40 Prozent der Studenten auf dem Campus der Stanford University Ecstasy genommen hatten. Über die Baghwan-Bewegung, über Meditationszentren und Privatpersonen erreichte die Droge ab 1985 nun auch zunehmend Europa. Der Konsum zielte in diesen Kreisen vor allem auf die Erlangung höherer Selbsterkenntnis. Man konsumierte die Droge durchgehend in ruhiger Umgebung. Ein Baghwan-Jünger berichtet: «Kurz, bevor ich diese erste Pille nahm, gab meine Mutter mir Bücher von Osho [so nannte sich Baghwan kurz vor seinem Tod], und das ging beides zusammen. Das Ecstasy-Gefühl paßte sehr schön zu dem, was man bei den Sanyassins macht: das Abbauen der Barrieren, das Öffnen des Selbsts. Der Sommer 1987 war für mich der ‹magic summer›. Mein Leben überstürzte sich plötzlich. Meine Beziehungen zu Menschen wurden tiefer. Ich gab meinem Leben eine andere Richtung durch Ecstasy.»[486]

Doch es gab noch einen anderen Kanal, auf dem Ecstasy nach Europa vordrang: die Tanzdiele. Ecstasy erwies sich nämlich als ein ausgezeichnetes Mittel zur Unterstützung der Atmosphäre bei den rein elektronischen «House-Partys», wo alle auf die musikalischen Phantasien des Discjockeys miteinander tanzen, eine Atmosphäre, die zu einem tranceartigen Bewußtsein führen kann.

In der «House-music» am Anfang der achtziger Jahre, die im Chicagoer Tanzclub «Ware*house*» entstand, spielt der Discjockey (der DJ) eine äußerst wichtige Rolle. Er ist der Mann, der an den Knöpfen dreht und mit Hilfe seines Drumcomputers den Beat und die Musik kreiert. Von seiner Kreativität hängt es ab, wie auf der Basis dieses festgelegten Beats die Musik dazu realisiert wird. Arno Adelaars schreibt dazu: «Alles beherrschend beim House ist der Beat mit 120 bis 126 Schlägen pro Minute. Dieser Beat peitscht den Tänzer auf, und weil es keine Sekunde Pause gibt, gerät er in Trance. Das ist eine Technik, die schon jahrhundertelang von gewissen afrikanischen Stämmen angewandt wurde.»[487] Die Beschreibung gilt im Prinzip auch für Techno, die europäische Variante der amerikanischen «House-music».[488]

Ähnlich schildert es Fromberg: «So eine Platte dauert durchschnittlich sechs Minuten, und es gibt ziemlich wenig Variation. Ab und zu wird etwas weggelassen, manchmal kommt etwas hinzu, aber der Beat geht immer weiter. Es gibt nur ein Ding, worauf man sich konzentrieren kann. Diese Musik, die noch von farbigen Musikern gemacht wurde und noch deutliche Merkmale der Discomusik in sich trägt, springt eines Tages über nach England. Dort wird aus ihr der ‹Acid House› gemacht, indem mit dem ‹Beat› die Melodien des ‹Acid Rock› aus den sechziger Jahren kombiniert wurden. ‹Acid› ist also nur eine kleine, spezielle Strömung des ‹House›, die eigentlich längst vorbei ist ... Eine wichtige Eigenschaft der ‹House-music› war, daß man sie völlig im eigenen Wohnzimmer fabrizieren konnte. Man braucht nur einen Drumcomputer und einen kleinen Synthesizer. Man nimmt die Resultate auf, kann die Aufnahmen selbst an- oder ausschalten – technisch alles ganz einfach zu machen. Das war eine Revolution, die das Produzieren solcher Musik in die Reichweite der großen Masse brachte. In der Folge hat sich der Stil rasend schnell über ganz Europa verbreitet, wobei die verschiedenen Länder verschiedene Einflüsse hinzugefügt haben ... Doch trotz der verschiedenen Stile dominiert ein Element: der ‹Beat›. Der ‹Beat› geht den ganzen Abend weiter, während der Discjockey die Melodien abwechseln läßt.»[489]

Wir zitieren hier noch eine weitere Quelle: «Man geht von einem ganzen Abend aus, und man legt so etwa sechs Stunden hintereinander Platten auf bei so 'ner Party. Du bist eine Art Musikant, weil eigentlich gar keine Songstruktur in den Nummern drin ist, aber durch den Einsatz der verschiedenen Elemente aus den Platten kannst du über den ganzen Abend hinweg eine Geschichte erzählen. Du kannst einen Abend zusammenbrechen lassen, du kannst ihn aufpeppen. Man kann das mit einem afrikanischen Eingeborenenstamm im Fernsehen vergleichen, wo drei Menschen dasitzen und auf Trommeln spielen, während der ganze Stamm wie die Besessenen stundenlang darauf tanzt. Der ‹House› läßt sich damit stark vergleichen ... Das war aufregend: Wenn man in ein Zelt reinkam, war da eine große Tanzfläche. Auch das ist anders als bei den normalen großen Discos. Die größte Fläche ist zum Tanzen da, die Bar ist eigentlich nur nebensächlich ... Ganze Gruppen von Leuten stehen beieinander und tanzen, und das wird als das Wichtigste erlebt. Sie geraten als Gruppe in eine Art Trance, man putscht sich gegenseitig hoch, Menschen lassen bestimmte Schreie durch die Musik hindurch los. Du bekommst eine Art Massengefühl!»[490]

Es war abzusehen, daß Ecstasy und (Acid-)House-Partys sich früher oder später miteinander verbünden würden. Die Droge und das wilde, tranceerzeugende Tanzen unter Leitung eines Discjockeys ergaben eine «ideale» Kombination. Ecstasy beeinflußte deutlich auch die «House-music»: «In Chicago fand eine wechselseitige Befruchtung zwischen ‹Acid House› und Ecstasy statt. Manche Musiker schluckten Ecstasy-Pillen, und das konnte man in ihrer Musik hören. Der ‹rhythm-and-blues›-Einfluß verschwand. Statt dessen entstand ein voller Sound mit leiernden Tönen und tiefen Flüsterstimmen. In den Chicagoer Clubs tanzten Menschen, die Ecstasy genommen hatten, auf diese Musik. Dieser Kult schlug auch im Hippie-Paradies Goa und der ‹Trendy-Ferieninsel› Ibiza an. Denn die besondere Wirkung von Ecstasy schien wie geschaffen für nächtelange Tanzmarathons. Die Pille half Menschen über ihre Blockaden hinweg und machte sie sozial. Und die stimulierende Wirkung sorgte für genügend Energie, um die ganze Nacht durchtanzen zu können ... Die Touristen, die nach Ibiza kamen, suchten vor allem Tanz, Feste und Liebe. Die Insel war einer der Orte auf der Welt, wo Heteros und Homos ohne Problemen dieselben Adressen frequentierten ... Auf Ibiza tauchte Ecstasy gleichzeitig mit dem ‹House› auf. In den großen Freiluftdiskotheken wurde Ecstasy aller Wahrscheinlichkeit nach zum erstenmal in Europa als Party-Droge verwendet. Die neue Generation von Pillenschluckern wollte Spaß haben, und so eine Pille schien die Garantie für einen glänzenden Abend zu sein. Diese neue Verwendung von Ecstasy eignete sich ausgezeichnet für die psychedelische Elektronik des ‹Acid House›. Die ausgelassene, feiernde Meute der Feriengäste, die für ein paar Wochen alle Hemmungen ablegen wollten, um den Rest des Jahres ihr normales Leben wieder ‹auszuhalten›, war zweifellos in der richtigen Stimmung für solche Experimente. Damals bekam Ibiza den Beinamen ‹Ecstasy Island› ... Danny Rampling, ein Discjockey aus London, geriet in den Bann dieser ansteckenden Mode. Er brachte die Musik und den dazu gehörenden Tanzstil nach London und nannte ihn ‹Balearic Beat›. Die Nächte, die er in seinem ‹Shoom Club› organisierte, wurden ein rauschender Erfolg. Es gelang ihm, die mediterrane Atmosphäre zu evozieren, für die die Discos auf Ibiza so berühmt waren. Durch den Einsatz von Rauchmaschinen und bizarren Lichteffekten schien im einen Moment die Sonne in apokalyptischen Rauchschwaden unterzugehen, während im nächsten niemand mehr die Hand vor den Augen sah. Das ‹Trendy-Publikum› in London flog en masse auf den neuen Stil.»[491]

Der neue Trend verbreitete sich schnell von Chicago, Ibiza und London aus auf den Kontinent. 1987 fanden in Amsterdam die ersten Acid-house-Feste statt. Anfang September 1988 wurden die ersten Massenpartys in einer umgebauten Lagerhalle in Amsterdam abgehalten. Eine Vor-Ort-Impression: «Es braust, wie es sich gehört. Die Musik dröhnt mit der durchschnittlichen Frequenz des Herzschlags. Und genau wie bei dieser Blutpumpe darf die Musik während der ganzen Nacht nicht einen Schlag aussetzen. Wie eine Perlenschnur werden die Hits aneinandergereiht, ohne jede Unterbrechung, die die Trance stören könnte. Allem Anschein nach stehen drei Viertel des Publikums unter Einfluß von Ecstasy.»[492]

Auch in Deutschland hat die Tanzdroge Ecstasy seit Mitte der achtziger Jahre ihren Einzug gehalten und ist heute in den Techno-Szenen deutscher Großstädte, vor allem in Berlin, aber auch in Frankfurt, Köln, Kassel, Leipzig und anderen Städten, weit verbreitet. Hier existieren feste Gemeinden technobegeisterter junger Leute, die regelmäßig am Wochenende ihre Rave- oder Technopartys feiern; viele von ihnen konsumieren dabei Ecstasy.[493] Heute ist diese Droge «fester Bestandteil der Wochenendgestaltung. Gut drauf sein, Gefühle anderen gegenüber hemmungsloser zulassen, Fun haben: Das neue Lebensgefühl dämmerte nach den politischbewegten siebziger Jahren und den coolen Yuppie-Achtzigern herauf. Dem Leben ein bißchen Spaß abtrotzen, heißt die Devise vor der Jahrtausendwende.»[494]

1993 schätzte man die Zahl derjenigen, die in Deutschland regelmäßig an jedem Wochenende Ecstasy auf Technopartys konsumierten, auf 15.000 bis 20.000 Personen.[495] Sie ist seither stark gestiegen. Die Zahl der Erstkonsumenten synthetischer Drogen stieg in den letzten Jahren um 82 Prozent, was vom BKA «auf eine wachsende Beliebtheit von Amphetaminderivaten wie MDMA und MDE (Ecstasy)» zurückgeführt wurde.[496]

Doch auch die andere Art der Ecstasy-Verwendung ist bis zum heutigen Tag gebräuchlich: zu Hause, im kleinen, intimen Kreis. Die amerikanische Drogenforscherin Rosenbaum führt hierfür ein charakteristisches Beispiel an: Eine Gruppe von Männern mit höherer Ausbildung und einigen Frauen in anstrengenden, verantwortlichen Positionen (Ärzte, Juristen, Projektentwickler und andere Unternehmer) sind aufgrund ihrer vielfältigen Verpflichtungen und der sie stark beanspruchenden Berufe kaum noch oder nicht mehr in der Lage, ihre alten Freundschaftsbeziehungen zu pflegen. Die Lösung, die diese Gruppe für das Problem fand, bestand darin, daß man ein- bis zweimal im Jahr ein Häuschen im Grünen mietete, um dort gemeinsam Ecstasy zu nehmen und miteinander zu reden. Das Mittel intensiviert die Kommunikation und sorgt dafür, daß sich Gedanken leicht und direkt äußern lassen. Die «Aufwärmzeit», die alte Freunde oft brauchen, um sich wieder aneinander zu gewöhnen, wenn sie sich längere Zeit nicht gesehen haben, wurde auf diese Weise umgangen.[497]

Die Wirkung von Ecstasy

Die Wirkung von Ecstasy läßt sich als eine einzigartige Mischung aus den Effekten von Marihuana bzw. Haschisch und Speed begreifen. Einerseits enthält sie die stimulierende Komponente von Speed, andererseits die stark dominierende Wirkung auf das Gefühlsleben, wie wir sie bei Marihuana und Haschisch kennengelernt haben.

Wie verläuft ein Ecstasy-«High»? Um diese Frage zu beantworten, werden wir Äußerungen verschiedener Konsumenten betrachten, wobei wir uns auf die Bücher von Adelaars und Fromberg stützen (siehe Literaturverzeichnis; weitere Berichte finden sich bei Saunders).

Zunächst kommt es, ungefähr zwanzig bis sechzig Minuten nach Einnahme der Pille, oft zu einer kurzen Phase der Desorientierung. «Du fühlst ein leichtes Kribbeln im ganzen Körper. Manchmal hast du ein steifes Gefühl in Armen, Beinen und Kiefer, und dein Mund fühlt sich trocken an. Deine Pupillen weiten sich, dein Herz schlägt plötzlich schneller. Manchmal wird dir auch übel. Es kann vorkommen, daß du am Anfang der Wirkung ein beklemmendes Gefühl spürst, dann hilft frische Luft. Diese körperlichen Effekte werden als nicht besonders stark erlebt.» So ein Informationsblatt einer Amsterdamer Beratungsstelle.

Interessant ist hier insbesondere die unter Umständen beängstigende Desorientierung, die Beklemmung und vor allem das Steifwerden von Armen, Beinen, Kiefer, das heißt des Bewegungsorganismus des Betroffenen. Diese Symptome erinnern an den im Zusammenhang mit der Opiatwirkung beschriebenen alten Einweihungsprozeß, bei dem das geistig-seelische Wesen des Menschen mit einem starken Schreck, einem Schock, aus dem sich versteifenden Bewegungsorganismus gewissermaßen herausgeworfen wurde. Das führte dazu, daß dieses geistig-seelische Wesen mit dem – durch einen materiellen Stoff veränderten – Gehirn wahrgenommen werden konnte (siehe dazu auch das Kapitel über Opiate, S. 173 ff., insbesondere Anmerkung 269).

Derselbe Prozeß scheint sich nun auch bei Ecstasy in leichterer Form abzuspielen. Das bestätigt auch den Ruf als «sakrale Droge» und als «Droge der künstlichen Erleuchtung», den Ecstasy bei jenen Konsumenten hat, die stärker auf Selbsterkenntnis und intimere soziale Kontakte ausgerichtet sind.

Manchmal gleichzeitig, meistens jedoch danach, werden die Auswirkungen des partiellen Austretens und des Weitwerdens des seelisch-geistigen Wesens – des Astralleibs und, in dessen «Schoß», des Ich – erfahrbar. Das kann sehr schnell gehen, in einem «Rush» oder «Flash»: «Zwanzig Minuten, nachdem ich es geschluckt hatte, begann ich zu schweben und zu flashen. Ich kam, bäng, auf einen Schlag von nüchtern nach ganz stark stoned.» Und: «Ich spüre Wärme, bin aber ganz relaxed. Es kommt eine Art Gelassenheit über mich. Ich lasse die Kontrolle los. Ich will jemanden berühren in so einem Moment. Ich möchte zusammen mit jemand wegsinken. Wenn das passiert, dann falle ich demjenigen, der mir gegenübersteht, einfach in die Arme, egal wer das ist. Ein Flash dauert fünf bis zehn Minuten, manchmal auch kürzer.»[498]

Doch es findet auch ein Hereinholen des Astralleibs statt, das vor allem von der amphetaminartigen Wirkung des Ecstasy verursacht wird: «Ich bekomme klamme Hände, spüre eine Art Gänsehaut über meine Arme laufen. Ich will mich bewegen, muß aber kurz stillstehen, kurz raus ins Freie. Unruhe, aber keine Angst. Aber ein Gefühl wie: O weh, da kommt er ...!»[499] Herzschlag und Blutdruck steigen, der Astralleib spornt den Körper zu größerer Aktivität an.

Diese zwei einander entgegengesetzten Bewegungen, das Ausdehnen, ja vielleicht sogar ein teilweises Austreten, und das stärkere Einziehen des Astralleibs, wirken bei Ecstasy gleichzeitig und durchdringen sich. Wir können uns das auch so vorstellen, daß sich einerseits der Astralleib unter Einfluß von Ecstasy teilweise «elastisch» in Richtung der Peripherie ausdehnt und gleichsam «erschlafft», losläßt, wodurch der Konsument lachen muß, «smilen» (bekannt ist das Ecstasy-Smile, vergleichbar mit dem Lachkick des Marihuana- oder Haschischkonsumenten); andererseits wird der Astralleib teilweise gezwungen, sich gegen den physischen und ätherischen Leib zu «pressen»; dadurch kommt die stimulierende Wirkung des Ecstasy zustande.

Für den Konsumenten der Droge ergeben die beiden gleichzeitigen Bewegungen die seltsame Erfahrung gleichzeitigen Anspannens und Loslassenwollens: «Ich spüre Wärme, ein begeistertes Gefühl, aber ganz relaxed. Es kommt eine Art Gelassenheit über mich. Ich lasse die Kontrolle los, habe aber das Gefühl, alles unter Kontrolle zu haben. Es klingt paradox, aber so fühlt es sich an.»[500]

Dieses schnelle gleichzeitige Aus- und Eintreten fühlt sich gut an, es wird zum Anfang einer Euphorie. «Es ist eine Welle eines glückseligen Gefühls, als ob du auseinanderspringst vor Glück.»[501]

Auch im weiteren Verlauf des Rauschs bleibt diese Doppeldynamik des Astralleibs erhalten. Einerseits treten die stimulierenden Effekte auf, wie ausführlich bei den Amphetaminen und beim Kokain beschrieben (Erhöhung des Blutdrucks und der Pulsfrequenz, Pupillenerweiterung, hohe Spannung der Kiefermuskulatur, leichte Koordinationsstörungen und Verschwinden des Hungergefühls). Andererseits zeigen sich viele Wirkungen, die wir auch bei der Betrachtung der Wirkung von Marihuana und Haschisch antrafen. In dieser Hinsicht gibt es folgende Parellelen:

1. Wie bei Cannabis kann es sein, daß sich der herausziehende, teilweise austretende und sich zum Teil in die Astralwelt verlierende Astralleib (und mit ihm das Ich) mit den Astralleibern und Ichen der anderen Drogenkonsumenten vermischt, die ja ebenfalls in diesem Zustand sind. Das erzeugt ein Gefühl der intimen «Verbundenheit», eines intensiven mitfühlenden (empathischen) Kontakts, von Sympathie und Einswerdung. Einige Belege dafür:

«Normalerweise hatten wir viele Mißverständnisse, wenn wir miteinander zu reden versuchten. Manche Worte hatten für uns verschiedene Bedeutungen, was zu Sprachverwirrung und Streit führte. Aber mit Ecstasy war davon keine Rede. Wir verstanden uns völlig.»[502] – «Mit Ecstasy kannst du total in die Haut von jemand anders kriechen. Die Dinge werden sehr klar. Du kannst dich enorm einfühlen und gut zuhören.»[503] – «Wir redeten Stunde um Stunde, zu dritt, und wir gingen völlig ineinander auf. Manchmal kamen noch andere dazu. Konnte etwas einrenken mit Henk, 'ne alte Sache, die plötzlich wichtig wurde, weil wir sie nie richtig bereinigt hatten.»[504]

2. Ähnlich wie bei Marihuana- oder Haschischkonsum verbindet sich der ausgetretene Astralleib teilweise mit dem Nervensystem des Rückenmarks, während sich das zusammen mit ihm ausgetretene Ich unter anderem mit dem autonomen oder vegetativen Nervensystem verbindet. Infolgedessen wird ein gegenseitiges Gefühl des Verstandenwerdens und der Liebe die innige Verschmelzung der Astralleiber begleiten (siehe S. 133 f.). Auch Ecstasy erzeugt daher ein Gefühl der innigen Verliebtheit und der Liebe. Aus diesem Grunde bekam es auch den Beinamen «Schmusedroge»: «Ich fühlte ihre gegenseitige Liebe in einer nie gekannten, warmen Intensität. Und sie spürten meine Aufmerksamkeit ebenfalls und ergriffen jeder eine meiner Hände. ‹Oh, wie schön bist du›, sagte Jan. ‹Du strahlst von innen her Licht aus.› ‹Willst du damit sagen, daß du das siehst?› fragte ich. ‹Nein, ich spüre das einfach so›, antwortete er ... Nein, sexuell erregt

fühlte ich mich überhaupt nicht. Fast, als wenn das gar nicht mehr nötig war. Als ob mein Bedürfnis nach Liebe schon total befriedigt wäre.»[505] – «Es ist ein überwältigendes Gefühl des Friedens, du bist in Frieden mit der Welt. Du fühlst dich offen, licht, klar, liebend. Ich kann mir nicht vorstellen, daß jemand wütend ist unter Einfluß von Ecstasy oder selbstsüchtig oder niederträchtig oder defensiv.»[506] – «Eines schönen Tages im Sommer 1987 nahm ich zum erstenmal eine Kapsel Ecstasy, zusammen mit zwölf Sanyassins. Es wurde ein Tag, den ich nie vergessen werde. Ich bekam viel *space* im Herzen, ein total freies Gefühl im Innern, alle Barrieren verschwanden. Ein überwältigendes Gefühl war das. Wir saßen zu zwölft auf einer kleinen Terrasse in Amsterdam – und es gab nur Sein. Es war ganz viel Liebe in der Gruppe. Es herrschte überhaupt kein Zwang zu reden, es war oft einfach still. Wir genossen es, da zu sein, unser reines Sein. Wir teilten unsere Gefühle miteinander. Ich hatte noch nie so etwas erlebt. Meine erste Ecstasy-Erfahrung könnte ich verkürzt umschreiben als ‹künstliche Erleuchtung›.»[507]

3. Es sind also die Kräfte der Sympathie, das heißt der Verschmelzung und Einswerdung, die durch Ecstasy in extremem Maße mobilisiert werden. Die Antipathie schweigt. Die Kräfte des Abstandnehmens, des Auf-sich-selbst-angewiesen-Seins und des kritischen Urteils werden in viel geringerem Maße erlebt. Man genießt es, im anderen zu sein, das «helle, relaxte und behagliche Gefühl», man ist «mellow». Auch dazu ein paar Beispiele:

«Ein kluger Mensch ist reserviert, er hält Abstand. Dieses Verhalten zeigst du überhaupt nicht unter Einfluß von Ecstasy. Alles ist nett, fein und schön.»[508] – «Wenn jemand sich immer so verhält wie ich nach einer Pille Ecstasy, dann finde ich so jemanden eine absolut uninteressante Figur. Einen Hohlkopf. So ein Schleimer, der sich nett benimmt in der Kneipe, lacht, prustet, brüllt – aber über weniger nette Sachen, denkste!, darüber möchte er nicht sprechen. Aber gerade so was macht einen Menschen doch auch zum Menschen, oder?»[509] – «Ich sorge dafür, daß ich meine Ecstasy-Sitzung sehr gut plane. Ich möchte es nicht zusammen mit irgendwem tun.

Ecstasy ist so positiv. Alles wird glattgezogen. Du siehst nur die schönen Dinge. Und das will ich nicht. Ich möchte nicht plötzlich jemanden nett finden, an dem ich normalerweise nicht viel finde. Das ist mir zu künstlich.»[510]

4. Außerdem können sich, im Zusammenhang mit der Bewegung zur Peripherie hin, die der Astralleib macht, viele versunkene, festsitzende Seeleninhalte aus den Tiefen des Astralleibs lösen, die jetzt durch das (mit dem Astralleib verbundene) Ich von «innen» her wahrgenommen werden können. Die Speed-Komponente beschleunigt diesen Vorgang:

«Als ich zu arbeiten anfing, redete ich wie ein Wasserfall, echt unglaublich. Ekstatisches Reden, wir haben es auf einem Band aufgenommen; wenn ich mir das jetzt anhöre, schäme ich mich. Ich lernte eine solche Freiheit kennen: Alles, was ich immer weggesteckt hatte, kam jetzt raus. Der Deckel von diesem Schacht war weggenommen, und alles, was darunter war, kam hervor. Am nächsten Tag war ich verändert, echt ein anderer Mensch.»[511] – «Wir nannten Ecstasy oft den ‹Beschleuniger›, weil unter Ecstasy alles viel schneller an die Oberfläche kommt. Weil das Mittel verstärkt, was in dir ist. Manchmal geraten Dinge in eine Art Strudel. Ein Bruder von Kees-Jan und seine Freundin sprachen während einer Sitzung über ihre Beziehung. Sie waren so offen und ehrlich zueinander, daß sie alle beide deutlich sahen, daß es nicht weiterging zwischen ihnen. Diese Beziehung war in einer einzigen Sitzung beendet.»[512]

5. Ferner können Schmerzgefühle verschwinden. Der Astralleib (das Bewußtsein) nimmt diese Art von Reizen plötzlich nicht mehr wahr. «Ich hatte Kopfweh und fühlte mich am Rande einer Grippe. Ein Freund kam vorbei und erzählte, daß er einmal Ecstasy genommen hatte, als er krank war, und daß das geholfen hatte. Ich ließ mich überzeugen und schluckte eine halbe Pille. Zuerst fing ich sehr zu schwitzen an, das Wasser lief mir in Strömen am Leibe herunter, aber die Kopfschmerzen verschwanden und kamen nicht wieder.»[513]

Zugleich kann es sein, daß sich der Astralleib, nachdem der

Rausch (fast) verflogen ist und der Konsument müde geworden ist, bei bestimmten Personen ziemlich leicht aus dem physischen Leib und dem Ätherleib zurückzieht. Die Folge: Die betreffende Person schläft ein. Bei anderen ist jedoch unter Umständen genau das Gegenteil der Fall: Durch das teilweise Eintreten und die zwingende Verbindung des Astralleibs mit dem physischen Leib und dem Ätherleib wird sich ersterer just viel schwerer aus der Verhaftung mit den unteren beiden Wesensglieder befreien können. Die Folge: Schlaflosigkeit. Korf et al. konstatieren daher: «Schlecht schlafen wird als der häufigste negative Effekt nach Ende des Rausches genannt. Es gibt aber auch Menschen, die müde und zufrieden wie ein Felsblock in Schlaf fallen.»[514]

Wir sehen also, wenn wir diese Befunde zusammenfassen, daß Ecstasy, ähnlich wie Marihuana und Haschisch, auf dem Wege einer starken Wirkung auf den Astralleib in besonderem Maße das *Gefühlsleben* der Betroffenen aktiviert. Gefühle der Entspannung, der Offenheit, der Empathie, Wärme, Sympathie und Liebe machen sich verstärkt geltend. Die Sinneswahrnehmungen werden oft sensueller, gefühlsmäßiger erfahren. Es herrscht eine stärkere Sensibilität unter anderem für Musik, Farben und Formen. Kurz, «Ecstasy ist ein ‹Gefühlsverstärker›, verstärkt die Sinneswahrnehmung und intensiviert das Erlebnis, macht Dinge schöner, und was sonst normal ist, wird jetzt besonders reizvoll.»[515]

Doch dabei bleibt es meistens nicht, die Speed-Komponente kann zur erhöhten Aktivität führen. Man will dann aus solchen Gefühlen heraus aktiv werden, Gesellschaft suchen (d.h. sich in andere Astralleiber und Iche begeben), reden, Betrachtungen anstellen, in gegenseitige Sympathie versinken – oder tanzen: «Ich fühlte mich wie ein Gummiball. Ich sprang zwischen den Menschen hindurch, mit erhobenen Armen, und lächelte und lächelte.»[516]

Dennoch können, wie bei Marihuana oder Haschisch, auch jene Folgen auftreten, die durch die Einwirkung von Ecstasy auf die Verbindung zwischen Ätherleib und physischem Leib verursacht werden. Denn Ecstasy ist eine giftige Substanz, die in höherer, doch nicht tödlicher Dosis zu dem im Zusammenhang mit der LSD-Wirkung beschriebenen partiellen Sterbeprozeß führen kann, das heißt zu einem partiellen Austreten des Ätherleibs aus dem physischen Leib. Dadurch können bestimmte Erscheinungen auftreten, die wir bereits beim LSD kennengelernt haben (sowie, allerdings in geringerem Maße, bei Cannabis):

- Fetzen von Lebensrückschau-Erlebnissen:
  «Es ist eine Reise durch dein eigenes Bewußtsein, doch mit den Augen eines anderen. Du bist zurückgekehrt in das Hier und Jetzt von damals. Du wirst Kind, aber verstehst mit dem Gehirn des Erwachsenen, warum Menschen damals so und nicht anders auf dich reagiert haben. Du bekommst keine Halluzinationen, es ist mehr, als ob Dias aus deinem Leben kreuz und quer durcheinander gezeigt werden.»[517]
- Halluzinationen, Desorientiertheit:
  «Als die doppelte Dosis Ecstasy nach einer halben Stunde zu wirken begann, war sie viel stärker, als sie es eigentlich hätte sein sollen. Ich lief mit zwei Freunden zu einer Diskothek. Die Straße, in der ich fast täglich meine Einkäufe erledige, erkannte ich nicht mehr. Der Gehweg war aus Gummi oder Watte oder vielleicht aus hölzernen Pfählen. Ich konnte mich kaum auf den Beinen halten. Warme rosa Wolken in meinem Kopf blockierten meinen Gedankenstrom.»[518] Diese Halluzinationen können verstärkt werden durch die Verwendung von Marihuana oder Haschisch: «Zur Zeit kombiniere ich Ecstasy immer mit Gras. Ich merkte irgendwann, daß der Rausch schneller losging, wenn ich eine halbe Stunde, nachdem ich die Pille genommen hatte, etwas Gras rauchte. Ich sehe das im Zusammenhang mit der Zwei-Komponenten-Theorie. Ecstasy hat eine halluzinierende und eine stimulierende Seite. Ich mag die halluzinierende Seite, und die wird durch das Rauchen von Gras verstärkt. Ein Freund von mir mag mehr die stimulierende Seite und nimmt etwas Speed in Kombination mit Ecstasy.»[519]

Betrachten wir die Wirkung von Ecstasy auf das *Ich* des Konsumenten, so können wir konstatieren, daß dieses während des Rausches die Folgen des Konsums notgedrungen aushalten muß. Es muß sich auf den Flügeln des sich weitenden, zum Teil peripher werdenden Astralleibs mit erheben und muß außerdem mit ansehen, wie sich dessen anderer Teil stärker mit dem physischen Leib und dem Ätherleib verbindet. Es nimmt in vollem Ausmaß daran teil, es wird aber auch selbst quasi auseinandergezogen, verliert sein Zentrum, seine Stabilität und seine Initiativkraft. Die Folgen dieses Vorgangs können, insbesondere nach wiederholtem Konsum, langfristig spürbar bleiben:

- «Nach einiger Zeit bekam ich das Gefühl, aus meinem Mittelpunkt zu sein, ich wurde zu empfindlich, ich hatte wenig Spannkraft. Ich meldete mich regelmäßig krank im Betrieb. Nicht, daß ich echt krank gewesen wäre, aber ich dachte, daß ich es nicht aushielt.»[520]
- «Viele Menschen in meiner Umgebung nehmen Ecstasy. Ich bemerkte bei einigen von ihnen Persönlichkeitsveränderungen, die ich beängstigend fand. Es gab einen Kontrast zwischen ihrem ‹Sonntagsverhalten› und dem, wie sie sich im täglichen Leben gaben. Sie wurden gleichgültig, manchmal asozial.»[521]

Darüber hinaus kann das Ich, wenn die Wesensgliederorganisation durch den Einfluß von Ecstasy und anderen Drogen instabil geworden ist, bei regelmäßigem Ecstasy-Konsum den Kontakt zur Wirklichkeit verlieren. Das Ich fliegt dann auf den Flügeln des «wegfliegenden», in die Peripherie strebenden Astralleibs mit: «Ich fing an, ganz aus der Luft zu leben. Wenn ich ‹high› war, lief ich oft mit flatternden Armen wie ein Engelchen durch das Zimmer. Ich fing immer mehr an zu schweben. Ich wurde leichter, ich löste mich von der Erde. Buchstäblich. Meine Eßlust nahm immer mehr ab, und ich wurde immer magerer. Schließlich aß ich nichts mehr und wog nur noch knapp fünfzig Kilo.»[522]

Doch was letztlich dominiert, ist die verschmelzende, auflösende, sich mit den Astralleibern und Ichen der anderen Konsumenten vermischende Bewegung von Astralleib und Ich: Das individuelle, selbständige, getrennte Ich-Bewußtsein löst sich auf in einem (eventuell mittels der ‹House-music› in Trance geratenen) Gruppenbewußtsein. Ein alter Bewußtseinszustand des Menschen wird dadurch künstlich wieder aufgerufen – das Bewußtsein, das wir im Zusammenhang mit der Wirkung von Alkohol und Marihuana oder Haschisch bereits als ein alles durchziehendes, träumendes, in die göttliche Welt sich versenkendes altes Gruppenbewußtsein des Menschen charakterisierten. Das Ich verliert sich darin, namentlich bei regelmäßigem Konsum der Droge, immer mehr, es macht einen Schritt zurück in seiner Entwicklung. Außerdem können Erfahrungen wie Offenheit, einfühlsame Kontaktfähigkeit, warme Sympathie, Liebe und Selbsterkenntnis nicht zu Qualitäten bzw. Fähigkeiten des Ich werden, da sie nicht durch eigene Anstrengung oder Übung erworben wurden. Das Ich hat sie sich nicht, durch Erfolge und Rückschläge gehend, zu eigen gemacht. Es erfährt diese Qualitäten nur so lange, wie die Droge wirkt, danach ist alles wieder vorbei, und es bleibt lediglich die Erinnerung. Zwar können die beschriebenen Erfahrungen sehr eindringlich und einschneidend sein und dem Leben der Betroffenen durchaus eine neue Wendung geben, doch zu Fähigkeiten dauerhaften Charakters werden sie nicht. Sie kommen und gehen mit der Wirkung der Droge.

Risiken

Ein großes Problem bei der Beurteilung der Risiken des Ecstasykonsums ist die Tatsache, daß keine Forschungsergebnisse bezüglich der Langzeiteffekte bekannt sind. So existieren z.B. keine Fakten über Menschen, die Ecstasy schon bis zu zwanzig Jahren nehmen, ein großes Manko im Vergleich zu Alkohol und anderen Drogen. Außerdem wird die Forschung über die Effekte von chemisch reinem Ecstasy in der Praxis dadurch sehr erschwert, daß es sich um eine verbotene Substanz handelt; es können also nur Forschungen in bezug auf die Effekte der im Straßenhandel illegal vertriebenen Produkte durchgeführt werden. Diese enthalten leider in längst nicht allen Fällen reines Ecstasy. In der Zeitspanne von April 1989 bis Januar 1991 bestanden z.B. in Amsterdam nur 54 Prozent der untersuchten Proben aus reinem Ecstasy. Fast ein Viertel dieser Proben enthielt Amphetamin oder MDA, während ein weiteres Viertel aus anderen Stoffen wie Aspirin, Vitaminpillen und Mischungen von diversen anderen Substanzen bestand. Wenn das Straßenprodukt tatsächlich reines Ecstasy enthielt, waren dennoch die Unterschiede in der Dosierung beträchtlich: Die Spanne reichte von 36 mg bis zu einer Maximumdosis von 150 mg pro Pille.

Diese Unsicherheit über den wahren Inhalt einer Ecstasy-Pille kann zu gefährlichen Situationen für den Konsumenten führen. Ein Mann, der regelmäßig Ecstasy nahm und innerhalb weniger Tage sechs Pillen geschluckt hatte, berichtet von dieser Erfahrung: «Das Ecstasy verschwand nur langsam aus meinem Körper. Ich lag in meinem Hotelbett, und plötzlich fiel ich ins Nichts ... Vor meinen Augen wurde alles weiß, und ich hatte Angst, daß ich herausflutschen würde, in ein Koma fallen oder sterben. Es war entsetzlich. Aus meinem Schädel ertönte ein bohrender Piepton, es war, als ob mein Trommelfell zerspringen wollte. Und es dauerte sehr lange ... Ich hatte einen enormen Schreck bekommen, aber es war noch nicht vorbei. Am nächsten Tag passierte mir etwas Ähnliches mitten auf der Straße. Wieder wurde alles weiß, und es piepte in meinem Kopf. Ich mußte mich an irgend etwas festhalten, weil es so schlimm war. Als ich wieder zu Hause in Holland war, habe ich mit ein paar Freunden darüber gesprochen, und es zeigte sich, daß ich nicht der einzige war, dem so etwas passiert ist. Ich weiß nicht genau, woher es kam. Ich denke, daß eine Menge Pep in diesen Pillen drin war. Vielleicht habe ich deshalb so viel davon genommen ...»[523]

Die Effekte einer Überdosis von Rein-Ecstasy, das heißt einer sehr hohen, doch nicht tödlichen Dosis, ähneln stark denen einer Amphetamin-Überdosis: beschleunigter Herzschlag, erhöhter Blutdruck, der nach etwa sechs Stunden zu niedrigem Blutdruck übergeht, Halluzinationen und paranoide Angst- und Wutanfälle. Herz und Gefäßsystem werden also besonders stark mitgenommen. Auch bei normaler Dosierung kann Ecstasy bei Menschen mit Herz- und Gefäßproblemen einen plötzlichen Herzstillstand verursachen. Bei den im Straßenhandel erhältlichen Varianten waren die körperlichen Effekte von Überdosen unter anderem folgende: stark beschleunigter Herzschlag, stark erhöhter Blutdruck, der in stark erniedrigten Blutdruck übergeht, Herzklopfen, erhöhter Muskeltonus (Versteifungen in Armen, Beinen und Kiefer), starkes Schwitzen, Ausfall der Nierenfunktion, visuelle Halluzinationen, Absterben von Muskelzellen.[524] Gleichzeitig ergaben Tierversuche, daß vielfache und hohe Dosierungen von Ecstasy bestimmte Stoffwechselprozesse im Gehirn beeinflussen: 1988 entdeckte Ricaurte, daß bei Affen die Wiederaufnahme des Neurotransmitters Serotonin in den Nervenenden der Gehirnzellen durch Ecstasy blockiert wurde, mit der Folge, daß sich die Serotoninmenge im Gehirn des Affen vermindert.[525]

Die unangenehmen Effekte während bzw. nach dem Rausch zeigen sich auch in einer Studie, die an Realschülern (Durchschnittsalter 16,5 Jahre) sowie an Besuchern von Coffeeshops (Durchschnittsalter 23,3 Jahre) durchgeführt wurde:

- Während der ersten Stunden des Rausches sind als negative Erfahrungen unter anderem Übelkeit, plötzliches Frösteln, Kiefersteife, Gänsehaut, Schwitzen, häufiges Harnlassen und Angstgefühle zu nennen.
- Nach etwa vier Stunden treten in zunehmendem Maße Ermüdung, Angst und Depressivität auf. Gegen Ende des Rausches kommen zu diesen Symptomen noch steife Gliedmaßen, Zähneklappern, Gänsehaut, Konzentrationsverlust und vor allem ein Gefühl der Leere und Schlaflosigkeit hinzu.
- Sofern am Ende des Rausches (nach ca. sieben bis acht Stunden) die Effekte von Ecstasy noch wahrnehmbar sind, werden sie überwiegend als negativ erfahren.

- Am nächsten Tag hat mehr als die Hälfte der Betroffenen einen Kater, während 33 Prozent der Konsumenten sich überwiegend gut fühlen. Dies gilt insbesondere dann, wenn man noch in Gesellschaft derer ist, mit denen man am Tag zuvor die Droge gemeinsam genommen hat. Man fühlt sich auf angenehme Weise müde und träge. Andere spüren eine Leichte im Kopf. Die Katersymptome sind vergleichbar mit denen, die bei Kokain und Speed auftreten: Herzklopfen, Kopfschmerzen, Magenschmerzen, Muskelkater, Muskelziehen im Augen- und Kieferbereich, leichte Desorientierung, heftiges Schwitzen, ein gehetztes Gefühl; vor allem aber ein Gefühl der Leere, der Lustlosigkeit, des Ausgebranntseins. Man fühlt sich müde, benommen, «wie ein Waschlappen», reizbar, «kaputt».

Wir möchten die Vermutung aussprechen, daß im Gefolge längerfristigen Ecstasy-Konsums die erwünschten Effekte immer stärker abnehmen, während die unerwünschten Effekte allmählich zunehmen, so daß sich nach gewisser Zeit durchaus starke negative Wirkungen einstellen, wie Appetitmangel, Energiemangel, Depressionen, unwillkürliche Flashbacks und Wahnvorstellungen.[527] Dies betont auch eine Informationsbroschüre einer Amsterdamer Drogenberatungsstelle: «Wenn du Ecstasy oft und mit nur kurzen Zwischenpausen nimmst, ändert sich seine Wirkung. Das Gefühl des Wohlbehagens bleibt aus. Statt dessen stellen sich Aufgedrehtheit, Durchdrehen oder Schlaflosigkeit ein.»[528]

10. DESIGNER-DROGEN

Designer-Drogen sind im allgemeinen (ziemlich) neue bewußtseinsverändernde Mittel, die gewissermaßen auf dem Reißbrett entworfen werden (to design = entwerfen), mit dem Ziel, das Bewußtsein des Konsumenten auf die verschiedensten Weisen zu manipulieren. Dies wird erreicht, indem man an der chemischen Struktur bestimmter Substanzen – die oft bereits selbst bewußtseinsverändernde Eigenschaften besitzen – kleine Änderungen anbringt, so zum Beispiel, indem man eine Methylgruppe durch eine Äthylgruppe ersetzt usw. Auf diese Weise können aus Kombinationen legaler Stoffe Drogen erzeugt werden, die erst viel später für illegal erklärt werden. Es dauert nämlich geraume Zeit, bevor neue Substanzen staatlicherseits auf ihre Gefährlichkeit hin getestet worden sind und ihre Schädlichkeit als erwiesen gilt. Inzwischen können solche Drogen an den Mann gebracht und ein großer Kundenkreis aufgebaut werden, der, auch wenn die neuen Drogen irgendwann einmal verboten sind, meistens weiterexistiert, weil sich die neuen Substanzen inzwischen in der Drogenszene ausreichend etablieren konnten. Oder man führt eine neue, vorerst noch nicht verbotene Variante des Stoffes ein, woraufhin sich die Geschichte wiederholt.

Zugleich haben die Designer-Drogen für den Dealer den Vorteil, daß sie sich in aller Regel relativ einfach und billig herstellen lassen und meistens rasch zur psychischen und physischen Abhängigkeit führen, also innerhalb kurzer Zeit ein gut zahlender Kreis süchtiger Konsumenten aufgebaut werden kann. Und weil in der Regel auch keine langen Transportrouten existieren und keine Landesgrenzen zu passieren sind, da jedes Land auf die Dauer seine eigenen illegalen Laboratorien hat, sind die Transportkosten besonders niedrig. Dadurch lassen sich für die Händler große Gewinne erzielen.

Eine andere, für die Dealer günstige Eigenschaft der Designer-Drogen ist, daß bereits sehr kleine Mengen besonders starke Wirkungen im Körper des Konsumenten hervorrufen. So kennt man z.B. Verbindungen der Designer-Droge Fentanyl, deren Wirkung 1000- bis 7500mal so stark ist wie die von Morphium. Man braucht also gar nicht viel Grundsubstanz zu fabrizieren. Wenn man beispielsweise einen Fingerhutvoll eines Mittels wie Fentanyl synthetisiert hat, lassen sich daraus Zehntausende von Portionen «strecken». Wenn dies nicht exakt durchgeführt wird, das heißt nicht in extrem winzigen Mengen bzw. mit giftigen Zusatzstoffen, so kann dies zu ernsten Vergiftungserscheinungen oder tödlichen Unfällen führen (sogenannte unbeabsichtigte Überdosen).

Viele sehen in den Designer-Drogen die eigentliche Drogenwelle der neunziger Jahre. In den Vereinigten Staaten gelten diese «Drogen der Zukunft» bereits jetzt als eines der größten Probleme im Kampf gegen die Drogen.

Welches sind bis heute die wichtigsten Designer-Drogen?

1. In der Klasse der synthetischen Opiate sind es die *Fentanyl-Verbindungen,* das heißt die fast unüberschaubar große Familie der Derivate des Narkosemittels Fentanyl. Es gibt Fentanyl-Verbindungen, die jeweils ca. 10-, 175-, 200-, 600-, 1000-, 1500-, 3000- und 7500mal so stark wirken wie Morphium. Bei dieser Art von Drogen wird das Austreten des Astralleibs so rasant gefördert, daß es zu einer unvorstellbar intensiven Euphorie führt, auf die eine tiefe Bewußtlosigkeit folgt. Der Rausch wird jetzt, nach dem Flash, im Grunde verschlafen. Der Anästhesist Will Spiegelman vom Stanford University Hospital äußert sich in diesem Zusammenhang wie folgt: «Es kann Jahre dauern, bevor man alkoholsüchtig geworden ist, aber es bedarf nur eines einzigen Schusses Fentanyl.»[529]

Ferner gibt es neben anderen *MPTP*, ein Derivat des Schmerzmittels Dolantin. Es ist sehr giftig und führt zu Nebenwirkungen mit den Charakteristika der Parkinsonschen Krankheit. Es entsteht rasch eine körperliche Abhängigkeit. MPTP wird auch als das «neue Heroin» bezeichnet.

2. Besonders populär sind diejenigen Designer-Drogen, bei denen eine Kombination von halluzinogenen und stimulierenden Effekten angestrebt wurde. Beispiele hierfür sind *STP (DOM)* und *MDA* (3,4-*M*ethylen-*D*ioxy-*A*mphetamin), das vor allem (wenn man die Augen schließt) Bilder aus der biographischen Vergangenheit erzeugt, aber in dieser Hinsicht doch weniger stark wirkt als LSD oder Meskalin. MDA verstärkt aber auch in hohem Maße die Gefühle und die Empfindungen der Empathie; dadurch ist es eine beliebte «Freizeitdroge» geworden.

   Wird die chemische MDA-Struktur ein klein wenig modifiziert, indem ein Wasserstoffatom durch eine Methylgruppe ersetzt wird, so entsteht *MDMA* oder *Ecstasy*. Hier sind die halluzinogenen Effekte weitgehend verschwunden.

   Von zunehmender Popularität ist das Narkosemittel GHB (Gamma-Hydroxy-Butyrat), das einen (teilweisen) Austritt des Astralleibs bewirkt und dadurch ein euphorisches Gefühl verursacht. Die Konsumenten werden fröhlich, sie entspannen, und Angstgefühle verschwinden. Negative Effekte bei diesem Prozeß des Austretens sind Schwindelgefühle, Übelkeit, Kopfschmerzen und ein unwiderstehliches Schlafbedürfnis. Eine Überdosierung hat eine lang andauernde Bewußtlosigkeit zur Folge; sie kann bis zum Tod führen, vor allem in Kombination mit Alkohol und/oder anderen Drogen. GHB wird auch als «Rape-Droge» bezeichnet (engl. *rape* = Vergewaltigung), weil das Opfer einer Vergewaltigung dadurch wehrlos gemacht werden soll.

   Eine sehr gefährliche Droge, die insbesondere dem Todestrieb des Menschen entgegenkommt, ist *PCP* (Phencyclidin) oder *«Angel Dust»*, nach der kalifornischen Gruppe Hells Angels benannt, die PCP Anfang der siebziger Jahre in der Drogenszene einführte. PCP kann von einer Dreiviertelstunde bis zu 48 Stunden wirken und ruft unter anderem horrorartige Trip-Erfahrungen hervor. Es kann Effekte wie ein Halluzinogen auslösen, es kann als stimulierendes oder als betäubendes Mittel wirken, je nach der eingenommenen Menge, der Anwendungsart und der Persönlichkeit des Konsumenten. Es ist sehr giftig und kann den Menschen zum Wahnsinn bringen. Die Wesensglieder geraten in ein vollkommenes Chaos. Hier einige Beispiele: «Der Student Charlie Innes kratzte sich unter dem Einfluß der Droge die eigenen Augen aus den Höhlen und streckte sie den Polizeibeamten entgegen, die ihn wegen eines Sittlichkeitsdeliktes festgenommen hatten. Andere Phencyclidin-Süchtige sprangen von Hausdächern, hackten sich mit einer Axt die Beine ab und verbluteten, ertränkten sich in Straßenpfützen oder legten sich in aller Seelenruhe auf die Bahnschienen, um sich überfahren zu lassen. – Ein Süchtiger beschrieb die Wirkung so: ‹Es ist, als sei man von seinem Körper losgelöst.› Andere Konsumenten von *Engelstaub* berichten über Verfolgungsängste und intensive Halluzinationen, meist schrecklicher Art. Während des Trips erschienen andere Menschen ihnen häufig wie fratzenschneidende Ungeheuer, Autos verwandelten sich in Drachen, Bäume in bedrohliche Riesen ...»[530]

3. Eine weitere Gruppe von Designer-Drogen hat eine rein stimulierende Wirkung, wie die Amphetaminartigen. Darunter fällt auch «*Ice*», das in Form von Amphetaminkristallen geraucht wird und eine intensive Euphorie verleiht, die mindestens 24 Stunden anhält. Danach folgen ein enormer Kater und eine tiefe Depression. Die Gefahr eines erneuten Konsums – und damit der Sucht – ist sehr groß.
   Von vielen wird auch *Crack* zu dieser Gruppe der Designer-Drogen gezählt,[531] während andere diese Substanz eher als eine zufällig entdeckte Droge betrachten,[532] die nicht im strengen Sinne des Worts zu den Designer-Drogen gerechnet werden kann.

11. DROGENKONSUM UND DROGENSUCHT

Wie wir in den letzten Kapiteln gesehen haben, werden durch die Anwendung von Drogen die Verhältnisse zwischen den Wesensgliedern des Menschen verändert. Obwohl die Wirkungen der verschiedenen Drogen komplizierter Natur sind, kann man doch für jede Droge eine bestimmte Charakteristik beschreiben:

- LSD läßt vor allem den Ätherleib teilweise aus dem physischen Leib austreten.
- Marihuana bzw. Haschisch löst vor allem den Astralleib (teilweise) aus dem Ätherleib und dem physischen Leib heraus.
- Die Opiate Opium und Morphium tun dies in noch stärkerem Maße, während Heroin und Methadon gleichzeitig das Ich großenteils von den übrigen Wesensgliedern trennen.
- Alkohol baut die Ich-Organisation ab, wodurch die Astral- und Ätherkräfte freies Spiel bekommen und das Ich in stärkerem oder schwächerem Maße ausgeschaltet wird.
- Kokain und die Amphetamine lassen den Astralleib besonders stark einziehen in den ätherischen und den physischen Leib.
- Ecstasy kann sowohl den Astralleib kräftig «ausatmen» (in der Art von Marihuana bzw. Haschisch) als auch «einatmen» lassen (wie Kokain und Amphetamine).

Die Aktivität des Ich wird mehr oder weniger ausgeschaltet. Überdies wird das Ich gezwungen, die durch die Drogen hervorgerufenen Erfahrungen passiv über sich ergehen zu lassen. Es muß erleben, wie sein Fundament und Instrument (physischer Leib, Ätherleib, Astralleib) bei wiederholtem Konsum zunehmend in

Unordnung gerät. Diese Wesensglieder kommen immer mehr in einen «unkontrollierten» Zustand, sie sind gleichsam vom Ich verlassen. Die Kräfte der Drogen bestimmen zu großen Teilen die Struktur, die Bewegungen und die wechselseitigen Verhältnisse der Wesensglieder und nehmen so die Stelle des Ich ein. Dessen Entwicklung stagniert dadurch, die übrigen Wesensglieder entfremden sich ihm und geraten aus den Fugen.

In dieser Hinsicht ist die Verwendung von Drogen heute ein Rückschritt in der Entwicklung des Menschen. Denn in früheren Zeiten nahm der Mensch bestimmte Drogen nur nach langer Vorbereitung, um die verlorengegangene Verbindung mit der geistigen Welt einen Moment lang wiederherzustellen oder, wie im Falle des Alkohols, um eine stärkere Verbindung zur Erde zu erreichen, zum Zwecke einer größeren Selbständigkeit also gegenüber der geistigen Welt und um ein neues Ichbewußtsein aufzubauen.

Diese Zeiten sind für den heutigen Menschen aber längst vorbei, und die menschliche Konstitution hat sich stark verändert. Rudolf Steiner führt dies aus, nachdem er betont hat, daß der Mensch in den alten Mysterien unter der strengen Führung von Eingeweihten jahrelang üben mußte, bevor ihm eine bestimmte bewußtseinsverändernde Substanz gegeben wurde: «... die Körper der Menschen [waren] bis ins Innerste hinein eben etwas ganz anderes in alten Zeiten, als sie heute sind. Was war denn in alten Zeiten ... bei den Menschen vor allen Dingen vorhanden, besser gesagt, nicht vorhanden? Sehen Sie, es war unsere heutige Intellektualität nicht vorhanden. Die Menschen dachten nicht so von sich aus, wie wir heute denken, sondern die Menschen empfingen ihre Gedanken als Inspiration. Wie wir uns heute bewußt sind, daß wir das Rot der Rose nicht machen, sondern daß die Rose auf uns einen Eindruck macht, so waren sich die alten Menschen darüber klar, daß auch die Gedanken von den Dingen hereinkommen, hereininspiriert sind. Und das war deshalb, weil die Körperlichkeit eine ganz andere war in jenen alten Zeiten. Bis in die Blutzusammensetzung hinein war die Körperlichkeit eine andere ... Diesen Unterschied zwischen der alten und der neueren Organisation des Menschen muß man eben kennen, dann wird man nicht mehr die Begierde und Sehnsucht entwickeln, wie es in alten Zeiten noch üblich war, ja, im Mittelalter noch vielfach geübt worden ist, durch äußeres Einnehmen sich in andere Bewußtseinszustände zu versetzen.»[533] Und an anderer Stelle weist er darauf hin: «... würde der Mensch dies heute wiederum ausführen wie früher, so würde das einen krankhaften Zustand herbeiführen».[534]

Sprechen wir von einer Drogen*sucht*, so haben wir es, neben den geschilderten Effekten infolge der charakteristischen Wirkungen der einzelnen Drogen, zugleich mit einer Reihe von Folgen zu tun, die mit dem allgemeinen Charakter der Sucht als solcher zusammenhängen:

Die Qualität der *Geduld* verschwindet aus der menschlichen Seele. Der Drogensüchtige kann, wenn sich die Begierde nach der Substanz unwiderstehlich meldet, nicht warten. Er kann sich nicht wenigstens ein paar Stunden oder Tage zügeln, er muß die Droge sofort nehmen. Mit dem Verschwinden der Geduld verschwindet auf die Dauer auch das Gefühl für Entwicklung, das heißt das Bewußtsein, daß Veränderungsprozesse (auch in einem selber) ihre Zeit brauchen. Man will Resultate sehen, direkt befriedigt werden. Das Aushalten von Gefühlen der Unlust, der Aggression, des Kummers, der Enttäuschung, von Spannungen und Konflikten, ohne diese sofort lösen zu können, ist daher in der Regel für den Süchtigen besonders schwierig – ein beträchtliches Hindernis für den inneren Veränderungsprozeß, der notwendig ist, damit die Sucht beendet werden kann.

Daneben ist die Drogensucht ein egozentrisches Geschehen par excellence. Man muß immer Substanzen herbeischaffen, die Gebärde ist stets die eines «Habenwollens». Die Achtung des anderen um seiner selbst willen verschwindet zunehmend, er ist schließlich nur noch interessant, insofern er, extrem formuliert, im Rahmen der eigenen Bedürfnisbefriedigung zu gebrauchen ist. So macht die Drogensucht den Menschen immer mehr zum Egoisten.

Mit dem Verschwinden des Interesses für die Umwelt und die anderen Menschen wird die Welt für den Süchtigen immer kleiner. Er wird zum Gefangenen seiner eigenen Welt, die sich ausschließlich um seine Sucht dreht. Treffend formuliert dies der Kriminologe Ed Leuw: «Sucht ist eine durch die Person funktionell angewandte psychologische Gefangenschaft. Der Süchtige limitiert auf eine sehr drastische Weise die Welt, in der er operiert. Er kreiert ein beschränktes Territorium mit einem strengen Regime von Vorhersagbarkeiten und rituellen Handlungen, eine Welt, in der Konfrontationen mit den Unsicherheiten und den Ansprüchen der harten Außenwelt auf ein Minimum beschränkt sind.»[535]

Hierdurch isoliert er sich immer stärker von seiner Umgebung (Freunde, Bekannte, Eltern, Familienmitglieder usw.), er vereinsamt zunehmend und bleibt schließlich mit seinen geliebten (und gehaßten!) Drogen allein zurück. Alles, was im Rahmen dieser Einsamkeit geschieht, ist de facto Stillstand seiner Entwicklung.

René Stoute schreibt in seinem Roman *Op de rug van vuile zwanen* («Auf dem Rücken schmutziger Schwäne») folgende Zeilen: «Der Junk. Er ist immer auf der Reise und geht eigentlich nirgendwohin. In seiner Bewegung steht er still.»[536] Die Entwicklung stagniert. Das einzige, was auf die Dauer noch interessant ist für ihn, sind die Erfahrungen, die ihm die Drogen geben; ansonsten ist die Welt ihm immer weniger der Mühe wert ...

Die Wirklichkeit wird für den Süchtigen also immer kleiner, und die Welt, die außerhalb seiner Sucht liegt, dringt schließlich nicht mehr zu ihm durch. Wie eine Pflanze verkümmert und schließlich in der kalten Finsternis abstirbt, wenn sie nicht mehr von der Sonne beschienen wird, so verkümmert der Süchtige und schrumpft stets mehr in sich zusammen in jenem selbstgesponnenen Netz seiner Sucht, um schließlich dem Tode immer näherzukommen.

Sucht ist gleichbedeutend mit Verfinsterung. William Burroughs' Frau spricht das ihm gegenüber (im Roman *Junkie*) aus, als sie bemerkt, daß er wieder im Begriff ist, süchtig zu werden: «Willst du denn überhaupt nichts tun? Du weißt ganz genau, wie dich alles langweilt, wenn du einen Affen hast. Es ist, als ob alle Lichter ausgegangen wären.»[537]

Oft kommt dann ein Moment, wo der Süchtige sich eindringlich bewußt macht, daß er sich völlig festgefahren hat und daß das Weitergehen auf dem bisherigen Weg früher oder später in irgendeiner Form zu seinem Untergang führen wird.

Von diesem Augenblick der Erkenntnis an kann er den Mut finden, seine Drogensucht zu überwinden.

ANMERKUNGEN

1 Strähler, S. 7. Das *Jahrbuch Sucht 2003* nennt folgende Zahlen: Ca. 1,6 Millionen Menschen in Deutschland sind akut alkoholabhängig (= 2,4 % der Bevölkerung), bei ca. 2,65 Millionen Menschen liegt ein Alkoholmissbrauch vor (= 4 % der Bevölkerung).

2 *Jahrbuch Sucht 2003*, S. 9.

3 Ebd., S. 14.

4 Ebd., S. 35.

5 Goos, S. 31.

6 Bäuerle, S. 20. Siehe Gesamtverband für Suchtkrankenhilfe im Diakonischen Werk der Evangelischen Kirche in Deutschland e.V., Internet: www.sucht.org (Zahlen von 1997).

7 Siehe im Internet unter www.gtz.de/themen/rural-development/download/drogen-d.pdf

8 Siehe Gesamtverband ... (Anm. 6).

9 Ebd.

10 Siehe ebd. sowie *Jahrbuch Sucht 2003.*

11 Schmidbauer / vom Scheidt, S. 9 f.

12 van Epen, S. 15.

13 Sucht ist also im Grunde unabhängig von einer möglichen körperlichen Abhängigkeit (Gewöhnung): Ist der Körper beispielsweise nach einer Entziehungskur in einem «Abkickzentrum» entwöhnt, doch das Verlangen geblieben und das Ich noch zu schwach, um nein zu sagen, so ist man immer noch süchtig.

Umgekehrt: Kann man nein sagen zu dem Verlangen, obwohl der Körper noch nicht entwöhnt ist, und hält man dies auch während und nach den schmerzhaften Entzugserscheinungen durch, so daß das Nein ein ständiges, bleibendes wird, so ist man nicht mehr süchtig.

14 van Epen, S. 16.
15 Visser, S. 97 f.
16 Sahihi S. 17 f. bzw. Koob, 1990, S. 223 f.
17 Zitiert aus van Epen, S. 111 f.
18 Spieksma, S. 9.
19 Simonis, S. 112 f.
20 Beispielsweise die Gin-Epidemie im England des 18. Jahrhunderts (siehe hierzu Kapitel 7, S. 217 f.).
21 Widdershoven / ter Meulen, S. 106.
22 Hoekstra / Derks, S. 58.
23 Schmidbauer / vom Scheidt, S. 189.
24 Schmidbauer / vom Scheidt, S. 153.
25 Simonis, S. 25.
26 Simonis, S. 28.
27 Simonis, S. 29.
28 Schrijnemakers, S. 654 f.
29 van Epen, S. 80.
30 van Ree / Esseveld, S. 90.
31 Schultes / Hofmann, S. 14.
32 Schultes / Hofmann, S. 96.
33 Schultes / Hofmann, S. 97.
34 Die Zahlenwerte stammen aus dem *Jahrbuch zur Frage der Suchtgefahren '89*, aus *Jahrbuch Sucht '95* und aus *Jahrbuch Sucht 2003.*
35 *Jahrbuch Sucht '95* und *Jahrbuch Sucht 2003* (Tabelle leicht verändert).
36 de Zwart, S. 22, sowie weitere Unterlagen der Autorin.
37 *Jahrbuch Sucht 2003.*
38 *Jahrbuch Sucht 2003.* Die Tabelle vermittelt eher Hinweise als einen exakten Eindruck, da die Ermittlungsverfahren im Lauf der Jahre verbessert worden sind.
39 Ladewig, S. 65.
40 de Zwart, S. 52.
41 Linti / Schötz / Wittmann, S. 122.
42 Erhardt / Leineweber, S. 327, sowie *Jahrbuch Sucht 2003*, S. 15.
43 de Zwart, S. 36 und S. 45. Vgl. auch die Zahlenangaben zu Alkoholproblemen in Kap. 7, S. 208 f.
44 van Ree / Esseveld, S. 166.

45 Zitiert nach Jones I, S. 301.
46 Zitiert nach Jones I, S. 109.
47 Burroughs, S. 148.
48 de Loor, S. 13 f.
49 de Loor, S. 15.
50 Sahihi, S. 7.
51 Heute kann diese Lyserginsäure auch rein synthetisch hergestellt werden, was nachfolgende Betrachtung nicht berührt, da bei der synthetischen Herstellung der Substanz deren natürliche Struktur nachgeahmt wird.
52 Schultes / Hofmann, S. 102.
53 Schultes / Hofmann, S. 103.
54 Schultes / Hofmann, S. 102.
55 Schultes / Hofmann, S. 103.
56 Schultes / Hofmann, S. 103.
57 Richter, S. 56 f.
58 Richter, S. 63 ff.
59 van Baaren, S. 102.
60 Schmidbauer / vom Scheidt, S. 215.
61 Schmidbauer / vom Scheidt, S. 243.
62 Sarwey, S. 100.
63 Schmidbauer / vom Scheidt, S. 214 ff.
64 Niederhäuser, S. 26.
65 Schmidbauer / vom Scheidt, S. 64.
66 Hiebel, S. 3.
67 Hiebel, S. 3.
68 Hofmann, S. 61.
69 Aus Hofmanns Lebenserinnerungen *LSD – mein Sorgenkind,* zitiert nach Schmidbauer / vom Scheidt, S. 240.
70 Schmidbauer / vom Scheidt, S. 240.
71 Schmidbauer / vom Scheidt, S. 239.
72 Schmidbauer / vom Scheidt, S. 239.
73 Schmidbauer / vom Scheidt, S. 237.
74 Koob 1989, S. 103. Wir werden unsere Sicht zu dieser Frage sogleich wie auch im elften Kapitel darlegen.
75 Kübler-Ross, S. 53 ff.
76 Kübler-Ross, S. 57 f.

77 van Epen, S. 106.

78 Hiebel, S. 2.

79 Bühler, S. 33 ff.

80 Hiebel, S. 2.

81 Moody 1977, S. 68.

82 Moody 1977, S. 62.

83 Kübler-Ross, S. 64.

84 Unser Ätherleib hat zwei verschiedene Komponenten: Einen Teil erben wir von unseren Eltern, den anderen nehmen wir bei der Inkarnation aus der ätherischen Substanz des Kosmos mit.

85 Hiebel, S. 3.

86 Schmidbauer / vom Scheidt, S. 247-251.

87 Schmidbauer / vom Scheidt, S. 478 f.

88 Lievegoed ^{4}1994, S. 163 f.

89 Schmidbauer / vom Scheidt, S. 230.

90 Schmidbauer / vom Scheidt, S. 226.

91 Lievegoed ^{4}1994, S. 164.

92 Schmidbauer / vom Scheidt, S. 226.

93 Lievegoed ^{4}1994, S. 164.

94 van Ree / Esseveld, S. 160.

95 Schmidbauer / vom Scheidt, S. 223.

96 van Ree / Esseveld, S. 128.

97 van Epen, S. 108 f.

98 van Ree / Esseveld, S. 160.

99 Lievegoed, S. 164.

100 van Epen (S.105 ff.): «Eine der seltsamsten Eigenschaften des LSD besteht darin, daß es schon in äußerst geringen Mengen wirksam ist. Diese lassen sich in Mikrogramm ausdrücken; ein µg ist 1/1000 mg, und 20 bis 30 µg (also 0,00002 bis 0,00003 g) sind bereits ausreichend, um eine deutliche Reaktion hervorzurufen. Die übliche Dosis, die ein auf dem Schwarzmarkt erhältlicher Trip enthält, ist 50 bis 100 µg, wobei berücksichtigt werden muß, daß nur ein sehr kleiner Teil des eingenommenen LSD das Gehirn erreicht. Man hat nachweisen können, daß auf 3000 Gehirnzellen 1 Molekül LSD kommt. Etwa zwanzig Minuten nach Einnahme des Stoffes ist im Gehirn überhaupt kein LSD mehr nachweisbar; merkwürdigerweise beginnen die Trip-Effekte erst nach dreißig bis sechzig Minuten.»

101 Schmidbauer / vom Scheidt, S. 220.

102 Fromberg 1991, S. 23.

103 Steiner, GA 67, S. 241.

104 Koob 1990, S. 184.

105 Lievegoed, ^{4}1994, S. 153 f.

106 Schmidbauer / vom Scheidt, S. 216.

107 Treichler, S. 253.

108 van Epen, S. 113.

109 *Fragt mal Alice,* S. 35.

110 Schmidbauer / vom Scheidt, S. 432.

111 Schmidbauer / vom Scheidt, S. 216.

112 van Epen, S. 109.

113 van Ree / Esseveld, S. 162 f.

114 Steiner, GA 13, S. 58 f.

115 *Fragt mal Alice,* S. 33 f.

116 Im Zusammenhang mit den vorangegangenen Betrachtungen kann auch noch ergänzend folgendes gesagt werden: Ein ätherischer Nierenprozeß kann sich, da im Ätherleib alles in viel weniger festen Grenzen verläuft als im physischen Leib, als Nierenpsychose auch außerhalb des physischen Organs der Nieren abspielen, so zum Beispiel im Gehirn. Darum ließe sich der Serotoninstoffwechsel im Gehirn möglicherweise als ein dort sich vollziehender Nierenprozeß ansehen, wobei Störungen in diesem serotonergen Nervensystem zu Halluzinationen, Visionen, Verwirrtheit und eben auch zu den Symptomen einer Nierenpsychose (schizophrene Psychose) führen können.

117 Steiner, GA 16, S. 23.

118 Niederhäuser, S. 27.

119 Niederhäuser, S. 26.

120 Niederhäuser, S. 26.

121 Niederhäuser, S. 26.

122 *Fragt mal Alice,* S. 34.

123 van Ree / Esseveld, S. 163.

124 Steiner, GA 16, S. 27.

125 Bühler, S. 40.

126 van Ree / Esseveld, S. 163.

127 Bühler, S. 32.

128 Bühler, S. 32.
129 Niederhäuser, S. 28.
130 Moody 1989, S. 30.
131 Moody 1989, S. 27 f.
132 van Epen, S. 197.
133 van Epen, S. 197.
134 *Fragt mal Alice,* S. 34.
135 van Epen, S. 109.
136 Schmidbauer / vom Scheidt, S. 216.
137 van Epen, S. 109.
138 Steiner, GA 13, S. 82 f.
139 Schmidbauer / vom Scheidt, S. 215.
140 Schmidbauer / vom Scheidt, S. 215.
141 Steiner, GA 17, S. 63.
142 Schmidbauer / vom Scheidt, S. 278.
143 van Baaren, S. 96.
144 Schmidbauer / vom Scheidt, S. 223.
145 *Fragt mal Alice,* S. 113 f.
146 Heute kann THC synthetisch imitiert werden. Dieses synthetische THC verursacht nach Einnahme so gut wie identische Effekte wie der Konsum von Haschisch und Marihuana.
147 Schouten, S. 36.
148 Neuere Forschungen haben ergeben, daß auch die männlichen Exemplare, wenngleich in viel geringerem Maße, bewußtseinserweiternde Substanzen enthalten (Segal, S. 113).
149 Schouten, S. 32.
150 Schouten, S. 34.
151 van Ree / Esseveld, S. 57 f.
152 Coen van Zwol in *NRC Handelsblad*, 17. Februar 1993.
153 Ebd.
154 Schultes / Hofmann, S. 95.
155 Schultes / Hofmann, S. 92.
156 Schultes / Hofmann, S. 92.
157 Schultes / Hofmann, S. 99.
158 Schmidbauer / vom Scheidt, S. 87.
159 Schouten, S. 49.
160 Schultes / Hofmann, S. 95.

161 Schouten, S. 52.
162 Schouten, S. 53.
163 Schultes / Hofmann, S. 101.
164 Solomon, S. 197.
165 Schultes / Hofmann, S. 98.
166 Schouten, S. 54.
167 Driessen / van Dam / Olsson, S. 2-14.
168 Sucht und Drogenbericht 2000 der Bundesregierung (http://www.bundesregierung.de).
169 Gunning, S. 5.
170 «Gleichzeitig wird Teer eingeatmet, in dem krebserregende Stoffe wie Benzopyreen nachgewiesen wurden. Der Rauch von Marihuanazigaretten enthält 70 Prozent mehr krebserregende Stoffe als Tabakrauch ... Einen Monat lang Marihuanarauchen schädigt die Lungen genauso wie ein Jahr lang Zigarettenrauchen.» (van Epen, S. 100.) Außerdem werden die Bakterienabwehrsysteme der Lungen in ihrer Funktion beeinträchtigt.
171 Gunning, S. 4.
172 Schmidbauer / vom Scheidt, S. 96.
173 Gunning, S. 8 f.
174 Schmidbauer / vom Scheidt, S. 97.
175 Schouten, S. 122.
176 van Epen, S. 96.
177 Steiner, GA 59, S. 50.
178 Siehe unsere Ausführungen im Abschnitt «Die Wirkung von LSD, S. 62 ff.
179 *Fragt mal Alice,* S. 54.
180 *Fragt mal Alice,* S. 56.
181 Siehe oben, S. 73 ff.
182 Mees, S. 41.
183 Dies scheint der Tatsache zu widersprechen, daß bei einigen Konsumenten gerade durch die Wirkung von Cannabis für eine Weile ihr Erinnerungsvermögen verstärkt wird. Dies wird unseres Erachtens jedoch dadurch verursacht, daß sich ein bestimmter Teil des Ätherleibs, auf den der Betroffene seine Aufmerksamkeit gerichtet hat, teilweise aus seiner Bindung an den physischen Leib löst; dadurch können die in diesem Teil des Ätherleibes liegenden Gedächtnis-

inhalte aufgrund einer noch nicht verzerrten Spiegelung an Stellen, wo jene Bindung noch intakt ist, korrekt ins Bewußtsein gelangen. Trotz alledem bleibt die Gefahr vorhanden, daß man während des «Highs» innerlich abdriftet, wegtritt oder verwirrt wird. Soll nun jedoch logisch nachgedacht werden, so fliegen die unter Haschischeinfluß Stehenden auf. In psychologischen Leistungstests bringen sie weniger zustande als ihre «cleanen» Genossen. Auch beim Lernen sind die Resultate schwächer. Van Ree und Esseveld schreiben (S. 140): «Aus Laborstudien wissen wir, daß unter Cannabiseinfluß das Lernvermögen – inbesondere wenn es darum geht, komplexeren Lehrstoff zu behalten – abnimmt.»

184 Steiner, GA 172, Vortrag vom 6. November 1916. Steiner verwendet den damals gebräuchlichen Terminus «Gangliensystem» als Synonym für das vegetative / autonome Nervensystem.

185 Schouten, S. 128.

186 Schouten, S. 128.

187 Steiner, GA 172, S. 68.

188 Kooyman, S. 59.

189 Siehe hierzu Steiner, *Die Erziehung des Kindes vom Gesichtspunkte der Geisteswissenschaft.*

190 Kooyman, S. 52.

191 van Epen, S. 95.

192 Schmidbauer / vom Scheidt, S. 472 f.

193 van Epen, S. 97.

194 Burroughs, S. 30 f.

195 Steiner, GA 352, Vortrag vom 20. Februar 1924, S. 140 f.

196 Schmidbauer / vom Scheidt, S. 103.

197 Schmidbauer / vom Scheidt, S. 120.

198 Bott, S. 154.

199 van Epen, S. 100.

200 Schmidbauer / vom Scheidt, S. 119.

201 van Epen, S. 100.

202 Schmidbauer / vom Scheidt, S. 119.

203 Diskussion der Studie von Zuckerman / Frank / Hingson et al. bei van Ingen, S. 231 f.

204 Schmidbauer / vom Scheidt, S. 117.

205 van Epen, S. 100.

206 Schmidbauer / vom Scheidt, S. 119.
207 Schmidbauer / vom Scheidt, S. 117.
208 van Epen, S. 100 f.
209 Gunning, S. 4. Ferner auch Cohen, 1981, zitiert in Segal: «... THC wird im Gehirn festgehalten ... über lange Zeiträume, da es nicht wasserlöslich ist.»
210 Behr, S. 15 f.
211 Koob 1989, S. 99 f.
212 van Epen, S. 40 f.
213 Behr, S. 43.
214 Behr, S. 42.
215 Behr, S. 50.
216 Behr, S. 53.
217 Schmidbauer / vom Scheidt, S. 302.
218 Steiner, GA 173, Vortrag vom 30. Dezember 1916, S. 373 f.
219 Johnson, S. 656.
220 Johnson, S. 657.
221 Behr, S. 158.
222 Behr, S. 121.
223 Behr, S. 121.
224 Behr, S. 119.
225 Johnson, S. 659.
226 van der Meulen, S. 13.
227 *Frankfurter Allgemeine Zeitung* vom 19. Mai 1992, S. 11 f.
228 Zitiert nach van Epen, S. 34.
229 Behr, S. 100.
230 Behr, S. 100.
231 Behr, S. 100.
232 Behr, S. 111.
233 Behr, S. 114.
234 Behr, S. 114.
235 In den USA enthielt Straßenheroin der sechziger Jahre selten mehr als 5 Prozent Diacetylmorphin. Proben, die in den Niederlanden während der sechziger Jahre verkauft wurden, enthielten meistens 20 bis 30 Prozent reinen Stoff (van Epen, S. 35). Türkisches Heroin Nr. 4 «Türkischer Honig» kann bis zu 90 Prozent Diacetylmorphin enthalten (Schmidbauer / vom Scheidt, S. 307).

236 Schmidbauer / vom Scheidt, S. 302 f. bzw. Koob 1990, S. 219 ff.
237 Treichler, S. 30 f.
238 Steiner / Wegman, S. 12.
239 Steiner, GA 312, S. 331.
240 Schmidbauer / vom Scheidt, S. 315.
241 Schmidbauer / vom Scheidt, S. 314 f.
242 Bott, S. 115.
243 In der anthroposophischen Medizin gilt die Leber als das Zentrum der aufbauenden Wachstums- und Stoffwechselprozesse des physischen Leibes – als das Zentrum des vegetativen Lebens – sowie als dessen zentral gelegener Wärmepol, als der «Ofen» des physischen Körpers gewissermaßen. Zugleich ist die Leber der zentrale Angriffspunkt für den Willen, der – bei feinen organischen Störungen und Schäden – die Ursache dafür ist, daß der Mensch die aufbauenden Lebenskräfte nicht mehr empfindet und schwermütig, depressiv und von Lebensangst erfüllt wird, wobei der Wille selbst, die Tatkraft, abnimmt oder sogar gänzlich gelähmt wird.
244 Schmidbauer / vom Scheidt, S. 310.
245 Diese (Opiat-)Rezeptoren werden normalerweise unter bestimmten Umständen wie Schmerz, Angst, Schock usw. von sogenannten Enkephalinen besetzt, d.h. aus dem Körper stammenden Stoffen, die in ihrer Struktur große Ähnlichkeit mit derjenigen der Opiate aufweisen (siehe Snyder, S. 146 und 154). Sie besetzen die Enkephalin- bzw. Opiatrezeptoren, sobald sich der Astralleib unter den geschilderten Umständen aus dem Nervensystem zurückzieht, wodurch der Mensch in einen Zustand der Betäubung oder der leichten (astralischen) Ekstase (Euphorie) gerät.
246 Eine wesentliche Rolle bei der Schmerzwahrnehmung spielt (laut Snyder, S. 100 f.) in diesem Zusammenhang die sogenannte periaquaductale graue Zone des Mittelhirns sowie gewisse, insbesondere die mittleren Bereiche des Thalamus.
247 Schmidbauer / vom Scheidt, S. 310 f.
248 Natürlich nicht mit den ebenfalls dort vorhandenen Opiatrezeptoren.
249 Steiner, GA 352, Vortrag vom 20. Februar 1924, S. 140 f.
250 Schmidbauer / vom Scheidt, S. 314.
251 Steiner, GA 13, Kap. 2, S. 60.
252 Zum Verhältnis von Ätherleib und Bewußtsein siehe S. 68 f.

253 Steiner, GA 174, Vortrag vom 14. Januar 1917, S. 129 f.
254 Steiner, GA 349, Vortrag vom 18. April 1923, S. 189.
255 Steiner, GA 349, S. 187 und 189.
256 Steiner, GA 107, Vortrag vom 2. November 1908, S. 91 f.
257 Opium ist in dieser Hinsicht gefährlicher als LSD, weil es, im Falle der Sucht, so gut wie ununterbrochen genommen und das Gedächtnis dadurch vollkommen überlastet wird. LSD, welches (infolge der teilweisen Herauslösung des Ätherleibs aus dem physischen Leib) ein eher «waches» Traumbewußtsein hervorruft, wird u.a. deshalb, weil es im Gegensatz zum Opium keine körperliche Abhängigkeit verursacht, viel weniger kontinuierlich verwendet.
258 Nach den ersten unangenehmen Erfahrungen des Anfängers (u.a. Übelkeit, Schwindel und Erbrechen – ähnlich wie bei Nikotin, Alkohol usw.), die vom giftigen Charakter des Opiums hervorgerufen werden. Bei fortgesetztem Konsum verschwinden diese Effekte wieder.
259 Steiner, GA 174, Vortrag vom 14. Januar 1917, S. 137.
260 Steiner, GA 174, Vortrag vom 14. Januar 1917, S. 139.
261 Hessenbruch, S. 15.
262 Hessenbruch, S. 8 f.
263 Das Opium verändert auch den Enkephalin-Stoffwechsel im Nervensystem, wodurch die Produktion des Enkephalins stagniert. Dies basiert darauf, daß die Enkephalinrezeptoren während des Rausches von Opiaten besetzt werden.
264 Koob 1990, S. 221.
265 Das gilt unter anderem für den Enkephalinstoffwechsel in Teilen des Nervensystems. Die Enkephalinrezeptoren werden während des Rausches durch die Opiate besetzt, mit der Folge, daß, wenn der Rausch vorüber ist und die Opiate die Rezeptoren verlassen haben, diese nicht mehr von den Enkephalinen besetzt werden können, da sie nicht mehr produziert werden. An Stelle des Enkephalinstoffwechsels ist also ein künstlicher Opiatstoffwechsel entstanden. Werden keine Opiate mehr zugeführt, so kann der Körper nicht mehr «normal» funktionieren.
266 Hessenbruch, S. 15 f.
267 Vgl. hierzu die detaillierte Darstellung der Wirkung des Heroins, S. 197 ff.
268 van Epen, S. 15 f.

269 Zur Ergänzung seien einige Stellen aus der anthroposophischen Literatur zum Thema angefügt.

a) Die paradiesische Sphäre, in die der Opiumkonsument eintritt:

W. Pelikan, Bd. II: Der Autor beschreibt das charakteristische Wachstum und die Fortpflanzungsart von Papaver somniferum; der giftige Milchsaft, aus dem Opium bereitet wird, sei ein Überbleibsel aus der alten «lemurischen» Epoche der Erdenentwicklung, d.h. aus der Zeit vor dem Sündenfall, als der Mensch noch in einem paradiesischen Bewußtseinszustand lebte. Die Verwendung von Opium ruft diesen alten Bewußtseinszustand wieder wach.

Auch Grohmann geht auf dieses Thema ein und beschreibt insbesondere den Zusammenhang zwischen dem Milchsaft und der Phase des sogenannten «Alten Mondes», jener früheren, der heutigen Erdenverkörperung vorangehenden Daseinsform unseres Planeten, wobei die lemurische Entwicklungsphase als eine metamorphosierte Wiederholung dieser Zeit gesehen werden kann. Der Konsum von Opium versetzt nach Grohmann den Menschen sogar - allerdings auf eine Art, die ihn zerstört - in den weit zurückliegenden alten, traumartigen Bewußtseinszustand des Alten Mondes.

Bockemühl beschreibt nicht nur das Wachstum von Papaver somniferum, soweit es oberhalb des Bodens stattfindet, sondern auch die unterirdische Wurzelentwicklung, die mittels bestimmter Methoden dargestellt werden kann. Dabei fällt auf, daß die ohnedies schon minimale Wurzelbidung rasch aufhört, sobald die Pflanze ihre Kräfte in Form der Säfte nach oben schickt, insbesondere dann, wenn der Milchsaft für die Fruchtbildung produziert wird. In diesem Moment zieht sich die Pflanze gewissermaßen «von der Erde zurück».

b) Vergessen und Erinnern:

Die Tatsache, daß Opium sowohl Vergessen schenkt wie die Erinnerung stimuliert, läßt an weit zurückliegende Zeiten denken, als Menschen in den Mysterienschulen Einweihungen durchmachten, die zu demselben Resultat führten. Möglicherweise hat Opium dort als Bestandteil des sogenannten «Trank des Vergessens» eine Rolle gespielt, wie wir bereits darstellten. Da es sich hier unseres Erachtens um eine der wesentlichen Wurzeln der Verwendung von Drogen überhaupt handelt, nämlich der Anwendung physischer Substanzen als Mittel zur Bewußtseinsveränderung, möchten wir hier zwei längere Passagen aus Vorträgen von Rudolf Steiner zitieren, in denen er ganz konkret über das alte Mysterienwissen und die alten Einweihungsmethoden spricht. Der erste Text stammt aus dem Vortrag vom 11. Februar 1922 (in GA 210). Auch hier muß berücksichtigt werden, daß Steiner ein gewisses anthroposophisches Grundwissen bei seinen Hörern voraussetzen konnte.

«Nun kann es vielleicht über diesen Tatbestand ganz besonders aufklärend sein, wenn man hinsieht auf etwas, das ja als eine Art von Hauptsache innerhalb der verschiedensten Mysterienstätten angesehen worden ist. Gewiß, die Vorbereitungen und die späteren Prüfungen und so weiter, die der Mysterienschüler, der Einzuweihende, durchzumachen hatte, waren für die verschiedenen Mysterienstätten verschieden. Aber das Verschiedene nimmt sich auf diesen Gebieten auch nur so aus, wie etwa, wenn man von verschiedenen Seiten auf einen Berg hinaufsteigt und oben doch, trotz der verschiedenen Wege, auf einem Gipfel ankommt. Zuletzt führte alles doch zu dem einen Mysterienziel. Nun kann man, wenn die Dinge auch modifiziert waren, dennoch zwei Maßnahmen dieser Mysterien, denen sich jeder zu unterwerfen hatte, als die Hauptsache bezeichnen. Das war der sogenannte Vergessenheitstrunk, und als zweites etwas, was innerhalb der Mysterienvorgänge so auf den Menschen wirkte wie ein starker Schreck, wie das Hineinleben in eine starke Angst. Beide Dinge dürfen heute nicht mehr in derselben Weise durchgemacht werden zum Behufe der Erlangung übersinnlicher Erkenntnisse. Es muß heute alles seelisch-geistig durchgemacht werden, während die Mysterienschüler der alten Zeiten die Dinge so durchgemacht haben, daß sie dabei immer Physisches in Anspruch nehmen mußten. Aber bewirkt wird doch etwas Ähnliches, nur, daß bei dem heutigen geistigen Erstreben der höheren Erkenntnis alles in die Sphäre des Bewußtseins hereinfällt, während es früher in die Sphäre des Instinktiven, des Traumhaften hineingefallen ist. Denn dadurch, daß so etwas wie der Vergessenheitstrunk in allen Mysterien gereicht worden ist und so etwas herbeigeführt wurde wie ein physischer Schreck, dadurch wurde in der Tat der Mensch abgedämpft in bezug auf seinen äußeren Intellektualismus, der zwar dumpfer war als der heutige, ihn aber doch beherrschte in bezug auf dasjenige, was sich auf die äußere Welt bezog.

In ein dumpfes Leben wurde also der Mensch sowohl durch den Vergessenheitstrunk wie durch das andere, das einem Schreck, einem Angsterregen verglichen werden kann, hineingeführt. Was hatte der Vergessenheitstrunk denn für eine Bedeutung? Es kam dabei nicht darauf an, daß der Mensch irgend etwas vergaß. Er vergaß allerdings durch diesen Trunk. Aber die Wirkung, die dieser haben sollte, erhielt er dadurch, daß er in einer bestimmten Weise zubereitet war, daß gewisse Vorbereitungen gemacht wurden, bevor man den Trunk bekam. Es war aber durchaus ein physischer Trunk, der durch die Art und Weise, wie er gereicht wurde, allerdings bewirkte, was man nennen kann: der Mensch vergaß sein Leben seit der Geburt. Es ist das etwas, was durch seelisch-geistige Entwickelung heute auch wiederum erreicht wird. Nur wird es heute dadurch erreicht, daß zuerst ein deutliches Bewußtsein von einem größeren Lebenstableau hervorgerufen wird, das alles umfaßt seit der Geburt. Dann wird das unterdrückt, und dadurch wird der Mensch in die geistige Weise seines Lebens vor der Geburt oder vor der Konzeption eingeführt. Das wurde in der mehr physischen Weise erreicht im alten Vergessenheitstrunk.

Aber das ist ja nicht das Wesentliche, daß der Mensch vergißt; das Negative ist überhaupt niemals das Wesentliche. Das Positive, was dadurch erreicht wurde, das ist, daß das Denken beweglicher und intensiver wurde. Aber dumpfer wurde es auch. Es wurde träumerisch, weil eben an den physischen Organismus herangegangen wurde. Die Wirkung dieses Vergessenheitstrunkes auf den physischen Organismus war – man kann sie ganz genau beschreiben –, daß das Gehirn, wenn ich mich so ausdrücken darf, flüssiger gemacht wurde, als es im gewöhnlichen Leben ist. Dadurch, daß das Gehirn flüssiger gemacht wurde, daß also der Mensch mehr mit dem Gehirnwasser statt mit den festen Bestandteilen dachte, dadurch wurde sein Denken beweglicher, intensiver.

Heute muß das auf dem direkten Weg erreicht werden, nämlich durch seelisch-geistige Entwickelung, wie das beschrieben ist in ‹Wie erlangt man Erkenntnisse der höheren Welten?› und im zweiten Teil meiner ‹Geheimwissenschaft im Umriß›. Dazumal wurde aber das Gehirn sozusagen durch äußere Einwirkungen flüssiger gemacht. Damit aber wurde erreicht, daß des Menschen geistig-seelische Wesenheit, so wie sie ist, bevor der Mensch durch die Konzeption sich mit einer physischen Leiblichkeit verbindet, wie sie also in der geistigen Welt ist, als Geistig-Seelisches sich wiederum durchdrängen kann durch das Gehirn. Das ist das Wesentliche ... Ich möchte sagen, so geartet ist das Gehirn in der heutigen Konstitution, daß dasjenige, was im Menschen das Ewige ist, nicht herauf kann in das Gehirn. Dadurch aber können die äußeren Eindrücke hinein. Indem der Mensch den Vergessenheitstrunk bekam, erhielt er die Möglichkeit, in das Gehirn dasjenige hineinzubekommen, was geistig-seelisch vor der Konzeption oder vor der Geburt war. Das ist das eine.

Das andere ist das, was ich nannte: eine Art Schreck wurde auf den Menschen ausgeübt. Nun, nehmen Sie einmal, wie der Schreck auf den Menschen wirkt: man erstarrt. Und es kann einen Schreck geben, der wirklich eine Art Erstarrung des ganzen Menschen hervorruft. Beim Menschen, so wie er im gewöhnlichen Leben ist, wo er herumlaufen kann – der erstarrte, der kataleptische Mensch kann nicht herumlaufen, bei dem sind eben die Muskeln erstarrt –, bei dem nicht erstarrten Menschen also saugt der übrige Körper dieses Ewige auf. Es wird in unserem Blute, in unseren Muskeln unten, das Geistig-Seelische, das Ewige aufgesogen. Ins Gehirn kann es nicht herauf, da unten wird es aufgesogen. Es kann also nicht wahrgenommen werden, aber es tritt frei und selbständig heraus, wenn die Muskeln erstarren.

Diese Muskelstarre wurde hervorgerufen durch die Schockwirkung. Und dadurch wurde nun von dem übrigen Organismus, außer dem Gehirn, nicht aufgesogen das Geistig-Seelische, sondern es wurde frei. So daß der Mensch im Gehirn drinnen das Geistig-Seelische hatte, weil ihm sein Gehirn durch den Vergessenheitstrunk weich geworden war, und der übrige Organismus wurde gewissermaßen verhindert an dem Aufsaugen des Geistig-Seelischen. Dadurch wurde das Geistig-Seelische wahrgenommen ... Ich bemerke ausdrücklich, daß heute diese Dinge nicht nachgemacht werden können. Die Menschen würden auch nicht wissen, wie sie sie nachmachen sollen. Es würde ihnen heute auch nicht gut bekommen. Heute muß eben alles auf geistig-seelische Weise erreicht werden.»

Einen Tag später, im Vortrag vom 12. Februar 1922, faßt Steiner seine Ausführungen vom Vortag noch einmal zusammen und kommt dann auf einen weiteren Aspekt zu sprechen: «Ich habe gesagt, die beiden wesentlichen Dinge, auf die es ankam in den alten Mysterien, waren: der Vergessenheitstrunk auf der einen Seite und das Hervorrufen von angstartigen, furchtartigen, schreckartigen Zuständen auf der anderen Seite. Der Vergessenheitstrunk bewirkte ja allerdings, daß man die Erinnerung tilgte für alles, was zunächst aus dem gewöhnlichen Erdenleben in dem Gedächtnisse darinnen war. Aber dieses Negative war nicht die Hauptsache, sagte ich, sondern die Hauptsache war, daß das Gehirn während des Mysterien-Erkenntnisprozesses gewissermaßen wirklich leiblich verweicht wurde, und daß dadurch das Geistige, das sonst aufgehalten wird, nicht aufgehalten wurde durch das Gehirn, daß es durchgelassen wurde und daß der Mensch dadurch gewahr wurde: Ja, ich habe ein ewiges Seelisch-Geistiges, das vor der Geburt beziehungsweise vor der Konzeption von mir vorhanden war.

Das andere ist, daß der übrige Organismus gewissermaßen erstarrte unter dem Einfluß der schreckhaften Tatsache. Wenn aber der Organismus erstarrt, dann saugt er nicht, wie das sonst der Fall ist, das Seelisch-Geistige auf, insofern sich dieses durch den Willen äußert. Es zieht sich das erstarrte Körperliche sozusagen einerseits zurück von dem Seelisch-Geistigen, und es wird andererseits das Seelisch-Geistige dem Menschen wahrnehmbar. Durch die Erweichung des Gehirnes wurde die Gedankenseite des Seelischen für die alten Mysterienschüler wahrnehmbar. Durch die Erstarrung des übrigen Organismus wurde die Willensseite wahrnehmbar. Und auf diese Weise bekam der Mensch eine Vorstellung von seinem Seelisch-Geistigen. Aber diese Vorstellung hatte einen durchaus traumhaften Charakter. Denn was war es denn eigentlich, was einerseits nach der Gedankenseite, andererseits nach der Willensseite frei wurde? Es war dasjenige, was aus geistig-seelischen Welten heruntersteigt und sich mit dem Physisch-Leiblichen des Menschen verbindet ... Ich sagte schon gestern, würde der Mensch dies heute wiederum ausführen, oder noch so ausführen wie früher, so würde das einen krankhaften Zustand herbeiführen.»

270 Burroughs, S. 17 f.

271 Behr, S. 139 und S. 144.

272 Stoute, S. 22 f.

273 Zeylmans van Emmichoven, S. 162.

274 van Epen, S. 37.

275 van Epen, S. 36 f.

276 «Als Folge eines Krampfes am Magenausgang kann die Passage vom Magen zum Darm langfristig beeinträchtigt sein. Bei Suizidversuchen mit Opiaten, die oral eingenommen wurden, hat dies oft lebensrettende Bedeutung: Man kann noch viele Stunden nach Einnahme des Giftes eine erfolgreiche Magenspülung vornehmen ... Krämpfe der glatten Muskulatur der Gallenblase und der Gallenwege können bei Heroinsüchtigen «Gallensteinanfälle» imitieren. Viele wurden denn auch unnötigerweise operiert. Krämpfe des unwillkürlichen Schließmuskels der Blase erschweren bei Heroin- oder Methadonkonsumenten oft das Urinieren. Das bei Methadonkuren eingesetzte Pflegepersonal weiß ein Lied davon zu singen – es ist oft sehr schwierig, die Patienten rechtzeitig zum Wasserlassen zu bringen.» (van Epen, S. 36 f.)

277 Behr, S. 143. – Auch im Stoffwechsel-Gliedmaßen-System spielen sich selbstverständlich Sinnesprozesse ab. Dazu bemerkt Zeylmans van Emmichoven (S. 161): «Es ist klar, daß die drei Organsysteme sich auch gegenseitig durchdringen. Im Nerven-Sinnes-System ist ein gewisser Stoffwechsel ebenso notwendig wie ein gewisser Zusammenhang mit rhythmischen Prozessen. Dies gilt entsprechend für das Stoffwechselsystem und das rhythmische System. Der Unterschied ist jedoch, daß im Nerven-Sinnes-System die rhythmischen und die Stoffwechselprozesse nur in geringem Maße vorhanden sind ... In den Organen, die zum Stoffwechselsystem gehören, wirken hingegen die rhythmischen und die Nervenprozesse nur schwach.»

278 Zugleich wird das Atmungszentrum beeinträchtigt. Dieses Zentrum sehen wir als einen physischen Spiegelapparat des Atmungsprozesses der Lungen, wobei seine Stimulierung bzw. Beeinträchtigung durchaus eine Auswirkung auf die Lungenatmung hat. Vergleiche hierzu Walter Holtzapfel (S. 25): «Der Durst kommt von der Leber. Das sogenannte Durstzentrum im Zwischenhirn ist eine Spiegelung dieser Leberfuntkion.»

279 van Epen, S. 36.

280 van Epen, S. 36.

281 Behr, S. 146.

282 Stoute, S. 22 f.

283 «Einen merkwürdigen Platz hat hinsichtlich dieser drei Systeme das Blut. Dieses durchströmt den ganzen Organismus fortwährend und verbindet dadurch die verschiedenen Organsysteme miteinander. Man könnte das Blut als ein viertes Organsystem beschreiben, das die drei vorigen zu einer Einheit macht. Es drängt sich hier sofort der Vergleich auf mit der Stellung des Ich inmitten der drei Gruppen von Seelenfunktionen, in denen Denken, Fühlen und Wollen sich offenbaren. Wie die Ichvorstellung alle anderen Vorstellungen begleitet, auch jene des Fühlens und des Wollens, so, kann man sagen, hängt jede Organfunktion letzten Endes mit dem alles verbindenden, alles durchströmenden Blutprozeß zusammen.» (Zeylmans van Emmichoven, S. 164.)

284 Behr, S. 144 und 146.

285 Stoute, S. 55 f.

286 Behr, S. 143 f.

287 Der vollständige Text des Gedichtes findet sich bei Schmidbauer / vom Scheidt, S. 313 f.

288 Koob 1990, S. 227.

289 van Ree / Esseveld, S. 84.

290 Koob 1989, S. 99 f.

291 Visser, S. 94.

292 Schmidbauer / vom Scheidt, S. 317.

293 van Ree / Esseveld, S. 76.

294 Visser, S. 94.

295 van Ree / Esseveld, S. 74.

296 Schmidbauer / vom Scheidt, S. 318.

297 Burroughs, S. 108 sowie 111 f.

298 van Epen, S. 47.

299 van Epen, S. 48.

300 van Ree / Esseveld, S. 223.

301 Studie von F. Bschor / H. G. Schommer / J. Wessel, besprochen bei Swierstra, S. 88.

302 Swierstra, S. 78 – 92.

303 Schmidbauer / vom Scheidt, S. 345.

304 Schmidbauer / vom Scheidt, S. 84.

305 Schied / Heimann / Mayer, S. VI.

306 de Zwart.
307 *Jahrbuch Sucht 2003*, S. 123.
308 Schied / Heimann / Mayer, S. VI.
309 *Jahrbuch Sucht 2003*, S. 108.
310 *Jahrbuch Sucht 2003*, S. 8.
311 Minjon / Wolters, S. 14.
312 de Zwart, S. 48.
313 *Jahrbuch Sucht 2003*, S. 10.
314 Steiner, GA 103, S. 92.
315 Siehe Simonis, S. 99 f.
316 Simonis, S. 105.
317 «Ausführlich läßt Platon im ersten Buch seiner *Gesetze* die Gesprächsteilnehmer das Erzieherische, das im Weingenuß liegen kann, erörtern, und zwar mit der Zielsetzung, das Weintrinken als Mittel des Staates einzusetzen, durch das die Sophrosyne, also die Beherrschung der Lust, die Selbstzucht, geprüft und geübt werden kann. Im zweiten Buch wird das Gespräch fortgeführt ... und schließlich zum Problem des Weintrinkens zurückgelenkt. Dabei wird auch eine zeitliche Ordnung aufgestellt: Knaben bis zum 18. Lebensjahr sollen überhaupt keinen Wein kosten, danach maßvoll bis zum 30., wobei es aber nie bis zum Rausch und zur Vieltrinkerei kommen soll. Wenn sie aber auf die 40 Jahre zugehen, mögen sie an den gemeinsamen Mahlzeiten teilnehmen und sich den Wein schmecken lassen. In diesem Zusammenhang läßt Platon auch Gesetze für das Zechgelage vorschlagen, ‹die bewirken, daß jener hoffnungsfrohe und übermütige Trinker, der hemmungsloser wird, als er sein dürfte, und nicht bereit ist, Ordnung zu halten und zu schweigen und zu reden, zu trinken und zu singen, wenn die Reihe an ihm ist, nun bereit wird, gerade das Gegenteil von alldem zu tun›.» (Preiser, S. 302.)
318 Steiner, GA 103, Vortrag vom 23. Mai 1908, S. 93 und 95.
319 Steiner, GA 103, S. 93 und 96 f.
320 Steiner, GA 103, S. 89 und S. 93.
321 Steiner, GA 103, S. 92 f.
322 Legnaro, S. 88.
323 Legnaro, S. 87.
324 Legnaro, S. 89.
325 Legnaro, S. 86.

326 Legnaro, S. 90.
327 Stolleis, S. 101.
328 Stolleis, S. 101.
329 Legnaro, S. 91.
330 Stolleis, S. 102 f.
331 Legnaro, S. 96.
332 Coffey, S. 106 f.
333 Coffey, S. 106 f.
334 Legnaro, S. 92 f.
335 Legnaro, S. 92 f. Derartige Anlässe sind z. B. Geburtstage, Hochzeiten, Tauffeste usw.
336 Dies hatte katastrophale Folgen für die Sozialstruktur vieler afrikanischer Stämme und Völker, die bis dahin nie oder kaum mit Alkohol in Berührung gekommen waren, abgesehen davon, daß manche Völker bei ihren religiösen Riten einen schwach alkoholischen Trank verwendeten, dessen Alkoholgehalt viel niedriger war als derjenige der eingeführten europäischen hochprozentigen Produkte. Albert Schweitzer hat beschrieben, wie zahllose Dörfer und Niederlassungen infolge Alkoholkonsums einfach verschwanden. Van Epen (S. 169) führt dazu aus: «Die Kolonisten ‹kauften› Grundstoffe, Güter, Gebrauchsgegenstände, Arbeitskräfte und ‹bezahlten› mit Alkohol – vor allem mit sehr hochprozentiger, aber minderwertiger Qualität. Die Folge war ein extrem hoher Prozentsatz von Alkoholikern unter der schwarzen Bevölkerung, mit den bekannten Nebeneffekten: starke Aggressivität, Selbstmord, Krankheiten, Psychosen usw. ... Merkwürdigerweise existierte in der schwarzen Bevölkerung viele Jahrhunderte hindurch eine Alkoholkultur. Diverse Sorten von Palmwein waren seit Menschengedenken bekannt. Aber im Umkreis dieser schwach alkoholischen Getränke bestand ein ganzes Ritual, das dem Konsumenten allerlei Beschränkungen auferlegte und ihm nur zu ganz bestimmten Gelegenheiten und im sozialen Kontext erlaubte, Wein zu trinken. Der von den Weißen importierte starke Alkohol fiel jedoch vollständig aus diesem Ritual heraus und nahm für die Bevölkerung eine ganz andere Funktion ein, nämlich die eines Betäubungs- und Rauschmittels. Es hat viele Generationen gedauert, bevor die schwarze Bevölkerung einigermaßen mit dem neuen Genußmittel zu leben gelernt hatte. Aber inzwischen war bereits ein enormer Schaden angerichtet worden.»

337 Vogt, S. 115.
338 van Amerongen, S. 36.
339 Ausnahmen bildeten hier Frankreich und Italien, wo der Alkoholverbrauch bereits in den siebziger Jahren sank, eine Tendenz, die sich in den achtziger Jahren fortsetzte.
340 Hansen, S. 71.
341 Zitiert nach Fest, S. 166.
342 Fest, S. 163.
343 Levine, S. 119 f.
344 Levine, S. 119.
345 Levine, S. 121.
346 Levine, S. 120.
347 Levine, S. 120.
348 Levine, S. 120.
349 Levine, S. 121.
350 Levine, S. 126 f.
351 Levine, S. 127.
352 Levine, S. 130.
353 Levine, S. 130.
354 Bereits während des Reifungsprozesses der Trauben bildet sich aufgrund der Hefesporen schon etwas Alkohol in der Traube. Kaspar Hauser war nach seiner Freilassung aus dem Verlies extrem überempfindlich gegen diesen Alkohol. Nicht nur der Duft von Alkohol, sondern auch das Essen von Trauben und das Trinken von einigen Tropfen Traubensaft riefen bei ihm Trunkenheitssymptome wie torkelnden Gang und unartikulierte Sprache hervor.
355 Hefesporen sind äußerst primitive, gleichsam punktförmige Pilze, die organische Substanzen abbauen, so daß schließlich eine Mineralisierung der einst organischen Substanzen eintritt.
356 Auf weitere Einzelheiten der Weinbereitung, wie z. B. das Nachreifen, kann hier nicht eingegegangen werden. Es geht uns um das *Prinzip* der Alkoholbildung.
357 Unter Malz versteht man Gerste, deren Keimung durch Trocknen (Darren) künstlich beendet wurde. Die beim Keimen entstandenen Enzyme bewirken die Gärung.
358 Schmidbauer / vom Scheidt, S. 97.
359 Segal, S. 258 f. Bei diesen Daten wurde von einem Körpergewicht

von 75 kg ausgegegangen und davon, daß keine Sucht vorliegt. Exzessive Trinker und Alkoholiker können im allgemeinen höhere Dosen vertragen. «Die höchste je gemessene Promillestufe ist bisher 15,1‰. Es handelt sich dabei um eine amerikanische Alkoholikerin, die übrigens nicht den Folgen erlegen ist!» (Spieksma, S. 15.)

360 Bott, S. 15.

361 Lievegoed [4]1994, S. 164.

362 Steiner, GA 352, Vortrag vom 20. Februar 1924, S. 139.

363 Renzenbrink, S. 57.

364 Pelikan, S. 116.

365 Steiner / Wegman, S. 51 f.

366 Spieksma, S. 30. Alkoholiker essen durchweg wenig, so daß eine Umsetzung von Kohlehydraten in Blutzucker direkt aus der Nahrung kaum stattfindet. Überdies ist der Abbau von Glykogen zu Blutzukker in der Leber vielfach unmöglich geworden, weil die Glykogenvorräte (fast) erschöpft sind.

367 Spieksma, S. 31. Dies läßt sich dadurch erklären, daß bei Alkoholikern auch häufig höhere Blutplasma-, Cortison- und Adrenalinspiegel nachweisbar sind (Cortison und Adrenalin mobilisieren Glukose an ihren Depots, wenigstens solange noch etwas Glykogen in den Geweben verfügbar ist).

368 Zum Beispiel eine verminderte Ausscheidung von Insulin und Eintritt einer Insulinresistenz. (Insulin setzt Blutzucker in Glykogen um. Dies läßt in diesem Fall nach, wodurch mehr Blutzucker im Umlauf bleibt.) Siehe hierzu die Studie von Singh / Kumar / Snyder / Ellyin / Gilders, referiert u.a. in Smals, S. 123.

369 Steiner / Wegman, S. 51.

370 van Epen, S. 170 f.

371 Steiner, GA 352, Vortrag vom 19. Januar 1924, S. 36.

372 van Epen, S. 171.

373 «Man kann auch sagen, dem Ätherleib sei das *Leben* eigen, dem Astralleib das *Bewußtsein* und dem Ich die *Erinnerung.*» (Steiner, GA 13, Kap. 2, «Wesen der Menschheit».)

374 Steiner, GA 352, Vortrag vom 20. Februar 1924, S. 140 f.

375 Steiner, *Die Erziehung des Kindes vom Gesichtspunkte der Geisteswissenschaft.*

376 Steiner, GA 352, Vortrag vom 16. Februar 1924, S. 119.

377 Weirauch, S. 18 f.

378 Dazu gehören die (durch die in den Organen freiwerdenden und aufsteigenden Ätherkräfte) visuellen Halluzinationen wie kleine, bewegliche, in großer Zahl vorhandene Tiere, z.B. Mäuse, Katzen, Fische, Hunde, Insekten oder Phantasietiere.

379 Spieksma, S. 65.

380 Treichler, S. 281 f.

381 Treichler, S. 289.

382 Studie von Eagon / Porter / van Thiel, zitiert bei Smals, S. 122.

383 van Epen, S. 181.

384 Smals, S. 122.

385 Spieksma, S. 59 f.

386 Studie von Mendelso / Mello und Studie von Hugues / Coste / Perret / Jayle / Sebaoun / Modigliani, besprochen in Smals, S. 122.

387 Minjon / Wolters, S. 35.

388 Geerlings, S 63. Tholen / Siero / Kok, S. 46.

389 Spieksma, S. 59.

390 Spieksma, S. 58.

391 Spieksma, S. 59. – Solange die Menschheit Alkohol trinkt, sind die Symptome der FAS bekannt. Bereits im alten Karthago war es den neuvermählten Frauen per Gesetz verboten, während der Flitterwochen Alkohol zu sich zu nehmen (Spieksma, S. 10).

392 Spieksma, S. 47.

393 van Epen, S. 181.

394 Studie von Rimm / Giovannucci / Willet et al., besprochen in van Ingen, 1992, S. 34 f.

395 van Epen, S. 189.

396 Minjon / Wolters, S. 35.

397 van Epen, S. 183.

398 Springer, S. 15.

399 Springer, S. 16.

400 Schmidbauer / vom Scheidt, S. 189 f.

401 Springer, S. 16 f.

402 Springer, S. 17.

403 Springer, S. 17.

404 Ashley, S. 5 f.

405 Schmidbauer / vom Scheidt, S. 190.

406 van Epen, S. 84.
407 Schmidbauer / vom Scheidt, S. 195 f.
408 Schmidbauer / vom Scheidt, S. 196.
409 Springer, S. 28.
410 Springer, S. 30.
411 Springer, S. 37.
412 Springer, S. 36.
413 Schmidbauer / vom Scheidt, S. 682.
414 Schmidbauer / vom Scheidt, S. 684.
415 Schmidbauer / vom Scheidt, S. 684.
416 Schmidbauer / vom Scheidt, S. 698.
417 Schmidbauer / vom Scheidt, S. 192.
418 Ashley, S. 67.
419 Springer, S. 42.
420 Schmidbauer / vom Scheidt, S. 192.
421 Springer, S. 58.
422 Springer, S. 82.
423 So gab es (nach Springer, S. 78) in Berlin im Jahre 1923 schätzungsweise fünf- bis sechstausend Kokainsüchtige!
424 van Epen, S. 88.
425 Springer, S. 188.
426 Schmidbauer / vom Scheidt, S. 201.
427 Schmidbauer / vom Scheidt, S. 200.
428 Kokain bewirkt eine Veränderung der Stoffwechselprozesse im Gehirn. So gibt es eine verstärkte Wirkung der Neurotransmitter Noradrenalin (Norepinephrin) und Dopamin, da die Rückaufnahme (re-uptake) dieser Neurotransmitter in den Nervenenden durch die Wirkung des Kokains gebremst wird (van Ree, S. 45 f., und Segal, S. 147 f. und S. 155).
429 van Ree / Esseveld (S. 97): «Bei Injektionen in die Venen wird manchmal beschrieben, daß spontane explosive Orgasmen auftreten, die aber meistens als sehr unangenehm erfahren werden.» Ähnlich Springer (S. 102): «Zehn der 20 interviewten Männer berichteten von Erektionen sofort nach der Kokaininjektion. Bei zwei dieser Männer war es auch zu einem quälenden Zustand prolongierter Erektion (Priapismus) gekommen, die über 24 Stunden angehalten hatte.»
Durch seine betäubende Wirkung kann Kokain, zum Beispiel durch

Einreiben der Eichel des Penis, den Orgasmus herauszögern. Van Ree / Esseveld (S. 97): «Manche Konsumenten geben an, daß Sex nach Kokain phantastisch sei ... Kokain kann die sexuelle Gemeinschaft verlängern. Der Orgasmus wird hinausgeschoben, hat dann aber einen sehr intensiven Charakter.» Schon die südamerikanischen Indios kannten diese Wirkung. Springer berichtet (S. 95), daß die Verwendung der Koka zumindest anfangs im Zusammenhang mit religiösen Zeremonien stand: «Der Sammler von Kokablättern mußte in der Nacht vor der Ernte mit einer Frau geschlafen haben, um die ‹Mama Coca› günstig zu stimmen. Dabei wurde für die erotischen Abenteuer, die sich im Dienste dieser Göttin abspielten, kokainhaltiger Speichel oder ein Kokaabsud auf der Eichel des Penis verrieben, um die sexuelle Ausdauer zu verbessern.»

430 Zitiert nach Schmidbauer / vom Scheidt, S. 698.

431 Schmidbauer / vom Scheidt, S. 200.

432 van Epen, S. 86.

433 Jamin, S. 168.

434 Schmidbauer / vom Scheidt, S. 200.

435 Minjon / Wolters, S. 177.

436 Bieleman / Bosma / Swierstra, S. 12.

437 van Ree / Esseveld, S. 97.

438 Doyle, S. 132 f.

439 Schmidbauer / vom Scheidt, S. 197.

440 van Epen, S. 86.

441 Schmidbauer / vom Scheidt, S. 201.

442 Segal, S. 77.

443 Bieleman / Bosma / Swierstra, S. 12 f.

444 Nach van Ree / Esseveld, S. 100.

445 van den Berg, S. 55.

446 van den Berg, S. 52.

447 Lievegoed ^{4}1994, S. 163.

448 Treichler, S. 208.

449 Bott, S. 145.

450 van Epen, S. 90. Zum Zusammenhang von Nieren und schizophrener Psychose siehe S. 82 f.

451 van Epen, S. 90. In dieser Depression wird auch eine Schädigung der Leber erkennbar (siehe auch S. 256).

452 Sahihi, S. 43.
453 Sahihi, S. 43.
454 Segal, S. 77.
455 Geerlings, S. 122.
456 Geerlings, S. 122.
457 Segal, S. 77.
458 Segal, S. 77.
459 Studie von Zuckerman / Frank / Hingson et al., diskutiert bei van Ingen, S. 231 f.
460 Sahihi, S. 44 f.
461 Segal, S. 77 f.
462 Studie von Zuckerman / Frank / Hingson et al., diskutiert bei van Ingen, S. 231 f.
463 Zitiert nach Springer, S. 186.
464 van Epen, S. 78 f.
465 Schmidbauer / vom Scheidt, S. 371.
466 van Epen, S. 81.
467 Zitiert nach Springer, S. 197 f.
468 Springer, S. 195 f.
469 Steiner, GA 13, Kap. 3, S. 85 ff.
470 Daneben kommt, wie bereits bei der Darstellung der Wirkung von Marihuana und Haschisch beschrieben, beim Einschlafen auch eine Verbindung zwischen einem Teil des Astralleibs und dem Nervensystem des Rückenmarks zustande.
471 van Ree / Esseveld, S. 94. Van Epen nennt ferner Haarausfall.
472 van Epen, S. 81.
473 van Ree / Esseveld, S. 92.
474 Schmidbauer / vom Scheidt, S. 373.
475 Schmidbauer / vom Scheidt, S. 373.
476 Dieses «Abbröckeln» der Ich-Organisation wird auch sichtbar im Ansteigen des Blutzuckergehalts, der durch Speed in einer mäßigen bis hohen Dosierung verursacht wird. Vgl. auch unsere Ausführungen zur Wirkung des Alkohols, S. 239ff.
477 van Epen, S. 79.
478 Adelaars, S. 12 f.
479 Safrol-Öl kommt, außer in der Muskatnuß, unter anderem auch in Petersiliensamen, Dill, Kalmus, Safran und Vanille vor (Adelaars, S.

117). Viel Ecstasy, das Ende der achtziger Jahre in den Niederlanden auf den Markt kam, war nach dieser Methode produziert worden.

480 Adelaars, S. 20, und Fromberg 1990, S. 151.

481 Adelaars, S. 20 f.

482 Adelaars, S. 22.

483 Adelaars, S. 22.

484 Fromberg 1991, S. 5 f.

485 Fromberg 1990, S. 151.

486 Adelaars, S. 31.

487 Adelaars, S. 33.

488 Saunders, S. 272.

489 Fromberg 1991, S. 81.

490 Fromberg 1991, S. 81. Dieses Zitat stammt aus einem unpublizierten Vortrag von P. Meyer vom 23.1.1990 auf einer Studientagung über Ecstasy in Amsterdam.

491 Adelaars, S. 35 ff.

492 Adelaars, S. 46.

493 Siehe Saunders, S. 308 f.

494 Saunders, S. 309.

495 Saunders, S. 327.

496 Saunders, S. 312.

497 Adelaars, S. 66.

498 Adelaars, S. 90 f.

499 Adelaars, S. 91.

500 Adelaars, S. 91.

501 Adelaars, S. 91.

502 Adelaars, S. 78.

503 Adelaars, S. 75.

504 Fromberg 1991, S. 9.

505 Fromberg 1991, S. 9.

506 Fromberg 1991, S. 152.

507 Adelaars, S. 79 f.

508 Fromberg 1991, S. 9.

509 Fromberg 1991, S. 10.

510 Adelaars, S. 74.

511 Adelaars, S. 80 f.

512 Adelaars, S. 81 f.

513 Adelaars, S. 96.
514 Korf et al. 1991, S. 73 f.
515 Korf et al. 1991, S. 75.
516 Adelaars, S. 71.
517 Adelaars, S. 94 f.
518 Adelaars, S. 95 f.
519 Adelaars, S. 72.
520 Adelaars, S. 82.
521 Adelaars, S. 70.
522 Adelaars, S. 83.
523 Adelaars, S. 68 f.
524 Fromberg 1991, S. 11 f.
525 Adelaars, S. 107.
526 Korf et al., 1991, Kap. 9.
527 Adelaars, S. 111.
528 *XTC*, zusammengestellt vom «Adviesbureau Drugs», August de Loor, Amsterdam, im Auftrag des «Nederlands Instituut voor Alcohol en Drugs» (NIAD), 1990.
529 Schmidbauer / vom Scheidt, S. 636.
530 Schmidbauer / vom Scheidt, S. 336 f.
531 So z. B. Sahihi, S. 34.
532 So Schmidbauer / vom Scheidt, S. 336.
533 Steiner, GA 243, Vortrag vom 14. August 1924, S. 70 f. Die Angabe Steiners «in alten Zeiten» erstreckt sich, wie aus demselben Vortrag hervorgeht, bis in die chaldäische Kultur, die ungefähr bis zum Beginn der griechischen Kulturperiode dauerte.
534 Steiner, GA 210, Vortrag vom 12. Februar 1922, S. 96.
535 Leuw, S. 186.
536 Stoute, S. 24.
537 Burroughs, S. 125.

LITERATUR

Arno Adelaars, *Ecstasy, de opkomst van een bewustzijesveranderend middel*, Amsterdam 1991.

R. van Amerongen, Geschiedenis van de alcoholpreventie, in: *Alcoholpreventie, achtergronden, praktijk en beleid* (Hrsg.: J. C. van der Stel, W.R.Buisman), Alphen aan den Rijn/Brüssel 1988.

Anonym, *Fragt mal Alice*, München [14]1994.

R. Ashley, *Cocaine: its History, Uses and Effects*, London 1975.

Arthur Baanders, *‹De Hollandse aanpak.› Opvoedingscultuur, drugsgebruik en het Nederlandse overheidsbeleid*, Assen/Maastricht 1989.

J. I. van Baaren, Zoeklicht op verslaving, Amsterdam 1968.

Dietrich Bäuerle, *Suchtgefahren – Kinder und Medikamente*, Bergisch Gladbach 1994.

Hans-Georg Behr, *Weltmacht Droge. Das Geschäft mit der Sucht*, Wien/Düsseldorf 1980.

A. van den Berg et al., *Rock Bottom. Beyond Drug Addiction*, Stroud 1987.

P. C. van den Berg, Hallucinose en psychose bij cocaine-gebruik, in: *Cocaine* (Hrsg. J. van Limbeek), Bilthoven 1986.

Henri Beunders, Verbod schept misdaad: lessen van de drooglegging, in: NRC *Handelsblad*, 8.9.1989,. S. 9.

B. Bieleman, J. J. Bosma, K. Swierstra, Cocaine: van mythe tot probleem, in: *Tijdschrift voor alcohol, drugs en andere psychotrope stoffen*, 1/1990, S. 11-16.

Jochen Bockemühl, *Levensprocessen in de natuur*, Zeist 1982.

Victor Bott, *Anthroposophische Medizin Bd. 1. Eine Möglichkeit, die Heilkunst zu erweitern*, Heidelberg [3]1987.

F. Bschor / J. Herha / N. Dennemark, *Junge Rauschmittelkonsumenten in Berlin (West)*, Berlin 1970.

E. Buddekke, *Grundriß der Biochemie*, Berlin 1989.

Walther Bühler, *Meditation als Erkenntnisweg. Bewußtseinserweiterung mit der Droge*, Stuttgart [4]1980.

Walter Bühler / L. F. C. Mees / Wolfgang Schimpeler, *Rauschgift, Krieg gegen das Ich*, Stuttgart 1980.

William S. Burroughs, *Junkie*, Frankfurt a.M./Berlin [9]1992.

Jean Cocteau, *Opium. Ein Tagebuch* (1938), München 1968.

Timothy G. Coffey, ‹Beer Street – Gin Lane›, Aspekte des Trinkens im 18. Jahrhundert›, in: *Rausch und Realitat. Drogen im Kulturvergleich* (Hrsg. Gisela Völger), Köln 1981.

Sidney Cohen, Medizinischer Stand der Marihuana-Forschung, in: *Rausch und Realität. Drogen im Kulturvergleich* (Hrsg. Gisela Völger), Köln 1981.

Tom Dardis, *The Thirsty Muse. Alcohol and the American Writer*, New York 1989.

Arthur Conan Doyle, *Das Zeichen der Vier*, Stuttgart 1904.

F. M. H. M. Driessen / G. van Dam / B. Olsson, De ontwikkeling van het cannabisgebruik in Nederland, enkele Europese landen en de vs sinds 1969, in: *Tijdschrift voor alcohol, drugs en andere psychotrope stoffen*, 1/1989, S. 2-14.

Ron Dunselman, Drugs, meesters van schijnoplossing, in: *Jonas*, 22/1987, S. 6-7.

Ron Dunselman, Marihuana, de droom van het verloren bewustzijn, in: *Jonas*, 20/1992, S. 6-9.

Georg Eckert, *Der Isenheimer Altar, seine geistigen Wurzeln und sein spirituell-künstlerischer Gehalt*, Freiburg i. Br. 1980.

J. H. van Epen, *De drugs van de wereld, de wereld van de drugs*, Alphen aan den Rijn/Brüssel 1988.

Elmar Erhardt / Heinz Leineweber (Hrsg.), *Drogen und Kriminalität. Beiträge, Forschungsberichte und Materialien aus dem Kriminalistischen Institut*, Wiesbaden 1963.

Christian F. Feest, Alkohol bei den Indianern Nordamerikas, in: *Rausch und Realität. Drogen im Kulturvergleich* (Hrsg. Gisela Völger), Köln 1981.

Wilhelm Fraenger, *Matthias Grünewald*, München 1983.

Fragt mal Alice, (anonym), München [14]1994.

Nico J. Francken, Antroposofische geneeskunst, in: *Gezichtspunten, brochure sociale hygiene*, Zoetermeer 1990.

Eric Fromberg, XTC, een nieuwe soft drug, in: *Tijdschrift voor alcohol, drugs en andere psychotrope stoffen,* 4/1990, S. 150-158.
Eric Fromberg, *XTC, hard drug of onschuldig genotmiddel?*, Amsterdam/Lisse 1991.
P. J. Geerlings / E. Ch. Wolters (Hrsg.), *Verslaving. Een handboek voor arts en hulpverlener,* Utrecht 1980.
J. W. Goethe, *Metamorphose der Pflanzen,* Stuttgart 1977.
C. Goos, Verslaving en verslavingszorg in Europa, in: Jack Derks / Marten Hoekstra (Hrsg.), *Verslavingszorg, een apart vak,* Utrecht 1991.
R. Goudsmit, Haematologische afwijkingen ten gevolge van overmatig alcoholgebruik, in: *Tjidschrift voor akohol, drugs en andere psychotrope stoffen,* 6/1989, S. 210-212.
De Granaat / Theo J. van der Wal, *Jeugd onder drug, een verzameling feiten, meningen en citaten,* Amsterdam 1971.
Gerbert Grohmann, *Die Pflanze. Ein Weg zum Verständnis ihres Wesens,* 2 Bde., Stuttgart 1991.
K. F. Gunning, *Kijk op hennep.* AO 1626 (Hrsg. C. Meinhardt), Lelystad 1976.
J. van der Haar / H. Jäggi / D. Kretschmann, Methadon – «Heilung» mittels Betäubung?, in: *Mitteilungsblatt Internationale Vereinigung Anthroposophischer Einrichtungen für Suchttherapie e.V.*, Nr. 10, Driebergen 1988.
Bernd Hansen, America – Home of the Brave. Vernichtung und Lage der nordamerikanischen Ureinwohner, in: *Flensburger Hefte,* Nr. 37: *Indianer,* Flensburg 1992.
G. A. J. Hendriks / G. R. M. Molleman / G. M. Schippers, Alcoholgebruik en alcoholproblemen: definities en epidemiologische gegevens, in: *Alcoholpreventie, achtergronden, praktijk en beleid* (Hrsg. van der Stel / W. R. Buisman), Alphen aan den Rijn/Brüssel 1988.
Jack Herer, *Die Wiederentdeckung der Nutzpflanze Hanf* (Hrsg. Mathias Bröckers), Frankfurt a.M. 1993.
Helmut Hessenbruch, *Wesen und Sinn des Schmerzens,* Unterlengenhardt 1969.
Karl Heymann, Suchtgefahren, in: *Bewußtseinserweiterung durch Drogen? Zum Problem der Rauschgiftsucht,* Basel 1970.
Karl Heymann, Das Phänomen des Rausches, in: *Bewußtseinserweiterung durch Drogen? Zum Problem der Rauschgiftsucht,* Basel 1970.

Friedrich Hiebel, Die psychedelische Revolution, in: *Bewußtseinserweiterung durch Drogen? Zum Problem der Rauschgiftsucht*, Basel 1970.

M. J. Hoekstra / J. Derks, Verslaving, verslavingszorg en verslavingsbeleid in Nederland, een overzicht, in: Jack Derks / Marten Hoekstra (Hrsg.), *Verslavingszorg, een apart vak*, Utrecht 1991.

A. Hofmann, *LSD – mein Sorgenkind*, Stuttgart 1979.

Walter Holtzapfel, *Im Krafteld der Organe. Leber, Lunge, Niere, Herz*, Dornach 1990.

J. van Ingen, Alcohol en coronairsclerose, in: *Tijdschrift voor alcohol, drugs en andere psychotrope stoffen*, 1/1992, S. 33-35.

J. van Ingen, Effecten van marihuana en cocaine op foetale groei, in: *Tijdschrift voor alcohol, drugs en andere psychotrope stoffen*, 6/1990, S. 231-232.

J. van Ingen, Ook darminfarcten door cocaine, in: *Tijdschrift voor alcohol, drugs en andere psychotrope stoffen*, 6/1990, S. 230-231.

J. van Ingen, Spierverval ten gevolge van cocaine (ofte wel «Cocaine, the continuing story»), in: *Tijdschrift voor alcohol, drugs en andere psychotrope stoffen*, 6/1990, S. 230.

Jahrbuch Sucht '95 (hrsg. von der Deutschen Hauptstelle gegen die Suchtgefahren), Geesthacht 1994.

Jahrbuch Sucht 2003 (hrsg. von der Deutschen Hauptstelle gegen die Suchtgefahren), Geesthacht 2003.

J. Jamin, Verboden vruchten, drugpreventie op maat, in: Jack Derks / Marten Hoekstra (Hrsg.), *Versklavingszorg, een apart vak*, Utrecht 1991.

Bruce D. Johnson, Die englische und amerikanische Opiumpolitik im 19. und 20. Jahrhundert: Konflikte, Unterschiede und Gemeinsamkeiten, in: *Rausch und Realität. Drogen im Kulturvergleich* (Hrsg. Gisela Völger), Köln 1981.

Ernest Jones, *Das Leben und Werk von Sigmund Freud* (Band I, Kap. «Die Kokainepisode»), Bern und Stuttgart 1960-1962.

Walter Kindermann, *Drogen. Abhängigkeit, Mißbrauch, Therapie. Ein Handbuch für Eltern und Erzieher*, München 1991.

Olaf Koob, Droge und Suchtentstehung, in: *Sucht und Drogen*, Lebenshilfen 5, Stuttgart 1989.

Olaf Koob, *Drogensprechstunde*, Stuttgart 1990.

M. Kooyman, De medische aspecten van het drug-gebruik, in: *Soft drugs*, *sociale, medische en juridische aspecten*, zusammengestellt von Cor Wijbenga, Amsterdam 1970.

D. J. Korf / P. Blanken / A. L. W. M. Nabben /J. P. Sandwijk, Ecstasygebruik in Nederland, in: *Tijdschrift voor alcohol, drugs en andere psychotrope stoffen*, 5/1990, S. 169-175.

Dirk Korf / Peter Blanken / Ton Nabben, *Een nieuwe wonderpil? Verspreiding, effecten en risico's van ecstasygebruik in Amsterdam*, Amsterdam 1991.

Elisabeth Kübler-Ross, *Über den Tod und das Leben danach*, [10]1989.

Dieter Ladewig, *Sucht und Suchtkrankheiten. Ursachen, Symptome, Therapien*, München 2001.

Timothy Leary, *Politik der Ekstase*, Hamburg 1970.

Aldo Legnaro, Alkoholkonsum und Verhaltenskontrolle – Bedeutungswandlungen zwischen Mittelalter und Neuzeit in Europa, in: *Rausch und Realität. Drogen im Kulturvergleich* (Hrsg. Gisela Völger), Köln 1981.

Ed Leuw, Over gokken en de hernieuwde humanisering van het verslavingsbegrip, in: *Tijdschrift voor alcohol, drugs en andere psychotrope stoffen*, 5-6/1988, S. 178-186.

Harry Gene Levine, Die Entdeckung der Sucht – Wandel der Vorstellungen über Trunkenheit in Nordamerika, in: *Rausch und Realität. Drogen im Kulturvergleich* (Hrsg. Gisela Völger), Köln 1981.

Harry Gene Levine, Mäßigkeitsbewegung und Prohibition in den USA, in: *Rausch und Realität. Drogen im Kulturvergleich* (Hrsg. Gisela Völger), Köln 1981.

Bernard Lievegoed, *Entwicklungsphasen des Kindes*, Stuttgart [5]1990.

Bernard Lievegoed, *Lebenskrisen – Lebenschancen. Die Entwicklung des Menschen zwischen Kindheit und Alter*, München [8]1991.

Bernard Lievegoed, *Der Mensch an der Schwelle. Biographische Krisen und Entwicklungsmöglichkeiten*, Stuttgart [4]1994.

Hermann Linti / Peter Schötz / Helmut Wittmann, Drogen als Herausforderung für Bildungsverwaltung und Bildungspolitik, in: *Drogen. Informieren und Vorbeugen in der Erziehung* (Hrsg. Helmut Zöpfl), Donauwörth 1993, S. 121 ff.

August de Loor, *Het middel Ecstasy bestaat niet. Een onderzoek*, Adviesburo Drugs Amsterdam 1989.

Toni Mayr, Entwicklungspsychologische Perspektiven – Drogenprävention im Kindergarten?, in: *Drogen. Informieren und Vorbeugen in der Erziehung* (Hrsg. Helmut Zöpfl), Donauwörth 1993, S. 151 ff.

L. F. C. Mees, *De achtergronden van de drugcatastrofe, de mens tussen leiding en verleiding,* Driebergen – Rijsenburg 1988.

J. D. van der Meulen, Drugs en het strafrecht, in: *Soft drugs, sociale, medische en juridische aspecten*, zusammengestellt von Cor Wijbenga, Amsterdam 1970.

Bert Minjon / Roland D. F. Wolters, *Hulpverlening bij verslavingsproblemen, een multimethodische benadering,* Alphen aan den Rijn/Brüssel 1988.

Raymond A. Moody, *Leben nach dem Tod,* Reinbek 1977.

Raymond A. Moody, *Das Licht von drüben. Neue Fragen und Antworten,* Reinbek 1989.

C. Naranjo, *Die Reise zum Ich – Psychotherapie mit heilenden Drogen,* Frankfurt a.M. 1979.

Klaus-Dieter Neumann, Auf fremden Pfaden. Interview mit Ron Dunselman und Jaap van der Haar über die Wirkungen verschiedener Drogen, in: *Flensburger Hefte,* 16, *Kulturvergiftung, Rauschgift, Sucht und Therapie,* Flensburg 1987.

Hans Rudolf Niederhäuser, LSD, in: *Bewußtseinserweiterung durch Drogen? Zum Problem der Rauschgiftsucht,* Basel 1970.

Wilhelm Pelikan, *Heilpflanzenkunde,* Drei Bände, Dornach.

Gert Preiser, Wein im Urteil der griechischen Antike, in: *Rausch und Realität. Drogen im Kulturvergleich* (Hrsg. Gisela Völger), Köln 1981.

Thomas de Quincey, *Bekenntnisse eines englischen Opiumessers,* München 1965.

F. van Ree / P. Esseveld, *Drugs, de medische en maatschappelijke aspecten,* Utrecht/Antwerpen 1985.

J. M. van Ree, Farmacologische werking van cocaine, in: *Cocaine* (Hrsg. J. van Limbeek), Bilthoven 1986.

Udo Renzenbrink, *Ernährungskunde aus anthroposophischer Erkenntnis,* Dornach [3]1988.

Gottfried Richter, *Der Isenheimer Altar des Matthias Grünewald,* Stuttgart 1981.

George G. Ritchie, *Terugkeer uit de dood,* Haarlem 1990.

Arman Sahihi, *Designer-Drogen,* München 1995.

Franziska Sarwey, *Grünewald-Studien. Zur Realsymbolik des Isenheimer Altars,* Stutgart 1983.

Nicholas Saunders, *Ecstasy. Mit Beiträgen zur Situation in der Schweiz und in Deutschland* (Hrsg. Patrick Walder), Zürich [3]1996.

Karl Georg Scheffer, Coca in Südamerika, in: *Rausch und Realität. Drogen im Kulturvergleich* (Hrsg. Gisela Völger), Köln 1981.

Jürgen vom Scheidt, Kokain, in: *Rausch und Realität. Drogen im Kulturvergleich* (Hrsg. Gisela Völger), Köln 1981.

H. W. Schied / H. Heimann / K. Mayer, *Der chronische Alkoholismus. Grundlagen, Diagnostik, Therapie,* Stuttgart / New York 1989.

Wolfgang Schmidbauer / Jürgen vom Scheidt, *Handbuch der Rauschdrogen,* Frankfurt a.M. 1989.

Martin Schouten, *Marihuana en hasjiesj, een handboek,* Utrecht/Antwerpen 1969.

L. Schrijnemakers, Koffie, geprezen en verguisd, in: *Arts en auto,* 55. Jg., S. 654 f.

Richard E. Schultes / Albert Hofmann, *Pflanzen der Götter. Die magischen Kräfte der Rausch- und Giftgewächse,* Bern und Stuttgart 1987.

Bernard Segal, *Drugs and Behavior. Cause, Effects and Treatment,* New York/London 1988.

Werner-Christian Simonis, *Genuß aus dem Gift? Herkunft und Wirkung von Kaffee, Tee, Kakao, Tabak, Alkohol und Haschisch,* Stuttgart [4]1984.

A. G. H. Smals, Alcohol en het endocriene systeem, in: *Tijdschrift voor alcohol, drugs en andere psychotrope stoffen,* 4/1989, S. 121-124.

Solomon H. Snyder, *Brainstorming. The Science and Politics of Opiate Research,* Cambridge (Massachusetts, USA) / London 1989.

David Solomon (Hrsg.), *The Marihuana Papers,* New York / Indianapolis / Kansas City 1966.

R. Spieksma, *Alcoholisme, diagnostiek, pathofysiologie en enkele richtlijnen voor behandeling,* Maassluis 1989.

Alfred Springer, *Kokain. Mythos und Realität. Eine kritisch dokumentierte Anthologie,* Wien/München 1989.

Rudolf Steiner, *Alte und neue Einweihungsmethoden,* GA 210, Dornach 1967.

Rudolf Steiner, *Das Christentum als mystische Tatsache und die Mysterien des Altertums,* GA 8, Dornach [9]1989.

Rudolf Steiner, *Ein Weg zur Selbsterkenntnis des Menschen,* GA 16, Dornach [7]1982.

Rudolf Steiner, *Die Erziehung des Kindes vom Gesichtspunkte der Geisteswissenschaft,* Einzelausgabe, Dornach 1992.

Rudolf Steiner, *Das Ewige in der Menschenseele,* GA 67, Dornach ²1992, Vortrag vom 21. März 1918.

Rudolf Steiner, *Das Geheimnis des Todes,* GA 159, Dornach ²1980, Vortrag vom 15. Juni 1915.

Rudolf Steiner, *Die Geheimwissenschaft im Umriß,* GA 13, Dornach ³⁰1989.

Rudolf Steiner, *Geisteswissenschaft und Medizin,* GA 312, Dornach ⁶1985.

Rudolf Steiner, *Geisteswissenschaftliche Menschenkunde,* GA 107, Dornach ⁴1979.

Rudolf Steiner, *Das Initiaten-Bewußtsein,* GA 243, Dornach ⁵1993, Vortrag vom 14. August 1924.

Rudolf Steiner, *Das Johannes-Evangelium,* GA 103, Dornach ¹¹1995.

Rudolf Steiner, *Das Karma des Berufes des Menschen in Anknüpfung an Goethes Leben,* GA 172, Dornach ⁵1991.

Rudolf Steiner, *Vom Leben des Menschen und der Erde,* GA 349, Dornach ²1980,

Rudolf Steiner, *Metamorphosen des Seelenlebens – Pfade der Seelenerlebnisse. Zweiter Teil,* GA 59, Dornach 1984, Vortrag vom 3. Februar 1910.

Rudolf Steiner, *Natur und Mensch in geisteswissenschaftlicher Betrachtung,* GA 352, Dornach ²1967, Vortrag vom 11. Januar 1912.

Rudolf Steiner, *Die Philosophie der Freiheit,* GA 4, Dornach ¹⁶1995.

Rudolf Steiner, *Die Schwelle der geistigen Welt. Aphoristische Ausführungen,* GA 17, Dornach ⁷1987.

Rudolf Steiner, *Theosophie. Einführung in übersinnliche Welterkenntnis und Menschenbestimmung,* GA 9, Dornach ³¹1987.

Rudolf Steiner, *Über Gesundheit und Krankheit,* GA 348, Dornach ³1983.

Rudolf Steiner, *Wie erlangt man Erkenntnisse der höheren Welten?,* GA 10, Dornach ²⁴1993.

Rudolf Steiner, *Zeitgeschichtliche Betrachtungen. Erster Teil,* GA 173, Dornach ²1978.

Rudolf Steiner, *Zeitgeschichtliche Betrachtungen. Zweiter Teil,* GA 174, Dornach 1966.

Rudolf Steiner / Ita Wegman, *Grundlegendes für eine Erweiterung der Heilkunst nach geisteswissenschaftlichen Erkenntnissen,* GA 27, Dornach ⁷1991.

J. C. van der Stel, Alcoholpreventie en de ontwikkeling van gezondheidsbeleid, in: *Alcoholpreventie, achtergronden, praktijk en beleid* (Hrsg. J. C. van der Stel / W. R. Buisman), Alphen aan den Rijn/Brüssel 1988.

Michael Stolleis, Von dem grewlichen Laster der Trunckenheit. Trinkverbote im 16. und 17. Jahrhundert, in: *Rausch und Realität. Drogen im Kulturvergleich* (Hrsg. Gisela Völger), Köln 1981.

René Stoute, *Op de rug van vuile zwanen*, Amsterdam 1982.

Wolfgang Strähler, *Droge Alkohol. Helfen statt verheimlichen. Ein Ratgeber für Betroffene, Arbeitskollegen und Verantwortliche*, Köln 1993.

Andreas Suchantke, Orientierungsversuche im Labyrinth der Drogen, in: *Bewußtseinserweiterung durch Drogen? Zum Problem der Rauschgiftsucht*, Basel 1970.

K. Swierstra, Heroineverslaving: levenslang of gaat het vanzelf over?, in: *Tijdschrift voor alcohol, drugs en andere psychotrope stoffen*, 3/1987, S. 78-92,

J. Tholen / S. Siero / G. J. Kok, Gevolgen van alcoholgebruik tijdens de zwangerschap, in: *Tijdschrift voor alcohol, drugs en andere psychotrope stoffen*, 2/1988, S. 41- 49.

Bram Tjaden, Psychose – een onvoorbereide grensovergang, in: *Jonas* 23, 5. Juli 1985.

Rudolf Treichler, *Die Entwicklung der Seele im Lebenslauf. Stufen, Störungen und Erkrankungen des Seelenlebens*, Stuttgart ^{4}1992.

Rudolf Treichler, *Seelische Entwicklung und Sucht*, Stuttgart 1988.

Alfred Usteri, *Pflanzenwesen*, Dornach 1989.

Vakgroep Verslavingszorg, *Cocaine, de parel onder de zwijnen*, Arta/ Zeist 1990.

Arie Visser, *Het vangen van de draak, een boosaardig verhaal*, Amsterdam 1983.

Felicitas Vogt, *Drogen, Sekten, New Age als Herausforderung. Bewußtseinserweiterung um jeden Preis?*, Dornach 1992.

Felicitas Vogt, *Sucht hat viele Gesichter. Warum der Griff nach Drogen? Verstehen – vorbeugen – behandeln*, Stuttgart 2000.

Irmgard Vogt, Alkoholkonsum, Industrialisierung und Klassenkonflikte, in: *Rausch und Realität. Drogen im Kulturvergleich* (Hrsg. Gisela Völger), Köln 1981.

H. Wagner, *Rauschgift-Drogen*, Berlin 1970.

J. A. Walburg, Verslavingshulpverlening in het fin de siècle, in: Jack Derks / Marten Hoekstra (Hrsg.), *Versklavingszorg, een apart vak,* Utrecht 1991.

Wolfgang Weirauch, Der mürbe Becher. Interview mit Dr. Heinz Hartmut Vogel, in: *Flensburger Hefte* 17. *Kulturvergiftung: Alkohol,* Flensburg 1987.

Wolfgang Weirauch, Küsse, die der Teufel gibt. Interview mit Dr. Olaf Titze, in: *Flensburger Hefte* 17: *Kulturvergiftung: Alkohol,* Flensburg 1987.

G. A. M. Widdershoven / R. H. J. ter Meulen, De drinker of de drank? Het alcoholisme – concept in de 19e en 20e eeuw, in: *Tijdschrift voor alcohol, drugs en andere psychotrope stoffen,* 3/1989, S. 105-112.

Otto Wolff / Walter Bühler, Weltproblem Alkohol, in: *Sucht und Drogen,* Lebenshilfen 5, Stuttgart 1989.

Bruno Wolters, *Drogen, Pfeilgifte und Indianermedizin. Arzneipflanzen aus Südamerika,* Greifenberg 1994.

F. W. Zeylmans van Emmichoven, *Die menschliche Seele. Wesen, Tätigkeit und Entwicklung,* Stuttgart 1995.

W. M. de Zwart, *Alcohol, tabak en drugs in cijfers,* Utrecht 1989.

FELICITAS VOGT

Sucht hat viele Gesichter

Warum der Griff nach Drogen?
Verstehen – vorbeugen – behandeln.
130 Seiten mit zahlreichen Abbildungen, kartoniert

Innere und äußere Einflüsse, die zur Sucht führen können, werden in unserer Zeit immer zahlreicher; Kinder und Jugendliche sind heute mit Situationen konfrontiert, die ein enormes seelisches Stehvermögen verlangen. Sehnsüchte und Protest einerseits, der Wunsch nach mehr Zuneigung sowie Experimentierfreudigkeit andererseits lassen den Griff zu Drogen häufig als Lösung individueller Probleme erscheinen – und stellen Jugendliche und Erwachsene vor scheinbar unlösbare Aufgaben.

Aus dem Inhalt:

Folgen und Risiken des Drogenkonsums – Verschiedene Drogen und ihre Wirkungen – Gründe, die zur Abhängigkeit führen – Phasen und Methoden des Entzugs – Möglichkeiten der Prävention

aethera

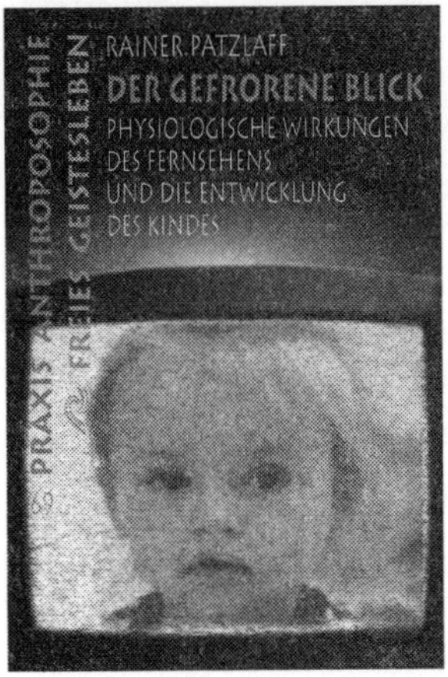

RAINER PATZLAFF

Der gefrorene Blick

Physiologische Wirkungen des Fernsehens und die Entwicklung des Kindes.
143 Seiten, kartoniert

Rainer Patzlaff untersucht die unbewußt bleibenden Wirkungen des Bildschirms auf den Menschen und schildert die Folgen des Fernsehens für die kindliche Entwicklung. Elektronisch erzeugte Bilder greifen tief in die Physiologie des gesamten Körpers ein. Vor allem auf dem Gebiet der Sprachentwicklung stellen sich auf Dauer oft schwerwiegende Störungen ein.

Der Autor gibt daher Anregungen, wie der Benutzer seine Freiheit und Eigenaktivität dem Fernsehen gegenüber stärken kann. Vor allem Eltern finden wertvolle Gesichtspunkte, etwa zu den Fragen: Fernsehen für Kinder – ab welchem Alter? Wie kann ich mein Kind zu einem bewußten, selbstbestimmten Umgang mit dem Fernsehen führen?

Verlag Freies Geistesleben

GUDRUN BURKHARD

Schlüsselfragen zur Biografie

Ein Arbeitsbuch.
159 Seiten, kartoniert

Die Arbeitsfragen dieses Buches gehen den Veränderungen im bruflichen oder familiären Umfeld nach, den Einflüssen auf die Gesundheit, Befindlichkeiten im Gefühlsbereich zu einem bestimmten Zeitpunkt und vielem mehr. Jedem Jahrsiebt ist ein Leitbild vorangestellt, in dem der Charakter des jeweiligen Lebensabschnitts dargestellt wird. Zu den einzelnen Abschnitten ist jeweils genügend Freiraum für eigene Eintragungen gelassen, so daß das Buch als Arbeitsbuch verwendet werden kann.

Verlag Freies Geistesleben